*A bênção do SENHOR traz prosperidade,
e nenhum esforço pode substituí-la.*
Provérbios 10.22 (NTLH)

Resumo de Contabilidade Geral para Concursos

Resumo de Contabilidade Geral para Concursos

ED LUIZ FERRARI

Niterói, RJ
2014

© 2014, Editora Impetus Ltda.

Editora Impetus Ltda.
Rua Alexandre Moura, 51 – Gragoatá – Niterói – RJ
CEP: 24210-200 – Telefax: (21) 2621-7007

PROJETO GRÁFICO: EDITORA IMPETUS LTDA.
EDITORAÇÃO ELETRÔNICA: SBNIGRI ARTES E TEXTOS LTDA.
CAPA: L. FELIPE SILVA
REVISÃO DE PORTUGUÊS: HUGO CORREA
IMPRESSÃO E ENCADERNAÇÃO: EDITORA E GRÁFICA VOZES LTDA.

F427c
    Ferrari, Ed. Luiz.
        Resumo de contabilidade geral para concursos / Ed Luiz Ferrari. – Niterói, RJ: Impetus, 2014.
        472 p.; 17 x 24 cm.

        ISBN: 978-85-7626-791-1

        1. Serviço público – Brasil – Concursos. 2. Contabilidade – Problemas, questões, exercícios. I. Título.

        CDD- 351.81076

O autor é seu professor; respeite-o: não faça cópia ilegal.
TODOS OS DIREITOS RESERVADOS – É proibida a reprodução, salvo pequenos trechos, mencionando-se a fonte. A violação dos direitos autorais (Lei nº 9.610/98) é crime (art. 184 do Código Penal). Depósito legal na Biblioteca Nacional, conforme Decreto nº 1.825, de 20/12/1907.

A **Editora Impetus** informa que se responsabiliza pelos defeitos gráficos da obra. Quaisquer vícios do produto concernentes aos conceitos doutrinários, às concepções ideológicas, às referências, à originalidade e à atualização da obra são de total responsabilidade do autor/atualizador.

www.impetus.com.br

O Autor

- Analista Tributário da Receita Federal do Brasil.
- Especialista na área de concursos públicos, ministrando aulas há mais de 20 anos em diversos cursos preparatórios.
- Autor de diversos simulados e apostilas de Contabilidade Geral, Custos, Análise das Demonstrações Contábeis, Contabilidade Avançada e Auditoria.

Autor dos livros:
- *Contabilidade Geral* – Questões, pela Editora Impetus.
- *Contabilidade Geral para Concursos*, pela Editora Impetus.
- *Análise de Demonstrações Contábeis*, pela Editora Impetus.
- *Análise de Balanços* – Provas e Concursos, editado pela Editora Campus/Elsevier.

Apresentação do Autor

A presente obra tem por objetivo atender, sobretudo, àqueles que desejam a aprovação em concursos públicos, onde se exijam conhecimentos de contabilidade geral.

Embora o conteúdo aqui apresentado seja primordialmente dirigido aos que desejam realizar concursos públicos, também poderá ser utilizado por aqueles que, motivados por causas diversas, desejam o conhecimento rápido e objetivo de contabilidade geral, tais como acadêmicos, professores, contadores, pesquisadores, auditores, tributaristas etc.

Toda a parte teórica de contabilidade geral será aqui apresentada de forma RESUMIDA, **porém sem perder os detalhes principais inerentes à matéria**, procurando em linguagem acessível ao leitor leigo ou não, apresentar os principais pontos de contabilidade geral, desde os conceitos mais básicos, até o estudo das principais demonstrações contábeis elaboradas pelas sociedades anônimas e sociedades limitadas de grande porte existentes do Brasil, com ênfase nas novas regras contábeis estabelecidas pelos principais Pronunciamentos Técnicos do CPC (Comitê de Pronunciamentos Contábeis).

Cabe ressaltar que, na apresentação do conteúdo teórico, houve a preocupação em atender, principalmente, àqueles que não têm conhecimentos da matéria, com o uso de linguagem simples e didática, além da apresentação de diversos exemplos práticos.

Todos os exercícios de fixação extraídos de diversos concursos públicos das principais bancas elaboradoras estão com o gabarito comentado.

Agradeço desde já a confiança dispensada, estando aberto a quaisquer observações ou críticas que contribuam para o aperfeiçoamento desta obra.

Ed Luiz Ferrari

Sumário

Capítulo 1   **Conceitos Básicos** 1
      1. Contabilidade: Conceitos, Objeto, Objetivo, Finalidade e Campo de Aplicação 1
      2. Usuários da Informação Contábil 2
      3. Principais Tipos de Sociedades Existentes no Brasil 3
Exercícios de Fixação Estilo C (Certo) E (Errado) 6
Gabarito Comentado 9

Capítulo 2   **Patrimônio** 15
      1. Componentes do Patrimônio 15
           1.1. Bens 16
           1.2. Direitos = Créditos da empresa contra seus devedores 18
           1.3. Obrigações = Débitos (dívidas) da empresa com terceiros 20
      2. Patrimônio Líquido (PL) 23
           2.1. Significado e Equação Patrimonial 23
           2.2. Sinônimos de Patrimônio Líquido 23
           2.3. Partes do Patrimônio Líquido 23
           2.4. Estados Patrimoniais 24
      3. Balanço Patrimonial (Noções básicas) 26
           3.1. Conceito 26
           3.2. Obrigatoriedade 26
           3.3. Exercício Social 26
           3.4. Forma de Apresentação 26
           3.5. Grupos de Contas no Balanço 27
Exercícios de Fixação 28
Gabarito Comentado 42

Capítulo 3	Resultado 57

1. Conceito de Resultado 57
2. Regimes de Reconhecimento das Receitas e Despesas...........58
   - 2.1. Regime de Caixa...58
   - 2.2. Regime de Competência (= Princípio da Competência)..58
3. Despesas 60
   - 3.1. Despesas c/ Vendas (ou Despesas Comerciais) 60
   - 3.2. Despesas Financeiras (ou Encargos Financeiros).........60
   - 3.3. Despesas Administrativas 60
   - 3.4. Despesas Gerais...61
   - 3.5. Despesa de Equivalência Patrimonial........................61
   - 3.6. Outras Despesas..61
4. Receitas 62
   - 4.1. Receita Bruta (ou Vendas Brutas).................................62
   - 4.2. Receita Líquida (ou Vendas Líquidas) 62
   - 4.3. Receitas Financeiras 62
   - 4.4. Receita de Equivalência Patrimonial 62
   - 4.5. Outras Receitas..63
5. Demonstração do Resultado do Exercício (DRE) – Noções Básicas 65

Exercícios de Fixação 67
Gabarito Comentado 77

Capítulo 4	Estudo das Contas 89

1. Tipos de Contas 89
   - 1.1. Contas Patrimoniais 89
   - 1.2. Contas de Resultado 90
2. Situações das Contas 92
3. Funcionamentos das Contas..93
4. Saldo..94
5. Razonete 94
6. Balancete..95
   - 6.1. Balancete Inicial 95
   - 6.2. Balancete Final 98

7.	Teorias das Contas	105
	7.1. Teoria Patrimonialista	105
	7.2. Teoria Materialista	105
	7.3. Teoria Personalista	105

Exercícios de Fixação 107
Gabarito Comentado 119

CAPÍTULO 5 — ATOS E FATOS ADMINISTRATIVOS 133

1. Atos Administrativos 133
2. Fatos Contábeis 133
3. Fatos Permutativos 133
4. Fatos Modificativos 134
    4.1. Fatos Modificativos Aumentativos 134
    4.2. Fatos Modificativos Diminutivos 134
5. Fatos Mistos (ou Compostos) 135
    5.1. Fatos Mistos Aumentativos 135
    5.2. Fatos Mistos Diminutivos 135

Exercícios de Fixação 136
Gabarito Comentado 139

CAPÍTULO 6 — ESCRITURAÇÃO 143

1. Conceito 143
2. Métodos de Escrituração 143
3. Sistemas de Escrituração 143
4. Livros de Escrituração 144
5. Critérios de Classificação dos Livros Contábeis 145
    5.1. Quanto à Obrigatoriedade 145
    5.2. Quanto à Natureza 145
    5.3. Quanto à Utilidade 145
6. Livros Contábeis – Características Gerais 145
    6.1. Livro Diário 145
    6.2. Livro Razão 146
    6.3. Livro Caixa 146

    6.4. Livro de Registro de Duplicatas 146

    6.5. Livro de Contas-Correntes... 146

  7. Escrituração no Livro Diário... 147

    7.1. Lançamento... 147

    7.2. Elementos Essenciais do Lançamento 147

    7.3. Fórmulas de Lançamento 147

    7.4. Erros de Escrituração e Correções 149

    7.5. Formalidades do Livro Diário.................................... 151

  8. Interpretação Técnica Geral 2.000 (ITG 2.000).................. 152

  9. Instrução Normativa DNRC nº 107, de 23 de Maio de 2008 .. 156

Exercícios de Fixação 172

Gabarito Comentado 185

Capítulo 7 Contabilização de Operações Diversas 195

  1. Juros na Compra de Bens A Prazo 195

  2. Descontos Financeiros (ou Condicionais) Obtidos
    no Pagamento Antecipado de Duplicatas........................... 197

  3. Descontos Financeiros (ou Condicionais) Concedidos
    no Recebimento Antecipado de Duplicatas........................ 197

  4. Descontos Comerciais (ou Incondicionais) Obtidos
    na Compra de Mercadorias 198

  5. Descontos Comerciais (ou Incondicionais) Concedidos
    na Revenda de Mercadorias.. 198

  6. Apropriação e Pagamento do IPTU 198

  7. Apropriação dos Aluguéis que Serão Pagos no Mês Seguinte .. 199

  8. Apropriação dos Aluguéis que Serão Recebidos
    no Mês Seguinte.. 199

  9. Pagamento Antecipado de Aluguéis................................... 199

  10. Recebimento Antecipado de Aluguéis................................ 200

  11. Variação Cambial de Dívida em Moeda Estrangeira 201

  12. Operações com Folha de Pagamento do Pessoal................ 203

    12.1. Apropriação dos salários para pagamento
      no mês seguinte 203

    12.2. Retenção na Fonte do INSS e do IR do pessoal 203

12.3. Contabilização do INSS patronal 203
12.4. Contabilização do Salário-Família 203
12.5. Adiantamento de Salários 204
12.6. Apropriação dos salários do pessoal no final do mês quando há adiantamentos de salários no decorrer do mês 204
12.7. Apropriação dos salários quando há empréstimos consignados efetuados por instituições financeiras ... 204
13. Operações com Ativo Imobilizado 205
13.1. Compra de Bens do Ativo Imobilizado 205
13.2. Depreciação de Bens do Ativo Imobilizado 205
13.3. Venda de Bens do Ativo Imobilizado 209
13.4. Baixa de Bens do Ativo Imobilizado 209
14. Operações com Ativo Intangível 209
14.1. Aquisição Separada de Ativo Intangível 209
14.2. Ativo Intangível Gerado Internamente 209
14.3. Amortização de Ativo Intangível 211
15. Exaustão de Minas e Jazidas 214
16. Provisão para Contingências Trabalhistas 215
17. Contabilização das Perdas Estimadas em Estoques (PEE) ... 215
18. Contabilização das Perdas Estimadas em Créditos de Liquidação Duvidosa – PECLD 216

Exercícios de Fixação 219
Gabarito Comentado 226

Capítulo 8 **Operações com Mercadorias** 233
1. Apuração Extracontábil 233
1.1. Compras Brutas (CB) 233
1.1.1. Empresas Comerciais Tributadas pelo Pis e pela Cofins no Sistema Cumulativo 234
1.1.2. Empresas Comerciais Tributadas pelo Pis e pela Cofins no Sistema Não Cumulativo 234
1.2. Compras Líquidas (CL) 235
1.3. Mercadorias Disponíveis para Venda (MDV) 236
1.4. Custo das Mercadorias Vendidas (CMV) 236

		1.5.	Vendas Brutas: VB (ou Receita Bruta)..........................236

        1.5.   Vendas Brutas: VB (ou Receita Bruta) 236
        1.6.   Vendas Líquidas: VL (ou Receita Líquida) 236
        1.7.   Resultado com Mercadorias (RCM) 237
   2.   Apuração Contábil 237
        2.1.   Inventário Periódico 238
                2.1.1.   Conta Mercadorias Mista 238
                2.1.2.   Conta Mercadorias Desdobrada 241
        2.2.   Inventário Permanente 242
                2.2.1.   Forma de Contabilização 242
                2.2.2.   Sistemas de Controle de Estoques 244
                2.2.3.   Comparação entre os Métodos PEPS, UEPS
                           e Custo Médio Móvel 246

Exercícios de Fixação 252
Gabarito Comentado 266

Capítulo 9   **Demonstração do Resultado do Exercício** **279**
   1.   Conceito 279
   2.   Estrutura 279
   3.   Modelos de DRE por Subclassificação de Despesas 281
        3.1.   Método da Natureza da Despesa 282
        3.2.   Método da Função da Despesa (ou Método do Custo
                dos Produtos e Serviços Vendidos) 282
   4.   Operações Continuadas e Operações Descontinuadas 284
   5.   Participações Estatutárias 288
   6.   Lucro Líquido 290

Exercícios de Fixação 291
Gabarito Comentado 298

Capítulo 10   **Balanço Patrimonial – Grupos de Contas e Redução**
                      ao Valor Recuperável de Ativos **305**
   1.   Ativo Circulante 305
        1.1.   Disponibilidades 305
        1.2.   Direitos Realizáveis no Exercício Seguinte 305
        1.3.   Despesas do Exercício Seguinte 306

2. Ativo não Circulante 307
   2.1. Ativo Realizável a Longo Prazo 307
   2.2. Ativo Investimentos 309
   2.3. Ativo Imobilizado 310
   2.4. Ativo Intangível 311
3. Passivo Circulante 312
4. Passivo não Circulante 312
5. Patrimônio Líquido 314
   5.1. Capital Social 314
   5.2. Gastos na Emissão de Ações 315
   5.3. Reservas de Capital 316
   5.4. Reservas de Lucros 320
      5.4.1. Reserva Legal 322
      5.4.2. Reservas Estatutárias 322
      5.4.3. Reservas para Contingências 323
      5.4.4. Reserva de Incentivos Fiscais 324
      5.4.5. Reserva de Retenção de Lucros 326
      5.4.6. Reservas de Lucros a Realizar (RLAR) 327
      5.4.7. Reserva Especial 331
   5.5. Ajustes de Avaliação Patrimonial 332
   5.6. Ações em Tesouraria 332
   5.7. Prejuízos Acumulados 333
6. Redução ao Valor Recuperável de Ativos 334

Exercícios de Fixação 335
Gabarito Comentado 344

CAPÍTULO 11 DEMONSTRAÇÃO DOS LUCROS OU PREJUÍZOS ACUMULADOS – DLPA E DEMONSTRAÇÃO DAS MUTAÇÕES DO PATRIMÔNIO LÍQUIDO – DMPL 355

1. Demonstração dos Lucros ou Prejuízos Acumulados (DLPA) 355
2. Demonstração das Mutações do Patrimônio Líquido (DMPL) 358

Exercícios de Fixação 361
Gabarito Comentado 372

Capítulo 12	Demonstração dos Fluxos de Caixa (DFC)	385
	1. Conceito	385
	2. Disponibilidades	386
	3. Equivalentes de Caixa	386
	4. Obrigatoriedade da DFC	386
	5. Fluxos de Caixa – Classificação	387
	6. Fluxos das Atividades Operacionais (FAO)	388
	7. Fluxos das Atividades de Investimento (FAI)	389
	8. Fluxos das Atividades de Financiamento (FAF)	390
	9. Métodos de Elaboração da DFC	391
	10. Método Direto	391
	11. Ativos e Passivos Operacionais	392
	12. Método Indireto	393
Exercícios de Fixação		403
Gabarito Comentado		405
Capítulo 13	Demonstração do Valor Adicionado (DVA)	407
	1. Conceito	407
	2. Obrigatoriedade	407
	3. Relação da DVA com a DRE	407
	4. Estrutura da DVA	408
Exercícios de Fixação		414
Gabarito Comentado		417
Capítulo 14	Demonstração do Resultado Abrangente (DRA)	421
	1. Introdução	421
	2. Outros Resultados Abrangentes	423
	3. Demonstração do Resultado Abrangente (DRA)	424
Exercícios de Fixação		425
Gabarito Comentado		426

Capítulo 15	Princípios Contábeis	429
	1. Significado	429
	2. Resolução CFC nº 750/1993 (Já Alterada pela CFC nº 1.282/2010)	429

Exercícios de Fixação Estilo C (Certo) E (Errado) 433
Gabarito Comentado 436

Anexo – Principais Artigos da Lei nº 6.404/76 441

Capítulo 1

Conceitos Básicos

1. Contabilidade: Conceitos, Objeto, Objetivo, Finalidade e Campo de Aplicação

Entre os diversos conceitos de CONTABILIDADE, temos os seguintes:

A CONTABILIDADE é, objetivamente, um sistema de informação e avaliação destinado a prover seus usuários com demonstrações e análises de natureza econômica, financeira, física e de produtividade, com relação à entidade objeto de contabilização (PRONUNCIAMENTO DO IBRACON APROVADO PELA CVM ATRAVÉS DA DELIBERAÇÃO Nº 29 DE 1986)

A CONTABILIDADE é a ciência que tem por objeto o patrimônio das entidades e por objetivo o controle desse patrimônio, com a finalidade de fornecer informações de caráter econômico, patrimonial e financeiro da entidade objeto de contabilização.

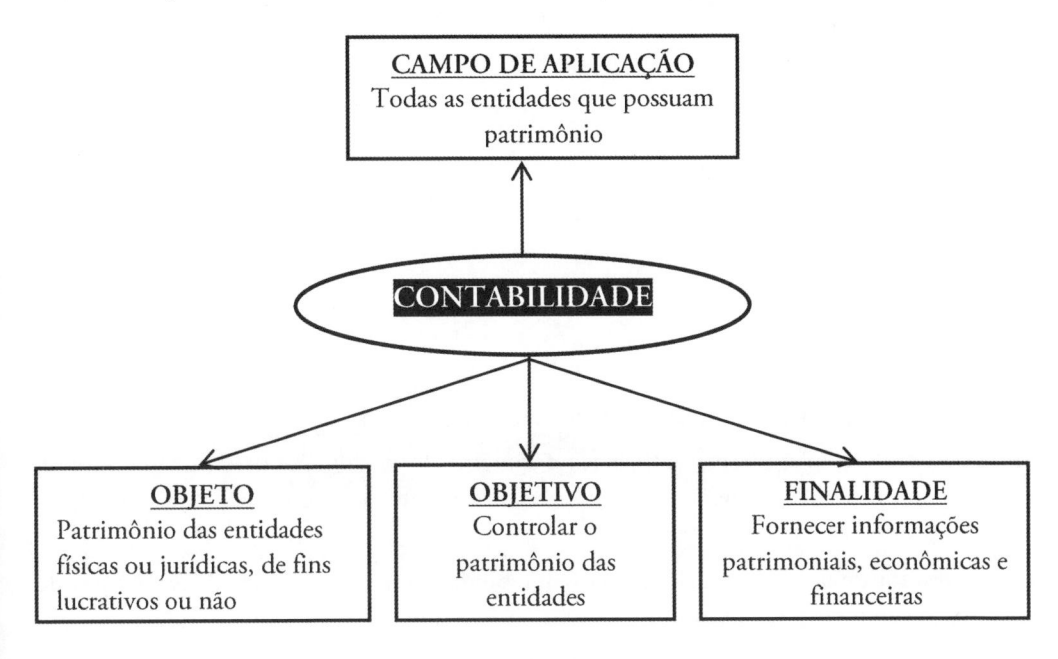

```
                    CAMPO DE APLICAÇÃO
                    Todas as entidades que possuam
                              patrimônio
                                  ↑
                           CONTABILIDADE
              ↙                   ↓                   ↘
        OBJETO                OBJETIVO              FINALIDADE
Patrimônio das entidades      Controlar o        Fornecer informações
físicas ou jurídicas, de fins  patrimônio das    patrimoniais, econômicas e
    lucrativos ou não           entidades              financeiras
```

Nota 1: A SITUAÇÃO PATRIMONIAL se refere aos **bens**, **direitos** e **obrigações** pertencentes à entidade em dado momento (regra geral, ao final do ano-calendário), os quais são evidenciados na demonstração contábil denominada de BALANÇO PATRIMONIAL.

Nota 2: A SITUAÇÃO FINANCEIRA se refere aos FLUXOS DE CAPITAL DE GIRO (= fluxos que envolvam dinheiro, créditos conversíveis em dinheiro, estoques etc.), os quais podem ser avaliados de forma dinâmica, através da demonstração contábil denominada demonstração dos fluxos de caixa, ou avaliados de forma estática, através das informações obtidas da demonstração contábil denominada balanço patrimonial, o qual permite a avaliação do potencial que uma empresa possui de quitar suas dívidas com terceiros, tendo em vista que o balanço fornece, entre outras coisas, os valores dos recursos aplicados em caixa ou equivalentes de caixa, bem como outros ativos que se converterão em dinheiro em curto prazo, seja por recebimento (ex.: contas a receber) ou por venda (ex.: mercadorias), além de fornecer informações sobre as dívidas a pagar a curto e longo prazos.

Nota 3: A SITUAÇÃO ECONÔMICA (ou SITUAÇÃO DE DESEMPENHO) se refere ao resultado, isto é, ao lucro ou prejuízo de uma empresa referente a dado período (normalmente de 1 ano), através do confronto entre as receitas e despesas competentes ao mesmo período, as quais são evidenciadas na demonstração contábil denominada demonstração do resultado do exercício.

2. Usuários da Informação Contábil

Tendo em vista que a finalidade da contabilidade é fornecer informações de caráter econômico, financeiro e patrimonial a seus usuários, nas sociedades empresárias, em geral, podemos exemplificar os seguintes:

- Sócios
- Administradores
- Auditores
- Bancos
- Credores por empréstimos
- Financiadores
- Investidores
- Governo etc.

Nota: Embora todos os usuários significativamente numerosos se utilizem das informações semelhantes fornecidas pela contabilidade, em geral, existem divergências de percepções entre eles, isto é, com as mesmas informações contábeis fornecidas por determinada empresa ou entidade, usuários diferentes tendem a ter óticas diferentes e chegarem a conclusões "próximas", mas nunca totalmente iguais.

Apesar das informações produzidas pela Contabilidade serem úteis para diversos tipos de usuários, sejam internos (ex.: administradores) ou externos (ex.: investidores), de acordo com o CPC 00 (R1) – Estrutura Conceitual para Elaboração e Divulgação de Relatório Contábil-Financeiro – emitido pelo Comitê de Pronunciamentos Contábeis, as **demonstrações contábeis** (= relatórios contábeis-financeiros) são elaboradas e apresentadas para USUÁRIOS EXTERNOS em geral, tendo em vista suas finalidades distintas e necessidades diversas. Governos, órgãos reguladores ou autoridades tributárias, por exemplo, podem determinar especificamente exigências para atender a seus próprios interesses. Essas exigências, no entanto, **não devem afetar as demonstrações contábeis elaboradas segundo o CPC 00 (R1)**.

Demonstrações contábeis elaboradas dentro do que prescreve o CPC 00 (R1) objetivam fornecer informações que sejam úteis na tomada de decisões econômicas e avaliações por parte dos usuários em geral, **não tendo o propósito de atender finalidade ou necessidade específica de determinados grupos de usuários**.

Demonstrações contábeis elaboradas com tal finalidade satisfazem as necessidades comuns da maioria dos seus usuários, uma vez que quase todos eles utilizam essas demonstrações contábeis para a tomada de decisões econômicas.

3. PRINCIPAIS TIPOS DE SOCIEDADES EXISTENTES NO BRASIL

O Código Civil prevê vários tipos distintos de sociedades. Entre esses, podemos destacar os principais:

➤ Sociedade Limitada
➤ Sociedade Anônima (ou Companhia)

Comparando as características principais desses dois tipos, temos a seguinte tabela:

CARACTERÍSTICA	SOCIEDADE LIMITADA	SOCIEDADE ANÔNIMA
Capital social (Composição)	Cotas	Ações
Sócios	Cotistas	Acionistas
Documento principal	Contrato Social	Estatuto
Importância dos sócios	Sociedade de pessoas	Sociedade de capital
Participação dos sócios nos lucros	Dividendos	Dividendos
Lei reguladora principal	Código Civil	Lei nº 6.404/76

Obs. 1: O CAPITAL SOCIAL, também chamado de CAPITAL SUBSCRITO, ou, simplesmente, CAPITAL, é o investimento inicial, em dinheiro ou outros bens avaliados em dinheiro, na abertura de uma sociedade, o qual poderá ser aumentado posteriormente pela entrada de novos sócios ou pela incorporação de lucros ou reservas. No caso de uma sociedade limitada, é dividido em cotas, onde o valor individual de cada cota é o mesmo e cada sócio (cotista) possui determinado número de cotas. No caso de uma sociedade anônima, é dividido em ações, e cada sócio (acionista) possui determinado número de ações.

Exemplo 1: Suponhamos que três sócios (A, B e C) constituam uma sociedade limitada da seguinte forma:

Sócio A: 1.000 cotas

Sócio B: 2.000 cotas

Sócio C: 5.000 cotas

Se, por hipótese, no contrato social for fixado o valor de cada cota em R$ 4,00, então o Capital Social estará dividido em 8.000 cotas e terá o valor de R$ 32.000,00, valor este também indicado no contrato social.

Exemplo 2: Suponhamos que 5 acionistas fundadores constituam uma S/A, subscrevendo cada um 10.000 ações de valor nominal R$ 15,00 cada uma. Assim, o Capital Social será dividido em 50.000 ações e terá o valor de R$ 750.000,00.

Obs. 2: De acordo com o art. 80 da Lei nº 6.404/76, a CONSTITUIÇÃO de uma companhia depende do cumprimento dos seguintes requisitos preliminares:
  I. subscrição, pelo menos por 2 (duas) pessoas, de todas as ações em que se divide o capital social fixado no estatuto;
  II. realização, como entrada, de **10% (dez por cento)**, no MÍNIMO, do preço de emissão das ações subscritas em dinheiro;
  III. depósito, no Banco do Brasil S/A., ou em outro estabelecimento bancário autorizado pela Comissão de Valores Mobiliários, da parte do capital realizado em dinheiro.

Obs. 3: A Lei nº 6.404, de 15 de dezembro de 1976, é conhecida como Lei das Sociedades por Ações. Essa é a lei que regula as sociedades anônimas brasileiras. Possui 300 artigos, onde, para a contabilidade geral, os principais artigos são do art. 175 ao art. 205. Para efeitos de provas de contabilidade em concursos públicos, é essencial que se tenha conhecimento desses artigos. Apesar do nome "lei das sociedades por ações", com base na Lei nº 11.638, de 28 de dezembro de 2007, as sociedades limitadas de grande porte (= sociedades que possuam, no exercício anterior, ativo superior a R$ 240.000.000 ou receita bruta anual superior a R$ 300.000.000) estão sujeitas aos dispositivos da Lei nº 6.404/76 no que se refere à escrituração, demonstrações contábeis e auditoria.

Obs. 4: Com relação ao aumento do capital de uma companhia por NOVAS subscrições, o art. 170 da Lei nº 6.404/76 determina que esse aumento só poderá ocorrer se a companhia tiver realizado, no mínimo, 3/4 de seu capital social.

Obs. 5: SUBSCREVER ações não é sinônimo de REALIZAR ações. Ao subscrever as ações, os acionistas podem ou não pagá-las de imediato. A parte do capital social formada pelas ações subscritas e ainda não realizadas em dinheiro ou outros bens é chamada de CAPITAL A REALIZAR (ou CAPITAL A INTEGRALIZAR).

Obs. 6: As sociedades anônimas podem ser abertas ou fechadas. Se as ações são negociadas nas bolsas de valores, por exemplo, a companhia é <u>aberta</u>. No entanto, se ações não são negociadas nas bolsas ou em nenhum outro lugar, a companhia é <u>fechada</u>. Tanto as companhias abertas quanto as fechadas estão sujeitas à Lei nº 6.404/76. Porém, as companhias abertas também estão sujeitas às normas da CVM (Comissão de Valores Mobiliários). No caso das companhias fechadas, a Lei nº 6.404/76 faculta no art. 177 a observância dos dispositivos da CVM no que se refere às demonstrações financeiras.

Obs. 7: A CVM é uma autarquia federal vinculada ao Ministério da Fazenda, que tem por objetivo regular e fiscalizar o mercado de capitais.

Obs. 8: Com relação aos tipos de ações que compõem o Capital Social de uma S/A, o mesmo pode ser composto por dois tipos:

<u>Ações ordinárias</u>: entre outras vantagens, dão direito ao voto nas assembleias de acionistas.

<u>Ações preferenciais</u>: não dão direito ao voto, mas dão <u>preferências</u> com relação aos dividendos, tendo em vista que existem classes especiais dessas ações, como, por exemplo, ações preferenciais de dividendos mínimos ou ações preferenciais de dividendos fixos, coisa que não acontece com as ações ordinárias.

Nada impede que o capital social de uma S/A seja 100% composto de ações ordinárias. No entanto, no caso das ações preferenciais, a Lei nº 6.404, no seu art. 15, fixou o limite máximo dessas ações em 50% do total. Assim, por exemplo, se o capital social de uma S/A for composto de 940.000 ações, todas podem ser ordinárias. Porém, caso existam ações preferenciais, o máximo nesse caso seria de 470.000.

Obs. 9: Com o objetivo de alinhar as normas contábeis brasileiras aos padrões internacionais de contabilidade, foi criado no Brasil em 2005 o Comitê de Pronunciamentos Contábeis (CPC), o qual, a partir de 2008, tem emitido diversos pronunciamentos técnicos (CPCs), interpretações técnicas (ICPCs) e orientações técnicas (OCPCs), os quais posteriormente são todos aprovados pela CVM através de suas DELIBERAÇÕES, de modo que as companhias abertas brasileiras passaram a ser obrigadas a contabilizar suas operações com observância das normas do CPC, a partir de 2010. Além disso, visto que as normas do CPC também são aprovadas pelo CFC (Conselho Federal de Contabilidade), através de suas RESOLUÇÕES, as sociedades empresárias, em geral, são recomendadas a contabilizarem suas operações com observância das normas do CPC. Assim, por exemplo, o Pronunciamento Técnico **CPC 01 (R1) – Redução ao Valor Recuperável de Ativos** – equivale à Resolução CFC nº 1.292/2010, que equivale à Deliberação CVM nº 639/2010.

Exercícios de Fixação Estilo C (Certo) E (Errado)

(Fundação de Clínicas Gaspar Vianna – PA/CespeUnB) – Itens 1 e 2

1. Considerando que um dos objetivos da contabilidade é controlar o patrimônio e que a correta identificação dos fenômenos é essencial para o atendimento da finalidade da contabilidade, que é controlar os fenômenos ocorridos no patrimônio das entidades, é correto afirmar que os objetivos e a finalidade da contabilidade são similares.

2. A técnica mais relevante para se atingir a finalidade da contabilidade é denominada análise das demonstrações financeiras.

(Fundação Universidade de Brasília/CespeUnB) – Itens 3 a 7.

3. O principal objetivo da contabilidade é fornecer informações para auxiliar o processo decisório dos usuários

4. A contabilidade é uma ciência porque tem objeto próprio.

5. A finalidade da contabilidade é registrar os fatos e produzir informações que possibilitem ao titular do patrimônio o planejamento e controle de suas ações.

6. O objeto da contabilidade é o Sistema Tributário Nacional.

7. O patrimônio das entidades constitui a matéria de estudo da contabilidade.

(Prefeitura de Teresina/CespeUnB) – Item 8

8. A despeito das mudanças substanciais nos tipos de usuários e nas modalidades de informação que estes têm procurado, a função fundamental da contabilidade continua atrelada à finalidade de prover esses usuários das demonstrações contábeis com informações que os ajudem a tomar decisões de natureza econômico-financeira.

(TJ – ES/CespeUnB)

9. Diversos são os tipos de usuários interessados nas informações contidas nas demonstrações contábeis das entidades. Um desses grupos é constituído pelos clientes, cujo interesse é tanto maior quanto maior forem a sua dependência e a concentração nos fornecimentos de algumas poucas entidades.

(Contador – Acre/ CespeUnB) Acerca dos objetivos dos usuários da contabilidade, julgue o item abaixo.

10. A ênfase em informações de finalidades genéricas na contabilidade baseia-se na presunção de que usuários significativamente numerosos demandam informações semelhantes.

(BACEN – CespeUnB) – Itens 11 e 12

11. Com relação aos objetivos apropriados para a contabilidade quanto à utilidade da informação contábil, existem divergências de percepções entre administradores e auditores.

12. Do total do capital subscrito na constituição de uma sociedade pelo menos 5% devem ser integralizados em dinheiro; e o restante, em bens que possam ser avaliados em dinheiro.

(ABIN – Oficial Técnico de Inteligência/CespUnB) – Item 14

13. Para aumentar o capital social mediante subscrição de ações, a companhia deve ter realizado, no mínimo, três quartos de seu capital social.

(UNIPAMPA – Técnico em Contabilidade/CespeUnB) – Itens 14 a 16
Com relação aos conceitos, objetivos e finalidades da contabilidade, julgue os itens a seguir.

14. A identificação da natureza dos elementos que compõem o patrimônio de uma entidade constitui atividade que a contabilidade desenvolve com vistas ao estudo do patrimônio em seus aspectos qualitativos.

15. A contabilidade é uma ciência social cuja finalidade é permitir aos seus usuários, que podem ser tanto pessoas físicas quanto pessoas jurídicas, a avaliação da situação econômica e financeira de uma entidade, independentemente dessa entidade apresentar, ou não, finalidade lucrativa.

16. Os fluxos de receitas e despesas apresentados na demonstração do resultado do exercício são exemplos de informações de natureza financeira prestadas pela contabilidade. Os fluxos de capital de giro, por outro lado, são exemplos de elementos que caracterizam a dimensão econômica da contabilidade.

(MPU – Analista de Contabilidade – Perito/CespeUnB) – item 17.

17. O patrimônio não é objeto de estudo exclusivo da contabilidade, haja vista que ciências como administração e a economia também se interessam pelo patrimônio, mas é a única que restringe o estudo do patrimônio a seus aspectos quantitativos.

(STM – Analista Judiciário/CespeUnB) – itens 18 a 19.

18. No Brasil, a Ciência Contábil, desde as últimas alterações na Lei nº 6.404/76, vem se afastando da escola italiana, ao mesmo tempo em que se aproxima da escola norte-americana.

19. O objeto da contabilidade é o patrimônio, constituído pelo conjunto de bens, direitos e obrigações próprios de determinado ente.

(Secretaria de Estado da Gestão Administrativa do DF /CespeUnB) – Item 20.

20. O objeto formal da contabilidade é o estudo do patrimônio das entidades, em seus aspectos qualitativos e quantitativos, e seu objetivo é o fornecimento de informações como suporte à tomada de decisão pelos usuários internos e externos.

(Instituto Brasília Ambiental – Governo do DF/CespeUnB) – Itens 21 e 22.

21. A contabilidade tem como objeto o patrimônio e como um de seus objetivos prover seus usuários de informações úteis para a tomada de decisões.

22. A contabilidade busca entender as mutações sofridas pelo patrimônio, tendo como alvo, entre outras, uma visão prospectiva de possíveis variações. As mutações tanto podem decorrer da ação do homem quanto da natureza.

Gabarito Comentado

1. **Considerando que um dos objetivos da contabilidade é controlar o patrimônio e que a correta identificação dos fenômenos é essencial para o atendimento da finalidade da contabilidade, que é controlar os fenômenos ocorridos no patrimônio das entidades, é correto afirmar que os objetivos e a finalidade da contabilidade são similares.** (CERTO)

Comentário: Embora OBJETIVO (= meio para alcançar uma meta) e FINALIDADE (= meta a ser alcançada) da contabilidade não sejam "exatamente" a mesma coisa, tendo em vista que o objetivo é o controle do patrimônio e a finalidade é o fornecimento de informações econômicas, financeiras e patrimoniais de uma entidade aos usuários externos ou internos, devemos ter uma certa flexibilidade na aceitação de certos conceitos, chegando-se, em situações extremas, como é o caso da banca Cespe UnB (Centro de Seleção e Promoção de Eventos da Universidade de Brasília), a se tratar objetivo e finalidade da contabilidade como se fossem a mesma coisa. Por outro lado, devemos ter uma certa precaução com o entendimento da banca elaboradora de uma questão envolvendo tais conceitos que não seja o Cespe, tendo em vista a relativa divergência entre os diversos doutrinadores.

2. **A técnica mais relevante para se atingir a finalidade da contabilidade é denominada análise das demonstrações financeiras.** (ERRADO)

Comentário: De uma forma geral, não se pode afirmar que uma técnica contábil é mais importante que outra sem definir bem o tipo de usuário da informação contábil. Assim, no caso específico do usuário EXTERNO, pode-se dizer que a ELABORAÇÃO DAS DEMONSTRAÇÕES CONTÁBEIS é a técnica mais relevante, visto que tais demonstrações, conforme a Estrutura Conceitual CPC 00 (R1) estabelece, visam sobretudo esse tipo de usuário.

3. **O principal objetivo da contabilidade é fornecer informações para auxiliar o processo decisório dos usuários.** (CERTO)

Comentário: O principal objetivo da contabilidade, que corresponde à sua finalidade, é, de fato, o fornecimento de informações aos seus usuários.

4. A contabilidade é uma ciência porque tem objeto próprio. (CERTO)

Comentário: Toda ciência tem o seu objeto próprio. No caso da contabilidade, este corresponde ao patrimônio das entidades físicas ou jurídicas, de fins lucrativos ou não.

5. A finalidade da contabilidade é registrar os fatos e produzir informações que possibilitem ao titular do patrimônio o planejamento e controle de suas ações. (CERTO)

Comentário: Embora "mais precisamente" o registro dos fatos seja o objetivo da contabilidade e produção de informações seja a sua finalidade, tendo em vista que objetivo e finalidade da contabilidade se confundem para grande parte dos estudiosos da ciência contábil, incluindo a banca Cespe, podemos ter como verdadeira a afirmação de que os registros dos fatos e a produção de informações são finalidades da contabilidade.

6. O objeto da contabilidade é o Sistema Tributário Nacional. (ERRADO)

Comentário: O objeto da contabilidade é o PATRIMÔNIO.

7. O patrimônio das entidades constitui a matéria de estudo da contabilidade. (CERTO)

Comentário: A matéria de estudo da contabilidade, que corresponde ao seu OBJETO, é o patrimônio.

8. A despeito das mudanças substanciais nos tipos de usuários e nas modalidades de informação que estes têm procurado, a função fundamental da contabilidade continua atrelada à finalidade de prover esses usuários das demonstrações contábeis com informações que os ajudem a tomar decisões de natureza econômico-financeira. (CERTO)

Comentário: A FINALIDADE da contabilidade é prover os usuários das INFORMAÇÕES contábeis, as quais podem se apresentar sob forma de DEMONSTRAÇÕES contábeis, sendo tais informações de natureza econômico-financeira.

9. Diversos são os tipos de usuários interessados nas informações contidas nas demonstrações contábeis das entidades. Um desses grupos é constituído pelos clientes, cujo interesse é tanto maior quanto maior forem a sua dependência e a concentração nos fornecimentos de algumas poucas entidades. (CERTO)

Comentário: Quanto maior for a dependência dos clientes em relação ao fornecedor, maior será seu interesse nas informações contábeis deste. Da mesma forma, o interesse aumenta também em função da redução do número de fornecedores.

10. **A ênfase em informações de finalidades genéricas na contabilidade baseia-se na presunção de que usuários significativamente numerosos demandam informações semelhantes.** (CERTO)

Comentário: As mesmas informações produzidas pela contabilidade podem atender diversos usuários com finalidades diversas.

....

11. **Com relação aos objetivos apropriados para a contabilidade quanto à utilidade da informação contábil, existem divergências de percepções entre administradores e auditores.** (CERTO)

Comentário: Administradores e auditores, em geral, têm óticas diferentes quando analisam o mesmo conjunto de informações contábeis.

....

12. **Do total do capital subscrito na constituição de uma sociedade pelo menos 5% devem ser integralizados em dinheiro; e o restante, em bens que possam ser avaliados em dinheiro.** (ERRADO)

Comentário: Com base no art. 80 da Lei nº 6.404/76, uma das condições para constituição de uma S/A é a realização de, no mínimo, 10% das ações em dinheiro. Além disso, não é em qualquer tipo de sociedade que há essa exigência, visto que a referida lei é obrigatória para as sociedades por ações.

....

13. **Para aumentar o capital social mediante subscrição de ações, a companhia deve ter realizado, no mínimo, três quartos de seu capital social.** (CERTO)

Comentário: O art. 170 da Lei nº 6.404/76 determina que esse aumento só poderá ocorrer se a companhia tiver realizado, no mínimo, 3/4 de seu capital social.

....

14. **A identificação da natureza dos elementos que compõem o patrimônio de uma entidade constitui atividade que a contabilidade desenvolve com vistas ao estudo do patrimônio em seus aspectos qualitativos.** (CERTO)

Comentário: Quando se analisa o patrimônio de uma entidade, existem dois aspectos: QUANTITATIVO – refere-se às expressões monetárias em moeda de cada item patrimonial; QUALITATIVO – refere-se à identificação da natureza de cada item patrimonial. Assim, por exemplo, "Dinheiro", "Estoques", "Veículos" etc. são variações qualitativas de itens patrimoniais. Já, "R$ 12.500,00"; "R$ 1.543,00", "R$ 321,46" etc. são variações quantitativas de itens patrimoniais.

....

15. **A contabilidade é uma ciência social cuja finalidade é permitir aos seus usuários, que podem ser tanto pessoas físicas quanto pessoas jurídicas, a avaliação da situação econômica e financeira de uma entidade, independentemente dessa entidade apresentar, ou não, finalidade lucrativa.** (CERTO)

Comentário: A FINALIDADE geral da contabilidade é fornecer quaisquer tipos de informações qualitativas ou quantitativas sobre o patrimônio e suas variações ao longo do tempo a quaisquer tipos de usuários com percepções diversas, sejam pessoas físicas ou jurídicas, de fins lucrativos ou não.

....

16. **Os fluxos de receitas e despesas apresentados na demonstração do resultado do exercício são exemplos de informações de natureza financeira prestadas pela contabilidade. Os fluxos de capital de giro, por outro lado, são exemplos de elementos que caracterizam a dimensão econômica da contabilidade.** (ERRADO)

Comentário: A afirmação acima está invertida. Assim, o correto é: Os fluxos de receitas e despesas apresentados na demonstração do resultado do exercício são exemplos de informações de natureza ECONÔMICA prestadas pela contabilidade. Os fluxos de capital de giro, por outro lado, são exemplos de elementos que caracterizam a dimensão FINANCEIRA da contabilidade.

....

17. **O patrimônio não é objeto de estudo exclusivo da contabilidade, haja vista que ciências como administração e a economia também se interessam pelo patrimônio, mas é a única que restringe o estudo do patrimônio a seus aspectos quantitativos.** (ERRADO)

Comentário: Embora, de fato, ciências como administração e economia também se interessem pelo patrimônio, a contabilidade não se limita a estudar o patrimônio apenas pelos seus aspectos quantitativos, mas **também** pelos seus aspectos QUALITATIVOS. Assim, por exemplo, quando se diz que o saldo da conta "Caixa" é devedor de R$ 1.300,00 e o saldo da conta "Mercadorias" é devedor de R$ 3.500,00, as denominações "Caixa" e "Mercadorias" se referem aos aspectos QUALITATIVOS do patrimônio e os valores "R$ 1.300,00" e "R$ 3.500,00" se referem aos aspectos QUANTITATIVOS do patrimônio.

....

18. **No Brasil, a Ciência Contábil, desde as últimas alterações na Lei nº 6.404/76, vem se afastando da escola italiana, ao mesmo tempo em que se aproxima da escola norte-americana.** (ERRADO)

Comentário: As últimas alterações na Lei nº 6.404/76 visam adaptar as normas brasileiras de contabilidade aos padrões internacionais. O afastamento da escola italiana e aproximação da escola norte-americana é um processo lento e gradativo que ocorre no Brasil muito antes da existência da Lei nº 6.404/76.

....

19. **O objeto da contabilidade é o patrimônio, constituído pelo conjunto de bens, direitos e obrigações próprios de determinado ente.** (CERTO)

Comentário: O art. 4º da Resolução CFC 750/1993 determina que o princípio da ENTIDADE reconhece o patrimônio como objeto da contabilidade, o qual sabemos ser formado pelos bens, direitos e obrigações da entidade.

20. **O objeto formal da contabilidade é o estudo do patrimônio das entidades, em seus aspectos qualitativos e quantitativos, e seu objetivo é o fornecimento de informações como suporte à tomada de decisão pelos usuários internos e externos.** (CERTO)

Comentário: Doutrinariamente, há uma certa divergência generalizada entre os conceitos de **objeto**, **objetivo** e **finalidade** da contabilidade entre diversos estudiosos da ciência contábil, mas, em geral, TODOS esses conceitos **SÃO VÁLIDOS**, visto que definem bem a ciência contábil. Assim o que se denominou "objeto formal" da contabilidade, entendemos como objetivo e, o que se denominou "objetivo", entendemos como finalidade da contabilidade, divergência essa que não desabona a veracidade da afirmação do item em questão.

21. **A contabilidade tem como objeto o patrimônio e como um de seus objetivos prover seus usuários de informações úteis para a tomada de decisões.** (CERTO)

Comentário: De fato, o objeto da contabilidade é o patrimônio e o que se chamou de "objetivo" entendemos que é a finalidade. Corroborando o que já foi comentado no item anterior, devemos ter uma certa flexibilidade na aceitação de conceitos não exatamente iguais, mas que definem bem a ciência contábil.

22. **A contabilidade busca entender as mutações sofridas pelo patrimônio, tendo como alvo, entre outras, uma visão prospectiva de possíveis variações. As mutações tanto podem decorrer da ação do homem quanto da natureza.** (CERTO)

Comentário: O objetivo da contabilidade é controlar o patrimônio, de forma que se possa entender suas mutações ao longo do tempo. Em alguns casos, a contabilização de algumas mutações depende de uma visão prospectiva, como é o caso, por exemplo, da contabilização de provisões, as quais dependem de fatos ainda não totalmente consumados. Há mutações patrimoniais causadas pelo homem, como, por exemplo, a venda de mercadorias, como também há mutações patrimoniais que podem decorrer da natureza, como, por exemplo, a perda de parte do estoque em função de uma enchente.

CAPÍTULO 2

PATRIMÔNIO

1. COMPONENTES DO PATRIMÔNIO

Conforme já visto, o patrimônio é o objeto da contabilidade, sendo o objetivo desta o controle desse patrimônio.

Quando nos referimos a patrimônio, pensamos em bens, tais como casa, carro, terreno, computador, motocicleta, etc.

No entanto, o conceito contábil de patrimônio é mais amplo, visto que envolve não só os bens, mas também os direitos e obrigações da entidade.

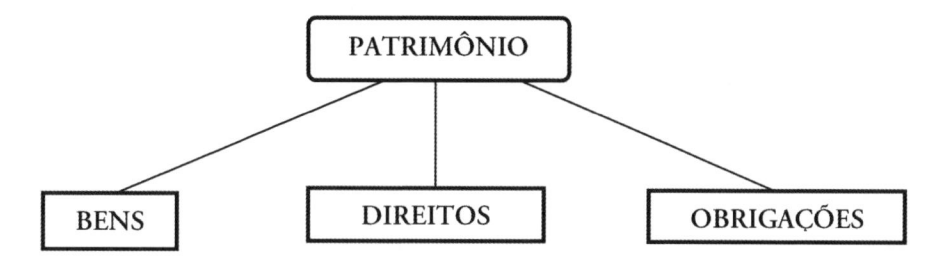

```
                    PATRIMÔNIO
                   /     |     \
                  /      |      \
              BENS   DIREITOS   OBRIGAÇÕES
```

A parte positiva do patrimônio é composta pelos bens e direitos. Essa parte chamamos de ATIVO. Já a parte negativa, chamamos de PASSIVO.

Ativo = Bens + Direitos

Passivo = Obrigações

➢ **Sinônimos de Ativo:**
- Patrimônio Bruto
- Recursos Totais Aplicados no Patrimônio

> **Sinônimos de Passivo:**
> - Passivo Exigível
> - Capital de Terceiros
> - Débitos da Empresa

1.1. Bens

BEM, no sentido contábil, é tudo aquilo que tem utilidade e pode ser avaliado monetariamente. Daí, podemos classificar os bens da seguinte forma:

A) BENS NUMERÁRIOS (ou Disponibilidades)

Representam o dinheiro de uma empresa. Assim, temos as seguintes disponibilidades mais conhecidas:

- Caixa (<u>Dinheiro</u> em espécie ou <u>cheques</u> de terceiros <u>ainda não depositados</u> na conta corrente)
- BCM (Bancos Conta Movimento – Dinheiro ou cheques de terceiros <u>já depositados</u> na conta corrente)
- Aplicações Financeiras de Liquidez Imediata (ex.: caderneta de poupança)
- Numerário em Trânsito (ex.: remessa de dinheiro da matriz para uma sua filial)

B) BENS DE VENDA (ou Estoques para venda)

- Mercadorias (Para empresas <u>comerciais</u>)
- Matérias-Primas
- Produtos em Fabricação — Para empresas <u>industriais</u>
- Produtos Acabados

Observações:

1) De acordo com o item 6 do Pronunciamento Técnico CPC 16 (R1) – Estoques, ESTOQUES são ativos: (a) mantidos para venda no curso normal dos negócios; (b) em processo de produção para venda; ou (c) na forma de materiais ou suprimentos a serem consumidos ou transformados no processo de produção ou na prestação de serviços. Ainda, de acordo com o item 8 do mesmo CPC, os estoques compreendem bens adquiridos e destinados à venda, incluindo, por exemplo, mercadorias compradas por um varejista para revenda ou terrenos e outros imóveis para revenda. Os estoques também compreendem produtos acabados e produtos em processo de produção pela entidade e incluem matérias-primas e materiais aguardando utilização no processo de produção, tais como: componentes, embalagens e material de consumo. No caso de prestador de serviços, os estoques devem incluir os custos do serviço, para o qual a entidade ainda não tenha reconhecido a respectiva receita.

2) Daqui para frente, "convencionaremos" que todo elemento representativo de um componente do patrimônio (bem, direito ou obrigação) será chamado de CONTA. Assim, por exemplo, a conta "Caixa" é uma conta do ativo, a conta "Mercadorias" é uma conta do ativo etc.

3) Até aqui, vimos que o ativo é composto pelos bens e direitos da empresa. A partir de agora, iremos começar o estudo da <u>divisão</u> do ativo em subgrupos. Dessa forma, uma das partes em que ele se divide é chamada de ATIVO CIRCULANTE, o qual, entre outras coisas, é composto, sobretudo, pelas disponibilidades e pelos estoques. Assim, podemos ser mais específicos, ou seja, podemos, por exemplo, afirmar que a conta "Caixa" é do ativo circulante, pois representa disponibilidade; a conta "Mercadorias" é do ativo circulante, pois compõe os estoques; etc.

4) O ATIVO de uma empresa se divide em duas partes, as quais chamamos de subgrupos do ativo.

ATIVO
- CIRCULANTE
- NÃO CIRCULANTE

5) O ATIVO NÃO CIRCULANTE se divide em 4 subgrupos:
    ➢ Realizável a Longo Prazo
    ➢ Investimentos
    ➢ Imobilizado
    ➢ Intangível

C) BENS DE USO (Ativo Imobilizado) – São os destinados à manutenção das atividades da empresa.
    - Veículos
    - Imóveis (em uso)
    - Móveis e Utensílios
    - Máquinas e Equipamentos
    etc.

D) BENS DE RENDA (Ativo Investimentos) – São os <u>não</u> destinados à manutenção das atividades da empresa.
    - Obras de arte
    - Imóveis (alugados a terceiros)
    - Terrenos (não utilizados) etc.

E) BENS INCORPÓREOS (Ativo Intangível)
- Patentes
- Marcas
- Concessões Obtidas
- Fundo de Comércio Adquirido (*Goodwill*)
- Direitos de exploração de minas, jazidas ou florestas etc.

1.2. Direitos = Créditos da empresa contra seus devedores
- Duplicatas a Receber (ou Clientes)
- Promissórias a Receber
- Contas a Receber
- Dividendos a Receber
- ICMS a Recuperar
- IPI a Recuperar
- Empréstimos a Coligadas
- Empréstimos a Controladas etc.

Observações:

1) O ICMS e o IPI são os únicos impostos brasileiros não cumulativos

2) Um imposto é não cumulativo quando seus débitos podem ser compensados com seus créditos. Assim, por exemplo, suponhamos que no mês de março de 20X9 uma empresa comercial adquirisse para revenda mercadorias no total de R$ 50.000,00 com ICMS de 17% e nesse mesmo mês revendesse a terceiros mercadorias no total de R$ 20.000,00 com ICMS de 17%. Assim, no mês de março a empresa teria:

ICMS a Recuperar (na compra) = R$ 50.000,00 × 17% = R$ 8.500,00

ICMS a Recolher (na venda) = R$ 20.000,00 × 17% = R$ 3.400,00

Admitindo que no fim do mês anterior (fevereiro) não havia saldo de ICMS, então ao final de março a empresa teria:

ICMS a Recuperar = R$ 8.500,00 – R$ 3.400,00 = R$ 5.100,00 (ICMS "A RECUPERAR" é conta do ativo, pois representa um direito da empresa contra o Estado). Não significa que a empresa receberá do Estado o que pagou a mais de ICMS e sim que a empresa poderá, no mês de abril, compensar esse crédito. Assim, suponhamos que a mesma empresa no mês de abril realizasse vendas de mercadorias, parte à vista e parte a prazo, no total de R$ 100.000,00 com ICMS de 17%. Nesse caso, em relação a essas vendas teria ICMS a Recolher no total de R$ 17.000,00. No entanto, como já possui créditos decorrentes do mês de março no total de R$ 5.100,00, então o saldo de ICMS a Recolher (conta do passivo) ao final de abril seria de R$ 17.000,00 – R$ 5.100,00, isto é, R$ 11.900,00, valor este que deveria de ser recolhido (pago) aos cofres do Estado no mês seguinte.

3) Ao passo que o ICMS é um imposto "por dentro" o IPI é um imposto "por fora". Assim, por exemplo, suponhamos que uma empresa comercial adquirisse de uma indústria mercadorias para revenda no total de R$ 100.000,00 com ICMS de 18% e IPI de 5%. Assim, teremos:

- Total da nota fiscal = R$ 100.000,00 + 5% R$ 100.000,00 = R$ 105.000,00
- Custo do estoque adquirido = R$ 100.000,00 + 5% R$ 100.000,00 – 18% R$ 100.000,00 = R$ 87.000,00
- ICMS a Recuperar = 18% R$ 100.000,00 = R$ 18.000,00
- IPI **não** recuperável (incorporado aos estoques) = 5% R$ 100.000,00 = R$ 5.000,00

4) De acordo com o § 1º do art. 243 da Lei nº 6.404/76, são COLIGADAS as sociedades nas quais a investidora tenha influência significativa. De acordo com o § 4º, considera-se que há influência significativa quando a investidora detém ou exerce o poder de participar nas decisões das políticas financeira ou operacional da investida, sem controlá-la. Ainda, de acordo com o § 5º da mesma lei, é presumida influência significativa quando a investidora for titular de **vinte por cento (20%) ou mais** do capital votante da investida, sem controlá-la. Assim, por exemplo, se a Cia. Alfa possuisse em caráter permanente 23% das ações ordinárias da Cia. Beta, então essas companhias seriam sociedades coligadas, onde a 1ª seria a investidora e a 2ª, a investida. Se, por hipótese, a Cia. Alfa emprestasse dinheiro para a Cia. Beta, na contabilidade daquela seria indicada a conta "Empréstimos a Coligadas", a qual é uma conta do ativo (normalmente, ativo realizável a longo prazo, independentemente do prazo).

5) De acordo com o § 2º do art. 243 da Lei nº 6.404/76, considera-se controlada a sociedade na qual a controladora, diretamente ou através de outras controladas, é titular de direitos de sócio que lhe assegurem, de modo permanente, preponderância nas deliberações sociais e o poder de eleger a maioria dos administradores. Doutrinariamente, entendemos que para que isso ocorra é necessário que a controladora tenha direta ou indiretamente mais de 50% do capital votante da investida, ou seja, mais de 50% das ações ordinárias. No entanto, alguns entendem que é possível um determinado acionista (pessoa física ou jurídica) controlar uma sociedade, mesmo, por exemplo, possuindo somente 10% do seu capital, partindo do princípio que nenhum outro acionista possuísse mais do que 10%, embora, na prática, isso seja muito improvável de ocorrer, pois a investida seria uma sociedade administrativamente instável e sem direção confiável, dado que se outros dois acionistas que possuíssem, por exemplo, 8% e 5% (total de 13%) das ações votassem contra a decisão do acionista majoritário (10%), este não possuiria mais o poder de controle.

6) O método de avaliação pela investidora de seus investimentos em coligadas ou controladas é chamado MÉTODO DA EQUIVALÊNCIA PATRIMONIAL (ou método do patrimônio líquido), no qual o valor das ações de coligadas ou controladas é indicado no balanço da investidora em função de sua participação "proporcional" no patrimônio líquido da investida. Assim, por exemplo, suponhamos que em 1º de janeiro de 20X1 a Cia. Sol adquirisse por R$ 370.000,00 30% das ações da Cia. Terra, tornando-se assim sua coligada. Admitindo que na data da aquisição do investimento o valor contábil do patrimônio líquido da investida fosse de R$ 400.000,00, valor este igual ao seu valor justo (= valor de mercado), então na contabilidade da investidora (Cia. Sol) seriam apurados os seguintes valores:

- Investimentos em Coligadas (saldo em 01/01/20X1) = 30% 400.000,00 = 120.000,00
- Ágio por Expectativa de Rentabilidade Futura (*Goodwill*) = 370.000,00 – 120.000,00 = 250.000,00

Observemos que, embora o valor da equivalência seja de R$ 120.000,00, a investidora pagou pelo investimento R$ 250.000,00 a mais, caracterizando o ágio por expectativa de rentabilidade futura, isto é, ela estaria pagando ágio na compra das ações em função de ter a expectativa de lucros futuros na coligada. Supondo ainda que o lucro da investida no exercício de 20X1 fosse de R$ 70.000,00, então a investidora iria apurar os seguintes valores referentes a 31/12/20X1, admitindo que a investida não distribuísse dividendos aos acionistas:

- Investimentos em Coligadas (saldo em 31/12/20X1) = 120.000,00 + 30% 70.000,00 = 141.000,00
- Resultado na Equivalência Patrimonial = 30% 70.000,00 = 21.000

Caso, no entanto, a investida tivesse distribuído a título de dividendos aos acionistas 40% de seu lucro, então o Patrimônio Líquido da investida iria diminuir de 40% R$ 70.000,00, ou seja, R$ 28.000,00, de modo que se teria:

Investimentos em Coligadas (saldo em 31/12/20X1) = R$ 120.000,00 + 30% R$ 70.000,00 – 30% R$ 28.000,00 = R$ 132.600,00

O Resultado na Equivalência Patrimonial seria o mesmo, visto que não é afetado pela distribuição de dividendos aos acionistas.

Como podemos perceber nesse último exemplo, o método da equivalência patrimonial é uma forma adequada da investidora "sentir" proporcionalmente em sua contabilidade as variações patrimoniais (variações no valor do Patrimônio Líquido) ocorridas na investida. No tópico 2 do presente capítulo, veremos o significado e a forma de cálculo do Patrimônio Líquido de uma entidade.

1.3. Obrigações = Débitos (dívidas) da empresa com terceiros

- Salários a Pagar
- Dividendos a Pagar
- Duplicatas a Pagar (ou Fornecedores)
- Contas a Pagar

- Promissórias a Pagar
- FGTS a Recolher
- INSS a Recolher
- IRRF a Recolher
- ICMS a Recolher
- IPI a Recolher
- Adiantamentos de Clientes
- IR (Imposto de Renda) a Pagar
- CSLL (Contribuição Social sobre o Lucro Líquido) a Pagar
- 13º Salário a Pagar
- Férias a Pagar
- Provisão para Contingência etc.

Observações:

1) Se, por exemplo, a Cia. X recebesse um adiantamento de R$ 12.000,00 para entregar mercadorias no futuro para a Cia. Y, na contabilidade da Cia. X apareceria no passivo a conta "Adiantamento de Clientes" no valor de R$ 12.000,00. Já, no ativo da Cia. Y apareceria a conta "Adiantamentos a Fornecedores" no mesmo valor.

2) PROVISÕES são valores apurados por estimativas que envolvem incertezas de graus variáveis. Daí, as provisões do passivo são obrigações apuradas por estimativas. O Pronunciamento Técnico CPC 25 – Provisões, Passivos Contingentes e Ativos Contingentes, por exemplo, define provisões como passivos de prazo ou valor incertos.

3) Antes das normas do CPC (Comitê de Pronunciamentos Contábeis), havia também as PROVISÕES no ATIVO. Porém, não eram obrigações e sim contas retificadoras do ativo, isto é, contas que eram subtraídas de outras contas do ativo. Assim, por exemplo, suponhamos que determinada empresa ao fim de 2008, em função de diversas vendas a prazo nesse ano, possuísse Duplicatas a Receber para 2009 no total de R$ 500.000,00. Supondo que nos últimos anos a empresa tenha apurado uma inadimplência média de clientes de 4%, a empresa faria uma Provisão para Crédito de Liquidação Duvidosa (PCLD), também chamada Provisão para Devedores Duvidosos, no valor de 4% de R$ 500.000,00, isto é, R$ 20.000,00, valor este que seria subtraído dos R$ 500.000,00, importando num valor líquido de R$ 480.000,00. Em 31/12/2008, apareceria no ativo da empresa da seguinte forma:

Duplicatas a Receber......................500.000,00
PCLD... (20.000,00) 480.000,00

Atualmente, a "antiga" PCLD deu lugar à conta "PECLD" (Perdas Estimadas em Créditos de Liquidação Duvidosa), de modo que a sistemática e filosofia de cálculo continuam as mesmas. Apenas foi retirada a palavra "provisão", visto que o Pronunciamento Técnico CPC 25 – Provisões, Passivos Contingentes e Ativos Contingentes determina que provisões são PASSIVOS de prazo ou valor incertos. No entanto, algumas bancas elaboradoras de concursos ainda utilizam as antigas expressões já ultrapassadas, embora a tendência com o passar dos anos seja a adesão total às normas do CPC, cujo objetivo é o alinhamento das Normas Brasileiras de Contabilidade aos padrões internacionais.

4) A constituição (contabilização) das "Perdas Estimadas em Créditos de Liquidação Duvidosa" (antiga "Provisão para Devedores Duvidosos"), a qual é uma conta retificadora do ativo circulante, assim como a constituição de qualquer PROVISÃO no passivo, justifica-se, sobretudo, pelo PRINCÍPIO DA COMPETÊNCIA, baseado no fato de que a despesa gerada pela perda estimada ou pela provisão **compete** ao exercício onde foi gerada a receita de vendas, isto é, deve confrontar-se com as receitas geradas no mesmo período ao qual compete a referida despesa. Subsidiariamente, o princípio da PRUDÊNCIA também justifica a existência das provisões e das perdas estimadas no ativo, embora a "contabilização" seja consequência imediata da aplicação do princípio da competência.

5) O PRINCÍPIO DA PRUDÊNCIA estabelece que diante de opções igualmente válidas, deve-se adotar o menor valor para os itens do ativo e o maior para os do passivo. Assim, ao se contabilizar as PECLD, o ativo irá reduzir. De forma contrária, qualquer provisão do passivo que seja contabilizada irá acarretar o aumento do valor do passivo.

6) De acordo com a Resolução nº 750 de 1993 do Conselho Federal de Contabilidade, os Princípios de Contabilidade são os seguintes:
   - Princípio da Entidade
   - Princípio da Continuidade
   - Princípio da Oportunidade
   - Princípio do Registro pelo Valor Original
   - Princípio da Competência
   - Princípio da Prudência

   No Capítulo 15 estudaremos esses princípios.

2. Patrimônio Líquido (PL)

2.1. Significado e Equação Patrimonial

Como visto no item anterior, a parte positiva do patrimônio denominamos ATIVO (A) e a parte negativa, PASSIVO (P).

Assim, por exemplo, se uma sociedade possui bens no total de R$ 12.000,00, direitos no total de R$ 7.000,00 e obrigações no total de R$ 8.000,00, concluímos que o seu ativo é de R$ 19.000,00 e o seu passivo é de R$ 8.000,00. Dessa forma, caso a empresa pagasse todo seu passivo utilizando os recursos do ativo, ainda restariam para a sociedade R$ 11.000,00, valor este que é o seu patrimônio líquido. Daí, podemos estabelecer as seguintes equações patrimoniais:

$$PL = Bens + Direitos - Obrigações$$

ou

$$PL = A - P$$

ou

$$A = P + PL$$

Exemplo:

Bens .... R$ 52.000,00
Direitos .... R$ 26.000,00
Obrigações .... R$ 41.000,00

Assim:

(1) ATIVO = R$ 52.000,00 + R$ 26.000,00 = R$ 78.000,00
(2) PASSIVO = R$ 41.000,00
(3) PATRIMÔNIO BRUTO = ATIVO = R$ 78.000,00
(4) PATRIMÔNIO LÍQUIDO = R$ 78.000,00 – R$ 41.000,00 = R$ 37.000,00

2.2. Sinônimos de Patrimônio Líquido

- Situação Líquida
- Passivo Não Exigível
- Recursos Próprios
- Capital Próprio

2.3. Partes do Patrimônio Líquido

A) <u>PARTES POSITIVAS</u>:
- Capital Social
- Reservas de Capital

- Reservas de Lucros
- Ajustes de Avaliação Patrimonial (saldo credor)
- Ajustes Acumulados de Conversão (saldo credor)

B) PARTES NEGATIVAS:
- Capital a Realizar (ou a Integralizar)
- Gastos na Emissão de Ações
- Prejuízos Acumulados
- Ações em Tesouraria
- Ajustes de Avaliação Patrimonial (saldo devedor)
- Ajustes Acumulados de Conversão (saldo devedor)

2.4. Estados Patrimoniais

Lembrando que um dos sinônimos de Patrimônio Líquido é Situação Líquida (SL), onde SL = Ativo (A) − Passivo (P), uma empresa poderá se encontrar em um dos três estados patrimoniais básicos indicados abaixo:

1º) $\boxed{A > P}$ → $\boxed{SL > 0}$

Nesse caso, a SL poderá ser chamada de:
- Situação Líquida Positiva
- Situação Líquida Ativa
- Situação Líquida Superavitária

2º) $\boxed{A = P}$ → $\boxed{SL = 0,}$ nesse caso, a SL poderá ser chamada de:
- Situação Líquida NULA

3º) $\boxed{A < P}$ → $\boxed{SL < 0,}$ nesse caso, a SL poderá ser chamada de:
- Situação Líquida Negativa
- Situação Líquida Passiva
- Situação Líquida Deficitária
- PASSIVO A DESCOBERTO (PD = P − A)

Obs. 1: Convencionalmente, quando uma entidade se encontra numa situação de passivo a descoberto, é muito comum a utilização da seguinte expressão: SL = P − A ou A + SL = P. Nesse caso, estamos "modificando" a equação patrimonial original, de sorte que "SL" é tratado como número "positivo" (e não mais negativo) somado ao ativo e não mais ao passivo.

Ex.: Dados do patrimônio da empresa "X" na data do balanço patrimonial:

Ativo .... R$ 23.000,00

Passivo... R$ 40.000,00

Assim, se utilizássemos a equação patrimonial "<u>original</u>" SL = A − P, teríamos SL = − R$ 17.000,00. Nesse caso, o gráfico patrimonial seria apresentado da seguinte forma:

	P = 40.000
A = 23.000,00	**SL = − 17.000**

No entanto, utilizando a equação patrimonial "<u>modificada</u>" SL = P − A, teremos SL = + R$ 17.000,00, ou seja, PASSIVO A DESCOBERTO de R$ 17.000,00. Nesse caso, o gráfico patrimonial é apresentado da seguinte forma:

A = 23.000,00	
SL = + 17.000	P = 40.000

A banca Cespe UnB, por exemplo, costuma utilizar a equação patrimonial **modificada** em caso de Passivo a Descoberto, mas a mesma banca "de vez quando" utiliza a equação original quando usa a expressão "Situação Líquida Negativa". Cabe aqui entendermos que isso não deve ser visto como uma contradição doutrinária no Cespe e sim como uma "alternância" válida de opção.

Obs. 2: Em toda empresa qualquer entidade, <u>sempre</u> se poderá ter:

A ≥ 0	P ≥ 0	SL ≥ 0 ou SL < 0

Nota: *O símbolo ≥ significa "maior ou igual a"*

Assim, por exemplo, seria impossível uma empresa possuir um Ativo de "− R$ 450.000,00" ("menos" quatrocentos e cinquenta mil reais) ou um Passivo de "− R$ 290.000,00", visto que o Ativo é sempre maior ou igual a zero (A ≥ 0) e Passivo também sempre será maior ou igual a zero (P ≥ 0). No entanto, uma empresa poderia ter um Patrimônio Líquido, por exemplo, de "− R$ 310.000,00" ("menos" trezentos e dez mil reais).

3. Balanço Patrimonial (Noções básicas)

3.1. Conceito

O BALANÇO PATRIMONIAL é a demonstração contábil que evidencia o PATRIMÔNIO de uma empresa em determinado momento (normalmente, em 31 de dezembro de cada ano).

3.2. Obrigatoriedade

Com base no art. 176 da Lei nº 6.404/76, as companhias devem elaborar seus balanços e demais demonstrações contábeis ao fim de cada exercício social.

3.3. Exercício Social

Com base no art. 175 da Lei nº 6.404/76, o exercício social é o período que tem a duração de 1 ano e a data de seu término será fixada no estatuto da companhia.

Embora o exercício social tenha a duração de 1 ano, não há a obrigatoriedade de que coincida com o ano-calendário. No entanto, por simplicidade e comodidade, a maioria das empresas tem seus exercícios sociais coincidentes com o ano-calendário.

Nota.: No caso de constituição da companhia ou alteração estatutária, o exercício social poderá ter duração diversa.

3.4. Forma de Apresentação

Uma forma de apresentar o balanço é em duas colunas justapostas, onde o ATIVO é posto do lado esquerdo e o PASSIVO do lado direito.

Obs.: Em geral, quando utilizamos a expressão "PASSIVO", estamos nos referindo às obrigações da empresa. No entanto, no caso do balanço patrimonial, a referida expressão não inclui apenas as obrigações (passivo exigível) mas também o patrimônio líquido (passivo não exigível). Assim, no balanço temos a seguinte equação:

PASSIVO = PASSIVO EXIGÍVEL (Obrigações) + PASSIVO NÃO EXIGÍVEL (PL)

Lembrando da EQUAÇÃO PATRIMONIAL, ou seja, A = P + PL (Ativo é igual ao Passivo Exigível mais o Patrimônio Líquido) e que P + PL = PASSIVO TOTAL NO BALANÇO, concluímos finalmente que em todo balanço o Ativo Total sempre será igual ao Passivo Total.

3.5. Grupos de Contas no Balanço

ATIVO	PASSIVO (total)	
CIRCULANTE	CIRCULANTE	
NÃO CIRCULANTE		*Passivo exigível*
• Realizável a Longo Prazo	NÃO CIRCULANTE	
• Investimentos		
• Imobilizado	PATRIMÔNIO LÍQUIDO	*Passivo Não exigível*
• Intangível		

Obs. 1: De acordo com o § 1º do art. 178 da Lei nº 6.404/76, no ativo as contas serão dispostas em ordem <u>decrescente</u> de grau de liquidez.

Obs. 2: GRAU DE LIQUIDEZ de uma conta pode ser definido como a facilidade de movimentar a conta, ou seja, de acrescentar ou subtrair valores da conta. Alguns definem liquidez como a facilidade de conversão em moeda. No entanto, existem diversas contas no ativo que serão movimentadas mas não serão convertidas em dinheiro.

Obs. 3: Ao passo que o PASSIVO EXIGÍVEL e o PL são considerados ORIGENS DOS RECURSOS, o ATIVO é considerado APLICAÇÕES DE RECURSOS.

Exemplo de Balanço:

ATIVO		PASSIVO	
CIRCULANTE		**CIRCULANTE**	
Caixa e Bancos	6.000	Salários a Pagar	2.500
ICMS a Recuperar	3.000	Provisão p/ Contingências	1.500
Clientes	37.000	IR a Pagar	3.000
Mercadorias	<u>13.000</u>	Fornecedores	<u>28.000</u>
59.000		35.000	
NÃO CIRCULANTE		**NÃO CIRCULANTE**	
<u>REALIZÁVEL A LP</u>		Financiamentos	65.000
Empréstimos a Acionistas	12.000	**PATRIMÔNIO LÍQUIDO**	
<u>INVESTIMENTOS</u>		Capital Social	94.000
Imóveis Alugados	90.000	Reservas de Capital	7.000
<u>IMOBILIZADO</u>		Reserva Legal	11.000
Veículos	55.000	Ações em Tesouraria	<u>(4.000)</u>
Depreciação Acumulada	(8.000)	108.000	
TOTAL	**208.000**	**TOTAL**	**208.000**

Exercícios de Fixação

1. (Analista de Finanças e Controle/Esaf) A empresa Comercial Aurífero foi constituída por três sócios, que integralizaram de imediato o capital de R$ 25.000,00, cabendo R$ 10.000,00 ao sócio Abel Bastos, R$ 5.000,00 ao sócio Caio Dantas e R$ 10.000,00 ao sócio Élcio Freitas.

    Após determinado período, o histórico de resultados da empresa era o seguinte: lucros auferidos nas operações: R$ 20.000,00, dos quais apenas R$ 5.000,00 foram distribuídos e pagos aos sócios. Os restantes R$ 15.000,00, por decisão dos próprios sócios, foram reinvestidos na empresa, como reserva para aumento de capital.

    Por esta época, o Sr. Caio Dantas resolveu retirar-se da sociedade, oferecendo sua parte à venda, com um ágio de 10%. O Sr. Abel Bastos aceitou a compra, mas com deságio de 10%; o Sr. Élcio Freitas fez proposta de compra a valor patrimonial. A empresa tem dívidas calculadas em 20% do patrimônio bruto.

    A partir dessas informações, pode-se afirmar que:
    a) Abel Bastos aceita o capital de Caio Dantas com deságio, por R$ 4.500,00;
    b) Abel Bastos quer vender seu capital com ágio, por R$ 5.500,00;
    c) a empresa já tem um passivo de R$ 8.000,00;
    d) o valor patrimonial do capital de Caio Dantas atualmente é R$ 9.000,00;
    e) o patrimônio bruto dessa empresa já soma o total de R$ 50.000,00.

2. (Auditor do Tesouro Municipal – RN/Esaf) A firma Celta & Cia. Ltda. aplicou seu capital inicial da seguinte forma: 40% em máquinas compradas à vista por R$ 3.500,00, uma nota promissória emitida por um de seus sócios no valor de R$ 3.000,00 e o restante em moeda corrente do País. Em seguida, essa empresa:
    – comprou mercadorias da Casa São Benedito, conforme Nota Fiscal nº 2.315. O preço de compra foi de R$ 3.000,00. A Casa São Benedito obteve lucro de 20% nessa transação. A Celta pagou entrada de 20% assinando duplicata pelo valor restante;
    – vendeu mercadorias por R$ 1.900,00, conforme Notas Fiscais de nºs 002 a 049, recebendo como entrada apenas 40% do total;
    – pagou impostos e taxas no valor de R$ 400,00;
    – registrou salários e respectivos encargos no valor bruto de R$ 900,00, para pagamento no mês seguinte;
    – registrou a baixa do estoque no valor de R$ 1.300,00, referente ao custo das vendas.

    Ao final da gestão acima transcrita, a empresa terá apurado:
    a) capital aplicado de R$ 8.750,00;
    b) capital próprio de R$ 8.050,00;
    c) capital alheio de R$ 3.780,00;
    d) rédito bruto de R$ 700,00;
    e) rédito líquido de R$ 600,00.

3. (Analista de Finanças e Controle/Esaf) O patrimônio da Indústria Luzes & Velas é constituído pelos elementos que abaixo apresentamos, com valores apurados em 30 de setembro.
   Bens fixos R$ 2.100,00
   Notas Promissórias emitidas R$ 600,00
   Débitos de funcionamento R$ 900,00
   Créditos de financiamento R$ 600,00
   Bens de venda R$ 900,00
   Créditos de funcionamento R$ 1.200,00
   Bens numerários R$ 450,00
   Bens de renda R$ 750,00
   Débitos de financiamento R$ 300,00
   Reservas de lucros R$ 750,00
   Reservas de capital R$ 1.800,00
   Sabendo-se que essa empresa apresenta lucros acumulados correspondentes a 25% do valor do capital de terceiros, podemos afirmar que o valor do seu capital social é:
   a) R$ 4.200,00;
   b) R$ 3.000,00;
   c) R$ 2.550,00;
   d) R$ 1.800,00;
   e) R$ 1.200,00.

4. Em 01/03/X1, a Empresa Satélite Ltda. foi constituída por 4 (quatro) sócios que integralizaram suas quotas da seguinte forma:
   Sócio A $ 48.000
   Sócio B $ 60.000
   Sócio C $ 72.000
   Sócio D $ 15.000
   Em 01/05/X1, mais um sócio entrou na sociedade, integralizando $ 45.000, ao passo que, na mesma data, o sócio C reduziu sua participação em $ 27.000, ficando ainda com $ 45.000. Em 31/12/X1, a empresa apurou um lucro no valor de $ 54.000, dos quais $ 17.000 foram distribuídos e pagos aos sócios. Os restantes $ 37.000 foram reinvestidos na empresa, como reserva para aumento de capital. Se, no balanço de encerramento, o capital de terceiros corresponde a 20% dos recursos aplicados no patrimônio, então o valor do patrimônio bruto neste balanço é de:
   a) $ 350.000;
   b) $ 240.000;
   c) $ 250.000;
   d) $ 312.500;
   e) $ 325.000.

5. Considerando ainda a questão anterior, supondo que o sócio D, em 31/12/X1, retire-se da sociedade, vendendo sua participação com deságio de 12,75%, o valor que lhe caberá será igual a:
   a) $ 15.000;
   b) $ 15.625;
   c) $ 18.725;
   d) $ 20.000;
   e) $ 20.500.

6. (Agente Fiscal de Tributos Estaduais do Piauí/Esaf) No último dia do exercício social, a empresa Red Green Ltda. demonstrou um patrimônio com bens no valor de R$ 13.000,00, direitos no valor de R$ 7.000,00, dívidas no valor de R$ 9.000,00 e capital social no valor de R$ 10.000,00, devidamente registrado na Junta Comercial. Com base nessas informações, pode-se afirmar que, do ponto de vista contábil, o patrimônio referido apresenta:
   a) situação líquida nula ou compensada;
   b) passivo a descoberto no valor de R$ 1.000,00;
   c) prejuízos acumulados no valor de R$ 1.000,00;
   d) patrimônio líquido no valor de R$ 1.000,00;
   e) patrimônio líquido no valor de R$ 11.000,00.

7. Se A > P = CTo, então, necessariamente:
   (Legenda: A = Ativo, P = Passivo Exigível, CTo = Capital Total à disposição da empresa)
   a) o capital próprio é igual a zero;
   b) o capital investido pode ou não ser nulo;
   c) o capital total à disposição da empresa é diferente de zero;
   d) há passivo a descoberto;
   e) a situação patrimonial é inconcebível.

8. (Controlador de Recursos Públicos – TCE – ES/Esaf) A empresa Soci & Edade Anônima é uma S/A do ramo comercial que lida com compra e venda de mercadorias tributadas com ICMS. Nessas transações, a empresa concede e aceita prazos, operando com emissão e aceitação de cheques pré-datados, notas promissórias e duplicatas.
   Em 31 de dezembro do ano 2000 foram encontrados na empresa os seguintes valores: R$ 1.000,00 em cheques pré-datados emitidos; R$ 1.200,00 em cheques pré-datados aceitos; R$ 2.300,00 em promissórias emitidas; R$ 1.800,00 em promissórias aceitas; R$ 5.000,00 em duplicatas emitidas; R$ 6.000,00 em duplicatas aceitas; R$ 7.400,00 referentes a ICMS incidentes sobre compras; e R$ 8.000,00 referentes a ICMS incidentes sobre vendas de mercadorias.
   Estas informações, devidamente registradas segundo as normas contábeis e o costume mercantil, nos indicarão que a empresa Soci & Edade Anônima, em 31 de dezembro do ano 2000, possui:
   a) créditos no valor de R$ 1.900,00;
   b) débitos no valor de R$ 16.400,00;

c) créditos no valor de R$ 17.300,00;
d) débitos no valor de R$ 16.300,00;
e) créditos no valor de R$ 15.400,00.

9. **(Agente Tributário Estadual do Mato Grosso do Sul/Esaf)** A Azienda é uma microempresa do ramo comercial. Suas contas, exceto a conta lucros (ou prejuízos) acumulados, apresentam os seguintes saldos:

   Capital R$ 800,00
   Empréstimos bancários R$ 2.000,00
   Impostos a recolher R$ 120,00
   Impostos e taxas R$ 150,00
   Juros ativos R$ 250,00
   Mercadorias R$ 1.200,00
   Caixa R$ 800,00
   Salários e ordenados R$ 320,00
   Receita de vendas R$ 950,00
   Custo das vendas R$ 900,00

   Por ocasião do encerramento do exercício, contabilizando-se os resultados sem nenhuma tributação ou distribuição, poderemos confirmar quatro das assertivas abaixo. Assinale a única que não está correta:

   a) Capital alheio: valor de R$ 2.120,00.
   b) Capital próprio: valor de R$ 800,00.
   c) Passivo a descoberto: valor de R$ 120,00.
   d) Prejuízos acumulados: valor de R$ 920,00.
   e) Prejuízo do exercício: valor de R$ 170,00.

10. **(Analista do Serpro/Esaf)** Apresentamos abaixo cinco igualdades literais que, se expressas com avaliação em moeda nacional, podem demonstrar a equação fundamental do patrimônio e a representação gráfica de seus estados, em dado momento.

    1) ATIVO menos SITUAÇÃO LÍQUIDA é igual a ZERO.
    2) ATIVO menos PASSIVO é igual a ZERO.
    3) ATIVO menos PASSIVO menos SITUAÇÃO LÍQUIDA é igual a ZERO.
    4) ATIVO menos PASSIVO mais SITUAÇÃO LÍQUIDA é igual a ZERO.
    5) ATIVO mais PASSIVO menos SITUAÇÃO LÍQUIDA é igual a ZERO.

    Observando as igualdades acima, podemos afirmar que a hipótese de número:

    a) 1 é impossível de ocorrer na prática;
    b) 2 representa o melhor estado patrimonial;
    c) 3 representa o pior estado patrimonial;
    d) 4 representa estado patrimonial pré-falimentar;
    e) 5 ocorre quando da criação e registro da empresa.

11. (Auditor do Tesouro Municipal – Recife/Esaf) A empresa "Z" Ltda., no encerramento do exercício de 2002, obteve as seguintes informações:

Valores em R$
Adiantamento a fornecedores 500,00
Adiantamento de clientes 1.000,00
Ativo imobilizado bruto 20.000,00
Capital social 26.500,00
Contas a pagar 40.000,00
Depreciação acumulada 2.000,00
Disponibilidades 1.000,00
Duplicatas a receber 50.000,00
Reserva legal 2.000,00

Considerando somente estas informações, assinale a única opção correta, correspondente ao valor do Ativo.

   a) R$ 69.000,00;
   b) R$ 69.500,00;
   c) R$ 72.000,00;
   d) R$ 73.000,00;
   e) R$ 74.500,00.

12. (Auditor-Fiscal da Receita Federal/Esaf/Adaptada) Da leitura atenta dos balanços gerais da Cia. Emile, levantados em 31/12/01 para publicação, e dos relatórios que os acompanham, podemos observar informações corretas que indicam a existência de:

Capital de giro no valor de R$ 2.000,00
Capital social no valor de R$ 5.000,00
Capital fixo no valor de R$ 6.000,00
Capital alheio no valor de R$ 5.000,00
Capital autorizado no valor de R$ 5.500,00
Capital a realizar no valor de R$ 1.500,00
Capital investido no valor de R$ 8.000,00
Capital integralizado no valor de R$ 3.500,00
Reservas de Lucros no valor de R$ 500,00
Prejuízo líquido do exercício R$ 1.000,00

A partir das observações acima, podemos dizer que o valor do capital próprio da Cia. Emile é de:

   a) R$ 5.500,00;
   b) R$ 5.000,00;
   c) R$ 4.000,00;
   d) R$ 3.500,00;
   e) R$ 3.000,00.

13. **(Analista de Finanças e Controle – STN/Esaf)** Relação das contas e saldos extraídos do livro Razão, da firma Quatro S/A, em 30 de dezembro de 2001.

Contas	Saldos
Caixa	R$ 200,00
Juros ativos	R$ 600,00
Mercadorias	R$ 1.000,00
Duplicatas a receber	R$ 1.200,00
Veículos	R$ 1.400,00
Receita de serviços	R$ 2.000,00
Capital social	R$ 2.200,00
Juros passivos	R$ 800,00
Fornecedores	R$ 1.600,00
Prejuízos acumulados	R$ 200,00
Móveis e utensílios	R$ 1.800,00
Impostos a recolher	R$ 600,00
Despesas gerais	R$ 400,00

    Logo após a apuração do balancete acima, a empresa efetuou as quatro operações abaixo, lançando-as no livro Diário e transcrevendo-as no livro Razão:

    (1) pagamento de um título vencido no valor de R$ 1.200,00;

    (2) desconto no Banco do Brasil de R$ 600,00 em duplicatas de sua emissão, com encargos de 10%;

    (3) recebimento de uma duplicata de R$ 200,00, com juros de 12%;

    (4) registro de aluguel de R$ 120,00, pagando no ato apenas 40%.

    Ao elaborar o balanço patrimonial em 31/12/2001, a empresa vai evidenciar um ativo no valor de:
    a) R$ 4.316,00;
    b) R$ 3.916,00;
    c) R$ 3.796,00;
    d) R$ 3.716,00;
    e) R$ 3.868,00.

14. **(Auditor-Fiscal da Receita Federal/Esaf)** A empresa Livre Comércio Ltda. realizou as seguintes operações ao longo do mês de setembro de 2001:

    I. venda à vista de mercadorias por R$ 300,00, com lucro de 20% sobre as vendas;

    II. pagamento de duplicatas de R$ 100,00, com juros de 15%;

    III. prestação de serviços por R$ 400,00, recebendo, no ato, apenas 40%; e,

    IV. pagamento de títulos vencidos no valor de R$ 200,00, com desconto de 10%.

    Analisando as operações acima listadas, podemos afirmar que, em decorrência delas:
    a) o ativo recebeu débitos de R$ 460,00;
    b) o ativo aumentou em R$ 165,00;
    c) o patrimônio líquido aumentou em R$ 460,00;
    d) o passivo recebeu créditos de R$ 300,00;
    e) o passivo diminuiu em R$ 335,00.

15. (Auditor-Fiscal da Previdência Social/Esaf – Adaptada) Em termos sintéticos, podemos dizer que o patrimônio da Cia. The Best está demonstrado abaixo.

Títulos a receber	R$ 34.000,00
Títulos a pagar	R$ 70.000,00
Seguros a vencer	R$ 400,00
Reservas de capital	R$ 12.000,00
Prejuízos acumulados	R$ 2.000,00
Móveis e utensílios	R$ 30.000,00
Mercadorias	R$ 47.000,00
Juros passivos	R$ 900,00
Juros ativos	R$ 600,00
Impostos a recolher	R$ 5.000,00
Fornecedores	R$ 37.000,00
Clientes	R$ 16.000,00
Capital social	R$ 40.000,00
Caixa	R$ 13.000,00
Bancos conta movimento	R$ 22.000,00
Aluguéis ativos a vencer	R$ 700,00

    Observações:

    Dos títulos a receber, 80% são títulos a vencer a longo prazo; dos títulos a pagar, R$ 20.000,00 já estão vencidos em dezembro de 2008, R$ 35.000,00 vencerão em 2009 e R$ 15.000,00 vencerão em 2010.

    A elaboração do balanço patrimonial dessa empresa, em 31/12/2008, com base nas informações acima, certamente apresentará um passivo exigível no valor de:
    a) R$ 15.000,00;
    b) R$ 50.000,00;
    c) R$ 70.000,00;
    d) R$ 112.000,00;
    e) R$ 112.700,00.

16. (Fiscal de Tributos Estaduais – PA/Esaf) A organização Camel Sutil começou o exercício social com um patrimônio líquido de R$ 100.000,00, tendo, no período, praticado as seguintes operações:
    - em março, os acionistas integralizaram capital em dinheiro, no valor de R$ 10.000,00;
    - em junho, promoveram retiradas, a título de antecipação de lucros, no valor de R$ 9.000,00;
    - no fim do ano, foi apurado um lucro de R$ 20.000,00, antes da provisão para o imposto de renda;
    - aumentaram o capital em R$ 20.000,00, com a entrega de um imóvel;
    - contabilizaram imposto de renda de R$ 4.000,00.

    Foram, também, constituídas reservas de lucros no valor de R$ 1.000,00.

    Após considerar o registro de todos os fatos narrados, mas apenas isto, podemos afirmar que o patrimônio líquido atual tem o valor de:
    a) R$ 137.000,00;
    b) R$ 136.000,00;

c) R$ 127.000,00;
d) R$ 116.000,00;
e) R$ 107.000,00.

17. (Auditor-Fiscal da Receita Federal/Esaf) Apresentamos as contas e saldos constantes do balancete de verificação da Cia. Cezamo, em 31/12/01:

Adiantamento de clientes	R$ 1.600,00
Adiantamento a diretores	R$ 1.800,00
Adiantamento a fornecedores	R$ 2.000,00
Aluguéis ativos a receber	R$ 1.000,00
Aluguéis ativos a vencer	R$ 1.200,00
Caixa	R$ 2.200,00
Capital social	R$ 12.000,00
Clientes	R$ 4.600,00
Depreciação acumulada	R$ 1.500,00
Fornecedores	R$ 5.000,00
Móveis e utensílios	R$ 10.000,00
Prejuízos acumulados	R$ 1.200,00
Reserva legal	R$ 1.500,00

Com as contas listadas, a Cia. Cezamo elaborou o balanço patrimonial, cujo grupo ativo tem o valor de:
a) R$ 18.100,00;
b) R$ 18.500,00;
c) R$ 19.700,00;
d) R$ 20.100,00;
e) R$ 21.700,00.

18. (Auditor-Fiscal da Receita Federal/Esaf) José Rodrigues Mendes, Maria Helena Souza e Pedro Paulo Frota, tempos atrás, criaram uma empresa para comerciar chinelos e roupas, na forma de Sociedade por Quotas de Responsabilidade Limitada, com capital inicial de 20 mil reais, dividido em quatro quotas iguais, sendo dois quartos para José Rodrigues, completamente integralizado.
Hoje, o levantamento patrimonial dessa empresa apresenta:
Dinheiro, no valor de R$ 2.000,00.
Títulos a receber de Manuel Batista, R$ 4.000,00.
Duplicatas aceitas pelo mercado local, R$ 6.000,00.
Móveis de uso, no valor de R$ 5.000,00.
Duplicatas emitidas pela Brastemp, R$ 2.500,00.
Empréstimos no Banco do Brasil, R$ 5.800,00.
Adiantamentos feitos a empregados, no valor de R$ 200,00.
Adiantamento feito a Pedro Paulo, no valor de R$ 1.800,00.
Os bens para vender estão avaliados em R$ 5.300,00; o aluguel da loja está atrasado em R$ 1.000,00; e o carro da firma foi comprado por R$ 8.100,00.
No último período, a empresa conseguiu ganhar R$ 4.900,00, mas, para isto, realizou despesas de R$ 2.600,00.

Ao elaborar a estrutura gráfica patrimonial com os valores acima devidamente classificados, a empresa vai encontrar capital próprio no valor de:
a) R$ 20.000,00;
b) R$ 21.300,00;
c) R$ 23.100,00;
d) R$ 22.300,00;
e) R$ 24.300,00.

19. (Auditor do Tesouro Municipal – CE/Esaf/Adaptada) Observando a lista de contas abaixo, indique a opção correta, que informa o valor total do ATIVO.
Valores em R$

Adiantamento a fornecedores	2.000,00
Adiantamento de clientes	1.000,00
Ativo imobilizado bruto	20.000,00
Capital social	28.000,00
Contas a pagar	40.000,00
Depreciação acumulada	2.000,00
Disponibilidades	1.000,00
Duplicatas a receber	50.000,00
Estoques	38.000,00
Reserva de contingências	38.000,00
Reserva legal	2.000,00

a) R$ 105.000,00;
b) R$ 107.000,00;
c) R$ 109.000,00;
d) R$ 111.000,00;
e) R$ 113.000,00.

20. (Contador – Prefeitura de Recife/Esaf) Fazendo os lançamentos abaixo, o patrimônio líquido apresentaria um aumento de valor:

Histórico	R$
Apropriação de despesas de depreciação do mês	2.000,00
Compra de mercadorias à vista	10.000,00
Custo das mercadorias vendidas	12.000,00
Despesas administrativas a prazo	4.000,00
Despesas comerciais a prazo	6.000,00
Despesas tributárias a pagar	1.000,00
Outras despesas a prazo	2.000,00
Pagamento de contas a pagar	20.000,00
Recebimento de contas	25.000,00
Venda de mercadorias a prazo	30.000,00

a) maior que R$ 4.000,00;
b) entre R$ 3.700,00 e R$ 4.000,00;

c) entre R$ 3.400,00 e R$ 3.699,00;
d) entre R$ 3.000,00 e R$ 3.399,00;
e) menor que R$ 3.000,00.

21. (Petrobras – Técnico de Contabilidade/Fundação Cesgranrio) A empresa possuirá um Passivo a Descoberto quando:
    a) Ativo = Passivo.
    b) Ativo = Passivo + Patrimônio Líquido.
    c) Ativo = Passivo – Patrimônio Líquido.
    d) Ativo = Patrimônio Líquido.
    e) Patrimônio Líquido = 0.

22. (Analista de Finanças e Controle/CGU/Esaf) Na última feira agropecuária havida em nossa região, a empresa adquiriu dois touros a R$ 50.000,00 cada um, emitindo um cheque de 20% e aceitando 5 duplicatas mensais de igual valor.
    No dia seguinte, a empresa aceitou vender um desses animais por R$ 60.000,00, recebendo apenas um cheque de 40% e a promessa de receber o restante em noventa dias. Contabilizando-se as operações indicadas, sem levar em conta quaisquer implicações de ordem tributária, pode-se dizer que o Ativo da empresa aumentou em:
    a) R$ 10.000,00;
    b) R$ 60.000,00;
    c) R$ 64.000,00;
    d) R$ 90.000,00;
    e) R$ 160.000,00.

23. (Petrobras – Técnico de Contabilidade/Fundação Cesgranrio – Adaptada) No Balanço Patrimonial, o Capital de Terceiros corresponde a:
    a) investimentos realizados pelos sócios da empresa;
    b) soma do Passivo Circulante com Passivo Não Circulante;
    c) soma dos recursos obtidos pelos sócios, mais os recursos obtidos por empréstimos;
    d) recursos obtidos através de empréstimos, exclusivamente;
    e) recursos não onerosos, advindos de pessoas que não participam da empresa, exclusivamente.

24. (Analista de Finanças e Controle/CGU/Esaf) Os seguintes fatos foram praticados pela empresa Alfa & Cia. Ltda.:
    1) pagamento de imposto atrasado no valor de R$ 500,00, com juros de 10%;
    2) recebimento de título no valor de R$ 400,00, com juros de 10%;
    3) pagamento de juros do mês corrente no valor de R$ 400,00;
    4) compra de móveis para venda, por R$ 2.200,00, pagando uma entrada de 20% e o restante a prazo.
    Após contabilizar as operações no livro Diário, poderemos dizer que, com elas,
    a) o Passivo aumentou de R$ 1.760,00;
    b) o Ativo aumentou de R$ 850,00;
    c) o Ativo aumentou de R$ 2.640,00;
    d) o Passivo diminuiu R$ 1.260,00;
    e) o resultado do exercício diminuiu R$ 390,00.

25. (Agência Nacional do Petróleo – Técnico em Regulação do Petróleo/Fundação Cesgranrio) Após a constituição de sociedade anônima para compra e venda de artigos de madeira e duas outras operações, foi levantado o seguinte balanço:

ATIVO	R$
Caixa	3.000,00
Materiais de Construção	2.000,00
Imóvel	5.000,00
Total	10.000,00

PASSIVO	R$
Contas a Pagar	2.500,00
Capital	7.500,00
Total	10.000,00

Considerando, exclusivamente, tais informações, pode-se afirmar que:
a) só uma parte dos materiais de construção foi comprada a prazo;
b) os materiais de construção foram totalmente utilizados na construção do imóvel;
c) no imóvel, foram aplicados R$ 500,00 de Capital de Terceiros;
d) o capital foi totalmente aplicado no Caixa e na compra de materiais;
e) do capital subscrito somente R$ 3.000,00 foram integralizados.

26. (Agência Nacional do Petróleo – Técnico em Regulação do Petróleo/Fundação Cesgranrio/Adaptada) Dados extraídos da contabilidade da Cia. Amazonas:
Balancete de Verificação extraído em 30 nov. 2003, em reais.

CONTAS	SALDOS
Caixa	2.000,00
Bancos c/ movimento	12.000,00
Duplicatas a Receber	18.000,00
Estoques	25.000,00
Móveis e Utensílios	15.000,00
Máquinas e Equipamentos	20.000,00
Edificações	75.000,00
Depreciação Acumulada	4.000,00
Fornecedores a Pagar	20.000,00
Salários e encargos a pagar	5.000,00
Contas a Pagar	3.000,00
Empréstimo a Pagar (LP)	15.000,00
Capital	110.000,00
Reserva de Lucros	10.000,00

Em dezembro de 2003, a empresa realizou as seguintes operações:
– Recebimento de clientes, em dinheiro: R$ 15.000,00;
– Pagamento de fornecedores, em dinheiro: R$ 12.000,00;
– Aquisição de mercadorias para revenda, a prazo: R$ 30.000,00;
– Venda de mercadorias à vista, recebidos em cheque: R$ 15.000,00, com baixa de estoque de R$ 12.000,00;
– Pagamento de despesas, em dinheiro:

Condomínio R$ 250,00
Luz e telefone R$ 300,00
Despesas Diversas R$ 450,00
Com base, exclusivamente, nos dados acima, o valor do Patrimônio Líquido obtido no Balanço Patrimonial extraído em 31 de dezembro de 2003, em reais, foi:
a) 142.000,00;
b) 132.800,00;
c) 125.000,00;
d) 122.000,00;
e) 108.000,00.

27. (Casa da Moeda do Brasil – Contador/Fundação Cesgranrio) Uma empresa inicia suas atividades em abril de 2004, com um capital subscrito de R$ 800,00, sendo 75% integralizados no ato e o restante a ser integralizado em quatro parcelas semestrais, iguais e sucessivas, com a 1ª vencendo em outubro de 2004. Ao final do ano de 2004, a empresa apresentou um prejuízo de R$ 40,00. No segundo ano, obteve um lucro de R$ 60,00. Os saldos do Patrimônio Líquido, em dezembro de 2004 e dezembro de 2005, respectivamente, são:
a) 610,00 e 770,00;
b) 610,00 e 820,00;
c) 650,00 e 750,00;
d) 650,00 e 770,00;
e) 650,00 e 820,00.

28. (BNDES – Técnico Administrativo/Fundação Cesgranrio) A Cia. Gama tinha os seguintes elementos patrimoniais, no encerramento do exercício de 2005, em reais:

• Bens Tangíveis	250.000,00
• Bens Intangíveis	50.000,00
• Direitos a Receber	125.000,00
• Capital de Terceiros	180.000,00

Em vista disso, pode-se afirmar que o patrimônio líquido da empresa, em reais, era de:
a) 295.000,00;
b) 255.000,00;
c) 245.000,00;
d) 195.000,00;
e) 180.000,00.

29. (SUSEP – Agente Executivo/Esaf) A empresa Bertolânis S/A comprou à vista para revender brinquedos no valor de R$ 120.000,00, isentos de tributação. Ao vender metade desses bens por R$ 85.000,00, aceitando duplicatas para 30 dias, com entrada de 30%, a empresa estará, na operação de venda, também isenta de tributação:
a) diminuindo o ativo em R$ 35.000,00;
b) aumentando o ativo em R$ 25.000,00;
c) aumentando o patrimônio líquido em R$ 25.500,00;
d) aumentando o passivo em R$ 59.500,00;
e) aumentando o ativo em R$ 85.000,00.

30. (MPU – Analista – Área Pericial/Esaf) A avaliação do patrimônio, feita em 21 de março, com base no saldo do Razão, demonstrou os seguintes valores:

Capital Social	R$ 2.500,00
Máquinas e Equipamentos	R$ 1.250,00
Despesa de Salários	R$ 1.200,00
Mercadorias	R$ 1.500,00
Contas a Pagar	R$ 1400,00
Contas a Receber	R$ 500,00
Receita de Aluguel	R$ 1.300,00
Salários a Pagar	R$ 700,00
Empréstimos Concedidos	R$ 200,00
Terrenos e Edifícios	R$ 800,00
Receita de Serviço	R$ 300,00
Clientes	R$ 750,00

Ao representar este patrimônio, graficamente, segundo a ordem decrescente do grau de liquidez, encontram-se:
a) Capital de Terceiros R$ 2.300,00;
b) Capital Próprio R$ 2.500,00;
c) Capital de Giro Próprio R$ 850,00;
d) Capital de Giro R$ 5.000,00;
e) Capital Fixo R$ 800,00.

31. (BNDES – Técnico Administrativo/Fundação Cesgranrio) A Cia. Gama apresentou o seguinte balancete, em reais, em 31/12/20X3:

Caixa	4.000,00
Bancos Conta Movimento	12.000,00
Capital	10.000,00
Estoques	16.000,00
Reservas de Capital	40.000,00
Duplicatas a Receber	38.000,00
Financiamentos Externos	30.000,00
Depreciação Acumulada	6.000,00
Reserva Legal	2.000,00
Móveis e Utensílios	25.000,00
Veículos	18.000,00
Reserva Estatutária	5.000,00
Duplicatas Descontadas	3.000,00
Retenção de Lucros	20.000,00
Edificações	44.000,00
Fornecedores	50.000,00
Terrenos	12.000,00
Empréstimos Bancários	3.000,00

Com base nos dados acima, o Patrimônio Líquido da Cia. Gama, em reais, monta a:
a) 77.000,00;
b) 83.000,00;
c) 95.000,00;
d) 107.000,00;
e) 160.000,00.

32. (Analista-Tributário da Receita Federal do Brasil/ESAF) A empresa Gregório, Irmãos & Cia. Ltda., possuindo Disponibilidades de R$ 2.730,00, Imobilizações de R$ 3.270,00 e Dívidas de R$ 2.900,00, realizou duas transações:
    − a compra de uma máquina por R$ 2.000,00, pagando 20% de entrada; e
    − a venda de um equipamento por R$ 3.000,00, perdendo 30%.

Concluídas as operações, e devidamente registradas, pode-se afirmar com certeza que essa firma tem:
a) prejuízos de R$ 500,00.
b) passivo exigível de R$ 4.500,00.
c) patrimônio líquido de R$ 3.100,00.
d) passivo a descoberto de R$ 900,00.
e) ativo de R$ 4.600,00.

Gabarito Comentado

Exercício 1

Patrimônio líquido (PL) = 25.000 + 15.000 = 40.000 **(1)**

....

Por outro lado:

Patrimônio bruto = Ativo = x

Dívidas = passivo exigível = 0,2x

PL = x − 0,2x = 0,8x **(2)**

....

Igualando (1) e (2), teremos: 0,8x = 40.000 → x = 50.000 (patrimônio bruto)

(Resposta: opção e)

Exercício 2

Se a firma aplicou 40% do seu capital inicial em máquinas no valor de R$ 3.500,00, então ATIVO = R$ 3.500,00 ÷ 0,4 = R$ 8.750,00.

Posteriormente, a firma irá ter:

ATIVO = 8.750 + 3.000 − 20% 3.000 + 1.900 − 400 − 1.300 = 11.350

PASSIVO = + 80% 3.000 + 900 = 3.300

PL = 11.350 − 3.300 = 8.050

Analisando as opções:

a) INCORRETA. Capital aplicado (ativo) = R$ 11.350,00
b) CORRETA. Capital próprio (PL) = R$ 8.050,00
c) INCORRETA. Capital alheio (passivo) = R$ 3.300
d) INCORRETA. Rédito bruto (lucro/prejuízo bruto) = receita de vendas − custo das mercadorias vendidas = R$ 1.900,00 − R$ 1.300,00 = R$ 600,00
e) INCORRETA. Rédito líquido (lucro/prejuízos líquidos) = lucro bruto − despesas = R$ 600,00 − R$ 400,00 − R$ 900,00 = (R$ 700,00) → prejuízo

(Resposta: opção b)

Exercício 3

BENS (B):

Numerários	R$ 450,00
Venda	R$ 900,00
Renda	R$ 750,00
Fixos	R$ 2.100,00
Total	R$ 4.200,00

DIREITOS (D):

Créditos de funcionamento	R$ 1.200,00
Créditos de financiamento	R$ 600,00
Total	R$ 1.800,00

OBRIGAÇÕES (O) = capital de terceiros:

Débitos de funcionamento	R$ 900,00
Débitos de financiamento	R$ 300,00
Notas Promissórias emitidas	R$ 600,00
Total	R$ 1.800,00

PL = B + D − O = R$ 4.200,00 + R$ 1.800,00 − R$ 1.800,00 = R$ 4.200,00 **(1)**

....

Por outro lado, PL = capital + reservas + lucros acumulados

Capital = ?

Reservas = R$ 750,00 + R$ 1.800,00 = R$ 2.550,00

Lucros acumulados = 25% do capital de terceiros = R$ 450,00

PL = ? + R$ 2.550,00 + R$ 450,00 = ? + R$ 3.000,00 **(2)**

Igualando **(1)** e **(2)**, teremos:

? + R$ 3.000,00 = R$ 4.200,00 ? = R$ 1.200,00

(Resposta: opção e)

Exercício 4

Se o capital de terceiros (passivo) corresponde a 20% dos recursos aplicados no patrimônio (ativo = patrimônio bruto), então:

A = x

P = 0,2x

PL = 0,8x **(1)**

Por outro lado, nesse balanço, o patrimônio líquido é formado pelas partes integralizadas por cada sócio e pela reserva para aumento de capital. Assim:

Sócio A: $ 48.000

Sócio B: $ 60.000

Sócio C: $ 45.000 ($ 72.000 – $ 27.000)

Sócio D: $ 15.000

Sócio E: $ 45.000 (novo sócio)

Reserva p/aumento de capital: $ 37.000

PL $ 250.000 **(2)**

Igualando **(1)** e **(2)**, teremos: 0,8x = $ 250.000 → x= $ 312.500

(Resposta: opção d)

Exercício 5

Para sabermos a participação do patrimônio líquido que caberá a qualquer sócio, em caso de retirada da sociedade, deveremos fazer uma divisão proporcional do patrimônio líquido, onde a parte de cada sócio será proporcional à sua participação e, ao mesmo tempo, ao tempo de permanência na sociedade. Em outras palavras, a parte que caberá a cada sócio deve ser proporcional ao produto de sua participação pelo tempo de permanência. Assim:

Sócio A: proporcional a 48.000 × 10 = 480.000

Sócio B: proporcional a 60.000 × 10 = 600.000

Sócio C: proporcional a 72.000 × 2 + 45.000 × 8 = 504.000

Sócio D: proporcional a 15.000 × 10 = 150.000

Sócio E: proporcional a 45.000 × 8 = 360.000

Total.. **2.094.000**

Por fim:

Participação de D = $\frac{\$\ 250.0000}{2.094.000}$ × 150.000 × 0,8725 = $ 15.625

Nota: *A expressão acima foi multiplicada por 0,8725, pois o sócio D se retirou com deságio de 12,75%, isto é, 0,8725 = 1 – 0,1275.* **(Resposta: opção b)**

Exercício 6

BENS   R$ 13.000,00
DIREITOS   R$ 7.000,00
OBRIGAÇÕES   R$ 9.000,00

PL = R$ 13.000,00 + R$ 7.000,00 − R$ 9.000,00 = R$ 11.000,00

(Resposta: opção e)

Exercício 7

Se A > P = CTo, então A > CTo, ou seja, A > P + PL, que indica uma situação patrimonial inconcebível, pois, A = P + PL.

(Resposta: opção e)

Exercício 8

Se levarmos em consideração a palavra "aceite" ao pé da letra, há impropriedade no enunciado da questão quando se refere a "promissórias aceitas" e "cheques pré-datados aceitos". De acordo com o Direito Empresarial, só a duplicata é um título sujeito ao aceite, tendo em vista que é emitida pelo credor. No caso da promissória, quem emite é o devedor, não comportando, portanto, a figura do aceite, isto é, o devedor não pode aceitar um título que ele mesmo está emitindo. No caso do cheque, que é uma ordem de pagamento à vista, quem emite é também o devedor, não se admitindo desta forma a figura do aceite.

No entanto, admitindo que o enunciado da questão, quando menciona "promissórias aceitas" e "cheques aceitos", está querendo dizer "promissórias recebidas" e "cheques recebidos", neste caso é admissível tal colocação, pois, de fato, quem irá receber esses títulos é o credor, constituindo, assim, créditos da empresa.

Assim, a questão poderia ter sido anulada por falha no enunciado, mas não o foi. Dessa forma, teremos:

DÉBITOS DA EMPRESA (= OBRIGAÇÕES):

- duplicatas aceitas   R$ 6.000,00
- ICMS a recolher   R$ 8.000,00
- cheques emitidos   R$ 1.000,00
- promissórias emitidas   R$ 2.300,00

TOTAL   R$ 17.300,00

CRÉDITOS DA EMPRESA (= DIREITOS):

• duplicatas emitidas	R$ 5.000,00
• ICMS a recuperar	R$ 7.400,00
• cheques aceitos (recebidos)	R$ 1.200,00
• promissórias aceitas (recebidas)	R$ 1.800,00
TOTAL	R$ 15.400,00

(Resposta: opção e)

Exercício 9

a) Capital alheio = passivo exigível = 2.000 + 120 = 2.120
b) Ativo = 1.200 + 800 = 2.000
Passivo exigível = 2.120
Capital próprio = PL = A − P = 2.000 − 2.120 = − 120 **(Resposta: opção b)**

Exercício 10

Antes de comentarmos as opções, cabe mencionar que a convenção da maioria dos contabilistas é um pouco diferente da visão matemática. Dessa forma, por exemplo, quando escrevemos SL = A − P, pela visão matemática, tal equação é genérica, pois, se A > P, então SL > 0; se A = P, então SL = 0; se A < P, então SL < 0. No caso da convenção dos contabilistas mencionada, normalmente SL é considerado em módulo (valor sempre positivo ou igual a zero). Assim, no caso da equação supra, estaria implícito A ≠ 0, P ≠ 0 e A > P. Desse modo, tal equação indicaria, obrigatoriamente, uma situação líquida superavitária.

Na resolução de questões de provas de contabilidade em concursos, é mais provável a convenção dos contabilistas, ou seja:

• equação para uma situação líquida superavitária: SL = A − P ou SL + P = A

• equação para uma situação líquida nula: A − P = 0 ou A = P

• equação para uma situação líquida deficitária: SL = P − A ou SL + A = P

• equação em que o passivo exigível é igual a zero: A − SL = 0 ou SL = A

• equação em que o ativo é igual a zero: P − SL = 0 ou P = SL

a) Se A − SL = 0, então A = SL, isto é, P = 0: Situação comum na constituição de uma empresa. Logo, a opção a é <u>incorreta</u>.
b) Se A − P = 0, então A = P, isto é, SL = 0: Não é uma boa situação patrimonial, pois o ideal é A > P. Logo, a opção b está <u>incorreta</u>.
c) Se A − P − SL = 0, então A − P = SL, indicando uma situação líquida superavitária, conforme convenção utilizada pela maioria dos contabilistas. Logo, considerando tal convenção, a opção c está <u>incorreta</u>.

d) Se A – P + SL = 0, implica que P – A = SL, indicando, portanto, uma situação de passivo a descoberto, podendo acarretar, caso a situação não se reverta, na falência da empresa. Logo, a opção d está correta.

e) Se A + P – SL = 0, então A + P = SL. Pela visão matemática, este seria um caso possível quando, por exemplo, A ≠ 0 e P = 0. Porém, considerando a convenção da maioria dos contabilistas, a maneira como a equação foi apresentada impõe A ≠ 0 e P ≠ 0. Desta forma, por esta convenção, é impossível tal igualdade, tendo em vista que SL será obrigatoriamente igual a A – P (situação superavitária) ou P – A (situação deficitária). Assim, a opção e está incorreta.

Comentário extra: Na realidade, a visão matemática é mais precisa e completa, ou seja, a equação SL = A – P deveria ser sempre considerada genérica, e não necessariamente indicar que A é maior do que P. No entanto, conforme já mencionado, é mais provável que, em provas de concursos, a solução venha pela convenção da maioria dos contabilistas.

(Resposta: opção d)

Exercício 11

ATIVO

Disponibilidades	1.000,00
Duplicatas a receber	50.000,00
Adiantamento a fornecedores	500,00
Ativo imobilizado bruto	20.000,00
Depreciação acumulada	(2.000,00)
Total	69.500,00

(Resposta: opção b)

Exercício 12

(1ª SOLUÇÃO)

Patrimônio líquido = Ativo – Passivo, ou seja,

Capital próprio = Capital investido – Capital alheio = 8.000 – 5.000 = 3.000

(2ª SOLUÇÃO)

Patrimônio líquido = Capital integralizado + Reservas de lucros – Prejuízo = 3.500 + 500 – 1.000 = 3.000

(Resposta: opção e)

Exercício 13

ATIVO INICIAL:

Caixa	R$ 200,00
Mercadorias	R$ 1.000,00
Duplicatas a receber	R$ 1.200,00
Veículos	R$ 1.400,00
Móveis e utensílios	R$ 1.800,00
Total	R$ 5.600,00

VARIAÇÕES = – 1.200,00 – 10% 600,00 + 12% 200,00 – 40% 120,00 = – 1.284

....

ATIVO FINAL = R$ 5.600,00 – R$ 1284,00 = R$ 4.316,00

(Resposta: opção a)

Exercício 14

Variação do ativo = 20% 300 – 100 – 15% 100 + 400 – 90% 200 = 165

(Resposta: opção b)

Exercício 15

De acordo com o art. 180 da Lei nº 6.404/76, o passivo exigível é composto pelo Passivo Circulante (PC) e pelo Passivo Não Circulante (PNC).

Também, com base no art. 299-B da mesma lei, as receitas diferidas (ex.: aluguéis ativos a vencer) deverão integrar o PNC. Assim, teremos:

PASSIVO EXIGÍVEL (PE):

CIRCULANTE

Títulos a pagar (= R$ 20.000 + R$ 35.000) R$ 55.000,00	
Impostos a recolher	R$ 5.000,00
Fornecedores	R$ 37.000,00
TOTAL	R$ 97.000,00

NÃO CIRCULANTE

Títulos a pagar (2010)	R$ 15.000,00
Aluguéis ativos a vencer (= Receita diferida, art. 299-B)	R$ 700,00
TOTAL	R$ 15.700,00

PE = PC + PNC = R$ 97.000,00 + R$ 15.700,00 = R$ 112.700,00

(Resposta: opção e)

Exercício 16

PL (inicial) = 100.000

Variação do PL = 10.000 − 9.000 + 20.000 − 4.000 + 20.000 = 37.000

PL (final) = PL (inicial) + Variação do PL = 137.000

(Resposta: opção a)

Exercício 17

ATIVO:

Caixa	R$ 2.200,00
Clientes	R$ 4.600,00
Adiantamentos a fornecedores	R$ 2.000,00
Aluguéis ativos a receber	R$ 1.000,00
Adiantamentos a diretores	R$ 1.800,00
Móveis e utensílios	R$ 10.000,00
Depreciação acumulada	(R$ 1.500,00)
TOTAL	R$ 20.100,00

(Resposta: opção d)

Comentário extra: Observemos que na relação de contas extraídas do balancete da Cia. Cezamo coexistem Reserva Legal e Prejuízos Acumulados. Infelizmente, muitos estudiosos e contabilistas insistem neste erro e até mesmo em balanços de empresas conceituadas podemos encontrar esse tipo de engano. A Lei nº 6.404/1976 **deixa claro** no parágrafo único do art. 189 que o prejuízo do exercício será **obrigatoriamente** absorvido pelos lucros acumulados, pelas reservas de lucros e pela reserva legal, nessa ordem. Assim, é incompatível a coexistência, no mesmo balanço, de Prejuízos Acumulados e Reserva Legal ou qualquer outra reserva de lucro. Em outras palavras, para que no mesmo balanço coexistissem essas contas, seria necessário que a Lei das S/As não fosse observada, ou seja, não se utilizasse a Reserva Legal para absorver os prejuízos posteriores. Não só porque está na lei, mas também por uma questão de lógica e bom senso. Manter essas contas no mesmo balanço é equivalente a dizer que o resultado da companhia foi lucro e prejuízo "ao mesmo tempo", o que evidentemente é um absurdo.

Outro detalhe importante é que se há Prejuízos Acumulados no último balanço e no exercício seguinte a companhia apurou lucro líquido, o certo é abater tais prejuízos do lucro atual para depois calcular os 5% dessa diferença, os quais serão destinados à Reserva Legal. Assim, por exemplo, se uma determinada companhia apresenta no seu último balanço Prejuízos Acumulados de R$ 20.000,00 e o lucro líquido do exercício seguinte é de R$ 100.000,00, o valor a ser destinado para a Reserva Legal, observado o limite obrigatório, deverá ser de 5% de R$ 80.000,00 e não de R$ 100.000,00, fato este que infelizmente muitos também não observam, calculando essa reserva sem abater tais prejuízos.

Exercício 18

ATIVO:

Dinheiro	R$ 2.000,00
Títulos a receber	R$ 4.000,00
Duplicatas aceitas por terceiros	R$ 6.000,00
Móveis de uso	R$ 5.000,00
Adiantamentos a empregados	R$ 200,00
Adiantamento a Pedro Paulo	R$ 1.800,00
Bens para vender	R$ 5.300,00
Carro da firma	R$ 8.100,00
TOTAL	R$ 32.400,00

PASSIVO EXIGÍVEL:

Duplicatas emitidas por terceiros	R$ 2.500,00
Empréstimos obtidos	R$ 5.800,00
Aluguéis a pagar	R$ 1.000,00
TOTAL	R$ 9.300,00

Capital próprio = R$ 32.400,00 − R$ 9.300,00 = R$ 23.100,00

(Resposta: opção c)

Exercício 19

ATIVO

Disponibilidades	1.000,00
Duplicatas a receber	50.000,00
Estoques	38.000,00
Adiantamento a fornecedores	2.000,00
Ativo imobilizado bruto	20.000,00
Depreciação acumulada	(2.000,00)
Total	109.000,00

(Resposta: opção c)

Exercício 20

- A apropriação de despesas de depreciação do mês no valor de R$ 2.000,00 gera redução no PL de R$ 2.000,00.
- A compra de mercadorias à vista no valor de R$ 10.000,00 não altera o PL, pois não há despesa nem receita neste fato. Apenas uma troca de mercadorias por dinheiro.
- O custo das mercadorias vendidas no valor de R$ 12.000,00 reduz o PL em R$ 12.000,00.
- As despesas administrativas a prazo no valor de R$ 4.000,00 reduzem o PL em R$ 4.000,00.
- As despesas comerciais a prazo no valor de R$ 6.000,00 reduzem o PL em R$ 6.000,00.
- As despesas tributárias a pagar no valor de R$ 1.000,00 reduzem o PL em R$ 1.000,00.
- As outras despesas a prazo no valor de R$ 2.000,00 reduzem o PL em R$ 2.000,00.
- O pagamento de contas a pagar no valor de R$ 20.000,00 não altera o PL, pois não há receita nem despesa neste fato.
- O recebimento de contas no valor de R$ 25.000,00 não altera o PL, pela mesma razão do item anterior.
- A venda de mercadorias a prazo no valor de R$ 30.000,00 aumenta o PL em R$ 30.000,00 em função da receita de vendas.

Assim:

Variação do PL = − 2.000 − 12.000 − 4.000 − 6.000 − 1.000 − 2.000 + 30.000 = + 3.000

(Resposta: opção d)

Exercício 21

Uma empresa terá um Passivo a Descoberto quando o valor do Passivo (somente o exigível) for maior que o valor do Ativo. Assim:

Passivo a Descoberto = Passivo − Ativo, ou

Ativo = Passivo − Passivo a Descoberto, ou

Ativo = Passivo − Patrimônio Líquido

(Resposta: opção c)

Exercício 22

COMPRA DE DOIS TOUROS:

Entradas no Ativo: 2 × R$ 50.000,00... R$ 100.000,00

Saídas no Ativo: (20% de R$ 100.000,00 p/pag. em cheque).................(R$ 20.000,00)

VENDA DE UM TOURO

Entradas no Ativo: (40% R$ 60.000,00 em cheque e 60%R$ 60.000,00 em Contas a Receber).. R$ 60.000,00

Saídas no Ativo: (custo do touro vendido) .... (R$ 50.000,00)

Por fim:

Aumento do ativo = R$ 100.000,00 − R$ 20.000,00 + R$ 60.000,00 − R$ 50.000,00 = R$ 90.000,00

(Resposta: opção d)

Exercício 23

O Capital de Terceiros (Cte) corresponde às obrigações da empresa, isto é, obrigações a curto prazo (Passivo Circulante) e obrigações a longo prazo (Passivo Não Circulante).

(Resposta: opção b)

Exercício 24

VARIAÇÃO NO PASSIVO:

Saída de R$ 500 de Impostos a Recolher.. (R$ 500,00)

Entrada de 80% de R$ 2.200,00 em Contas a Pagar... (R$ 1.760,00)

Aumento do Passivo... (R$ 1.260,00)

VARIAÇÃO NO ATIVO:

Saída de caixa de R$ 500,00 + 10% de R$ 500,00... (R$ 550,00)

Entrada de caixa de R$ 400,00 + 10% de R$ 400,00... (R$ 440,00

Saída de títulos a receber.. (R$ 400,00)

Saída de caixa de R$ 400,00 (pagamento de juros)... (R$ 400,00)

Entrada de móveis.. (R$ 2.200,00

Saída de 20% de R$ 2.200,00... (R$ 440,00)

Aumento do Ativo... (R$ 850,00

(Resposta: opção b)

Exercício 25

1ª OPERAÇÃO – Constituição da empresa com R$ 7.500,00 em dinheiro:

ATIVO	PASSIVO
Caixa................................. 7.500	Capital 7.500
Total................................... 7.500	Total..................................... 7.500

2ª OPERAÇÃO – Compra de um Imóvel à vista no valor de R$ 4.500,00:

ATIVO	PASSIVO
Caixa 3.000	Capital 7.500
Imóvel 4.500	
Total 7.500	Total 7.500

3ª OPERAÇÃO – Compra a prazo de materiais de construção no valor de R$ 2.000,00 e gastos a prazo incorporados ao custo do imóvel no valor de R$ 500,00:

ATIVO	PASSIVO
Caixa 3.000	Contas a Pagar 2.500
Materiais de construção 2.000	Capital 7.500
Imóvel 5.000	
Total 10.000	Total 10.000

(Resposta: opção c)

Exercício 26

Inicialmente, pode-se determinar o valor do Patrimônio Líquido em 30 de novembro de duas formas:

1ª FORMA – Calculando a diferença entre o ATIVO e o PASSIVO EXIGÍVEL:

ATIVO

Caixa 2.000,00

Bancos c/ Movimento	12.000,00
Duplicatas a Receber	18.000,00
Estoques	25.000,00
Móveis e Utensílios	15.000,00
Máquinas e Equipamentos	20.000,00
Edificações	75.000,00
Depreciação Acumulada	(4.000,00)
TOTAL	163.000,00

PASSIVO EXIGÍVEL

Fornecedores a Pagar	20.000,00
Salários e encargos a pagar	5.000,00
Contas a pagar	3.000,00
Empréstimos a Pagar (LP)	15.000,00
TOTAL	43.000,00

PL = 163.000,00 − 43.000,00 = 120.000,00

2ª FORMA − Somando o saldo da conta Capital com o saldo de Reservas de Lucros (forma mais recomendável numa prova de concurso, tendo em vista menor quantidade de contas):

PL = 110.000,00 + 10.000,00 = 120.000,00

Posteriormente, somaremos ao PL de novembro as receitas de dezembro e subtrairemos as despesas de dezembro:

PL (novembro) 120.000,00
(+) Receita de vendas 15.000,00
(−) Custo das mercadorias vendidas ....(12.000,00)
(−) Despesas (condomínio, luz, telef., desp. Diversas) ....(1.000,00)
(=) PL (dezembro) 122.000,00

(Resposta: opção d)

Exercício 27

DEZEMBRO 2004

Capital Realizado (75% de 800,00 + 25% /4 de 800,00) 650,00
(−) Prejuízo Líquido ....(40,00)
(=) Patrimônio Líquido 610,00

DEZEMBRO 2005

Capital Realizado (650,00 + 2 X 25%/4 de 800,00) 750,00
(−) Prejuízos Acumulados ....(40,00)
(+) Lucro Líquido 60,00
(=) Patrimônio Líquido 770,00

(Resposta: opção a)

Exercício 28

ATIVO = 250.000 + 50.000 + 125.000 = 425.000
PASSIVO = 180.000
PL = 425.000 − 180.000 = 245.000

(Resposta: opção c)

Exercício 29

Entrada dos brinquedos	R$ 120.000,00
(–) Saída de caixa	(R$ 120.000,00)
(–) Saída de metade dos brinquedos	(R$ 60.000,00)
(+) Entrada de dinheiro + duplicatas a receber	R$ 85.000,00
(=) Variação no Ativo	R$ 25.000,00

Nota: O fato de a entrada ser de 30% em dinheiro não afeta os cálculos, pois 70% são duplicatas a receber. O que realmente importa é que 100% (= 30% + 70%), ou seja, R$ 85.000,00 entraram no ativo.

(Resposta: opção b)

Exercício 30

CAPITAL DE TERCEIROS (PC + PELP):

Contas a Pagar	1.400,00
Salários a Pagar	700,00
Total	2.100,00

CAPITAL PRÓPRIO (PL):

Capital Social	2.500,00
Receita de Serviço	300,00
Receita de Aluguel	1.300,00
Despesas de Salários	(1.200,00)
Total	2.900,00

CAPITAL DE GIRO (AC):

Mercadorias	1.500,00
Contas a Receber	500,00
Empréstimos Concedidos	200,00
Clientes	750,00
Total	2.950,00

CAPITAL DE GIRO PRÓPRIO

Ativo Circulante	2.950,00
Passivo Circulante	2.100,00
CGP	850,00

CAPITAL FIXO (Ativo Investimentos + Ativo Imobilizado + Ativo Intangível):

Máquinas e Equipamentos 1.250,00

Terrenos e Edifícios 800,00

Total 2.050,00

(Resposta: opção c)

Comentário extra: A banca Esaf (Escola de Administração Fazendária) considerou nessa questão Capital de Giro Próprio (CGP) como sinônimo de Capital de Giro Líquido (CGL) ou Capital Circulante Líquido, que é a diferença entre o Ativo Circulante e o Passivo Circulante. No entanto, o CGP representa a parte do Capital Próprio (PL) que financia o Ativo Circulante, ou seja, é o excesso do PL sobre o Ativo Não Circulante (ANC): GGP = PL − ANC.

Exercício 31

Capital 10.000,00

Reservas de Capital 40.000,00

Reserva Legal 2.000,00

Reserva Estatutária 5.000,00

Retenção de Lucros 20.000,00

PL 77.000,00

(Resposta: opção a)

Exercício 32

ATIVO inicial [R$ 2.730,00 + R$ 3.270,00] .... (R$ 6.000,00

(−) Saída de dinheiro [20% R$ 2.000,00] .... (R$ 400,00)

(+) Entrada de dinheiro .... (R$ 3.000,00

(=) ATIVO final .... (R$ 8.600,00

PASSIVO EXIGÍVEL inicial .... (R$ 2.900,00

(+) Dívida na compra da máquina [80% R$ 2.000,00] .... (R$ 1.600,00

(=) PASSIVO EXIGÍVEL final .... (R$ 4.500,00

(Resposta: opção b)

Capítulo 3

Resultado

1. Conceito de Resultado

O RESULTADO de uma empresa equivale ao seu <u>LUCRO</u> ou <u>PREJUÍZO</u> referente a dado período. Será lucro, se o total de receitas for maior que o total de despesas. Será prejuízo, se o total de receitas for menor que o total de despesas.

Exemplo: Suponhamos que o patrimônio da Cia. Alfa no início de março de 20X8 seja o seguinte:

ATIVO = R$ 87.000,00

<u>PASSIVO EXIGÍVEL = R$ 31.000,00</u>

PL = R$ 56.000,00

Suponhamos agora que ao longo de março de 20X8 ocorram os seguintes fatos:

– Vendas de mercadorias à vista no valor de R$ 25.000 ao custo de R$ 13.000.
– Vendas de mercadorias a prazo no valor de R$ 18.000 ao custo de R$ 10.000.
– Pagamento de despesas gerais do mês no valor de R$ 7.000.

Assim, teremos:

Receita de vendas à vista ....R$ 25.000,00
<u>Receita de vendas a prazo ....R$ 18.000,00</u>
Total das Receitas ....R$ 43.000,00

Despesa c/ custo das mercadorias vendidas à vista ....(R$ 13.000,00)
Despesa c/ custo das mercadorias vendidas a prazo ....(R$ 10.000,00)
<u>Despesas gerais ....(R$ 7.000,00)</u>
Total das Despesas ....(R$ 30.000,00)

RESULTADO = Receitas – Despesas = R$ 13.000,00 (lucro)

Patrimônio da Cia. Alfa ao fim de março:

ATIVO

Saldo inicial .... R$ 87.000,00
(+) Dinheiro no caixa pelas vendas à vista .... R$ 25.000,00
(+) Aumento do saldo de clientes .... R$ 18.000,00
(–) Mercadorias retiradas dos estoques .... (R$ 23.000,00)
(–) Dinheiro retirado do caixa para pagamento das despesas gerais .... (R$ 7.000,00)
(=) Saldo final .... R$ 100.000,00
(–) **PASSIVO** (não sofreu alteração) .... (R$ 31.000,00)
(=) **PL** .... R$ 69.000,00

Conclusão: Verificamos nesse último exemplo que o lucro aumenta o patrimônio líquido no seu valor. Caso o resultado fosse prejuízo, o patrimônio líquido seria diminuído no seu valor. Em outras palavras, isso também equivale a dizer que as receitas aumentam o lucro ou diminuem o prejuízo de uma empresa e, consequentemente, aumentam seu patrimônio líquido. Analogamente, as despesas diminuem o lucro ou aumentam o prejuízo e, consequentemente, reduzem o patrimônio líquido.

Nota: Toda filosofia de apuração de valores nesse último exemplo foi baseada no REGIME DE COMPETÊNCIA, o qual é obrigatório a todas as sociedades anônimas e a todas as sociedades limitadas de grande porte.

2. REGIMES DE RECONHECIMENTO DAS RECEITAS E DESPESAS

2.1. Regime de Caixa

Por esse regime, as receitas e despesas são, respectivamente, caracterizadas pelas entradas e saídas de dinheiro, independentemente dos períodos a que competem.

2.2. Regime de Competência (= Princípio da Competência)

Nesse caso, as receitas e despesas são caracterizadas pelas ocorrências de seus fatos geradores, independentemente das entradas e saídas de dinheiro.

Obs. 1: De acordo com o art. 177 da Lei nº 6.404/76, as companhias devem registrar as mutações patrimoniais segundo o REGIME DE COMPETÊNCIA. Com base na Lei nº 11.638/07, a qual estende a obrigatoriedade de auditoria, escrituração e demonstrações contábeis às sociedades de grande porte que não sejam companhias, concluímos que as sociedades limitadas de grande porte também devem escriturar suas operações pelo referido regime.

Obs. 2: Não se há de confundir receita GANHA com receita RECEBIDA. A receita é ganha quando ocorre seu fato gerador. A receita é recebida quando há o recebimento em dinheiro. Da mesma forma, não se deve confundir despesa INCORRIDA com despesa PAGA. A despesa é incorrida quando ocorre o seu fato gerador. A despesa é paga quando há o seu pagamento em dinheiro.

Exemplo: Os seguintes fatos ocorreram numa empresa ao longo de um período:
- Os salários de março no valor de R$ 8.000,00 foram pagos em abril.
- Os salários de abril no valor de R$ 9.000,00 foram pagos em maio.
- As despesas de abril pagas à vista totalizaram R$ 5.000,00.
- O aluguel de maio no valor de R$ 3.000,00 foi pago antecipadamente em abril.
- Os serviços prestados à vista em abril importaram em R$ 21.000,00.
- Os serviços prestados a prazo em abril e recebidos em junho importaram em R$ 28.000,00.
- Em abril, a empresa recebeu R$ 19.000,00 referentes a serviços prestados em fevereiro.
- Em abril, a empresa recebeu um adiantamento de R$ 2.000,00 por serviços prestados em maio.

Assim, em relação ao mês de "abril", teremos:

REGIME DE CAIXA		REGIME DE COMPETÊNCIA	
RECEITAS	DESPESAS	RECEITAS	DESPESAS
-	8.000,00	-	-
-	-	-	9.000,00
-	5.000,00	-	5.000,00
-	3.000,00	-	-
21.000,00	-	21.000,00	-
-	-	28.000,00	-
19.000,00	-	-	-
2.000,00	-	-	-
42.000,00	**16.000,00**	**49.000,00**	**14.000,00**

RESULTADO DE ABRIL (CAIXA) = 42.000,00 − 16.000,00 = 26.000,00 (Lucro)

RESULTADO DE ABRIL (COMP.) = 49.000,00 − 14.000,00 = 35.000,00 (Lucro)

3. DESPESAS

- Despesas c/ Vendas
- Despesas Financeiras
- Despesas Administrativas
- Despesas Gerais
- Despesa de Equivalência Patrimonial
- Outras Despesas

3.1. Despesas c/ Vendas (ou Despesas Comerciais)

- Comissões sobre vendas
- Fretes s/ Vendas
- Propaganda e Publicidade
- Brindes
- Embalagens
- Royalty
- Despesa c/ Devedores Duvidosos (ou Despesa c/ Perdas Estimadas em Créditos de Liquidação Duvidosa)

etc.

3.2. Despesas Financeiras (ou Encargos Financeiros)

- Juros Passivos (ou Despesas de Juros – juros de empréstimos ou financiamentos, juros de mora etc.)
- Descontos Condicionais (ou Financeiros) Concedidos (são aqueles dados aos clientes na antecipação de pagamento nas duplicatas a receber)
- IOF
- Variações Monetárias Passivas (ex.: correção monetária de empréstimos obtidos)
- Variações Cambiais Passivas (ex.: perdas cambiais nas dívidas em moeda estrangeira)

etc.

3.3. Despesas Administrativas

- Salários
- 13º Salário
- Férias
- INSS (patronal)
- FGTS

- Honorários da diretoria
- Aluguéis
- Seguros
- IPTU
- Consumo de material de expediente
- Despesas de depreciação (= despesa com obsolescência ou desgaste pelo uso de bens corpóreos do ativo imobilizado, tais como veículos, móveis e utensílios, edificações, computadores, etc.)
- Despesas de amortização (= despesa com a perda de valor de bens incorpóreos do ativo intangível, tais como patentes, concessões obtidas, etc.)

etc.

3.4. Despesas Gerais

São compartilhadas entre o setor de vendas e o setor administrativo, tais como água, luz, telefone, café e lanches etc.

3.5. Despesa de Equivalência Patrimonial

É a despesa apurada por uma sociedade investidora, ao fim de determinado exercício social, em função de sua coligada ou controlada ter apurado prejuízo líquido ao fim do mesmo exercício social. Assim, por exemplo, suponhamos que a controladora, Cia. Alfa, possua 70% do capital de sua controlada, Cia. Beta. Suponhamos também que o PL da investida em 31/12/20X1 seja de R$ 40.000,00 e que o prejuízo líquido apurado pela investida referente ao exercício social de 20X2 fosse de R$ 10.000,00. Assim, na contabilidade da investidora serão apurados os seguintes valores:

Ações de Controladas (31/12/20X1) = 70% R$ 40.000,00 = R$ 28.000,00

Ações de Controladas (31/12/20X2) = 70% (R$ 40.000,00 – R$ 10.000,00) = R$ 21.000,00

Despesa de equivalência patrimonial = R$ 28.000,00 – R$ 21.000,00 = R$ 7.000,00

ou

Despesa de equivalência patrimonial = 70% R$ 10.000,00 = R$ 7.000,00

Conclusão: a despesa de equivalência patrimonial representa na investidora a desvalorização do valor do investimento nas ações da investida, ou, em outras palavras, a participação proporcional da investidora no prejuízo da investida. Essa forma de uma investidora avaliar o valor das ações da investida é chamada de Método da Equivalência Patrimonial, o qual é exclusivo para investimentos em coligadas ou controladas.

3.6. Outras Despesas

Ex.: Prejuízo na venda de bens do ativo imobilizado (antigamente era considerado "despesa não operacional")

4. RECEITAS

- Receitas de Vendas
  - Bruta
  - Líquida
- Receitas Financeiras
- Receita de Equivalência Patrimonial
- Outras Receitas

4.1. Receita Bruta (ou Vendas Brutas)

São as vendas de mercadorias (empresa comercial), de produtos (empresa industrial) ou de serviços (empresa prestadora de serviços).

4.2. Receita Líquida (ou Vendas Líquidas)

É a diferença entre a receita bruta e as deduções das vendas, sendo estas as devoluções de vendas, os abatimentos sobre vendas, os descontos incondicionais (ou comerciais) concedidos, o ICMS, o ISS, o PIS e a COFINS. Assim, por exemplo, se no exercício social de 20X1 a empresa comercial Delta S/A realizou vendas totais de mercadorias no valor de R$ 100.000,00 com ICMS de 17%, PIS de 1% e COFINS DE 3%, teremos:

Receita bruta = R$ 100.000,00
Receita líquida = R$ 100.000,00 – 17% R$ 100.000,00 – 1% R$ 100.000,00 – 3% R$ 100.000,00 = R$ 79.000,00

4.3. Receitas Financeiras

- Juros Ativos (ou Receitas de Juros – juros de aplicações financeiras, juros de mora, etc.)
- Descontos Condicionais (ou Financeiros) Obtidos (= descontos obtidos dos fornecedores pela antecipação do pagamento das duplicatas a pagar).
- Variações Monetárias Ativas (ex.: correção monetária de aplicações financeiras)
- Variações Cambiais Ativas (ex.: ganhos cambiais nas dívidas em moeda estrangeira)

4.4. Receita de Equivalência Patrimonial

É a receita apurada por uma sociedade investidora, ao fim de determinado exercício social, em função de sua coligada ou controlada ter apurado LUCRO líquido ao fim do mesmo exercício social. Assim, por exemplo, suponhamos que a controladora, Cia. Roma, possua 40% do capital de sua coligada, Cia. Paris. Suponhamos também que o PL da investida em 31/12/20X1 seja de R$ 50.000,00 e que o lucro líquido apurado pela investida referente ao exercício social de 20X2 fosse de R$ 10.000,00. Assim, na contabilidade da investidora serão apurados os seguintes valores:

Ações de Coligadas (31/12/20X1) = 40% R$ 50.000,00 = R$ 20.000,00

Ações de Coligadas (31/12/20X2) = 40% (R$ 50.000,00 + R$ 10.000,00) = R$ 24.000,00

Receita de equivalência patrimonial = R$ 24.000,00 – R$ 20.000,00 = R$ 4.000,00

ou

Receita de equivalência patrimonial = 40% R$ 10.000,00 = R$ 4.000,00

4.5. Outras Receitas

- Aluguéis ativos (ou Receita de aluguéis)
- Receita de Dividendos
- Reversão de Perdas Estimadas em Créditos de Liquidação Duvidosa
- Lucro na Venda de Bens do Imobilizado (antiga "Receita Não Operacional")

etc.

EXERCÍCIO PROPOSTO: Os seguintes valores foram obtidos dos registros contábeis da Comercial Toda Cor S/A para a apuração dos resultados do exercício social de 20X8:

Receita de Juros	R$ 3.000,00
Vendas	R$ 99.000,00
Descontos Condicionais Concedidos	R$ 2.000,00
Descontos Incondicionais Concedidos	R$ 4.000,00
ICMS sobre Vendas	R$ 15.000,00
Fretes sobre Vendas	R$ 4.000,00
Custo das Mercadorias Vendidas	R$ 31.000,00
Receita de Aluguéis	R$ 10.000,00
Despesa de Juros	R$ 5.000,00
Despesas Gerais	R$ 6.000,00
Depreciação	R$ 1.000,00
Outras Receitas (lucro na venda de terreno)	R$ 18.000,00

Assim, apure:
1) Receita Bruta (RB).
2) Receita Líquida (RL)
3) Lucro Bruto (LB)

4) Lucro Operacional
5) Lucro Antes do IR (Imposto de Renda) e CSLL (Contribuição Social s/ o Lucro Líquido)
6) IR e CSLL, considerando IR e CSLL com alíquota conjunta de 24%
7) Lucro Líquido.

SOLUÇÃO:
(1) Receita Bruta = Vendas = 99.000,00

(2) Receita Bruta 99.000,00
(–) Descontos Incondicionais Concedidos .... *(4.000,00)*
(–) ICMS sobre Vendas .... *(15.000,00)*
(=) Receita Líquida 80.000,00

(3) Lucro Bruto = RL – CMV = 80.000,00 – 31.000,00 = 49.000,00

(4) Lucro Bruto 49.000,00
(–) Descontos Condicionais Concedidos .... *(2.000,00)*
(–) Fretes sobre Vendas .... *(4.000,00)*
(–) Despesa de Juros .... *(5.000,00)*
(–) Despesas Gerais .... *(6.000,00)*
(–) Depreciação .... *(1.000,00)*
(+) Receita de Aluguéis 10.000,00
(+) Receita de Juros 3.000,00
(+) Outras Receitas 18.000,00
(=) Lucro Operacional 62.000,00

Obs.: *Pelas novas regras contábeis, com base no Pronunciamento Técnico CPC 26 (R1) – Apresentação das Demonstrações Contábeis, todas as despesas e receitas são consideradas operacionais, isto é, não mais existem as "antigas" receitas e despesas não operacionais. Assim, o lucro na venda de terreno (outras receitas) integrará o lucro operacional. Pelo "inadequado" art. 187 da Lei nº 6.404/76, esse lucro é posto após o lucro (ou prejuízo) operacional.*

(5) Visto que pelas novas regras contábeis não há mais lucro ou prejuízo não operacional, o lucro antes do IR e da CSLL COINCIDE com o lucro operacional, ou seja, será também de R$ 62.000,00.

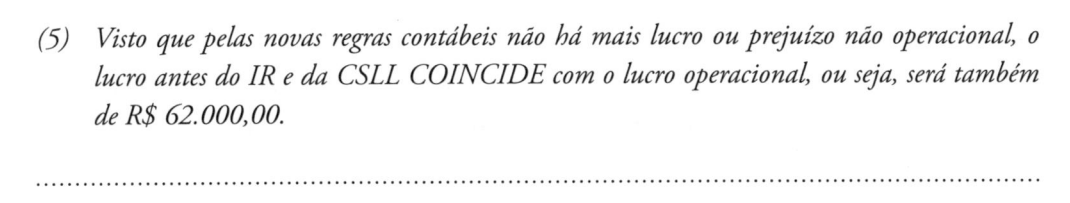

(6) IR e CSLL = 24% 62.000 = 14.880

(7) Lucro Líquido = Lucro antes do IR e CSLL – IR e CSLL = 62.000 – 14.880 = 47.120

5. Demonstração do Resultado do Exercício (DRE) – Noções Básicas

A DRE é a demonstração contábil que evidencia a apuração do lucro ou prejuízo líquido, partindo da receita de vendas de mercadorias, produtos ou serviços.

Basicamente, temos a seguinte sequência para elaboração da DRE:

Receita Bruta
(–) Deduções, Abatimentos e Tributos sobre Vendas
(=) Receita Líquida
(–) Custo das Mercadorias, Produtos ou Serviços Vendidos
(=) **Lucro (ou Prejuízo) Bruto**
(–) Despesas Operacionais
(+) Outras Receitas
(=) **Lucro (ou Prejuízo) Operacional (= Lucro ou Prejuízo antes do IR e CSL)**
(–) IR (Imposto de Renda) e CSL (Contribuição Social sobre o Lucro)
(=) **Lucro (ou Prejuízo) Líquido**

Obs.: Antes das normas do CPC (Comitê de Pronunciamentos Contábeis) havia distinção entre "Lucro Operacional" e "Lucro antes do IR e CSL", dado que havia as chamadas "despesas não operacionais" e "receitas não operacionais". Pelas regras atuais, **todas** as despesas e receitas são OPERACIONAIS, isto é, não mais existem despesas e receitas não operacionais, de modo que os referidos lucros coincidem.

No exercício resolvido anterior, teríamos a seguinte DRE da Comercial Toda Cor S/A:

Receita Bruta	99.000
(–) Descontos Incondicionais	(4.000)
(–) ICMS sobre Vendas	(15.000)
(=) Receita Líquida	80.000
(–) Custo das Mercadorias Vendidas	(31.000)
(=) Lucro Bruto	49.000
(–) Descontos Condicionais	(2.000)
(–) Fretes sobre Vendas	(4.000)
(–) Despesa de Juros	(5.000)
(–) Despesas Gerais	(6.000)
(–) Depreciação	(1.000)
(+) Receita de Aluguéis	10.000
(+) Receita de Juros	3.000
(+) Outras Receitas	18.000
(=) Lucro antes do IR e CSL	62.000
(–) IR e CSL	(14.880)
(–) Lucro Líquido	47.120

Exercícios de Fixação

1. (CFC – Exame de Suficiência) Indique o resultado bruto e o resultado líquido do exercício, respectivamente, em face dos saldos apurados nas contas relacionadas a seguir:

   Custo das mercadorias vendidas .... R$ 500.000,00
   Custo dos serviços prestados .... R$ 100.000,00
   Despesas administrativas .... R$ 110.000,00
   Despesas financeiras .... R$ 130.000,00
   Dividendos propostos .... R$ 23.000,00
   ICMS sobre vendas .... R$ 150.000,00
   ISS sobre serviços .... R$ 40.000,00
   Provisão para imposto de renda .... R$ 40.000,00
   Receitas de serviços prestados .... R$ 300.000,00
   Vendas de mercadorias .... R$ 1.000.000,00

   a) R$ 1.300.000,00 e R$ 230.000,00;
   b) R$ 510.000,00 e R$ 230.000,00;
   c) R$ 1.300.000,00 e R$ 270.000,00;
   d) R$ 510.000,00 e R$ 270.000,00.

2. (CFC – Exame de Suficiência) Em relação às contas de resultado, pode-se afirmar que:
   a) uma despesa paga à vista representa uma redução de ativo e um aumento de passivo;
   b) uma despesa paga antecipadamente provoca uma redução no ativo e na situação líquida;
   c) uma despesa realizada para pagamento futuro representa um aumento de passivo, sem qualquer redução ou acréscimo nos valores do ativo;
   d) uma receita realizada para recebimento futuro representa uma redução de passivo e um aumento da situação líquida.

3. (Analista de Finanças e Controle/Esaf) Uma empresa que contabiliza suas operações pelo regime de caixa, quando comparar com o princípio de competência, para fins de balanço, vai verificar que as despesas incorridas, mas não pagas no exercício, provocaram:
   a) um passivo menor que o real e um lucro maior que o real;
   b) um passivo maior que o real e um lucro menor que o real;
   c) um ativo maior que o real e um lucro maior que o real;
   d) um ativo maior que o real e um lucro menor que o real;
   e) um ativo maior que o real e um passivo menor que o real.

4. (ATM – CE/Esaf) No final do exercício social, encerrado em 31/12/97, apuraram-se os seguintes elementos:
   – Receita de serviços prestados, recebida durante o exercício 420.000
   – Receita de serviços, recebida antecipadamente 10.000
   – Serviços prestados a faturar 5.000
   – Despesas administrativas incorridas e pagas durante o exercício 60.000
   – Custos dos serviços prestados 300.000
   – Despesas financeiras incorridas e pagas no exercício 45.000
   – Despesas financeiras pagas antecipadamente 5.000
   – Folha de pagamento de dez. a ser paga em jan. de 1998 15.000

   O lucro líquido do exercício, considerando-se as hipóteses de adoção dos regimes de competência e de caixa foi, respectivamente, de:
   a) 5.000 e 20.000;
   b) 10.000 e 10.000;
   c) zero e 20.000;
   d) 10.000 e 25.000;
   e) 5.000 e 10.000.

5. (CFC – Exame de Suficiência) Considerando os dados a seguir, referentes ao mês de dezembro de 20X0, calcule o resultado de acordo com os Princípios de Contabilidade.
   – Despesa de dezembro de 20X0, paga em janeiro de 20X1 R$ 36,00
   – Despesa de janeiro de 20X1, paga em dezembro de 20X0 R$ 54,00
   – Despesa de dezembro de 20X0, paga em dezembro de 20X0 R$ 45,00
   – Receita de dezembro de 20X0, recebida em janeiro de 20X1 R$ 27,00
   – Receita de janeiro de 20X1, recebida em dezembro de 20X0 R$ 63,00
   – Receita de dezembro de 20X0, recebida em dezembro de 20X0 R$ 51,00

   Assinale a alternativa CORRETA:
   a) Lucro de R$ 15,00.
   b) Prejuízo de R$ 3,00.
   c) Lucro de R$ 4,00.
   d) Prejuízo de R$ 15,00.

6. (Auditor do Tesouro Municipal – RN/Esaf) A firma Previdente S/A, em 01/08/01, contratou um seguro anual para cobertura de incêndio avaliado em R$ 300.000,00, com vigência a partir da assinatura do contrato. O exercício social da Previdente é coincidente com o ano calendário. O prêmio cobrado pela seguradora é equivalente a 10% do valor da cobertura e foi pago em 31 de agosto de 2001. Em consonância com o princípio contábil da competência de exercícios, no balanço patrimonial de 31/12/01, a conta seguros a vencer constará com saldo atualizado de:
   a) R$ 175.000,00;
   b) R$ 30.000,00;
   c) R$ 20.000,00;
   d) R$ 17.500,00;
   e) R$ 12.500,00.

7. Uma empresa, entre outros valores, apurou os seguintes: seguros a vencer = 1.500; imposto de renda a pagar = 900; aluguéis recebidos antecipadamente = 2.300. Caso contabilizasse suas operações pelo regime de caixa, com base exclusivamente nas informações dadas, teria seu resultado:
   a) subavaliado em 300;
   b) superavaliado em 100;
   c) subavaliado em 1.700;
   d) superavaliado em 3.000;
   e) superavaliado em 1.700.

8. Considere as seguintes informações extraídas da demonstração do resultado de uma empresa:
   Despesas operacionais (Dop) .... R$ 17.000,00
   Lucro líquido .... R$ 5.000,00
   Receita de vendas .... R$ 49.000,00
   Receita operacionais (Rop) .... R$ 6.000,00
   IR e CS sobre o lucro .... R$ 4.000,00
   Custo das Mercadorias Vendidas (CMV) .... ?
   Assim, com base exclusivamente nas informações acima, pode-se afirmar que o CMV importou em:
   a) R$ 25.000,00;
   b) R$ 26.000,00;
   c) R$ 27.000,00;
   d) R$ 28.000,00;
   e) R$ 29.000,00.

9. Uma empresa, ao inventariar sua riqueza de acordo com o regime de caixa, constatou a existência de débitos no valor de $ 41.700, crédito de $ 53.000, bens no valor de $ 22.600 e um capital realizado de $ 45.800.
   Além das informações anteriores, foi também apurada a existência de $ 5.900 de receitas recebidas e não ganhas; de $ 2.700 de receitas ganhas e não recebidas; de $ 4.300 de receitas ganhas e recebidas; de $ 3.100 de despesas incorridas e não pagas; de $ 1.200 de despesas pagas antecipadamente; de uma multa de $ 3.200 vencida e não paga; de $ 300 de despesas pagas e incorridas; além da expectativa de perda, na ordem de 3% de títulos a receber, com valor nominal de $ 50.000.
   Supondo que, em nenhum momento, foram contabilizadas reservas patrimoniais, e não há, além de capital e de prejuízos acumulados, nenhuma outra conta no patrimônio líquido, se a empresa contabilizasse suas operações, considerando os princípios contábeis da competência e da prudência, a mesma iria apurar no patrimônio líquido um total de PREJUÍZOS ACUMULADOS de:
   a) $ 22.600;
   b) $ 19.300;
   c) $ 21.700;
   d) $ 13.900;
   e) $ 20.500.

10. (Fiscal de Rendas – SP/Vunesp) Considere as operações a seguir, realizadas por certa empresa em determinado período contábil.
    1) Prestou serviços contra pagamento à vista: R$ 40.000.
    2) Prestou e faturou serviços para recebimento a prazo: R$ 50.000.
    3) Recebeu adiantamento de clientes por conta de serviços a serem prestados: R$ 20.000.
    4) Contratou e pagou antecipadamente serviços de publicidade: R$ 10.000.
    5) Prestou e faturou serviços por conta de parte do recebimento antecipado de clientes: R$ 10.000.
    6) Metade dos serviços de publicidade contratados refere-se ao período contábil em questão.
    7) Pagou despesas gerais no valor de R$ 35.000.
    As receitas de serviços e as despesas de competência do período em questão foram de:
    a) R$ 110.000 e R$ 50.000;
    b) R$ 100.000 e R$ 40.000;
    c) R$ 90.000 e R$ 45.000;
    d) R$ 50.000 e R$ 35.000;
    e) R$ 40.000 e R$ 35.000.

11. (Analista do Serpro – Recursos Financeiros e Auditoria/Esaf) Na nossa Mini Microempresa, apuramos que o aluguel de R$ 180,00, vencido em janeiro/X1, fora pago em dezembro/X0; que, em dezembro/X0, foram recebidos juros de R$ 150,00, que só venciam em janeiro/X1; que os salários de dezembro/X0, no valor de R$ 200,00, só foram pagos em janeiro/X1; e que, também em dezembro/X0, foram prestados serviços no valor de R$ 310,00, para recebimento apenas no mês seguinte.
    Estes fatos haviam sido contabilizados no exercício de X0, segundo as regras do regime contábil de caixa. No entanto, a lei determina que, para fins de balanço, deve ser utilizado o regime contábil de competência, uma vez que se trata de um Princípio de Contabilidade.
    A modificação contábil do regime de caixa para o de competência, neste caso particular, vai provocar um dos seguintes efeitos na apuração final do resultado do exercício de X0. Assinale a resposta certa:
    a) O rédito terá decréscimo de R$ 30,00.
    b) O rédito será um prejuízo de R$ 30,00.
    c) O rédito terá acréscimo de R$ 80,00.
    d) O rédito será um lucro de R$ 80,00.
    e) O rédito será um lucro de R$ 110,00.

12. (Técnico da Receita Federal/Esaf) A nossa Empresinha de Compras realizou cinco operações abaixo, no prazo de uma semana:
    1) comprou objetos por R$ 2.000,00, pagando 30% de entrada;
    2) pagou conta de luz vencida no mês passado, no valor de R$ 95,00;
    3) vendeu 2/4 dos objetos por R$ 800,00, recebendo 40% de entrada;
    4) registrou a conta de luz do mês (R$ 80,00) para pagamento no mês seguinte; e,
    5) vendeu à vista o resto dos objetos comprados, por R$ 1.300,00.

A contabilização obedece aos princípios fundamentais da Contabilidade; as operações de compra e venda não sofrem tributação; não houve outras transações no mês.

O registro contábil desses fatos, se corretamente lançados, evidenciará o seguinte resultado do mês:
a) R$ 5,00 (lucro);
b) R$ 20,00 (lucro);
c) R$ 75,00 (lucro);
d) R$100,00 (lucro);
e) R$ 155,00 (prejuízo).

13. (Analista de Finanças e Controle – STN/Esaf) O lucro líquido da Empresa Sete Ltda. foi de R$ 4.600,00, apurado em 30/04/01, tendo sido contabilizados os aluguéis pelo regime contábil de caixa.

As remunerações de aluguel ocorreram obedecendo ao seguinte fluxo de vencimento e liquidação:
– R$ 1.500,00 de despesas vencidas e quitadas em abril;
– R$ 1.800,00 de despesas vencidas em abril e quitadas em maio;
– R$ 1.200,00 de despesas vencidas em maio e quitadas em abril;
– R$ 900,00 de receitas vencidas em maio e quitadas em abril;
– R$ 2.100,00 de receitas vencidas em abril e quitadas em maio;
– R$ 1.700,00 de receitas vencidas e quitadas em abril.

Obrigada, por força de lei e de princípios contábeis, a registrar estes resultados pelo regime de competência, a empresa promoveu os lançamentos necessários.

Com isso, podemos dizer que o resultado líquido, em relação à apuração anterior, sofreu:
a) redução de R$ 100,00;
b) aumento de R$ 200,00;
c) aumento de R$ 300,00;
d) aumento de R$ 500,00;
e) aumento de R$ 600,00.

14. (CVM/Fundação Carlos Chagas) A Cia. Alfa de Centauro adquiriu, em 1º de outubro de 20X0, uma apólice de seguro contra incêndio em suas instalações fabris, com vigência de 2 anos, por R$ 72.000,00. Em consonância com o Princípio da Competência dos Exercícios, deverá constar, no Balanço Patrimonial de 20X0 da companhia, como despesa do exercício seguinte, no grupo do Ativo Circulante, a importância, em reais, de:
a) 72.000,00;
b) 63.000,00;
c) 48.000,00;
d) 36.000,00;
e) 9.000,00.

15. (Gestor Fazendário – MG/Esaf) Em fevereiro de 2005, a Contabilidade da Nossa Firma forneceu as seguintes informações:
    I. a conta de luz e energia utilizada em dezembro de 2004, no valor de R$ 200,00, foi paga em dezembro de 2004;
    II. a conta de aluguel utilizado em janeiro de 2005, no valor de R$ 500,00, foi paga em dezembro de 2004;
    III. a conta de água consumida em dezembro de 2004, no valor de R$ 400,00, foi paga em janeiro de 2005;
    IV. os juros referentes a janeiro de 2005, no valor de R$ 250,00, foram pagos em janeiro de 2005;
    V. os juros referentes a dezembro de 2004, no valor de R$ 1.000,00, foram recebidos em janeiro de 2005;
    VI. os aluguéis dos bens utilizados em janeiro de 2005, no valor de R$ 1.300,00, foram recebidos em dezembro de 2004;
    VII. os serviços prestados em dezembro de 2004, no valor de R$ 1.700,00, foram recebidos em dezembro de 2004;
    VIII. as comissões auferidas em janeiro de 2005, no valor de R$ 750,00, foram recebidas em janeiro de 2005.

    Com base nos fatos contábeis informados anteriormente, apure o resultado do exercício pelo regime de caixa e pelo regime de competência, respectivamente, para dezembro de 2004 e janeiro de 2005 e assinale a resposta certa:
    a) De acordo com o regime contábil de competência, no mês de janeiro de 2005 houve lucro de R$ 1.100,00.
    b) De acordo com o regime de caixa, no mês de janeiro de 2005 houve lucro de R$ 1.300,00.
    c) De acordo com o regime contábil de caixa, no mês de dezembro de 2004 houve lucro de R$ 2.100,00.
    d) De acordo com o regime contábil de competência, no mês de dezembro de 2004 houve lucro de R$ 2.300,00.
    e) Considerando a gestão completa, sem fragmentação mês a mês, em qualquer dos dois regimes o lucro teria sido de R$ 3.400,00.

16. (IRB – Analista/Esaf) As despesas incorridas, mas não pagas dentro do exercício, provocam, para a empresa que contabiliza suas operações, pelo regime de caixa:
    a) um passivo maior que o real e um lucro maior que o real;
    b) um passivo menor que o real e um lucro maior que o real;
    c) um ativo maior que o real e um lucro maior que o real;
    d) um ativo maior que o real e um lucro menor que o real;
    e) um ativo maior que o real e um passivo menor que o real.

17. (IRB – Analista/Esaf) A empresa Domesticação Ltda., utiliza duas máquinas em seu processo produtivo, sendo uma de sua propriedade, no valor de R$ 10.000,00, e outra, no valor de R$ 8.000,00, locada de Ferragens S/A, a R$ 250,00 por mês. Ambas as máquinas têm vida útil estimada em dez anos.
    Em manutenção mensal essas máquinas consomem despesas fixas de R$ 100,00 cada uma, sendo que, em 31 de dezembro de 20X5, já havia sido paga a manutenção dos meses de janeiro e fevereiro de 20X6, ao contrário do aluguel que só fora pago até o mês de outubro de 20X5.

Em decorrência dos fatos informados, cuja ocorrência verificou-se durante o ano inteiro, e em observância aos princípios contábeis de Competência e da Entidade, essa empresa deverá apresentar despesas no valor de:
a) R$ 5.200,00;
b) R$ 6.300,00;
c) R$ 6.400,00;
d) R$ 6.640,00;
e) R$ 7.200,00.

18. (Petrobras – Contador Pleno/Fundação Cesgranrio) A Cia. ABC apresentou as seguintes contas de resultado, em reais, ao final do exercício de 20X4:

Receita de Prestação de Serviços	400,00
Custo dos Serviços Prestados	250,00
Receita de Revendas de Mercadorias	500,00
Descontos Financeiros Concedidos	10,00
Custo das Mercadorias Vendidas	300,00
Imposto sobre Serviços	20,00
ICMS s/ Vendas	90,00
Descontos Incondicionais Concedidos	15,00
Devolução de Vendas	5,00
Despesa de Vendas	50,00

Com base nos dados apresentados, o lucro bruto da Cia. ABC, em reais, montou o valor de:
a) 105,00;
b) 160,00;
c) 170,00;
d) 210,00;
e) 220,00.

19. (Auditor-Fiscal do Tesouro Estadual – RN/Esaf) Os seguintes fenômenos ocorreram no mesmo período contábil:

Surgimento de um passivo, sem o correspondente ativo	100
Surgimento de um passivo, pelo acréscimo de ativo	200
Redução de um passivo, sem desaparecimento de ativo	300
Redução do valor econômico de um ativo	400
Acréscimo de ativo sem a intervenção de terceiros	500
Recebimento efetivo de subvenções	600
Pagamento de despesas antecipadas	700

Ao contabilizar os fatos citados, de acordo com os princípios de contabilidade, vamos encontrar um lucro de:
a) R$ 300,00, de acordo com o princípio da competência;
b) R$ 400,00, de acordo com o princípio do regime de caixa;
c) R$ 900,00, de acordo com o princípio da competência;
d) R$ 200,00, de acordo com o princípio da prudência;
e) R$ 200,00, de acordo com o princípio da competência.

20. (Petrobras – Técnico de Contabilidade/Fundação Cesgranrio) A Empresa Sinai Ltda. foi adquirida pela Cia. Canaã S/A (incluindo ativos e passivos) por R$ 180.000,00, tendo os sócios recebido a importância em dinheiro.

Sabendo-se que, na mesma data, os Ativos da Empresa Sinai montavam a R$ 300.000,00 e o Capital de Terceiros a R$ 140.000,00, pode-se afirmar que a operação gerou para os seus sócios, em reais, um(a):
   a) ganho de 20.000,00;
   b) ganho de 40.000,00;
   c) ganho de 320.000,00;
   d) perda de 120.000,00;
   e) perda de 140.000,00.

21. (Agente Fiscal de Rendas – SP/ Fundação Carlos Chagas) A empresa Amandia S.A. atua no mercado varejista, em todo o território nacional, emitindo mais de um milhão de notas fiscais/mês. Sua cobrança é realizada integralmente por intermédio do Banco Cobrança S.A. Por seus serviços, o Banco cobra R$ 2,20 por título enviado.

A empresa contabiliza o serviço bancário contratado no ato do débito da despesa em conta-corrente, que ocorre no momento da efetivação da cobrança pelo banco. A adoção desse procedimento, pela empresa, evidencia a aplicação:
   a) do regime de competência;
   b) do regime de caixa;
   c) da essência sobre a forma;
   d) do princípio da materialidade;
   e) da confiabilidade.

22. (BACEN – Técnico/Fundação Cesgranrio) Observe as transações realizadas pela Monte Pascoal S/A, em junho/2008:
   - prestou serviços a um cliente, emitindo uma nota fiscal de R$ 15.000,00, a ser recebida em 15/07/2008;
   - vendeu produtos que ainda estão em elaboração, recebendo antecipadamente R$ 12.000,00, sendo a entrega dos produtos prevista para o dia 20/07/2009;
   - para a realização dessa encomenda já gastou R$ 4.500,00 de um custo previsto de R$ 9.500,00;
   - provisionou os salários do mês de junho/2008 no valor de R$ 8.000,00, a serem pagos em 05/07/2008;
   - pagou R$ 2.400,00 referentes ao seguro contra incêndio e lucros cessantes da fábrica, com validade para o período de 01/07/2008 a 30/06/2009.

Tendo por base exclusivamente os registros acima, o resultado operacional da empresa, em junho de 2008, considerando o regime de competência e o regime de caixa, nessa ordem, são, respectivamente, em reais:
   a) 2.500,00 e 100,00;
   b) 2.500,00 e 2.500,00;
   c) 6.800,00 e 7.300,00;
   d) 6.800,00 e 7.500,00;
   e) 7.000,00 e 5.100,00.

23. (Senado Federal – Analista Legislativo – Contabilidade/FGV) A Companhia X realizou as seguintes operações no ano de X1:
    - Vendas: 526.000;
    - Lucro na venda de imóvel: 48.000;
    - Despesa de aluguel: 13.000;
    - Despesa financeira: 22.000;
    - Dividendos pagos: 57.000;
    - Despesas de salários: 42.000;
    - Imposto de Renda e Contribuição Social provisionados: 80.000;
    - Devolução de Vendas: 50.000;
    - Despesa de depreciação: 32.000;

    De acordo com a estrutura prevista na Legislação Brasileira, os valores do Resultado Operacional e do Resultado Líquido, em 31/12/X1, foram de:
    a) 310.000 e 278.000;
    b) 415.000 e 278.000;
    c) 417.000 e 385.000;
    d) 367.000 e 335.000;
    e) 469.000 e 278.000.

24. (Fiscal de Rendas – RJ/FGV – Adaptada) A Cia. Bichinho de Goiaba apresentou, em 31/12/20X1, os saldos das contas abaixo relacionadas, extraídos do balancete levantado antes da apuração do resultado do período:

Conta	Valor
Bancos Conta Movimento	R$ 3.450,00
Capital Social	R$ 11.550,00
Custo com Mercadorias Vendidas	R$ 1.950,00
Despesas com Aluguéis	R$ 4.800,00
Despesas com Salários	R$ 4.860,00
Duplicatas a Pagar	R$ 9.000,00
Duplicatas a Receber	R$ 7.500,00
Imóveis em Uso	R$ 7.050,00
Impostos a Pagar	R$ 7.350,00
Reservas de Capital	R$ 3.360,00
Máquinas e Equipamentos	R$ 6.000,00
Mercadorias para Revenda	R$ 3.300,00
Receitas de Aplicações Financeiras	R$ 7.350,00
Receitas de Vendas	R$ 6.000,00
Títulos a Receber	R$ 5.700,00

    Após elaborar o encerramento do período e a apuração de todas as demonstrações contábeis em 31/12/20X1, a Cia. Bichinho de Goiaba encontrará um:
    a) Passivo Circulante no valor de R$ 14.400,00;
    b) Lucro Líquido no valor de R$ 3.960,00;
    c) Lucro Bruto no valor de R$ 11.400,00;
    d) Patrimônio Líquido no valor de R$ 16.650,00;
    e) Ativo Circulante no valor de R$ 21.900,00.

25. (PETROBRAS/Fundação Cesgranrio) A Alvorada S.A. realizou as seguintes operações, no exercício social de 2009:

    10/Jun. – compra de grande quantidade de material de expediente a prazo – R$ 11.000,00;

    15/Jun. – pagamento, em dinheiro, de prêmio de seguro de incêndio, com vigência de 1/jun./2009 a 31/maio/2010 – R$ 6.000,00;

    20/Jun. – requisição de material de expediente para consumo – R$ 2.500,00;

    15/Jul. – pagamento em dinheiro de 50% do material de expediente comprado em 10/Jun.

    Considerando única e exclusivamente as operações acima, o total das despesas incorridas no exercício de 2009, pelo regime de competência, em reais, é:
    a) 2.500,00;
    b) 3.500,00;
    c) 6.000,00;
    d) 8.000,00;
    e) 17.000,00.

26. (Petrobras /Fundação Cesgranrio) Analise as seguintes informações, relativas à empresa Noroeste Ltda. realizadas em janeiro de 2010:

    Dia 5 – pagamento dos salários provisionados em dezembro – R$ 15.000,00; pagamento dos encargos sociais provisionados em dezembro – R$ 6.000,00;

    Dia 10 – pagamento antecipado das férias de fevereiro – R$ 3.000,00;

    Dia 30 – provisão de salários de janeiro – R$ 20.000,00; provisão dos encargos sociais dos salários de janeiro – R$ 8.000; pagamento do aluguel de janeiro – R$ 2.000,00 e de fevereiro – R$ 3.000,00.

    Admitindo que a empresa adote o regime de caixa, o valor total das despesas registradas no mês de janeiro, em reais, é:
    a) 23.000,00;
    b) 28.000,00;
    c) 29.000,00;
    d) 30.000,00;
    e) 31.000,00.

Gabarito Comentado

Exercício 1

O RESULTADO BRUTO (LUCRO BRUTO: LB) de uma empresa comercial e prestadora de serviços é obtido da seguinte forma:

LB = RLPS + RLVM − COP, onde

RLPS: receita líquida de prestação de serviços
RLVM: receita líquida de vendas de mercadorias
COP: custos operacionais (CMV + CSP)

Assim:
- RLPS = receita de serviços prestados − ISS = 300.000 − 40.000 = 260.000
- RLVM = vendas de mercadorias − ICMS = 1.000.000 − 150.000 = 850.000
- COP = CMV + CSP = 500.000 + 100.000 = 600.000

....

Resultado bruto = 260.000 + 850.000 − 600.000 = 510.000

....

Resultado líquido = resultado bruto − demais despesas
Resultado líquido = 510.000 − 110.000 − 130.000 − 40.000 = 230.000

Nota: Os dividendos propostos não fazem parte da apuração do resultado, e sim da distribuição do resultado.

(Resposta: opção b)

Exercício 2

a) INCORRETA. Uma despesa paga à vista representa uma redução do ativo (saiu dinheiro) e uma redução da situação líquida (houve uma despesa).

b) INCORRETA. Uma despesa paga antecipadamente, enquanto não for apropriada, não será considerada uma despesa propriamente dita (despesa incorrida). Desta forma, tal pagamento não irá alterar o ativo nem a situação líquida, pois sairá dinheiro do caixa (ou BCM) e entrará o mesmo valor em despesas antecipadas, que também é ativo.

c) CORRETA. Se a despesa foi realizada, houve a redução da situação líquida. Se não houve o pagamento, gerou uma obrigação, isto é, aumentou o passivo.

d) INCORRETA. Uma receita realizada para recebimento futuro gera um aumento no ativo (receitas a receber) e um aumento na situação líquida (receita realizada).

(Resposta: opção c)

Exercício 3

DESPESAS INCORRIDAS E NÃO PAGAS – Exemplo: Apropriação dos salários de março, os quais serão pagos em abril, implicando que a despesa foi <u>incorrida</u> em março (ocorreu o fato gerador, que é o trabalho do pessoal no mês) e <u>não paga</u> (não houve em março desembolso de dinheiro, o qual só ocorrerá em abril). Na passagem do regime de competência para o regime de caixa, deixará de haver a despesa (despesas de salários), fazendo com que o resultado seja maior do que o real, isto é, fazendo com que o resultado seja maior do que aquele apurado pelo regime de competência, e deixará também de haver a dívida (salários a pagar), fazendo com que o passivo seja menor do que o real.

(Resposta: opção a)

Exercício 4

➢ São RECEITAS para o regime de competência:

• Receita de serviços prestados, recebidas durante o exercício	420.000
• <u>Serviços prestados a faturar</u>	<u>5.000</u>
• TOTAL	425.000

➢ São DESPESAS para o regime de competência:

• Despesas administrativas incorridas e pagas no exercício	60.000
• Custo dos serviços prestados	300.000
• Despesas financeiras incorridas e pagas no exercício	45.000
• <u>Folha de pagamento de dezembro a ser paga em janeiro</u>	<u>15.000</u>
• TOTAL	420.000

RESULTADO (regime de competência) = 425.000 – 420.000 = 5.000

➢ São RECEITAS para o regime de caixa:

• Receita de serviços prestados, recebidas durante o exercício	420.000
• <u>Receita de serviços recebida antecipadamente</u>	<u>10.000</u>
• TOTAL	430.000

➢ São DESPESAS para o regime de caixa:

• Despesas administrativas incorridas e pagas no exercício	60.000
• Custo dos serviços prestados	300.000
• Despesas financeiras incorridas e pagas no exercício	45.000
• <u>Despesas financeiras pagas antecipadamente</u>	<u>5.000</u>
• TOTAL	410.000

RESULTADO (regime de caixa) = 430.000 − 410.000 = 20.000

(Resposta: opção a)

Exercício 5

No regime de <u>competência</u>, para o exercício de 20X0, são RECEITAS:

• Receita de dezembro de 20X0, recebida em janeiro de 20X1	R$ 27,00
• <u>Receita de dezembro de 20X0, recebida em dezembro de 20X0</u>	<u>R$ 51,00</u>
• TOTAL	R$ 78,00

No regime de <u>competência</u>, para o exercício de 20X0, são DESPESAS:

• Despesa de dezembro de 20X0, paga em janeiro de 20X1	R$ 36,00
• <u>Despesa de dezembro de 20X0, paga em dezembro de 20X0</u>	<u>R$ 45,00</u>
• TOTAL	R$ 81,00

RESULTADO = R$ 78,00 − R$ 81,00 = − R$ 3,00 (Prejuízo)

(Resposta: opção b)

Exercício 6

Seguro pago = 10% R$ 300.000,00 = R$ 30.000,00

01/08/01 a 31/12/01 = 5 meses (apropriar em 2001). Logo, para 2002 apropriar 12 meses − 5 meses, isto é, 7 meses.

Por fim:

Seguros a Vencer (31/12/01) = R$ 30.000,00 × 7 = R$ 17.500,00

(Resposta: opção d)

Exercício 7

No regime de CAIXA:

- **Seguros a vencer:** Passa a ser uma despesa. Logo, diminui o resultado em 1.500.
- **Imposto de renda a pagar**: Deixa de gerar uma despesa. Logo, aumenta o resultado em 900.
- **Aluguéis recebidos antecipadamente:** Passa a ser uma receita. Logo, aumenta o resultado em 2.300.

....

Por fim: Variação do resultado = − 1.500 + 900 + 2.300 = + 1.700

(Resposta: opção e)

Exercício 8

Utilizaremos a seguinte equação:

Lucro líquido = Receita de Vendas − CVM + Rop − Dop − IR e CS

Assim:

5.000 = 49.000 − CMV + 6.000 − 17.000 − 4.000 → CMV = 29.000

(Resposta: opção e)

Exercício 9

BENS 22.600

DIREITOS (créditos) 53.000

ATIVO = 22.600 + 53.000 = 75.600

PASSIVO (débitos) = 41.700

PL = 75.600 − 41.700 = 33.900 (1)

Por outro lado, PL = capital social − prejuízos acumulados (2)

Logo, igualando (1) e (2), teremos:

45.800 − prejuízos acumulados = 33.900 → prejuízos acumulados (reg. de caixa) = 11.900

....

Na passagem para o regime de competência:

- Receitas recebidas e não ganhas de $ 5.900 deixam de ser receitas, fazendo com que os prejuízos acumulados aumentem de $ 5.900.
- Receitas ganhas e não recebidas passam a ser receitas, fazendo com que os prejuízos acumulados diminuam de $ 2.700.
- Receitas ganhas e recebidas são receitas para o regime de caixa e para o regime de competência. Não há alteração em prejuízos acumulados.
- Despesas incorridas e não pagas passam a ser despesas, aumentando os prejuízos acumulados de $ 3.100.
- Despesas pagas antecipadamente deixam de ser despesas, reduzindo os prejuízos acumulados em $ 1.200.
- Multa vencida e não paga passa a ser despesa, aumentando prejuízos acumulados em $ 3.200.
- Despesas pagas e incorridas são despesas para o regime de caixa (foram pagas) e para o regime de competência (foram incorridas). Não há alteração em Prejuízos Acumulados.
- Despesas com provisão para devedores duvidosos não existe para o regime de caixa. Passa a existir para o regime de competência. Aumentarão os prejuízos acumulados em 3% de $ 50.000, isto é, $ 1.500.

Logo, o saldo de prejuízos acumulados ajustado para o regime de competência será:

11.900 + 5.900 − 2.700 + 3.100 − 1.200 + 3.200 + 1.500 = 21.700

(Resposta: opção c)

Exercício 10

As receitas de serviços são caracterizadas pela efetiva prestação, independentemente do recebimento. Assim:

Receitas de serviços à vista .... R$ 40.000
Receitas de serviços a prazo .... R$ 50.000
Receitas de serviços anteriormente recebidas .... R$ 10.000
TOTAL .... R$ 100.000

Despesas do período:
Publicidade .... R$ 5.000 (metade de R$ 10.000)
Despesas gerais... R$ 35.000
TOTAL .... R$ 40.000

(Resposta: opção b)

Exercício 11

Considerando o regime de competência, as despesas e receitas que influenciarão o resultado (rédito) de X0 serão aquelas que se referirem a dezembro de X0, independentemente dos pagamentos e recebimentos. Assim:

DESPESAS DE DEZ. X0:

Salários R$200,00

RECEITAS DE DEZ. X0:

Serviços prestados R$310,00

....

Rédito = 310 – 200 = 110

(Resposta: opção e)

Exercício 12

Receita de vendas (= 800 + 1.300) 2.100

(–) Custo das vendas .... (2.000)

(–) Conta de luz do mês .... (80)

(=) RESULTADO .... 20 (lucro)

(Resposta: opção b)

Exercício 13

REGIME DE CAIXA		REGIME DE COMPETÊNCIA	
DESPESAS	RECEITAS	DESPESAS	RECEITAS
1.500 (quitadas)	-	1.500 (vencidas)	-
-	-	1.800 (vencidas)	-
1.200 (quitadas)	-	-	-
-	900 (quitadas)	-	-
-	-	-	2.100 (vencidas)
-	1.700	-	1.700 (vencidas)
2.700	2.600	3.300	3.800

Resultado pelo regime de caixa = 2.600 – 2.700 = (100) prejuízo

Resultado pelo regime de competência = 3.800 – 3.300 = 500 lucro

Variação = 500 – (–100) = 500 + 100 = 600 (aumento)

(Resposta: opção e)

Exercício 14

Visto que R$ 72.000,00 se referem a 24 meses, mensalmente serão apropriados R$ 3.000,00 de despesa de seguros. Desta forma, no balanço de 31/12/X0, serão indicados no Ativo Circulante como despesa de seguros do exercício seguinte (20X1) R$ 3.000,00 × 12, isto é, **R$ 36.000,00**.

Comentário extra: No Ativo Realizável a Longo Prazo no balanço de 31/12/X0 serão indicados R$ 3.000,00 × 9 (9 meses de 20X2), isto é, R$ 27.000,00.

(Resposta: opção d)

Exercício 15

Dezembro 2004				Janeiro 2005			
Caixa		Competência		Caixa		Competência	
Despesas	Receitas	Despesas	Receitas	Despesas	Receitas	Despesas	Receitas
200	-	200	-	-	-	-	-
500	-	-	-	-	-	500	-
-	-	400	-	400	-	-	-
-	-	-	-	250	-	250	-
-	-	-	1.000	-	1.000	-	-
-	1.300	-	-	-	-	-	1.300
-	1.700	-	1.700	-	-	-	-
-	-	-	-	-	750	-	750
700	**3.000**	**600**	**2.700**	**650**	**1.750**	**750**	**2.050**

Dezembro de 2004:

Regime de Caixa: Resultado = 3.000 – 700 = 2.300 lucro

Regime de Competência: Resultado = 2.700 – 600 = 2.100 lucro

Janeiro de 2005:

Regime de Caixa: Resultado = 1.750 – 650 = 1.100 lucro

Regime de Competência: Resultado = 2.050 – 750 = 1.300 lucro

Dezembro de 2004 e Janeiro de 2005:

Regime de Caixa: Resultado = (3.000 + 1.750) – (700 + 650) = 3.400 lucro

Regime de Competência: Resultado = (2.700 + 2.050) – (600 + 750) = 3.400 lucro

(Resposta: opção e)

Exercício 16

Se, por exemplo, os salários de março serão pagos em abril, em março a despesa é incorrida, pois ocorreu o fato gerador (= trabalho dos funcionários), e não paga, pois o dinheiro não saiu em março. Pelo regime de competência, a empresa contabilizaria tal fato em março debitando a conta Despesas de Salários e creditando a conta Salários a Pagar. No entanto, se contabiliza pelo regime de caixa, não existe a despesa em março, pois não saiu dinheiro. Desta forma, não há a referida contabilização, isto é, não há Despesas de Salários, fazendo com que o lucro de março seja maior do que deveria (maior que o real), e não há também Salários a Pagar, fazendo com que o passivo seja menor do que deveria (menor que o real).

(Resposta: opção b)

Exercício 17

As despesas com a máquina de propriedade da empresa serão:

Depreciação (= 10% R$ 10.000,00) .... R$ 1.000,00
Manutenção (= 12 × R$ 100,00) .... R$ 1.200,00
Total .... R$ 2.200,00

As despesas com a máquina alugada serão (não sofrerá depreciação, tendo em vista o Princípio da Entidade, visto que a máquina não é patrimônio da empresa):

Aluguel (= 12 × R$ 250,00) .... R$ 3.000,00
Manutenção (= 12 × R$ 100,00) .... R$ 1.200,00
Total .... R$ 4.200,00

Total das despesas = R$ 2.200,00 + R$ 4.200,00 = R$ 6.400,00

Nota: Em vista do Princípio da Competência, as despesas de manutenção de janeiro e fevereiro de 20X6 não entram em 20X5, apesar de terem sido pagas. Ao contrário, mesmo não pagando os aluguéis de novembro e dezembro de 20X5, a despesa de R$ 250,00 × 2 compete a 20X5.

(Resposta: opção c)

Exercício 18

Receita de Prestação de Serviços 400,00
Receita de Revendas de Mercadorias 500,00
(–) Imposto sobre Serviços .... (20,00)
(–) ICMS s/ Vendas .... (90,00)

(–) Descontos Incondicionais Concedidos... (15,00)

(–) Devolução de Vendas... (5,00)

(=) Receita Líquida de Vendas e Serviços.. 770,00

(–) Custo das Mercadorias Vendidas... (300,00)

(–) Custo dos Serviços Prestados... (250,00)

(=) Lucro Bruto... 220,00

(Resposta: opção e)

Exercício 19

➢ Um exemplo de surgimento de um passivo, sem o correspondente ativo, é a apropriação dos salários dos funcionários no valor de 100, a qual geraria uma despesa de 100.

➢ Um exemplo de surgimento de um passivo, pelo acréscimo de ativo, é a compra de mercadorias a prazo no valor de 200, a qual não geraria despesa ou receita.

➢ Um exemplo de redução de um passivo, sem desaparecimento de ativo, é a anistia de uma multa de 300, a qual geraria uma receita de 300.

➢ Um exemplo de redução do valor econômico de um ativo é a depreciação no valor de 400 de veículos.

➢ Um exemplo de acréscimo de ativo sem a intervenção de terceiros é o nascimento de animais no valor de 500, numa empresa pastoril.

➢ Um exemplo de recebimento de subvenções é o caso de uma empresa receber de outra entidade interessada em que ela não paralise suas atividades uma ajuda de 600 para pagar seus funcionários, gerando assim a Receita de Subvenções.

➢ Um exemplo de pagamento e despesas antecipadas é o caso de uma empresa pagar em dezembro de X1 o aluguel de janeiro de X2 no valor de 700. Neste caso, não há despesa ou receita.

Por fim:

RECEITAS = 300 + 500 + 600 = 1.400

DESPESAS = 100 + 400 = 500

RESULTADO = 1.400 – 500 = 900 (LUCRO)

(Resposta: opção c)

Exercício 20

Ganho dos Sócios = Valor de Venda da Empresa – Patrimônio Líquido

Ganho dos Sócios = 180.000,00 – (300.000,00 – 140.000,00) = 20.000,00

(Resposta: opção a)

Exercício 21

✓ Pela ótica do **regime de competência**, o fato gerador da despesa bancária é o envio dos títulos pelo banco aos clientes.

✓ Pela ótica do **regime de caixa**, o fato gerador da despesa bancária é o débito da despesa em conta corrente.

Visto que a empresa contabiliza a despesa bancária no momento do débito desta em sua conta corrente, concluímos que está sendo adotado, nesse caso, o **regime de caixa**.

(Resposta: opção b)

Comentário Extra: O fato de a empresa contabilizar a referida operação pelo regime de caixa não significa, necessariamente, que contabiliza todas as suas operações por esse regime, mesmo porque, de acordo com a lei societária, uma sociedade anônima deve adotar em sua escrituração o regime de competência. No referido caso específico, ficaria na prática muito difícil para a empresa contabilizar a despesa bancária cada vez que o banco enviasse um título a determinado cliente. Nesse caso, considerando a irrelevância dessas despesas em relação às demais, pode-se, excepcionalmente, utilizar o regime de caixa, sem problemas com auditoria contábil. Esse raciocínio tem base na convenção contábil (e não princípio contábil) da materialidade.

Exercício 22

REGIME DE COMPETÊNCIA

Receita de Serviços (prestados em junho)	R$ 15.000,00
(–) Despesas de Salários (junho)	(R$ 8.000,00)
(=) RESULTADO OPERACIONAL (junho)	R$ 7.000,00

REGIME DE CAIXA

Adiantamentos de Clientes (recebidos em junho)	R$ 12.000,00
(–) Gastos Diferidos	(R$ 4.500,00)
(–) Despesas de Seguros (pagos em junho)	(R$ 2.400,00)
(=) RESULTADO OPERACIONAL (junho)	R$ 5.100,00

(Resposta: opção e)

Exercício 23

Vendas	526.000
(–) Devolução de vendas	(50.000)
(–) Despesa de aluguel	(13.000)
(–) Despesa financeira	(22.000)
(–) Despesas de salários	(42.000)
(–) Despesa de depreciação	(32.000)
(=) Resultado operacional	367.000
(+) Lucro na venda de imóvel	48.000
(–) Imposto de renda e contribuição social	(80.000)
(=) Resultado líquido	335.000

(Resposta: opção d)

Exercício 24

ATIVO CIRCULANTE

Bancos Conta Movimento	3.450,00
Duplicatas a Receber	7.500,00
Mercadorias	3.300,00
Títulos a Receber	5.700,00
	19.950,00

ATIVO NÃO CIRCULANTE

Imóveis em Uso	7.050,00
Máquinas e Equipamentos	6.000,00
	13.050,00
Total do Ativo	33.000,00

PASSIVO EXIGÍVEL

Duplicatas a Pagar	9.000,00
Impostos a Pagar	7.350,00
	16.350,00

PL = ATIVO – PASSIVO EXIGÍVEL = 33.000,00 – 16.350,00 = 16.650,00

(Resposta: opção d)

Exercício 25

Despesa de seguros (= R$ 6.000 ÷ 12 × 7) .... R$ 3.500,00

Despesa com material de expediente... R$ 2.500,00

Total das despesas pelo regime de competência .... R$ 6.000,00

(Resposta: opção c)

Exercício 26

Pagamento de salários de dezembro de 2009 .... R$ 15.000,00

Pagamento dos encargos sociais provisionados em dez. 2009 ...... R$ 6.000,00

Pagamento antecipado de férias de fev. 2010 .... R$ 3.000,00

Pagamento do aluguel de janeiro de 2010 .... R$ 2.000,00

Pagamento do aluguel de fevereiro de 2010 .... R$ 3.000,00

Total das despesas pelo regime de caixa .... R$ 29.000,00

(Resposta: opção c)

Capítulo 4

Estudo das Contas

1. Tipos de Contas

1.1. Contas Patrimoniais

Servem para apuração do PATRIMÔNIO da empresa. Existem três grupos:

- Contas do ATIVO (Ex.: Caixa, Mercadorias, Clientes, Veículos ... etc.)
- Contas do PASSIVO (Ex.: Salários a Pagar, Fornecedores, ICMS a Recolher ... etc.)
- Contas do PATRIMÔNIO LÍQUIDO (Ex.: Capital Social, Reserva Legal ... etc.)

Se considerarmos a existência das contas RETIFICADORAS (ou redutoras), teremos mais três grupos de contas:

- Contas Retificadoras do Ativo

Ex. prático: A Cia. Alfa possui um caminhão adquirido por R$ 40.000,00 com depreciação acumulada de 30% em função do desgaste pelo uso. Assim, no balanço patrimonial seria apresentado da seguinte forma:

```
                    Conta do ativo
Veículos................................................................40.000,00
(–) Depreciação Acumulada..........................................(12.000,00)
.............................................................................28.000,00
          Conta "retificadora" do ativo
```

- Contas Retificadoras do Passivo

    Ex. prático: A Cia. Beta adquiriu um caminhão mediante um financiamento com pagamento em 5 prestações mensais de R$ 10.000,00. O valor do bem à vista é de R$ 42.000,00. Assim, caso a empresa elaborasse o balanço no momento da aquisição, teríamos a seguinte situação no passivo:

```
                          ┌─ Conta do passivo
Financiamentos a Pagar ........................................................... 50.000,00
(–) Juros a Transcorrer ........................................................... (8.000,00)
............................................................................................... 42.000,00
                          └─ Conta "retificadora" do passivo
```

➢ Contas Retificadoras do Patrimônio Líquido

Ex. prático: Constituição da Cia. Gama com a subscrição de 40.000 ações ordinárias de valor nominal R$ 3,00 cada, sendo realizadas no ato 70% com dinheiro depositado no banco. Assim, caso a empresa elaborasse seu balanço imediatamente após sua constituição, no seu Patrimônio Líquido teríamos:

```
                          ┌─ Conta do patrimônio líquido
Capital Social .................................................................... 120.000,00
(–) Capital a Realizar ........................................................... (36.000,00)
............................................................................................... 84.000,00
                          └─ Conta "retificadora" do patrimônio líquido
```

1.2. Contas de Resultado

Servem para apuração do RESULTADO da empresa (lucro ou prejuízo da empresa). Existem dois grupos:

➢ Contas de Despesas (Ex.: Salários, Despesa de Juros, Aluguéis ... etc.)

➢ Contas de Receitas (Ex.: Vendas, Receita de Aluguéis, Receita de Juros ... etc.)

Obs. 1: Não se há de confundir a conta "Despesa de Salários" com a conta "Salários a Pagar". Ao passo que a primeira representa a despesa em função da ocorrência do fato gerador, que é o trabalho realizado pelos funcionários no respectivo mês, a segunda representa a dívida da empresa diante dos funcionários, os quais trabalharam num determinado mês, mas só receberão no mês seguinte ao da ocorrência do fato gerador. Assim, por exemplo, suponhamos que em janeiro de 2013 uma empresa contabilize no final do mês os salários do pessoal no total de R$ 20.000,00. Nesse caso, ao final de janeiro haveria o seguinte:

- Despesa de Salários = R$ 20.000,00
- Salários a Pagar = R$ 20.000,00

Em fevereiro de 2013, a empresa pagaria o salário de janeiro e ao final de fevereiro contabilizaria os salários desse mês, de modo que haveria os seguintes valores:

- Despesa de Salários = R$ 40.000,00 (= R$ 20.000,00 + R$ 20.000,00)
- Salários a Pagar = R$ 20.000,00

Em março de 2013, a empresa pagaria o salário de fevereiro e ao final de março contabilizaria os salários desse mês, de modo que haveria os seguintes valores:

- Despesa de Salários = R$ 60.000,00 (= R$ 40.000,00 + R$ 20.000,00)
- Salários a Pagar = R$ 20.000,00

E assim por diante, até chegar o mês de dezembro de 2013, onde a empresa pagaria os salários de novembro e ao final de dezembro contabilizaria os salários desse mês, de modo que haveria os seguintes valores:

- Despesa de Salários = R$ 240.000,00 (= R$ 20.000,00 × 12 meses)
- Salários a Pagar = R$ 20.000,00 (esse valor só seria pago em janeiro de 2014, aparecendo no passivo circulante do balanço de 31/12/2013)

Observemos que somente em janeiro de 2013 os saldos das contas "Despesas de Salários" e "Salários a Pagar" tiveram o mesmo valor (R$ 20.000,00). A partir de fevereiro de 2013, a conta "Despesas de Salários" irá acumulando R$ 20.000,00 a cada mês até chegar em dezembro de 2013, onde o seu saldo representará a despesa com os salários do pessoal "competente" (regime de competência) ao ano de 2013 todo, ao passo que a conta "Salários a Pagar" sempre fica ao final de cada mês com saldo de R$ 20.000,00.

Cabe ressaltar que a conta "Salários a Pagar", que é uma conta do passivo, só existe quando a empresa paga os salários no mês seguinte ao da sua competência, que é a regra geral. No entanto, caso os salários fossem pagos no mesmo mês de sua competência, não existiria essa conta, havendo apenas a conta "Despesas de Salários".

A mesma filosofia se aplica às contas "Despesa de Aluguéis" e "Aluguéis a Pagar" e quaisquer outras despesas que sejam contabilizadas simultaneamente à obrigação de pagar no mês seguinte ao de sua competência, isto é, enquanto a 1ª conta acumula de janeiro a dezembro a despesa de cada mês, a segunda representa ao fim de cada mês um valor fixo a ser pago no mês seguinte ao de sua competência (em geral, até o 5º dia útil de cada mês).

Obs. 2: Não só as despesas acima mencionadas, como qualquer outra despesa ou receita irá acumular de janeiro a dezembro de cada ano, de modo que seus saldos em dezembro representarão o total das respectivas despesas ou receitas "competentes" ao ano todo (regime de competência). Ao final do ano, a empresa irá apurar o "resultado do exercício", confrontando todas as despesas e receitas competentes àquele exercício social, de modo que o saldo de todas as despesas e receitas deverão ser "encerrados" (zerados), visto que o exercício social seguinte é "outra" competência, ou seja, a partir de janeiro do ano seguinte "começa tudo de novo", isto é, todas as despesas e receitas irão acumular seus saldos de janeiro a dezembro a fim de apurar o resultado do ano seguinte e assim por diante. Em outras palavras, as contas de resultado (receitas e despesas) têm 1 ano de vida, ou seja, "nascem" em janeiro de cada ano e "morrem" ao final do exercício (dezembro).

Obs. 3: De modo diferente das contas de resultado, as contas patrimoniais não são encerradas ao final do exercício social, de forma que duram indefinidamente, enquanto houver saldo diferente de zero.

EXERCÍCIO RESOLVIDO: Classifique as contas abaixo.

- Aluguéis a Pagar: *Conta do Passivo*
- Aluguéis a Receber: *Conta do Ativo*
- Aluguéis Ativos: *Conta de Receita (também chamada de Receita de Aluguéis)*
- Aluguéis: *Conta de Despesa (também chamada de Despesa de Aluguéis)*
- Aluguéis a Vencer: *Conta do Ativo (também chamada de "Aluguéis a Apropriar" ou "Aluguéis a Transcorrer" ou "Aluguéis Pagos Antecipadamente" – será estudada no Capítulo 10)*
- Juros a Pagar: *Conta do Passivo*
- Despesa de Juros: *Conta de Despesa*
- Aluguéis a Receber: *Conta do Ativo (representa um direito de receber o aluguel no mês seguinte ao de sua competência)*
- Juros Ativos: *Conta de Receita (é o mesmo que "Receita de Juros")*
- Reserva Estatutária: *Conta do Patrimônio Líquido (estudaremos no Capítulo 10 que qualquer que seja a RESERVA sempre será conta do patrimônio líquido)*
- ICMS a Recolher: *Conta do Passivo (Obrigação de "recolher", isto é, "pagar" o ICMS no mês seguinte ao de sua competência. Surge em função das vendas de mercadorias ou produtos com incidência de ICMS)*
- ICMS a Recuperar: *Conta do Ativo (Representa um crédito da empresa contra o Estado a ser compensado no mês seguinte. Surge em função das compras de mercadorias para revenda)*
- ICMS sobre Vendas: *Conta de Despesa (Surge simultaneamente ao ICMS a Recolher referente às vendas de mercadorias. No Capítulo 8 estudaremos com mais detalhes as contas ICMS a Recolher, ICMS a Recuperar e ICMS s/ Vendas)*
- Depreciação: *Conta de Despesa (Analogamente a qualquer despesa ou receita, acumula de janeiro a dezembro, representando em dezembro a despesa de depreciação do ano todo)*
- Depreciação Acumulada: *Conta Retificadora do Ativo (acumula valor desde a data da aquisição do bem sujeito ao desgaste pelo uso, ação da natureza ou obsolescência até o final de sua vida útil)*
- Fornecedores: *Conta do Passivo (surge nas compras a prazo)*
- Adiantamentos a Fornecedores: *Conta do Ativo (direito de receber a mercadoria que foi paga antecipadamente)*
- Clientes: *Conta do Ativo (direito de receber dos clientes em função de vendas a prazo)*
- Adiantamentos de Clientes: *Conta do Passivo (obrigação de entregar as mercadorias, produtos ou serviços que foram recebidos antecipadamente)*

2. SITUAÇÕES DAS CONTAS

| DÉBITO | → É a situação de DÍVIDA de uma conta.

| CRÉDITO | → É a situação de DIREITO de uma conta.

Para entendermos isso, imaginemos os seguintes esquemas, onde iremos estabelecer relações entre as contas do passivo e do ativo com a empresa detentora dessas contas:

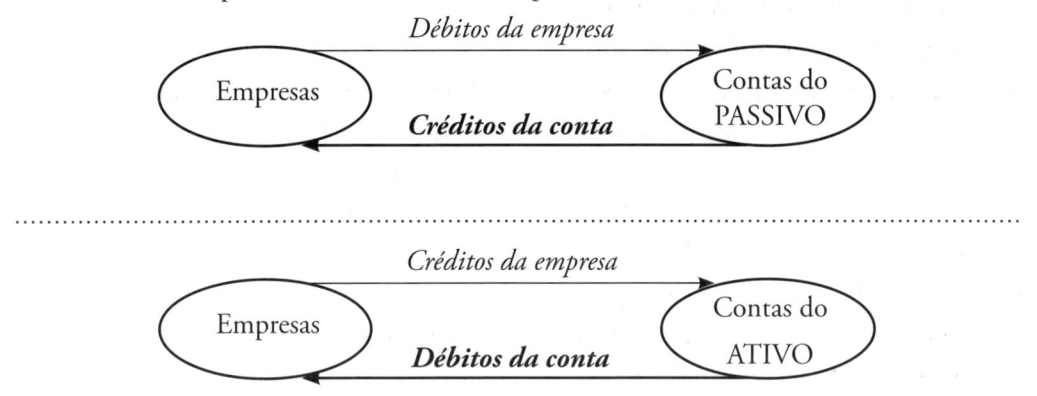

Débitos da empresa

Empresas → Contas do PASSIVO

Créditos da conta

Créditos da empresa

Empresas → Contas do ATIVO

Débitos da conta

CONCLUSÕES:

1ª) Do primeiro esquema, concluímos que, estando a empresa em débito com as contas do passivo (passivo = obrigações da empresa = débitos da empresa), as contas do passivo estão em CRÉDITO contra a empresa, ou seja, AS CONTAS DO PASSIVO SÃO CREDORAS. Assim, por exemplo, podemos afirmar que a conta Duplicatas a Pagar é uma conta **credora**, pois representa um débito da empresa, ou seja, obrigação (dívida) da empresa.

2ª) No segundo esquema, observamos o contrário: Admitindo que as contas do ativo representam os direitos (ou créditos) da empresa, concluímos que a situação dessas contas é devedora em relação à empresa, isto é, AS CONTAS DO ATIVO SÃO DEVEDORAS. Assim, por exemplo, podemos afirmar que a conta Duplicatas a Receber é uma conta **devedora**, pois representa um crédito da empresa, ou seja, direito da empresa.

Com raciocínios análogos a esses, podemos chegar às seguintes conclusões gerais:

CONTAS DEVEDORAS:
- Contas do ATIVO
- Contas de DESPESAS
- Contas RETIFICADORAS do PASSIVO e RETIFICADORAS do PATRIMÔNIO LÍQUIDO

CONTAS CREDORAS:
- Contas do PASSIVO e do PATRIMÔNIO LÍQUIDO
- Contas de RECEITAS
- Contas RETIFICADORAS do ATIVO

3. FUNCIONAMENTOS DAS CONTAS

Se uma conta é devedora e sofre um débito ficará mais devedora ainda, isto é, o débito aumenta o saldo das contas devedoras e, consequentemente, o crédito irá reduzir o saldo das contas devedoras.

No caso das contas credoras, ao sofrem um crédito, ficarão mais credoras ainda, ou seja, o crédito aumenta o saldo das contas credoras e, consequentemente, o débito reduz o saldo das contas credoras.

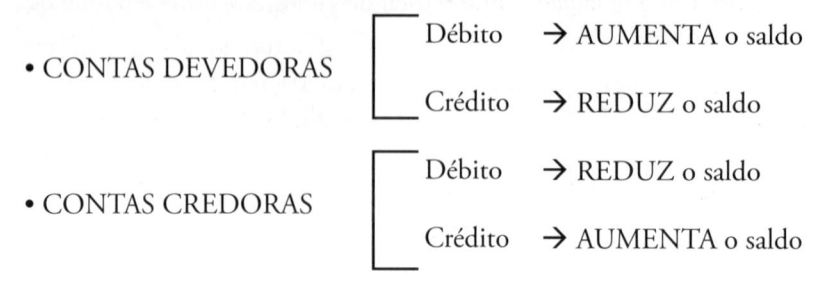

- **CONTAS DEVEDORAS**
  - Débito → AUMENTA o saldo
  - Crédito → REDUZ o saldo

- **CONTAS CREDORAS**
  - Débito → REDUZ o saldo
  - Crédito → AUMENTA o saldo

4. SALDO

É a diferença positiva entre os débitos e os créditos de uma conta. Dessa forma, se o total de débitos for maior que o total de créditos, a conta terá saldo devedor. Caso contrário, terá saldo credor.

Ex. 1: Caixa
- Débitos = R$ 12.700
- Créditos = R$ 5.100
- Saldo = R$ 7.600 (devedor)

Ex. 2: Fornecedores
- Débitos = R$ 3.800
- Créditos = R$ 9.000
- Saldo = R$ 5.200 (credor)

5. RAZONETE

É a representação gráfica de uma conta mediante o uso de um "T", onde a coluna esquerda é utilizada para os débitos e a direita, para os créditos.

A expressão "razonete" é originária de "RAZÃO", o qual é um dos livros de escrituração contábil. Nesse livro, cada conta terá uma "ficha de razão", a qual conterá, entre outras informações, os débitos, créditos e o saldo da conta.

O razonete é utilizado como uma espécie de "rascunho" do referido livro. Na prática da escrituração contábil numa empresa, os valores são lançados no livro razão e não nos razonetes. Nos exemplos do item 4, teríamos:

```
          Caixa                              Fornecedores
   12.700   |   5.100                   3.800   |   9.000
    7.600   |                                   |   5.200
      |                                             |
      ↓                                             ↓
  Saldo devedor                               Saldo credor
```

6. BALANCETE

É uma relação de contas (listagem de contas) e seus respectivos saldos extraídos do livro razão, com o objetivo de verificar a igualdade entre o total de saldos devedores e o total de saldos credores.

Se num balancete as contas forem decompostas em subcontas de segundo, terceiro e outros graus, o mesmo será considerado ANALÍTICO. No entanto, se determinado balancete relaciona apenas as contas principais (contas de 1º grau), ou seja, contas não decompostas em outros graus, o mesmo será considerado SINTÉTICO. Assim, por exemplo, a conta BCM (Bancos Conta Movimento), que é uma conta sintética, apareceria no balancete sintético sem a sua decomposição. No entanto, tal conta poderia ser decomposta, por exemplo em BCM – Banco do Brasil, BCM – Itaú, BCM – CEF etc. Nesse último caso, o balancete analítico apresentaria, entre outras contas, as subcontas do BCM, em vez de apresentar o seu valor sintético.

Com relação ao momento de elaboração do balancete, ao fim do exercício social, temos, basicamente, dois tipos de balancetes:

6.1. Balancete Inicial

É elaborado antes da apuração do resultado do exercício. Consequentemente, nele aparecerão as contas patrimoniais juntamente com as contas de resultado.

Exemplo: Balancete da Cia. Asteca referente aos saldos de razão de 31/12/X1, antes da apuração do resultado do exercício de X1:

CONTAS	DÉBITO	CRÉDITO
Estoques de Mercadorias	13.000,00	-
Capital Social	-	116.000,00
Despesas de Juros	1.000,00	-
Receitas de Vendas	-	59.000,00
Reservas de Capital	-	13.000,00
Custo das Mercadorias Vendidas (CMV)	21.000,00	-
Veículos	10.000,00	-
Despesas de Salários	12.000,00	-
Salários a Pagar	-	1.000,00
Fornecedores	-	16.000,00
Bancos Conta Movimento	27.000,00	-
Despesas Gerais	11.000,00	-
Depreciação Acumulada de Veículos	-	4.000,00
Depreciação	2.000,00	-
Caixa	7.000,00	-
Imóveis Alugados a Terceiros	93.000,00	-
Receitas de Aluguéis	-	7.000,00
Despesas Tributárias	4.000,00	-
Clientes	15.000,00	-
TOTAL	**216.000,00**	**216.000,00**

Observemos no balancete acima que as contas patrimoniais estão "misturadas" com as contas de resultado, tendo em vista que o resultado do exercício ainda não foi apurado.

Abaixo, temos um esquema de procedimentos contábeis para se chegar ao balancete inicial "referente" à data do final do exercício social (normalmente 31 de dezembro) e, a partir desse balancete, os procedimentos contábeis subsequentes para se chegar ao balancete final e às principais demonstrações contábeis, que são a DRE e o Balanço Patrimonial, tudo referente à data do encerramento do exercício social (31/12/XX).

Cabe mencionar que esses procedimentos são feitos, em geral, pelo contador da empresa até o final do 1º trimestre do ano seguinte ao exercício que foi encerrado e não em 31 de dezembro do ano já encerrado, embora se refiram a essa data, dado que 31 de dezembro é uma data festiva e na prática nenhum contador teria tempo hábil para fazer tudo isso.

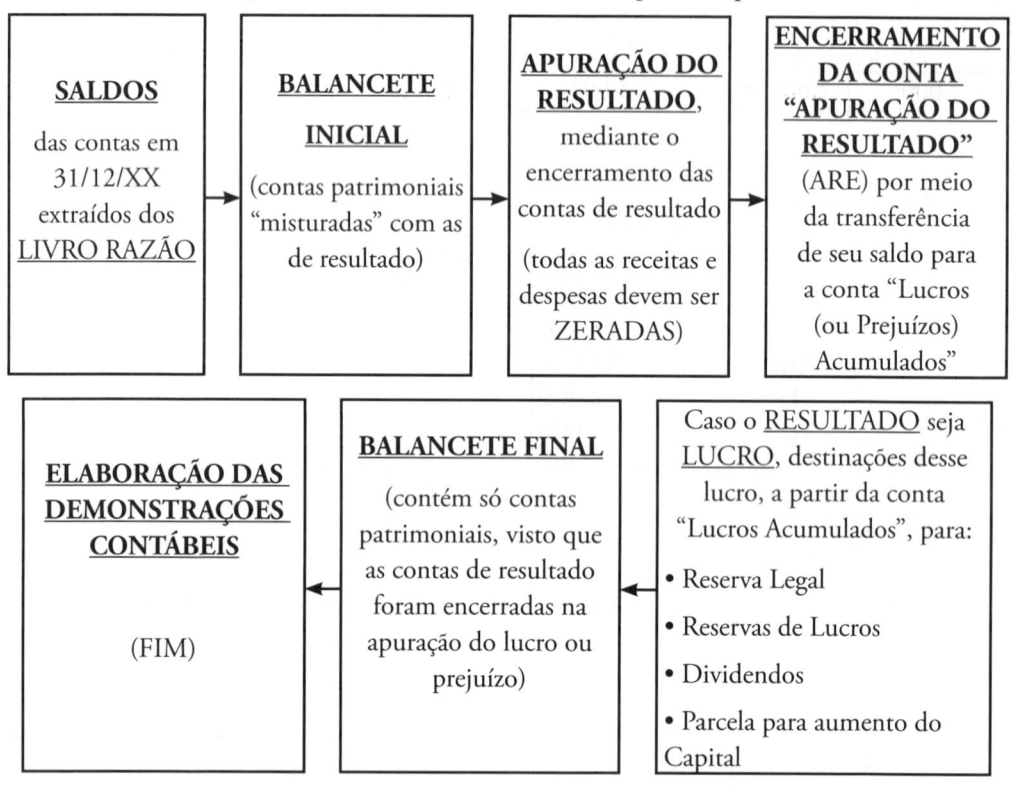

SALDOS das contas em 31/12/XX extraídos dos LIVRO RAZÃO	BALANCETE INICIAL (contas patrimoniais "misturadas" com as de resultado)	APURAÇÃO DO RESULTADO, mediante o encerramento das contas de resultado (todas as receitas e despesas devem ser ZERADAS)	ENCERRAMENTO DA CONTA "APURAÇÃO DO RESULTADO" (ARE) por meio da transferência de seu saldo para a conta "Lucros (ou Prejuízos) Acumulados"
ELABORAÇÃO DAS DEMONSTRAÇÕES CONTÁBEIS (FIM)	BALANCETE FINAL (contém só contas patrimoniais, visto que as contas de resultado foram encerradas na apuração do lucro ou prejuízo)	Caso o RESULTADO seja LUCRO, destinações desse lucro, a partir da conta "Lucros Acumulados", para: • Reserva Legal • Reservas de Lucros • Dividendos • Parcela para aumento do Capital	

Visto no exemplo acima que já temos o BALANCETE INICIAL, o próximo passo é encerrarmos (zerarmos) as contas de resultado (despesas e receitas).

Nota: Por questões de simplicidade, iremos desconsiderar a existência do Imposto de Renda e da Contribuição Social sobre o Lucro

Logo a seguir, temos as contas de resultado que serão encerradas (zeradas). Antes de serem encerradas as despesas estão com saldo devedor (lado esquerdo do razonete) e as receita, com saldo credor (lado direito do razonete).

Dessa forma, para encerrar as despesas devemos **creditá-las** (lado **direito** do razonete – número 1) e, em contrapartida, **debitar** a conta APURAÇÃO DO RESULTADO (lado **esquerdo** do razonete – número 2) e, para encerrar as receitas, devemos **debitá-las** (lado **esquerdo** do razonete) e, em contrapartida, **creditar** a conta ARE (lado direito do razonete).

Receita de Vendas		Receita de Aluguéis		Despesas de Juros	
(2) 59.000	59.000	**(2) 7.000**	7.000	1.000	**1.000 (1)**

CMV		Despesas de Salários		Despesas Gerais	
21.000	**21.000 (1)**	12.000	**12.000 (1)**	11.000	**11.000 (1)**

Depreciação		Despesas Tributárias	
2.000	**2.000 (1)**	4.000	**4.000 (1)**

```
              APURAÇÃO DO RESULTADO
         (1)         1.000 │  59.000  (2)
         (1)        21.000 │   7.000  (2)
         (1)        12.000 │
         (1)        11.000 │
         (1)         2.000 │
         (1)         4.000 │
Total das despesas → 51.000    66.000 ← Total das receitas
                               15.000 ← Lucro Líquido
```

O próximo passo é encerrarmos também a conta Apuração do Resultado em contrapartida com a conta Lucros Acumulados, a qual receberá todo o seu saldo credor de R$ 15.000,00 (operação nº 3):

Apuração do Resultado		Lucros Acumulados	
(3) 15.000	15.000		**15.000 (3)**

Agora faremos as DESTINAÇÕES do resultado do lucro líquido, de modo que 5% ficarão para a reserva legal, debitando a conta "Lucros Acumulados" e creditando a conta "Reserva Legal" (operação nº 4) e o restante será distribuído como dividendos, debitando a conta "Lucros Acumulados" e creditando a conta Dividendos a Pagar (operação nº 5):

Lucros Acumulados		Reserva Legal		Dividendos a Pagar	
(4) 750	15.000		**750 (4)**		**14.250 (5)**
(5) 14.250					

Nota 1: A Lei das Sociedades por Ações (Lei nº 6.404/76) determina que as companhias são obrigadas a destinar 5% do seu lucro líquido apurado ao final do exercício social para a chamada "reserva legal", determinando também que o saldo dessa reserva não poderá ultrapassar a 20% do capital social.

Nota 2: Conforme a Lei das Sociedades por Ações, a conta "Lucros Acumulados" não poderá ficar com saldo diferente de zero, razão pela qual todo o lucro remanescente (R$ 14.250,00) após a constituição da reserva legal.

6.2. Balancete Final

É elaborado **após** a apuração e destinações do resultado. Consequentemente, nele aparecerão somente as contas patrimoniais, tendo em vista que as contas de resultado foram encerradas (zeradas) para apuração do resultado, isto é, apuração do lucro ou prejuízo da empresa.

No exemplo acima, teremos o seguinte BALANCETE FINAL:

CONTAS	DÉBITO	CRÉDITO
Estoques de Mercadorias	13.000,00	-
Capital Social	-	116.000,00
Reservas de Capital	-	13.000,00
Veículos	10.000,00	-
Salários a Pagar	-	1.000,00
Fornecedores	-	16.000,00
Bancos Conta Movimento	27.000,00	-
Depreciação Acumulada de Veículos	-	4.000,00
Caixa	7.000,00	-
Imóveis Alugados a Terceiros	93.000,00	-
Clientes	15.000,00	-
Reserva Legal	-	750
Dividendos a Pagar	-	14.250
TOTAL	**165.000,00**	**165.000,00**

Por fim, teremos as duas principais demonstrações contábeis:

BALANÇO PATRIMONIAL

ATIVO		PASSIVO	
CIRCULANTE	**62.000**	**CIRCULANTE**	**31.250**
Caixa	7.000	Salários a Pagar	1.000
BCM	27.000	Fornecedores	16.000
Estoque de Mercadorias	13.000	Dividendos a Pagar	14.250
Clientes	15.000		

NÃO CIRCULANTE	99.000		
INVESTIMENTOS		PATRIMÔNIO LÍQUIDO	129.750
Imóveis Alugados a Terceiros	93.000	Capital Social	116.000
IMOBILIZADO		Reservas de Capital	13.000
Veículos	10.000	Reserva Legal	750
Depreciação Acumulada	(4.000)		
TOTAL DO ATIVO	**161.000**	**TOTAL DO PASSIVO**	**161.000**

DRE (Demonstração do Resultado do Exercício)

Receita de Vendas	59.000
CMV	(21.000)
LUCRO BRUTO	38.000
Despesas Gerais	(11.000)
Despesas de Juros	(1.000)
Despesas Tributárias	(4.000)
Despesas de Salários	(12.000)
Depreciação	(2.000)
Receita de Aluguéis	7.000
LUCRO LÍQUIDO	**15.000**

EXERCÍCIO RESOLVIDO: Sejam os fatos seguintes ocorridos numa empresa de 1º a 31 de dezembro de 20X1:

(1) Abertura da empresa Atacadão S/A com a subscrição de 20.000 ações ordinárias a R$ 15,00 cada, sendo integralizadas no ato 30% com depósito no Banco do Brasil.

(2) Integralização de 15% das ações subscritas com a entrega de computadores para uso da empresa.

(3) Compras de mercadorias a prazo no total de R$ 140.000,00.

(4) Compras de mercadorias à vista no total de R$ 10.000,00 com a emissão de cheques da empresa.

(5) Vendas de mercadorias à vista no total de R$ 120.000,00 ao custo de R$ 50.000,00.

(6) Pagamento de despesas gerais no total de R$ 9.000,00.

(7) Depreciação dos computados referente ao mês de dezembro.

(8) Apropriação dos salários de dezembro no valor de R$ 5.000,00, os quais serão pagos em janeiro de 20X2.

(9) Pagamento de compras a prazo no valor de R$ 10.000,00 com desconto de 20% por antecipação do pagamento.

Assim, faça o que se pede abaixo:

- ❖ Contabilização dos fatos nos razonetes.
- ❖ Elaboração do balancete inicial.
- ❖ Apuração do resultado do exercício, mediante o encerramento das contas de resultado.
- ❖ Destinações do resultado: 5% para Reserva Legal e o restante distribuído como dividendos.
- ❖ Elaboração do balancete final.
- ❖ Elaboração do Balanço Patrimonial referente a data de 31/12/X1.
- ❖ Elaboração da DRE referente à data de 31/12/X1.

Informações adicionais:

- Desconsidere a incidência de tributos sobre compras e vendas
- Alíquota "fictícia" do IR = 20% (desconsidere a existência de CSLL).
- Taxa anual de depreciação dos computadores = 20%.

SOLUÇÃO:

1º CONTABILIZAÇÃO DOS FATOS NOS RAZONETES:

Capital Social		Capital a Realizar		Bancos	
	300.000 (1)	(1) 210.000	45.000 (2)	(1) 90.000	10.000 (4)
	300.000	*165.000*		*80.000*	

Computadores		Mercadorias		Fornecedores	
(2) 45.000		(3) 140.000	50.000 (5)	(9) 10.000	140.000 (3)
45.000		(4) 10.000			*130.000*
		100.000			

Caixa		Vendas		Depreciação (despesa)	
(5) 120.000	9.000 (6)		120.000 (5)	(7) 750	
	8.000 (9)		*120.000*	*750*	
103.000					

CMV		Depreciação Acumulada	
(5) 50.000			750 (7)
50.000			*750*

Despesas Gerais	Salários a Pagar	Salários (despesa)
(6) 9.000	5.000 (8)	(8) 5.000
9.000	**5.000**	**5.000**

Descontos Fin. Obtidos
2.000 (9)
2.000

Obs. 1: No fato (1), creditamos (lado direito) a conta "Capital Social" de R$ 15,00 × 20.000 = R$ 300.000,00, debitamos (lado esquerdo) a conta "Bancos" em 30% R$ 300.000,00 = R$ 90.000,00 e, consequentemente, debitamos (lado esquerdo) a conta "Capital a Realizar" de 70% R$ 300.000,00 = R$ 210.000,00.

Obs. 2: Na contabilização do fato (2), visto que os sócios integralizaram mais 15% de R$ 300.000,00 = R$ 45.000,00 com a entrega de computadores para uso da empresa, a conta "Capital a Realizar", que representa a dívida dos sócios diante da empresa, terá que reduzir desse valor. Visto que essa conta tem saldo devedor por ser retificadora do PL, para sua redução em R$ 45.000,00, ela foi creditada (lado direito) nesse valor, de sorte que seu saldo final importou em R$ 165.000,00.

Obs. 3: A contabilização das vendas de mercadorias foi feita em duas etapas: 1º) debitou-se (lado esquerdo) a conta "Caixa" pela entrada dos R$ 120.000,00 e, em contrapartida, creditou-se (lado direito) o mesmo valor na conta "Vendas" (Receita de Vendas); 2º) debitou-se (lado esquerdo) a conta "CMV" (Custo das Mercadorias Vendidas) pelo custo do estoque que foi vendido (R$ 50.000,00) e creditou-se (lado direito) o mesmo valor na conta "Mercadorias" pela saída do estoque nesse valor.

Obs. 4: A depreciação dos computadores referente a 1 mês (= 1/12 do ano) foi calculada da seguinte forma: R$ 45.000,00 × 20%/12 = R$ 750,00

2º ELABORAÇÃO DO BALANCETE INICIAL – Esse balancete contém contas patrimoniais "misturadas" com as contas de resultado, tendo em vista que ainda não foi apurado o resultado do exercício (lucro ou prejuízo), o que acarretará o "encerramento" das contas de resultado.

CONTAS	DÉBITO	CRÉDITO
Capital Social	-	300.000
Capital a Realizar	165.000	-
Caixa	103.000	-
Bancos	80.000	-
Mercadorias	100.000	-
Fornecedores	-	130.000
Computadores	45.000	-
Salários Pagar	-	5.000
Depreciação Acumulada	-	750
Depreciação	750	-
Salários	5.000	-
Descontos Financeiros Obtidos	-	2.000
CMV	50.000	-
Vendas	-	120.000
Despesas Gerais	9.000	-
TOTAL	557.750	557.750

Observemos que esse balancete revela que o total dos saldos devedores coincidiu com o total dos saldos credores, atingindo assim o seu objetivo básico que é verificar essa igualdade. Caso essa igualdade não fosse verificada, algo estaria errado nas contabilizações anteriores.

Cabe ressaltar, no entanto, que o fato de o balancete "fechar" não significa necessariamente que todas as contabilizações anteriores estão corretas, visto que é possível cometer erros ou fraudes em diversas contabilizações e, mesmo assim, o balancete "fechar", ou seja, o fato de o balancete apontar a igualdade entre os totais dos saldos devedores e credores é a condição "mínima" para que as contabilizações anteriores estejam corretas.

3º APURAÇÃO DO RESULTADO DO EXERCÍCIO (ARE) – Essa etapa implica o "encerramento" das contas de resultado, que se traduz em "zerar" os saldos de todas as despesas e receitas, visto que "competem" (regime de competência) ao exercício social de 20X1, dado que 20X2 é "outra" competência, ou seja, não se pode computar num exercício social saldos de despesas e receitas provenientes de outro exercício social, razão pela qual ao final de cada exercício social todas as despesas e receitas devem ter seus saldos zerados. Para tanto, iremos CREDITAR as despesas (lado direito – operação "A") e DEBITAR as receitas (lado esquerdo – operação "B") em contrapartida com a conta "Apuração do Resultado", a qual será DEBITADA pelas despesas (lado esquerdo) e CREDITADA pelas receitas (lado direito):

Depreciação		Salários		Descontos Fin. Obtidos	
750	750 (A)	5.000	5.000 (A)	(B) 2.000	2.000

CMV	Vendas	Despesas Gerais
50.000 | 50.000 (A)	(B) 120.000 | 120.000	9.000 | 9.000 (B)

APURAÇÃO DO RESULTADO   Despesa de IR   IR a Pagar

(A) 750	120.000 (B)	(C) 11.450	(D) 11.450 | 11.450 (C)
(A) 5.000	2.000 (B)		
(A) 50.000			
(A) 9.000			
(D) 11.450	57.250	→ LAIR (Lucro Antes do Imposto de Renda)	
	45.800	→ Lucro Líquido	

Nota 1: O cálculo do IR foi feito utilizando uma alíquota fictícia de 20% (na prática a alíquota é de 15% mais um adicional de 10%) incidente sobre o R$ 57.250, encontrando R$ 11.450,00.

Nota 2: Na contabilização do IR, debitamos (lado esquerdo) a conta "Despesa de IR" em R$ 11.450,00 e creditamos em contrapartida (lado direito) a conta "IR a Pagar" (conta do passivo) no mesmo valor (operação "C").

Nota 3: A conta "Despesa de IR" é de resultado, razão pela qual também foi encerrada mediante um crédito (lado direito – operação "D") em contrapartida com a conta "Apuração do Resultado", a qual foi debitada (lado esquerdo) no mesmo valor.

4º ENCERRAMENTO DA CONTA "APURAÇÃO DO RESULTADO" – Essa é uma etapa "implícita" nas destinações no resultado, dado que essa conta também é uma conta de resultado e deverá ser "zerada" como qualquer outra conta de resultado. No caso, como o resultado é credor de R$ 45.800,00 (lucro), essa conta será debitada (lado esquerdo – operação "E") em contrapartida com a conta "Lucros Acumulados".

APURAÇÃO DO RESULTADO   Lucros Acumulados

•	•	45.800 (E)
•	•	
•	•	
(E) 45.800	45.800	

5º DESTINAÇÕES DO RESULTADO DO EXERCÍCIO – Nessa etapa a empresa distribuirá o lucro líquido de R$ 45.800,00, sendo 5% a crédito da conta "Reserva Legal" (operação "F") e o restante a crédito da conta "Dividendos a Pagar" aos sócios (operação "G"). Cabe mencionar que a conta "Lucros Acumulados" funciona como uma espécie de "centro de distribuição", visto que após receber o resultado do exercício irá distribuir integralmente esse resultado para outras contas, ficando com saldo "zero" e, consequentemente, não aparecendo no balanço patrimonial, embora seja uma conta do PL (Patrimônio Líquido).

Lucros Acumulados		Reserva Legal		Dividendos a Pagar	
(F) 2.290	45.800	(F) 2.290		(G) 43.510	
(G) 43.510					

6º BALANCETE FINAL

CONTAS	DÉBITO	CRÉDITO
Capital Social	-	300.000
Capital a Realizar	165.000	-
Caixa	103.000	-
Bancos	80.000	-
Mercadorias	100.000	-
Fornecedores	-	130.000
Computadores	45.000	-
Salários a Pagar	-	5.000
Depreciação Acumulada	-	750
IR a Pagar	-	11.450
Reserva Legal	-	2.290
Dividendos a Pagar	-	43.510
TOTAL	493.000	493.000

7º BALANÇO PATRIMONIAL (31/12/20X1)

ATIVO		PASSIVO	
CIRCULANTE	283.000	CIRCULANTE	189.960
Caixa	103.000	Salários a Pagar	5.000
Bancos	80.000	Dividendos a Pagar	43.510
Mercadorias	100.000	IR a Pagar	11.450
		Fornecedores	130.000
NÃO CIRCULANTE	44.250		
IMOBILIZADO		PATRIMÔNIO LÍQUIDO	137.290
Computadores	45.000	Capital Social	300.000
Depreciação Acumulada	(750)	Capital a Realizar	(165.000)
		Capital Realizado	135.000
		Reserva Legal	2.290
TOTAL DO ATIVO	327.250	TOTAL DO PASSIVO	327.250

8º DEMONSTRAÇÃO DO RESULTADO DO EXERCÍCIO – DRE (31/12/20X1)

Receita de Vendas	120.000
(–) CMV	(50.000)
(=) Lucro Bruto	**70.000**
(+) Descontos Financeiros Obtidos	2.000
(–) Despesas Gerais	(9.000)
(–) Salários	(5.000)
(–) Depreciação	(750)
(=) Lucro antes do IR	**57.250**
(–) IR	(11.450)
(=) Lucro Líquido	**45.800**

7. TEORIAS DAS CONTAS

7.1. Teoria Patrimonialista

Essa é a teoria adotada atualmente, onde as contas são classificadas em CONTAS PATRIMONIAIS (contas do ativo, contas do passivo exigível e contas do patrimônio líquido) e CONTAS DE RESULTADO (contas de despesas e contas de receitas).

7.2. Teoria Materialista

Nessa teoria as contas podem ser CONTAS INTEGRAIS (contas do ativo e contas do passivo exigível) e CONTAS DIFERENCIAIS (contas de despesas, contas de receitas e contas do patrimônio líquido).

7.3. Teoria Personalista

Como o nome já sugere, essa teoria associa as contas a PESSOAS. Numa empresa ou entidade, basicamente, existem três tipos de pessoas:

1º) Aquelas responsáveis pela guarda (consignação) dos BENS (tesoureiro, almoxarife etc.), dando origem às chamadas **CONTAS DOS AGENTES CONSIGNATÁRIOS**. Assim, por exemplo, as contas "Caixa", "Mercadorias", "Veículos" etc., são exemplos desses tipos de contas, por representarem bens.

2º) Aquelas que se correspondem com a empresa por serem seus credores (contas de obrigações) ou seus devedores (contas de direitos), dando origem às chamadas **CONTAS DOS AGENTES CORRESPONDENTES**. Como exemplo, temos as contas "Salários a Pagar" (obrigação), "ICMS a Recolher" (obrigação), "Clientes" (direito) etc.

3º) Aquelas que são os proprietários da empresa (acionistas ou cotistas), ou seja, são "donas" de seu patrimônio líquido e de suas variações (despesas e receitas), dando origem às chamadas **CONTAS DOS PROPRIETÁRIOS**. Nesse caso, como exemplo, temos "Capital Social" (patrimônio líquido), "Vendas" (receita), "Salários" (despesa) etc.

Resumindo as três teorias, temos:

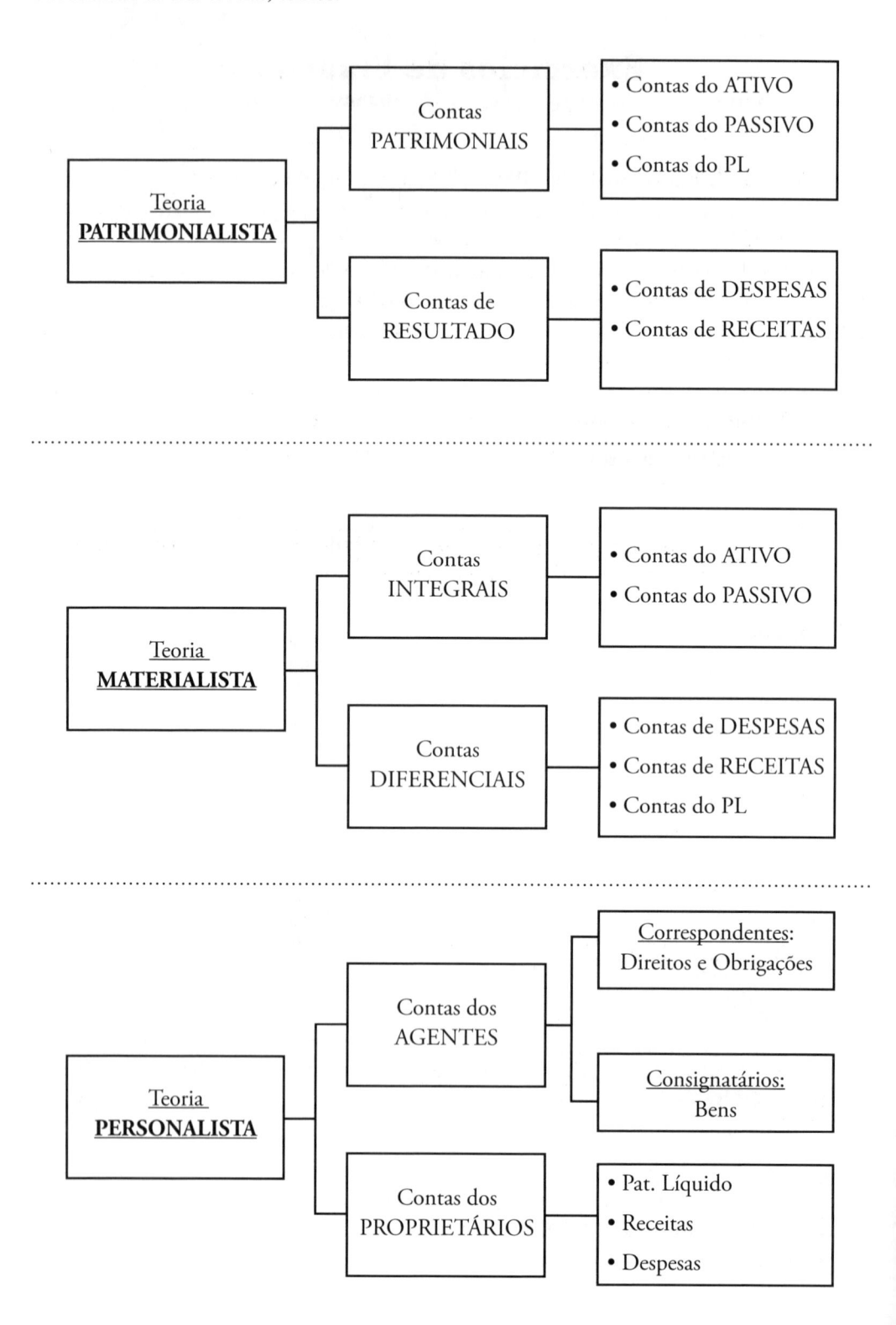

- **Teoria PATRIMONIALISTA**
  - Contas PATRIMONIAIS
    - Contas do ATIVO
    - Contas do PASSIVO
    - Contas do PL
  - Contas de RESULTADO
    - Contas de DESPESAS
    - Contas de RECEITAS

- **Teoria MATERIALISTA**
  - Contas INTEGRAIS
    - Contas do ATIVO
    - Contas do PASSIVO
  - Contas DIFERENCIAIS
    - Contas de DESPESAS
    - Contas de RECEITAS
    - Contas do PL

- **Teoria PERSONALISTA**
  - Contas dos AGENTES
    - Correspondentes: Direitos e Obrigações
    - Consignatários: Bens
  - Contas dos PROPRIETÁRIOS
    - Pat. Líquido
    - Receitas
    - Despesas

Exercícios de Fixação

1. (Fiscal de Tributos Estaduais – PA/Esaf) Assinale a opção correta:
   a) Todo acréscimo de valor em contas do ativo corresponde, necessariamente, a um decréscimo de valor em contas do passivo.
   b) Um decréscimo no valor de contas do ativo corresponde, necessariamente, a um acréscimo de valor em contas do passivo.
   c) Um acréscimo no valor de uma conta do ativo corresponde, necessariamente, a um acréscimo de valor em conta do passivo ou do patrimônio líquido.
   d) A um decréscimo no valor total do ativo corresponde, necessariamente, um acréscimo no valor de uma, ou mais, contas do passivo ou do PL.
   e) Um acréscimo no valor total do ativo não corresponde, necessariamente, a um acréscimo no valor do patrimônio líquido.

2. (Técnico de Finanças e Controle/Esaf) No balancete de verificação da empresa Gaivota, levantado em 31/12/X1, assim se apresentavam as contas:

Bancos	10
Clientes	20
Capital a realizar	50
Capital	100
Salários a pagar	10
Caixa	15
Mercadorias	40
Empréstimos obtidos	40
Prejuízos acumulados	20
Fornecedores	5
Soma:	310

   Com base nesse balancete, conclui-se que:
   a) a soma da coluna 1 (saldos devedores) do balancete é 85;
   b) a soma da coluna 2 (saldos credores) do balancete é 105;
   c) o valor do ativo patrimonial é de 155;
   d) o valor do passivo patrimonial é de 65;
   e) o valor do patrimônio líquido é de 30.

3. (Auditor-Fiscal da Receita Federal/Esaf) A empresa Asper Outra Ltda., no mês de agosto de 2001, realizou os negócios abaixo descritos com o item Z34 de seu estoque:
   (1) compra de 250 unidades;
   (2) venda de 200 unidades;
   (3) as mercadorias são tributadas na compra: com ICMS de 15% e com IPI de 5%;
   (4) o custo inicial do estoque foi avaliado em R$ 25,00, por unidade;
   (5) nas compras foi praticado um preço unitário de R$ 30,00;
   (6) nas vendas o preço unitário praticado foi de R$ 45,00;
   (7) as operações de compra e de venda foram realizadas à vista, com cheque do Banco do Brasil, tendo a empresa Asper emitido o cheque nº 001356 e recebido o cheque nº 87312, depositado em sua conta-corrente.

   Considerando-se todas as informações acima, pode-se afirmar que a conta-corrente bancária da empresa Asper Outra Ltda. foi aumentada em:
   a) R$ 2.250,00;
   b) R$ 1.500,00;
   c) R$ 1.125,00;
   d) R$ 750,00;
   e) R$ 275,00.

4. (Agente Tributário Estadual – MS/Esaf) Folheando o Plano de Contas utilizado na Empresa Berilo S/A, destacamos os seguintes títulos, pendentes de classificação:
   Título das contas
   01 – Ações de coligadas
   02 – Ações em tesouraria
   03 – Bancos c/movimento
   04 – Capital a integralizar
   05 – Capital social
   06 – Clientes
   07 – Despesas antecipadas
   08 – Duplicatas a pagar
   09 – Duplicatas descontadas
   10 – Empréstimos bancários
   11 – Mercadorias em estoque
   12 – Receitas antecipadas
   13 – Venda de mercadorias

   Analisando os títulos supra, indique, entre as opções abaixo, aquela que contém a informação classificatória verdadeira:
   a) Todas as contas supra são patrimoniais e devem figurar no balanço patrimonial.
   b) Sete das contas supra apresentam saldos devedores e seis apresentam saldos credores.
   c) Das contas supra, três são integrais credoras, três são de resultado e duas são retificadoras.
   d) A relação supra contém três contas de resultado, cinco contas de saldos devedores e cinco contas de saldos credores.
   e) A relação supra contém três contas de resultado, cinco contas de saldos devedores e cinco contas de saldos credores.

5. (Técnico de Finanças e Controles/SFC/2001) Os procedimentos contábeis utilizados no Método das Partidas Dobradas exigem que se registrem os investimentos da atividade em contrapartida com as respectivas fontes de financiamento, formando-se, com isso, um fundo de valores positivos e negativos que se contrapõem.

   Desse modo, quando é elaborado um balancete de verificação no fim de determinado período, o fundo de valores positivos, do ponto de vista contábil, estará representado pela soma:
   a) dos bens, dos direitos e das despesas;
   b) dos bens e dos direitos;
   c) dos bens, dos direitos e das receitas;
   d) do ativo e do patrimônio líquido;
   e) do patrimônio líquido.

6. (Agente Tributário Estadual – MS/Esaf) As contas e os saldos listados a seguir foram extraídos, entre outras contas, do livro Razão da Cia. Comercindústria, no último dia do exercício social:

Contas (em ordem alfabética)	Saldos (R$)
Ações de coligadas	100,00
Aluguéis a pagar	150,00
Aluguéis a receber	200,00
Caixa	250,00
Capital a integralizar	300,00
Capital social	950,00
Clientes	900,00
Duplicatas aceitas	850,00
Duplicatas emitidas	800,00
Fornecedores	750,00
Juros ativos	700,00
Juros passivos	650,00
Máquinas e equipamentos	600,00
Materiais	550,00
Mercadorias	500,00
Notas Promissórias aceitas	450,00
Notas Promissórias emitidas	400,00
Receitas a receber	350,00
Receitas a vencer	300,00

   Considerando, exclusivamente, as contas listadas anteriormente, podemos verificar que os saldos devedores e os créditos da empresa estão nelas evidenciados, respectivamente, pelos valores de:
   a) R$ 5.650,00 e R$ 4.100,00;
   b) R$ 2.700,00 e R$ 3.800,00;
   c) R$ 2.900,00 e R$ 4.200,00;
   d) R$ 5.300,00 e R$ 4.450,00;
   e) R$ 5.650,00 e R$ 3.000,00.

7. Na questão anterior, o valor dos saldos credores e os débitos da empresa foram, respectivamente, de (suponha que Receitas a vencer represente Adiantamentos de clientes para futura entrega de mercadorias):
   a) R$ 4.100,00 e R$ 2.450,00;
   b) R$ 2.700,00 e R$ 3.800,00;
   c) R$ 2.900,00 e R$ 4.200,00;
   d) R$ 5.300,00 e R$ 4.450,00;
   e) R$ 5.650,00 e R$ 3.000,00.

8. (Analista de Finanças e Controle/Esaf/Adaptada) Abaixo está uma relação de contas constantes do Plano de Contas elaborado para a empresa Sol de Março – ME.
   Caixa
   Clientes
   Mercadorias
   Juros passivos
   Fornecedores
   Capital social
   Títulos a pagar
   Aluguéis ativos
   Seguros a vencer
   Prêmios de seguros
   Móveis e utensílios
   Ações de coligadas
   Reserva legal
   Impostos a recolher
   Material de consumo
   Reserva de contingências
   Receitas de comissões a vencer
   Observando-se as contas acima, sob o prisma das escolas doutrinárias da Contabilidade, que formularam as conhecidas Teorias das Contas, podem ser identificadas na relação:
   a) 3 contas de agentes consignatários;
   b) 4 contas de agentes correspondentes;
   c) 5 contas de resultado;
   d) 6 contas diferenciais;
   e) 11 contas patrimoniais.

9. (Auditor-Fiscal da Receita Federal/Esaf/Adaptada) A empresa Andaraí S/A extraiu de seu balancete o seguinte elenco resumido de contas patrimoniais:

Ações e participações	R$ 3.000,00
Adiantamento a diretores	R$ 500,00
Bancos conta movimento	R$ 2.000,00
Caixa	R$ 500,00
Dividendos a receber	R$ 2.500,00

Duplicatas a pagar	R$ 300,00
Duplicatas a receber	R$ 3.000,00
Empréstimos e financiamentos obtidos	R$ 10.000,00
Fornecedores	R$ 5.000,00
Imóveis	R$ 6.000,00
Mercadorias	R$ 3.000,00
Máquinas e equipamentos	R$ 1.700,00
Poupança	R$ 1.000,00
Receitas antecipadas	R$ 6.500,00
Seguros a vencer	R$ 800,00
Títulos a pagar	R$ 2.000,00
Veículos	R$ 1.000,00

Se agruparmos as contas acima por natureza contábil, certamente encontraremos uma diferença entre a soma dos saldos credores e devedores. Assinale a opção que indica o valor correto:

a) R$ 1.200,00 é a diferença devedora.
b) R$ 1.200,00 é a diferença credora.
c) R$ 1.800,00 é a diferença credora.
d) R$ 17.300,00 é a soma dos saldos credores.
e) R$ 22.000,00 é a soma dos saldos devedores.

10. (Técnico da Receita Federal/Esaf) O Mercado de Artesanato Local mantém conta corrente no Banco Terra S/A. Em 31 de agosto, recebeu o extrato do mês com saldo credor de R$ 38.800,00. Como o livro razão apresentava na conta Bancos c/movimento um saldo devedor de R$ 24.000,00, a empresa mandou fazer uma conciliação.

Os dados colhidos para a conciliação constataram os seguintes fatos:
1) um cheque de R$ 600,00, recebido de clientes e depositado em 20/08, foi devolvido por insuficiência de fundos;
2) três cheques de R$ 1.200,00, 5.500,00 e 2.000,00, emitidos para pagamento a terceiros, não foram apresentados;
3) um cheque de R$ 700,00 foi debitado ao Mercado, por engano do Banco;
4) um depósito de R$ 200,00 foi erroneamente creditado a outro correntista;
5) uma cobrança de duplicatas, emitidas pelo Mercado, no valor de R$ 8.000,00, fora feita pelo banco, mas não houve emissão de aviso a tempo;
6) no extrato aparecem despesas bancárias de R$ 400,00, ainda não contabilizadas pelo Mercado.

Após analisar todos esses fatos, o contador comunicou à administração que a conta bancos c/movimento deverá ir a balanço com o saldo de:

a) R$ 16.400,00;
b) R$ 23.300,00;
c) R$ 31.000,00;
d) R$ 38.800,00;
e) R$ 46.600,00.

11. (Auditor do Tesouro Municipal – CE/Esaf) Um plano de contas possui variações técnicas que indicam o código que deva ser utilizado, ou seja, existem quatro grandes grupos de contas, logo, recebem, normalmente, os códigos 1, 2, 3 e 4. Na lista, abaixo descrita, assinale a opção que informa a representação do código 1.1.11.10 – rubrica "Contas a Receber":

CÓDIGO	RUBRICAS
1.	Ativo
1.1.	Ativo Circulante
1.1.10	Disponibilidades
1.1.11	Direitos Realizáveis
1.1.11.10	Contas a Receber
1.1.11.20	Estoques

   a) Conta.
   b) Elemento Descritivo.
   c) Elemento Informativo.
   d) Grande Conta.
   e) Superconta.

12. (Técnico da Receita Federal/Esaf) A firma J. J. Montes Ltda. apurou os seguintes valores, em 31/12/01:

   – Dinheiro existente   200,00
   – Máquinas   400,00
   – Dívidas diversas   900,00
   – Contas a receber   540,00
   – Rendas obtidas   680,00
   – Empréstimos bancários   500,00
   – Mobília   600,00
   – Contas a pagar   700,00
   – Consumo efetuado   540,00
   – Automóveis   800,00
   – Capital registrado   450,00
   – Adiantamentos a diretores   450,00

   Os componentes acima, examinados pelo prisma doutrinário lecionado segundo a Teoria das Contas, demonstra a seguinte atribuição de valores:
   a) R$ 2.990,00 às contas de agentes devedores;
   b) R$ 2.540,00 às contas de agentes consignatários;
   c) R$ 2.100,00 às contas integrais devedoras;
   d) R$ 890,00 às contas de resultado;
   e) R$ 440,00 às contas diferenciais.

13. **(Auditor do Tesouro Municipal – Recife/Esaf)** A empresa Grandeza Ltda., ao providenciar a conciliação bancária, constatou os seguintes fatos:
    – O saldo da conta do Banco do Brasil, no extrato, era de R$ 255,00;
    – Cheques emitidos pela empresa e não apresentados ao banco, no valor de R$ 200,00;
    – Cheques depositados pela empresa e não consignados em conta pelo banco, no valor de R$ 150,00;
    – Despesas apropriadas pelo banco e não informadas em tempo hábil para a contabilização, no valor de R$ 10,00.

    Considerando as informações acima, o valor do saldo contábil na escrituração da empresa era de:
    a) R$ 95,00;
    b) R$ 215,00;
    c) R$ 295,00;
    d) R$ 315,00;
    e) R$ 595,00.

14. **(Petrobras – Técnico de Contabilidade/Fundação Cesgranrio)** Qual é a situação em que uma conta de natureza devedora pode apresentar saldo credor?
    a) Quando o total de lançamentos a crédito é superior ao total de lançamentos a débito.
    b) Quando as contas do Ativo Imobilizado passam a apresentar natureza credora em virtude da situação conhecida como "Passivo a Descoberto".
    c) Quando, somente no início das operações, o valor existente na conta Caixa é transferido para a conta Bancos Conta Movimento.
    d) Na rara situação em que, num mesmo lançamento, a conta é debitada e creditada, sendo o valor do crédito superior ao valor do débito.
    e) Em condições normais, sob nenhuma hipótese isto pode ocorrer.

15. **(Analista de Finanças e Controle/CGU/Esaf)** Entre as cinco opções a seguir, apenas uma contém somente contas de saldo devedor. Assinale-a:
    a) Capital, Contas a Pagar, Empréstimos Bancários, Caixa.
    b) Impostos, Salários, Caixa, Juros Ativos e Fornecedores.
    c) Clientes, Fornecedores, Caixa, Mercadorias, Imóveis.
    d) Impostos, Clientes, Juros Passivos, Caixa, Salários.
    e) Veículos, Estoques, Impostos a Recolher, Férias a Pagar.

16. **(Petrobras – Técnico de Contabilidade/Fundação Cesgranrio)** A Cia. Souza Ltda. realizou, em março de 20X4, as seguintes operações:
    I. Constituição da empresa com capital de R$ 20.000,00, integralizados em dinheiro.
    II. Depósito no Banco Marreta de R$ 18.000,00.
    III. Aquisição de móveis e utensílios, por R$ 5.000,00 sendo 20% à vista, pagos em cheque, e o restante em 4 parcelas, mensais e consecutivas, de R$ 1.000,00.
    IV. Aquisição de mercadorias para revenda a prazo no valor de R$ 15.000,00.
    V. Aquisição de um veículo à vista, pago em cheque, no valor de R$ 6.000,00.
    VI. Aquisição de uma loja por R$ 40.000,00, sendo pagos R$ 5.000,00 à vista, em cheque, e o restante em 14 prestações de R$ 2.500,00.
    VII. Venda de 80% do estoque de mercadorias por R$ 16.000,00, a prazo.

Após as operações, o saldo da conta Caixa, em reais, é:
a) 2.000,00;
b) 5.000,00;
c) 6.000,00;
d) 18.000,00;
e) 20.000,00.

17. (Petrobras – Técnico de Contabilidade/Fundação Cesgranrio/Adaptada) A Cia. Ômega apresentou o seguinte Balancete, em 30 de junho de 20X3, em reais:

CONTAS	SALDO DEVEDOR	SALDO CREDOR
Caixa	2.000,00	
Bancos Conta Movimento	12.000,00	
Duplicatas a Receber	18.000,00	
Estoques	21.250,00	
ICMS a Recuperar	3.750,00	
Móveis e Utensílios	15.000,00	
Máquinas e Equipamentos	20.000,00	
Edificações	75.000,00	
Depreciação Acumulada		4.000,00
Fornecedores a Pagar		20.000,00
Salários e Encargos a Pagar		5.000,00
Contas a Pagar		3.000,00
Empréstimos a Pagar (LP)		15.000,00
Capital		110.000,00
Reserva Legal		10.000,00
TOTAL	167.000,00	167.000,00

Em julho de 20X3, realizou as seguintes operações:
I. Pagamento, em cheque, dos salários e encargos provisionados.
II. Venda de 68% das mercadorias, a prazo, por R$ 22.000,00, incidindo os seguintes impostos: ICMS de 15%, PIS de 0,65% e Cofins de 2%.
III. Compra de um caminhão usado por R$ 15.000,00, sendo R$ 5.000,00 à vista, pagos em cheque, e o restante em 5 prestações de R$ 2.000,00.
IV. Recebimento de clientes, de R$ 15.000,00, através do banco.
V. Pagamento de fornecedores, em cheque, no valor de R$ 12.000,00.
VI. Aquisição de mercadorias para revenda, a prazo, por R$ 30.000,00, com ICMS incluso de 15%, mais IPI de 10%.
VII. Pagamento de contas a pagar, em cheque: R$ 2.000,00.
VIII. Pagamento de despesas, em dinheiro:
Condomínio R$ 250,00 Luz e Telefone R$ 200,00
Despesas Diversas R$ 450,00
Com base nos dados apresentados, pode-se afirmar que o saldo da conta Bancos Conta Movimento, em 31 de julho de 20X3, era, em reais, de:
a) 2.000,00;
b) 3.000,00;

c) 4.000,00;
d) 6.000,00;
e) 7.000,00.

18. (Agência Nacional do Petróleo – Técnico em Regulação do Petróleo/Fundação Cesgranrio) Atualmente, entende-se que o mecanismo de débito e crédito representa:
    a) aumento das contas ativas e redução das contas diferenciais;
    b) aumento das contas de Ativo e de Resultado e aumento do Passivo e PL;
    c) redução das contas ativas e aumento das contas diferenciais;
    d) situação considerada desfavorável e situação considerada favorável;
    e) simples convenção contábil, com função específica em cada conta.

19. (Petrobras – Contador Pleno/Fundação Cesgranrio) Carlos Silva e José Pereira resolveram constituir a Empresa Silva & Pereira Ltda., em 01/03/20X4, com capital social de R$ 30.000,00, totalmente integralizado em dinheiro. Durante o mês de março, realizaram as seguintes operações:
    • depósito de R$ 20.000,00 no Banco do Brasil;
    • aquisição de móveis e utensílios por R$ 8.000,00, sendo pagos, em cheque, no ato, R$ 2.000,00, e o restante em três prestações mensais, iguais e sucessivas;
    • aquisição de um computador usado, à vista, por R$ 1.000,00, pago em dinheiro;
    • pagamento, em cheque, de despesa de condomínio da sala onde está instalada a empresa: R$ 250,00;
    • aquisição e mercadorias para revenda, a prazo, por R$ 25.000,00;
    • pagamento, em cheque, de uma das três parcelas da compra de móveis e utensílios já mencionada.
    No Balancete de Verificação, levantado após as operações acima, o total dos saldos devedores, em reais, será de:
    a) 85.250,00;
    b) 69.000,00;
    c) 67.000,00;
    d) 59.000,00;
    e) 57.000,00.

20. (Petrobras – Técnico de Contabilidade/Fundação Cesgranrio) Francisco e Paulo resolveram constituir a Empresa Garcia & Souza Ltda. em 1º jul. 2005, com capital social de R$ 10.000,00 totalmente integralizado em dinheiro. As primeiras operações da empresa foram:
    • aquisição de móveis e utensílios por R$ 8.000,00, sendo: R$ 2.000,00, em dinheiro, no ato, e o restante em três prestações mensais, iguais e sucessivas, de R$ 2.000,00;
    • aquisição de um computador usado, à vista, por R$ 1.000,00;
    • aquisição de mercadorias para revenda, a prazo, por R$ 5.000,00;
    • pagamento, em dinheiro, das despesas de:
    telefone R$ 200,00;
    energia elétrica R$ 150,00;
    condomínio R$ 350,00;
    • pagamento da primeira de três prestações da compra inicial dos móveis e utensílios.

O saldo de caixa da empresa, em reais, após as operações, será:
a) 4.300,00;
b) 4.700,00;
c) 5.700,00;
d) 6.000,00;
e) 6.300,00.

21. (Petrobras – Técnico de Contabilidade/Fundação Cesgranrio) Em 30 nov. 2005, a composição do fundo fixo de caixa, em reais, da Cia. Vila Nova era a seguinte:

Moeda Corrente	10.000,00
Comprovantes de Despesas	90.000,00
Total do Fundo Fixo	100.000,00

A Tesouraria da empresa, na mesma data, procedeu à reconstituição do fundo e, concomitantemente, à redução do valor do fundo fixo de caixa, de R$ 100.000,00 para R$ 50.000,00.

Os registros contábeis das medidas adotadas pela Tesouraria provocaram, nos saldos das contas do Ativo Circulante, em reais, um(a):
a) aumento de 50.000,00.
b) aumento de 40.000,00.
c) redução de 140.000,00.
d) redução de 90.000,00.
e) redução de 50.000,00.

22. (Comissão de Valores Mobiliários/Fundação Carlos Chagas) A Cia. Caminho do Norte tem uma conta-corrente no banco América do Oeste. Em 31/12/2002, o extrato bancário emitido pela instituição financeira acusava um saldo credor de R$ 28.800,00. Em contraposição, o livro Razão acusava, para a mesma conta, um saldo devedor de R$ 26.500,00. O auditor independente, por meio da análise do extrato bancário, apurou os seguintes fatos não registrados na contabilidade.
 I. Aviso de lançamento a débito, efetuado pelo banco, de R$ 450,00, relativo a contas de luz e de telefone.
 II. Aviso de lançamento a débito de R$ 3.000,00, em virtude de devolução de duplicata descontada por falta de pagamento do sacado.
 III. Devolução de cheques de terceiros, depositados pela companhia, no valor de R$ 1.850,00, em virtude de insuficiência de fundos.
 IV. Aviso de crédito de duplicata de emissão da companhia em cobrança no banco, no valor de R$ 6.800,00, mais juros pelo atraso no pagamento de R$ 100,00.

No processo de conciliação bancária, o auditor verificou, também, que havia cheques emitidos pela companhia, ainda não descontados junto ao banco, no valor de R$ 700,00.

Logo, o saldo correto da mencionada conta-corrente, em 31/12/2002, encontrado pelo auditor após a conciliação bancária, em R$, é de:
a) 28.800,00;
b) 28.100,00;
c) 25.100,00;
d) 24.800,00;
e) 23.500,00.

23. (Agente Fiscal de Rendas – SP/Fundação Carlos Chagas) A empresa Capital Ltda. aumentou seu capital em R$ 200.000,00. A sociedade é formada dos 4 sócios, cada um com 25%. Dois sócios fizeram a transferência dos recursos no ato da reunião da diretoria e os demais acordaram em transferir os recursos em dois meses.
    A conta em que ficará registrado o direito da empresa em receber esses recursos é Capital Social a:
    a) Autorizar;
    b) Capitalizar;
    c) Receber;
    d) Integralizar;
    e) Subscrever.

24. (Auditor-Fiscal da Receita Federal do Brasil/ESAF) Observando o patrimônio da empresa Constituída S.A. e as transações realizadas, encontramos, em primeiro lugar, os seguintes dados contabilizados:

Capital registrado na Junta Comercial	R$ 40.000,00
Dinheiro guardado em espécie	R$ 5.500,00
Um débito, em duplicatas, com a GM	R$ 7.500,00
Um crédito, em duplicatas, com as lojas Sá	R$ 10.500,00
Um Vectra GM do próprio uso	R$ 35.000,00
Lucros de períodos anteriores	R$ 3.500,00

    Em seguida, constatamos o pagamento de R$ 3.000,00 da dívida existente, com descontos de 10%; e a contratação de empréstimo bancário de R$ 6.500,00, incidindo encargos de 4%, com a emissão de notas promissórias.
    Classificando contabilmente os componentes desse patrimônio e considerando as variações provocadas pelas duas transações do exemplo, pode-se dizer que os saldos daí decorrentes, no fim do período, serão devedores e credores de:
    a) R$ 51.000,00;
    b) R$ 60.500,00;
    c) R$ 60.460,00;
    d) R$ 54.540,00;
    e) R$ 61.060,00.

25. (Auditor-Fiscal da Receita Federal do Brasil/ESAF) Exemplificamos, abaixo, os dados contábeis colhidos no fim do período de gestão de determinada entidade econômico-administrativa:

– dinheiro existente	200,00
– dívidas diversas	730,00
– rendas obtidas	680,00
– mobília	600,00
– consumo efetuado	240,00
– capital registrado	650,00
– máquinas	400,00
– contas a receber	540,00
– empréstimos bancários	500,00
– contas a pagar	700,00
– automóveis	800,00
– casa construída	480,00

Segundo a Teoria Personalística das Contas e com base nas informações contábeis acima, pode-se dizer que, neste patrimônio, está sob responsabilidade dos agentes consignatários o valor de:
a) R$ 1.930,00;
b) R$ 2.480,00;
c) R$ 2.330,00;
d) R$ 3.020,00;
e) R$ 3.130,00.

26. (Auditor-Fiscal da Receita Federal do Brasil/ESAF) A relação seguinte refere-se aos títulos contábeis constantes do livro Razão da empresa comercial Concórdia Sociedade Anônima, e respectivos saldos, em 31 de dezembro de 2008:

01 – Bancos Conta Movimento	17.875,00
02 – Bancos Conta Empréstimo	50.000,00
03 – Conta Mercadorias	42.500,00
04 – Capital Social	105.000,00
05 – Móveis e Utensílios	280.000,00
06 – ICMS a Recolher	7.500,00
07 – Custo das Mercadorias Vendidas (CMV)	212.500,00
08 – Salários e Ordenados	10.000,00
09 – Contribuições de Previdência	3.750,00
10 – Despesas com Créditos de Liquidação Duvidosa	3.500,00
11 – Depreciação Acumulada	44.800,00
12 – Retenção de Lucros	51.200,00
13 – Vendas de Mercadorias	352.000,00
14 – Impostos e Taxas	2.200,00
15 – PIS e Cofins	8.625,00
16 – ICMS sobre Vendas	52.500,00
17 – Pró-Labore	7.600,00
18 – Fornecedores	157.750,00
19 – PIS e Cofins a Recolher	1.800,00
20 – Duplicatas a Receber	100.000,00
21 – Encargos de Depreciação	32.000,00
22 – Provisão para Créditos de Liquidação Duvidosa	3.000,00

Ao elaborar o balancete geral de verificação, no fim do exercício social, com as contas e saldos apresentados, a empresa, certamente, encontrará:
a) um saldo devedor a maior em R$ 25.600,00.
b) um saldo credor a menor em R$ 100.000,00.
c) um balancete fechado em R$ 773.050,00.
d) um endividamento de R$ 167.050,00.
e) um lucro com mercadorias de R$ 137.500,00.

Gabarito Comentado

Exercício 1

a) INCORRETA. Se houver um débito em conta do ativo (acréscimo), haverá um crédito em uma outra conta do ativo ou um crédito em uma conta do passivo (acréscimo na conta do passivo).

b) INCORRETA. Se houver um decréscimo em conta do ativo (crédito) haverá um acréscimo em outra conta do ativo (débito) ou um decréscimo em conta do passivo (débito na conta do passivo).

c) INCORRETA. Um acréscimo em conta do ativo (débito) pode ser feito em contrapartida, por exemplo, com um decréscimo em outra conta do ativo (crédito).

d) INCORRETA. Considerando a equação patrimonial A = P + PL, observamos que um decréscimo no total do ativo corresponderia a um decréscimo no valor de uma ou mais contas do passivo ou do patrimônio líquido.

e) CORRETA. Um acréscimo no valor total do ativo poderia, por exemplo, corresponder a um acréscimo no passivo exigível.

(Resposta: opção e)

Exercício 2

	Débito	Crédito
Bancos	10	–
Clientes	20	–
Capital a realizar	50	–
Capital	–	100
Salários a pagar	–	10
Caixa	15	–
Mercadorias	40	–
Empréstimos obtidos	–	40
Prejuízos acumulados	20	–
Fornecedores	–	5
TOTAL	155	155

ATIVO

Caixa	15
Bancos	10
Clientes	20
Mercadorias	40
TOTAL	85

PASSIVO (EXIGÍVEL)

Salários a pagar	10
Empréstimos obtidos	40
Fornecedores	5
TOTAL	55

PATRIMÔNIO LÍQUIDO

Capital	100
Capital a realizar	(50)
Prejuízos acumulados	(20)
TOTAL	30

(Resposta: opção e)

Exercício 3

A entrada de dinheiro corresponde exatamente ao produto do valor da quantidade vendida (200 unidades) pelo preço unitário de venda de cada unidade (R$ 45,00), isto é, R$ 9.000,00. Nesse caso, cabe ressaltar que o ICMS não foi abatido dos R$ 9.000,00, pois, no problema, não estamos interessados em saber o valor da receita líquida de vendas, tendo em vista que o importante é o valor da receita bruta de vendas, o qual corresponde exatamente à entrada de dinheiro.

A saída de dinheiro corresponde exatamente ao produto do valor da quantidade comprada (250 unidades) pelo valor desembolsado por unidade vendida (R$ 31,50), ou seja, R$ 7.875,00. Cabe mencionar que o ICMS é um imposto "por dentro", ou seja, já está embutido nos R$ 30,00. Porém, o IPI é um imposto "por fora", ou seja, é adicionado aos R$ 30,00, fazendo com que o valor desembolsado por unidade seja R$ 31,50.

Finalmente, a variação no saldo da conta bancos corresponderá exatamente à diferença entre a entrada de dinheiro e a saída, isto é, R$ 9.000,00 – R$ 7.875,00, ou seja, R$ 1.125,00.

(Resposta: opção c)

Exercício 4

- São contas patrimoniais: 01 até 12.
- Somente a número 13 é conta de resultado.
- Apresentam saldos devedores: 01, 02, 03, 04, 06, 07 e 11 – 07 contas.
- Apresentam saldos credores: 05, 08, 09, 10, 12, 13 – 06 contas.

Comentário extra: As contas integrais, segundo a Teoria Materialista, são as contas do ativo e do passivo, incluindo também as contas retificadoras, com exceção das contas do patrimônio líquido, pois estas, segundo a referida teoria, são contas diferenciais.

Desta forma:
- São integrais credoras: 08, 09, 10 e 12 – 04 contas.
- São contas retificadoras: 02, 04 e 09 – 03 contas.
- São contas do passivo (exceto patrimônio líquido) – 08, 10 e 12 – 03 contas.

(Resposta: opção b)

Exercício 5

Em todo balancete, certamente teremos:

TOTAL DE DÉBITOS = TOTAL DE CRÉDITOS

Assim, ignorando a existência das contas retificadoras, teremos:

ATIVO + DESPESAS = PASSIVO + PL + RECEITAS, ou seja,

BENS + DIREITOS + DESPESAS = PASSIVO + PL + RECEITAS, isto é,

BENS + DIREITOS + DESPESAS – OBRIGAÇÕES – PL – RECEITAS = 0.

Logo, os elementos positivos são: BENS, DIREITOS e DESPESAS. **(Resposta: opção a)**

Exercício 6

Lembrando que as contas de saldos devedores são as do **ativo**, as **retificadoras do passivo e patrimônio líquido** e as **despesas**, temos a seguinte soma de saldos devedores:

100 + 200 + 250 + 300 + 900 + 800 + 650 + 600 + 550 + 500 + 450 + 350 = **5.650**.

Por outro lado, não devemos confundir **saldos credores** com **créditos da empresa**. Estes últimos representam os créditos da empresa contra terceiros, ou seja, os direitos da empresa, os quais sabemos fazem parte do ativo. Também pode ser considerado crédito da empresa, a dívida dos acionistas para com esta, ou seja, o capital a integralizar. Desta forma, na relação dada, temos os seguintes créditos da empresa em ordem alfabética: aluguéis a receber, capital a integralizar, clientes (posteriormente, se tornará igual a duplicatas a receber, quando tais clientes aceitarem as duplicatas), duplicatas emitidas (= duplicatas a receber), Notas promissórias aceitas (= promissórias a receber, pois, ao contrário da duplicata, quem emite a promissória é o devedor) e receitas a receber. Assim, teremos a seguinte soma:

200 + 300 + 900 + 800 + 450 + 350 = **3.000**.

(Resposta: opção e)

Nota: Embora consideremos na solução dessa questão a conta "Capital a Integralizar" como um direito (crédito) da empresa, concordando com o gabarito da banca elaboradora, é, no mínimo, questionável tal colocação, dado que essa conta é tipicamente retificadora do patrimônio líquido e não propriamente um "direito" da empresa contra terceiros, lembrando que os "direitos da empresa" (= créditos da empresa) são contas do ATIVO.

Exercício 7

Embora em todo balancete correto o total dos saldos devedores sempre deverá ser igual ao total dos saldos credores, o enunciado nos informa que a relação de contas e saldos constantes da listagem dada foram extraídos "entre outras contas", ou seja, não necessariamente têm que estar presentes na referida listagem todas as contas do livro razão, de modo que, não necessariamente, o total dos saldos devedores da mesma listagem deve coincidir com o total dos saldos credores. Assim, iremos calcular o total dos saldos credores da seguinte forma:

Aluguéis a Pagar	R$ 150,00
Capital Social	R$ 950,00
Duplicatas Aceitas (= a Pagar)	R$ 850,00
Fornecedores	R$ 750,00
Juros Ativos	R$ 700,00
Notas Promissórias Emitidas (= a Pagar)	R$ 400,00
Receitas a vencer	R$ 300,00
	R$ 4.100,00

Os débitos da empresa correspondem às obrigações com terceiros, ou seja, passivo exigível (= passivo circulante + passivo não circulante). Assim, teremos:

Aluguéis a pagar	R$ 150,00
Duplicatas aceitas	R$ 850,00
Fornecedores	R$ 750,00
Notas Promissórias emitidas	R$ 400,00
Receitas a vencer	R$ 300,00
	R$ 2.450,00

Nota: Consideramos "Receitas a Vencer" como um débito da empresa, pois é "semelhante" a uma obrigação da empresa (obrigação de entregar a mercadoria ou produto recebidos antecipadamente ou obrigação de prestar os serviços que foram recebidos antecipadamente).

(Resposta: opção a)

Exercício 8

CONTAS DOS AGENTES CONSIGNATÁRIOS (BENS):

Caixa

Mercadorias

Móveis e utensílios

Ações de coligadas

Material de consumo – 5 CONTAS

CONTAS DOS AGENTES CORRESPONDENTES (DIREITOS E OBRIGAÇÕES):

Clientes

Fornecedores

Títulos a pagar

Impostos a recolher – 3 CONTAS

CONTAS DE RESULTADO (DESPESAS E RECEITAS):

Juros passivos

Aluguéis ativos

Prêmios de seguros – 3 CONTAS

CONTAS DIFERENCIAIS (DESPESAS, RECEITAS E PL):

Juros passivos

Capital social

Aluguéis ativos

Prêmios de seguros

Reserva legal

Reservas de Contingências – 6 CONTAS

CONTAS PATRIMONIAIS:

Caixa

Clientes

Mercadorias

Fornecedores

Capital social

Títulos a pagar

Seguros a vencer

Móveis e utensílios

Ações de coligadas

Lucros acumulados

Impostos a recolher

Material de consumo

Reserva de contingência

Receitas de comissões a vencer – 14 CONTAS

(Resposta: opção d)

Exercício 9

	Débito	Crédito
Ações e participações	3.000,00	–
Adiantamento a diretores	500,00	–
Bancos conta movimento	2.000,00	–
Caixa	500,00	–
Dividendos a receber	2.500,00	–
Duplicatas a pagar	–	300,00
Duplicatas a receber	3.000,00	–
Empréstimos e financiamentos obtidos	–	10.000,00
Fornecedores	–	5.000,00
Imóveis	6.000,00	–
Mercadorias	3.000,00	–
Máquinas e equipamentos	1.700,00	–
Poupança	1.000,00	–
Receitas antecipadas	–	6.500,00
Seguros a vencer	800,00	–
Títulos a pagar	–	2.000,00
Veículos	1.000,00	–
TOTAL	25.000,00	23.800,00

Logo, a diferença é de R$ 25.000,00 – R$ 23.800,00, ou seja, R$ 1.200,00 a favor dos débitos. **(Resposta: opção a)**

Exercício 10

(1) Um cheque de R$ 600,00, recebido de clientes e depositado em 20/08, foi devolvido por insuficiência de fundos: Este fato já está atualizado na contabilidade bancária, mas não está na contabilidade da empresa, devendo, portanto, ser creditado em BCM.

(2) Três cheques de R$ 1.200,00, 5.500,00 e 2.000,00, emitidos para pagamento a terceiros, não foram apresentados: Este fato já está atualizado na contabilidade da empresa, mas não está na contabilidade bancária, devendo, portanto, ser debitado em PESSOAS JURÍDICAS.

(3) Um cheque de R$ 700,00 foi debitado ao Mercado, por engano do banco: Este fato em nada afeta a contabilidade da empresa. No entanto, deverá haver a retificação na contabilidade bancária a crédito de PESSOAS JURÍDICAS.

(4) Um depósito de R$ 200,00 foi erroneamente creditado a outro correntista: Na contabilidade da empresa este fato não acarretará nenhum ajuste. Porém, na contabilidade bancária deverá haver retificação mediante crédito em PESSOAS JURÍDICAS.

(5) Uma cobrança de duplicatas, emitidas pelo Mercado, no valor de R$ 8.000,00 fora feita pelo banco, mas não houve emissão de aviso a tempo: Com relação à contabilidade bancária, nada se fará. Com relação à contabilidade da empresa, deverá haver um débito em BCM.

(6) No extrato aparecem despesas bancárias de R$ 400,00, ainda não contabilizadas pelo Mercado: Deverá haver um crédito em BCM nesse valor.

Obs.: Ao passo que BCM é uma conta do ativo (conta devedora), a conta PESSOAS JURÍDICAS – Conta Corrente n^o xx é uma conta do passivo exigível (conta credora). Desta forma, um depósito bancário, por exemplo, deve ser debitado em BCM na contabilidade da empresa e creditado em PESSOAS JURÍDICAS – C/C n^o xx na contabilidade do banco. Uma retirada bancária, por exemplo, deverá ser creditada em BCM na contabilidade da empresa e debitada em PESSOAS JURÍDICAS – C/C n^o xx na contabilidade do banco.

DEPÓSITO BANCÁRIO (contabilização na empresa):

D – BCM

C – Caixa

DEPÓSITO BANCÁRIO (contabilização no banco):

D – Caixa

C – PESSOAS JURÍDICAS – C/C n^o xx

RETIRADA BANCÁRIA (contabilização na empresa):

D – Caixa

C – BCM

RETIRADA BANCÁRIA (contabilização na empresa):
D – PESSOAS JURÍDICAS – C/C nº xx
C – Caixa

Contabilidade da EMPRESA		Contabilidade do BANCO	
Bancos C/ Movimento		Pessoas Jurídicas – C/C nº xx	
24.000	600 (1)	(2) 8.700	38.800
(5) 8.000	400 (6)		700 (3)
31.000			200 (4)
			31.000

(Resposta: opção c)

Exercício 11

1.1.11 Direitos Realizáveis → Superconta

1.1.11.10 Contas a Receber → Conta

(Resposta: opção a)

Exercício 12

AGENTES DEVEDORES (bens e direitos):

Dinheiro existente 200,00

Máquinas 400,00

Contas a receber 540,00

Mobília 600,00

Automóveis 800,00

Adiantamentos a diretores 450,00

TOTAL 2.990,00

(Resposta: opção a)

Exercício 13

Partindo do saldo da C/C da empresa no banco, que é credor no valor de R$ 255,00, pois é uma conta do passivo na contabilidade do banco, iremos ajustar este valor, a fim de determinarmos o saldo de BCM na empresa, sendo esta conta do ativo da empresa, e, portanto, devedora:

➤ Cheques emitidos pela empresa e não apresentados ao banco, no valor de R$ 200,00: este valor será subtraído dos R$ 255,00, pois no BCM da empresa já foi creditado.

➤ Cheques depositados pela empresa e não consignados em conta pelo banco, no valor de R$ 150,00: este valor será somado aos R$ 255,00, pois no BCM da empresa já foi debitado.

➤ Despesas apropriadas pelo banco e não informadas em tempo hábil para a contabilização, no valor de R$ 10,00: este valor será somado aos R$ 255,00, pois, apesar de ter sido debitado em C/C pelo banco, a empresa ainda não creditou em BCM.

Assim: BCM = 255 – 200 + 150 + 10 = 215

(Resposta: opção b)

Exercício 14

A conta CAIXA, por exemplo, é uma conta de natureza devedora, isto é, débito aumenta o seu saldo e crédito diminui. Para que tal conta apresentasse saldo credor, seria necessário sair mais dinheiro do que se dispõe, o que seria um absurdo. Desta forma, em condições normais, uma conta devedora não pode apresentar saldo credor.

(Resposta: opção e)

Exercício 15

Saldos Devedores: Caixa (ativo); Impostos (despesa); Salários (despesa); Clientes (ativo); Mercadorias (ativo); Imóveis (ativo); Juros Passivos (despesa); Veículos (ativo); Estoques (ativo).

Saldos Credores: Capital (patrimônio líquido); Contas a Pagar (passivo); Empréstimos Bancários (passivo); Juros Ativos (receita); Fornecedores (passivo); Impostos a Recolher (passivo); Férias a Pagar (passivo).

(Resposta: opção d)

Exercício 16

Conta "Caixa" (apuração do saldo):

Constituição da empresa .... R$ 20.000,00

(–) Depósito no Banco Marreta .... (R$ 18.000,00)

(=) Saldo de Caixa .... R$ 2.000,00

Obs.: todo pagamento em cheque representa saída da conta Bancos e não da conta Caixa. Ao contrário, os recebimentos em cheque, de fato, representam entradas na conta Caixa e não na conta Bancos. Não devemos, no entanto, confundir recebimento de cheque com recebimento através do banco. Este último realmente representa entradas diretas na conta Bancos e não na conta Caixa. As vendas a prazo afetam o saldo da conta Clientes e não da conta Caixa. As compras a prazo afetam o saldo da conta Fornecedores.

(Resposta: opção a)

Exercício 17
Conta "Bancos Conta Movimento" (apuração do saldo):

Saldo inicial..R$ 12.000,00

(+) Recebimento de clientes através de banco ....R$ 15.000,00

(–) Pagamento, em cheque, dos salários e encargos provisionados............... (R$ 5.000,00)

(–) Compra de um caminhão usado (parte em cheque) .... (R$ 5.000,00)

(–) Pagamento de fornecedores, em cheque .... (R$ 12.000,00)

(–) Pagamento de contas a Pagar, em cheque .... (R$ 2.000,00)

(=) Saldo final..R$ 3.000,00

(Resposta: opção b)

Exercício 18
Partindo da convenção de que as contas do ativo são devedoras, então as contas do passivo exigível e patrimônio líquido são credoras.

(Resposta: opção e)

Exercício 19

Capital		Caixa		BCM	
	30.000 (1)	(1) 30.000	20.000 (2)	(2) 20.000	2.000 (3)
			1.000 (4)		250 (5)
		9.000		15.750	

Móveis e Utensílios		Contas a Pagar		Computadores	
(3) 8.000		(7) 2.000	6.000 (3)	(4) 1.000	
			4.000		

Condomínio		Fornecedores		Mercadorias	
(5) 250			25.000 (6)	(6) 25.000	

Saldos devedores = 9.000 + 15.750 + 8.000 + 1.000 + 250 + 25.000 = 59.000

(Resposta: opção d)

Exercício 20
CAIXA

Saldo Inicial 10.000,00

(–) Aquisição de móveis e utensílios .... (2.000,00)

(–) Aquisição de computador .... (1.000,00)

(–) Pagamento de despesas .... (700,00)

(–) Pagamento de prestação .... (2.000,00)

(=) Saldo Final 4.300,00

(Resposta: opção a)

Exercício 21

VARIAÇÕES NO ATIVO CIRCULANTE (AC):

- Contabilização das despesas → reduz o AC em 90.000,00, pois reduz o Caixa nesse valor.
- Recomposição do fundo p/ 50.000,00 → não gera nenhuma alteração no AC, pois saem 40.000,00 de BCM e entra esse mesmo valor no Caixa.

Logo, a variação total do AC foi de 90.000,00.

(Resposta: opção d)

Exercício 22

Na conciliação do saldo de BCM na contabilidade da empresa com o saldo da Conta-Corrente no banco, ambas deverão ficar com o mesmo valor. Deve-se ressaltar que na contabilidade da empresa a conta "BCM" é do ativo e portanto tem saldo devedor. Já, na contabilidade do banco, a "Conta-Corrente Cia. Caminho do Norte" é conta do passivo, possuindo assim saldo credor. Desse modo, qualquer quantia que a empresa depositasse na sua conta, na conta "BCM" o valor correspondente seria debitado, ao passo que na "Conta-Corrente Cia. Caminho do Norte" seria creditado. Logo, teremos:

CONTABILIDADE DA EMPRESA:

Saldo inicial 26.500

(–) Pagamento de luz e telefone .... (450)

(–) Devolução de duplicata descontada .... (3.000)

(–) Devolução de cheques de terceiros .... (1.850)

(+) Recebimento de duplicata mais juros de mora 6.900

(=) Saldo atualizado na conta BCM .... 28.100 devedor

CONTABILIDADE DO BANCO:

Saldo inicial 28.800

(–) Cheques emitidos pela companhia não compensados pelo banco .... (700)

(=) Saldo atualizado na conta-corrente bancária .... 28.100 credor

(Resposta: opção b)

Exercício 23

O Capital a Realizar, também chamado de Capital a Integralizar, representa as ações ou cotas que foram subscritas pelos sócios, mas ainda não integralizadas, representando assim um direito da empresa contra os sócios.

(Resposta: opção d)

Exercício 24

Antes das referidas alterações, o total de saldos das contas patrimoniais postos no balanço patrimonial eram os seguintes:

ATIVO		PASSIVO	
Dinheiro	5.500,00	Duplicatas a Pagar	7.500,00
Duplicatas a Receber	10.500,00	Capital Social	40.000,00
Veículos	35.000,00	Lucros Acumulados	3.500,00
Total	51.000,00	Total	51.000,00

Após o pagamento de R$ 3.000,00 da dívida existente, com descontos de 10%; e a contratação de empréstimo bancário de R$ 6.500,00, incidindo encargos de 4%, com a emissão de notas promissórias, teremos o seguinte balanço:

ATIVO		PASSIVO	
Dinheiro	9.040,00	Duplicatas a Pagar	4.500,00
Duplicatas a Receber	10.500,00	Promissórias a Pagar	6.500,00
Veículos	35.000,00	Capital Social	40.000,00
		Lucros Acumulados	3.540,00
Total	54.540,00	Total	54.540,00

Notas:

i. O dinheiro passou a 9.040,00, pois estava em 5.500,00 e diminuiu em 2.700,00 pelo pagamento da dívida com desconto e aumentou em 6.240,00;
ii. A dívida existente (Duplicatas a Pagar) passou a 4.500,00, pois reduziu em 3.000,00 pelo pagamento da dívida;
iii. A conta Lucros Acumulados passou a 3.540,00, pois aumentou em 300,00 pelos descontos obtidos e reduziu em 260,00 pela despesa de juros (4% de 6.500,00).

Finalmente, concluímos que os saldos devedores patrimoniais (total do ativo) e credores patrimoniais (total do passivo, incluindo o PL) passaram a 54.540,00.

(Resposta: opção d)

Exercício 25

Segundo a Teoria Personalística, as contas dos AGENTES CONSIGNATÁRIOS representam os BENS. Desta forma, da relação dada, temos os seguintes bens:

Dinheiro	R$ 200,00
Mobília	R$ 600,00
Máquinas	R$ 400,00
Automóveis	R$ 800,00
Casa construída	R$ 480,00
TOTAL	R$ 2.480,00

(Resposta: opção b)

Exercício 26

CONTAS	DÉBITO	CRÉDITO
Bancos Conta Movimento	17.875,00	-
Bancos Conta Empréstimo	-	50.000,00
Mercadorias	42.500,00	-
Capital Social	-	105.000,00
Móveis e Utensílios	280.000,00	-
ICMS a Recolher	-	7.500,00
CMV	212.500,00	-
Salários e Ordenados	10.000,00	-
Contribuições de Previdência	3.750,00	-
Despesa c/ Créditos de Liquidação Duvidosa	3.500,00	-
Depreciação Acumulada	-	44.800,00
Retenção de Lucros	-	51.200,00
Vendas de Mercadorias	-	352.000,00
Impostos e Taxas	2.200,00	-
PIS e Cofins	8.625,00	-
ICMS sobre Vendas	52.500,00	-
Pró-Labore	7.600,00	-
Fornecedores	-	157.750,00
PIS e Cofins a Recolher	-	1.800,00
Duplicatas a Receber	100.000,00	-
Encargos de Depreciação	32.000,00	-
Provisão p/ Créditos de Liquidação Duvidosa	-	3.000,00
TOTAL	773.050,00	773.050,00

Nota: A antiga "Provisão p/ Créditos de Liquidação Duvidosa", conta retificadora de "Duplicatas a Receber", atualmente é denominada "Perdas Estimadas em Créditos de Liquidação Duvidosa", com base no Pronunciamento Técnico CPC 25 – Provisões, Passivos Contingentes e Ativos Contingentes, tendo em vista que a expressão "provisão" só deve ser usada para contas do passivo de prazo e/ou valores incertos.

(Resposta: opção c)

CAPÍTULO 5

ATOS E FATOS ADMINISTRATIVOS

1. ATOS ADMINISTRATIVOS

Na gestão de uma empresa, toda ocorrência de ordem administrativa que não altera o seu patrimônio é considerada um ATO ADMINISTRATIVO. Assim, por exemplo, a admissão ou demissão de funcionários, a assinatura de contrato de vendas, o envio de duplicatas ao banco para cobrança simples etc. são acontecimentos que, por não afetarem de imediato o patrimônio de uma empresa, são atos administrativos.

2. FATOS CONTÁBEIS

Também chamados de FATOS ADMINISTRATIVOS, são todos os acontecimentos numa empresa que afetam seu patrimônio qualitativa e/ou quantitativamente. Desse modo, por exemplo, ao passo que a admissão de funcionários é um ato administrativo, o pagamento de salários aos funcionários é fato contábil, visto que irá afetar o caixa da empresa, alterando assim o seu patrimônio. Da mesma forma, ao passo que a assinatura de um contrato de vendas de produtos é um ato administrativo, a venda "efetiva" de produtos é um fato contábil, visto que irá, entre outras alterações, modificar o valor de seus estoques.

3. FATOS PERMUTATIVOS

Também chamados de FATOS QUALITATIVOS, são todos os fatos que não alteram o valor do Patrimônio Líquido (PL).

Exemplos:

(1) Compra de mercadorias à vista no valor de R$ 12.000,00: Não afeta o valor do PL, visto que entram mercadorias no ativo no valor de R$ 12.000,00 e, ao mesmo tempo, saem R$ 12.000,00 do caixa.

(2) Compra de mercadorias a prazo no valor de R$ 5.000,00: Entram R$ 5.000,00 no ativo através da conta Mercadorias e, ao mesmo tempo, entram R$ 5.000,00 no passivo

exigível através da conta Fornecedores, de forma que o PL, que é a diferença entre o ativo e o passivo exigível, não se altera.

(3) Pagamento de uma duplicata no valor de R$ 8.000,00: Saem R$ 8.000,00 do ativo através da conta Caixa e, ao mesmo tempo, saem R$ 8.000,00 do passivo exigível através da conta Duplicatas a Pagar, de modo que o PL, que é a diferença entre o ativo e o passivo exigível, não se altera.

(4) Retenção do INSS da folha de pagamento dos funcionários no valor de R$ 10.000,00: Saem R$ 10.000,00 do passivo exigível através da conta Salários a Pagar e, ao mesmo tempo, entram no passivo exigível o mesmo valor através da conta INSS a Recolher. Logo, o valor do PL não se altera.

(5) Aumento do Capital Social da empresa com a incorporação de Reservas de Capital no valor de R$ 4.000,00: Saem R$ 4.000,00 da conta Reservas de Capital, que é uma conta do PL, e, ao mesmo tempo, entram R$ 4.000,00 na conta Capital Social, que também é uma conta do PL. Logo, o valor do PL não se altera.

4. Fatos Modificativos

4.1. Fatos Modificativos Aumentativos

Aumentam o PL pela redução do passivo exigível, sem a correspondente redução no ativo, ou pelo aumento no ativo, sem o correspondente aumento no passivo exigível.

Exemplos:

(1) Anistia de uma multa fiscal no valor de R$ 9.000,00: Reduz o passivo exigível pela saída de R$ 9.000,00 da conta Multas a Pagar e aumenta o PL através da RECEITA com a insubsistência de uma obrigação no passivo exigível.

(2) Apropriação, no locador, dos aluguéis de março no valor de R$ 7.000,00, os quais serão "recebidos" em abril: Aumenta o ativo através da entrada de R$ 7.000,00 na conta "Aluguéis a Receber" e aumento do PL no mesmo valor através da conta Receita de Aluguéis.

4.2. Fatos Modificativos Diminutivos

Diminuem o valor do PL pelo aumento do passivo exigível, sem o correspondente aumento no ativo, ou pela redução do ativo, sem a correspondente redução no passivo exigível.

Exemplos:

(1) Apropriação dos salários de março para pagamento em abril no valor de R$ 20.000,00: Aumenta o passivo exigível em R$ 20.000,00 através da conta Salários a Pagar e reduz o PL através da conta Despesas de Salários no mesmo valor.

(2) Pagamento de despesas gerais do mês no valor de R$ 3.000,00: Reduz o ativo pela saída de R$ 3.000,00 da conta Caixa e redução do PL através da conta Despesas Gerais no mesmo valor.

5. Fatos Mistos (ou Compostos)

5.1. Fatos Mistos Aumentativos

São aqueles simultaneamente permutativos e modificativos aumentativos.

Exemplos:

(1) Venda de mercadorias à vista pelo valor de R$ 11.000,00 ao custo de R$ 7.000,00: Há uma "transposição" (permutação) de mercadorias por dinheiro (fato permutativo) e, ao mesmo tempo, uma variação positiva no saldo patrimonial da empresa, isto é, uma modificação aumentativa do PL da empresa (fato modificativo aumentativo) pelo lucro de R$ 4.000,00.

(2) Pagamento de uma duplicata de R$ 20.000,00 com desconto de 5%: Há uma "transposição" (permutação) entre o dinheiro no ativo e a obrigação no passivo exigível (fato permutativo) e, ao mesmo tempo, uma variação positiva no saldo patrimonial da empresa, ou seja, uma modificação aumentativa no PL da empresa no valor de R$ 1.000,00 (fato modificativo aumentativo), através da receita Descontos Financeiros Obtidos.

5.2. Fatos Mistos Diminutivos

São aqueles simultaneamente permutativos e modificativos diminutivos.

Exemplos:

(1) Recebimento de uma duplicata de R$ 40.000,00 com desconto de 10%: Há uma "transposição" (permutação) entre as Duplicatas a Receber no ativo e o dinheiro no Caixa (fato permutativo) e, ao mesmo tempo, uma variação negativa no saldo patrimonial da empresa, isto é, uma modificação diminutiva do PL da empresa (fato modificativo diminutivo) no valor de R$ 4.000,00, através da despesa financeira denominada de "Descontos Financeiros Concedidos".

(2) Pagamento de uma duplicata de R$ 20.000,00 com juros de 5%: Há uma "transposição" (permutação) entre o dinheiro no ativo e a obrigação no passivo exigível (fato permutativo) e, ao mesmo tempo, uma variação negativa no saldo patrimonial da empresa, ou seja, uma modificação diminutiva no PL de R$ 1.000,00 (fato modificativo diminutivo), através da despesa de juros.

Exercícios de Fixação

1. (Agente Tributário Estadual do Mato Grosso do Sul/Esaf) O fato contábil decorrente da quitação ou liquidação de um crédito de curto prazo causa no patrimônio o seguinte efeito:
   a) diminuição do ativo disponível e do passivo circulante;
   b) aumento do ativo disponível e do passivo circulante;
   c) diminuição e aumento do passivo circulante, simultaneamente;
   d) diminuição e aumento no ativo circulante, simultaneamente;
   e) não haverá alterações, pois o fato é permutativo.

2. (Fiscal de Rendas do Município do Rio de Janeiro/Fundação João Goulart) Conceituam-se, como fatos contábeis, todos os acontecimentos ocorridos nas empresas, suscetíveis de registro ou contabilizados no patrimônio, trazendo essas empresas variações específicas ou quantitativas, e classificados em três naturezas: permutativas ou compensativas, modificativas e mistas ou compostas.
   Dentre as alternativas abaixo, aquela que caracteriza um fato modificativo diminutivo é:
   a) diminuição da situação líquida positiva do patrimônio por compensação de valores do ativo e passivo;
   b) diminuição da situação líquida positiva do patrimônio por diminuição do passivo;
   c) diminuição da situação líquida positiva do patrimônio por aumento do passivo;
   d) diminuição da situação líquida positiva do patrimônio por aumento do ativo.

3. (Auditor do Tesouro Municipal – CE/Esaf) Uma operação de recebimento de venda à vista, no valor de R$ 100,00, gera um registro contábil de débito à conta Caixa e crédito à conta Vendas Brutas. Assinale o tipo de fato contábil presente na única opção correta:
   a) Aumentativo;
   b) Diminutivo;
   c) Misto;
   d) Permutativo;
   e) Modificativo.

4. (Contador – Prefeitura de Recife/Esaf) A operação de compra de mercadorias com pagamento à vista é considerada como um fato contábil:
   a) de iliquidez;
   b) modificativo;
   c) misto;
   d) extraordinário;
   e) permutativo.

5. **(Petrobras – Técnico de Contabilidade/Fundação Cesgranrio)** O pagamento do saldo da conta Fornecedores é uma operação que:
   a) aumenta o Ativo e diminui o Passivo e o Patrimônio Líquido;
   b) aumenta o Ativo, diminui o Passivo e não altera o Patrimônio Líquido;
   c) aumenta o Ativo e o Patrimônio Líquido e não altera o Passivo;
   d) diminui o Ativo e o Passivo, e não altera o Patrimônio Líquido;
   e) diminui o Ativo e o Passivo, e aumenta o Patrimônio Líquido.

6. **(Fiscal do ISS – RJ/Fundação João Goulart)** Conceituam-se, como fatos contábeis, todos os acontecimentos ocorridos nas empresas, suscetíveis de registro ou contabilizados no patrimônio, trazendo a essas empresas variações específicas ou quantitativas, e classificados em três naturezas: permutativas ou compensativas, modificativas e mistas ou compostas.
   Dentre as alternativas a seguir, aquela que caracteriza um fato modificativo diminutivo é:
   a) Diminuição da Situação Líquida positiva do patrimônio por compensação de valores do ativo e passivo.
   b) Diminuição da Situação Líquida positiva do patrimônio por diminuição do passivo.
   c) Diminuição da Situação Líquida positiva do patrimônio por aumento do passivo.
   d) Diminuição da Situação Líquida positiva do patrimônio por aumento do ativo.

7. **(Petrobras – Técnico de Contabilidade/Fundação Cesgranrio)** Em maio de 2003, a Cia. Montes Verdes foi constituída por três sócios, com participações iguais de capital, apresentando, posteriormente, as seguintes situações patrimoniais:

Balanço Patrimonial em 30/06/2003

Caixa	R$ 15,00	Contas a Pagar	R$ 5,00
Estoque de Mercadorias	R$ 20,00	Capital	R$ 30,00
Total do Ativo	R$ 35,00	Total do Passivo	R$ 35,00

Balanço Patrimonial em 30/06/2003

Caixa	R$ 5,00	Contas a Pagar	R$ 5,00
Estoque de Mercadorias	R$ 20,00	Capital	R$ 20,00
Total do Ativo	R$ 25,00	Total do Passivo	R$ 35,00

Balanço Patrimonial em 30/06/2003
Considerando que, no período, ocorreu um único fato contábil, a alteração dos valores de um Balanço para o outro pode ser justificada por:
   a) alteração na composição social, pela transferência de participação entre sócios;
   b) pagamento de empréstimo contraído;
   c) venda de mercadoria com prejuízo;
   d) compra e posterior venda de mercadorias, com o lucro;
   e) saída de um dos sócios da sociedade, sem transferência da respectiva participação.

8. **(IRB – Analista/Esaf)** Assinale a opção que contenha proposição incorreta.
   a) O patrimônio líquido representa o registro do valor que os proprietários de uma empresa, entidade ou atividade têm aplicado no negócio.
   b) O passivo exigível representa todas as obrigações financeiras que a entidade tem para com terceiros. São as dívidas que a entidade contraiu.
   c) A compra de uma máquina, a prazo, mesmo com pagamento de entrada no ato da compra, representa um fato administrativo permutativo.
   d) Se um desembolso financeiro provocar um aumento no ativo ou uma redução no passivo exigível, não será uma despesa.
   e) A operação que provoque uma despesa, simultaneamente à quitação de uma dívida, deverá ser classificada como fato administrativo modificativo.

9. **(Agente Fiscal de Rendas – SP/Fundação Carlos Chagas)** A empresa Aquisições S.A. comprou 100 ônibus à vista, para substituição de sua frota. Esse evento contábil representa um fato:
   a) permutativo entre elementos do Passivo;
   b) modificativo entre elementos do Ativo e do Passivo;
   c) permutativo entre elementos do Ativo;
   d) modificativo no Passivo Não Circulante;
   e) misto diminutivo no Ativo e no Passivo.

10. **(Agente Fiscal de Rendas – SP/Fundação Carlos Chagas)** A empresa Girobaixo S.A. tinha contas a receber de R$ 500.000,00 de seu cliente Oportunia Ltda., que estava com dificuldades financeiras. Sabendo das dificuldades de seu cliente e com receio de inadimplência, concedeu desconto de 5% para que o cliente liquidasse a dívida no prazo. A Oportunia aceitou e quitou a dívida. O registro do evento na empresa Girobaixo S.A. representa um fato.
    a) modificativo aumentativo;
    b) quantitativo aumentativo;
    c) misto diminutivo;
    d) permutativo;
    e) compensativo diminutivo.

Gabarito Comentado

Exercício 1

A liquidação, por exemplo, de uma duplicata a receber, que é ativo circulante, acarretará a diminuição deste. Por outro lado, entrará dinheiro no caixa, fazendo com que o ativo circulante aumente simultaneamente à diminuição pela saída do crédito.

(Resposta: opção d)

Comentário extra: A opção "e" aparentemente também está correta. No entanto, não está. Só estaria se afirmasse o seguinte: "não haverá alterações **no patrimônio líquido**, pois o fato é permutativo." No caso, a referida opção não especificou onde não haveria alteração.

Exercício 2

a) Diminuição da situação líquida positiva do patrimônio por compensação de valores do ativo e passivo: FATO MISTO DIMINUTIVO.

b) Diminuição da situação líquida positiva do patrimônio por diminuição do passivo: IMPOSSÍVEL, pois, nesse caso, se o passivo diminuir, obrigatoriamente a situação líquida aumentará.

c) Diminuição da situação líquida positiva do patrimônio por aumento do passivo: FATO MODIFICATIVO DIMINUTIVO.

d) Diminuição da situação líquida positiva do patrimônio por aumento do ativo: IMPOSSÍVEL, pois, nesse caso, se o ativo aumentar, obrigatoriamente a situação líquida aumentará.

(Resposta: opção c)

Exercício 3

No recebimento de uma venda à vista no valor de R$ 100,00, haverá um débito na conta Caixa neste valor, aumentando o ativo, e um crédito na conta Vendas no mesmo valor, aumentando o patrimônio líquido. Logo, o referido fato será modificativo aumentativo.

(Resposta: opção e)

Exercício 4

Numa compra de mercadorias à vista, haverá um débito na conta mercadorias, aumentando o ativo e, ao mesmo tempo, um crédito em Caixa (ou Bancos) no mesmo valor, reduzindo o ativo. Logo, quantitativamente, o valor do patrimônio líquido não será alterado, havendo tão somente uma troca (permutação) entre elementos do ativo. Daí, um fato PERMUTATIVO.

(Resposta: opção e)

Exercício 5

Ao pagar Fornecedores, sai a dívida para com estes (diminui o Passivo) e sai dinheiro do Ativo (diminui o Ativo). Visto que PL = A − P, se sai do ativo o mesmo valor que sai do passivo, observamos que o PL não se altera.

(Resposta: opção d)

Exercício 6

A diminuição da Situação Líquida positiva do patrimônio por aumento do passivo, ou seja, a MODIFICAÇÃO diminutiva do Patrimônio Líquido pelo aumento do passivo é FATO MODIFICATIVO DIMINUTIVO.

(Resposta: opção c)

Exercício 7

Tendo em vista que o "Caixa" caiu de R$ 15,00 para R$ 5,00, isto é, caiu de R$ 10,00, e o "Capital Social" caiu também deste valor, ou seja, de R$ 30,00 para R$ 20,00, podemos concluir que houve a saída de um ou mais sócios, sem a transferência da respectiva participação.

No caso em que houvesse saída de sócios com transferência das participações para outros sócios, não haveria alteração do "Capital Social" da sociedade.

(Resposta: opção e)

Exercício 8

a) CORRETO. Se uma empresa é constituída, por exemplo, com um capital formado por 50.000 ações a R$ 3,00 cada ação, os sócios irão desembolsar R$ 150.000,00, sendo este valor o PL da empresa no momento da sua constituição.

b) CORRETO. O Passivo Exigível também pode ser chamada de Capital de Terceiros, ou seja, dívidas da empresa com terceiros.

c) CORRETO. Fato permutativo é aquele que não altera o valor do PL. Assim, por exemplo, se uma empresa adquire uma máquina no valor de R$ 10.000,00, pagando R$ 2.000,00 de entrada e aceitando uma duplicata de R$ 8.000,00, o ativo irá aumentar de R$ 8.000,00, visto que entrarão R$ 10.000,00 em máquinas e sairão R$ 2.000,00 em dinheiro. O passivo também aumentará de R$ 8.000,00 pela entrada da duplicata a pagar. Assim, visto que entrará no ativo o mesmo valor que no passivo, o PL, que é a diferença entre o ativo e o passivo, não será afetado.

d) CORRETO. Se, por exemplo, uma empresa adquire mercadorias à vista no valor de R$ 4.000,00, esse desembolso financeiro provoca um aumento no ativo pela entrada da mercadoria. Se uma empresa paga uma duplicata de R$ 3.000,00, por exemplo, esse desembolso financeiro provoca uma redução no passivo pela saída da dívida com fornecedores.

e) INCORRETO. Se, por exemplo, uma empresa paga uma duplicata no valor de R$ 10.000,00 com juros de mora de 5%, isto é, R$ 500,00, o fato contábil será misto diminutivo e não modificativo.

(Resposta: opção e)

Exercício 9

Na aquisição de 100 ônibus à vista, a escrituração se dá por um débito na conta Veículos, aumentando assim o ativo, e, ao mesmo tempo, por um crédito na conta Caixa (ou Bancos, se o pagamento for em cheque), reduzindo o ativo no mesmo valor. Assim, está havendo uma "troca" (permutação) entre itens do ativo, caracterizando um FATO PERMUTATIVO entre elementos do ativo. **(Resposta: opção c)**

Exercício 10

O recebimento de clientes com desconto se dá pelo seguinte lançamento contábil (veremos esse assunto no próximo capítulo):

D – Caixa

D – Descontos Passivos (ou Descontos Financeiros Concedidos)

C – Clientes

Desta forma, no lançamento acima está havendo, ao mesmo tempo, uma permutação entre elementos do ativo (Caixa e Clientes) e uma modificação diminutiva do patrimônio líquido por uma despesa (Descontos Passivos). Em outras palavras, está havendo uma "mistura" entre um fato permutativo e um fato modificativo diminutivo, caracterizando assim um FATO MISTO DIMINUTIVO.

(Resposta: opção c)

Capítulo 6

Escrituração

1. Conceito

A ESCRITURAÇÃO é a técnica contábil que objetiva os registros de todos os fatos contábeis em livros próprios (livros de escrituração).

2. Métodos de Escrituração

UNIGRAFIA = Método das partidas simples → escrituração efetuada sem o conceito de débito e crédito (contabilidade unilateral), razão pela qual é considerada uma escrituração incompleta, visto que nesse método nem tudo que afeta o patrimônio é contabilizado.

DIGRAFIA = Método das partidas dobradas → escrituração efetuada a partir do conceito de débito e crédito das contas. Assim, na ocorrência de um fato contábil, o total debitado nas contas sempre será igual ao total creditado, ou seja, não há débito sem crédito e vice-versa. A escrituração nas sociedades anônimas e outras sociedades de grande porte deverá ser efetuada por esse método.

3. Sistemas de Escrituração

- Sistema Manual – Escrituração, em geral, com o uso da caneta esferográfica.
- Sistema Maquinizado – Escrituração com o uso de máquinas de escrever convencionais.
- Sistema Mecanizado – Escrituração com o uso de máquinas de escrever próprias para contabilidade.
- Sistema Informatizado – Escrituração com o uso de softwares instalados em computadores.

Nota: Na prática atual da escrituração das empresas em geral, os sistemas "manual", "maquinizado" e "mecanizado" são INEXISTENTES, dado que até mesmo as micro e pequenas empresas já têm sua escrituração contábil realizada através de *softwares* específicos no sistema informatizado.

4. LIVROS DE ESCRITURAÇÃO

- Livros Fiscais – São aqueles exigidos pelo Fisco Municipal, Estadual ou Federal. Os mais conhecidos são os seguintes:
  - Registro de Entradas (compras)
  - Registro de Saídas (vendas)
  - Registro de Inventário
  - Registro de Apuração do ICMS
  - Registro de Apuração do IPI
  - LALUR (Livro de Apuração do Lucro Real): Esse livro é obrigatório a todas as sociedades que declaram imposto de renda com base no LUCRO REAL as quais, em geral, são as sociedades anônimas e todas as demais sociedades de grande porte.

- Livros Sociais – São os exigidos no art. 100 da Lei nº 6.404/76 para as sociedades por ações. São eles:
  - Livro de Registro de Ações Nominativas
  - Livro de Transferência de Ações Nominativas
  - Livro de Registro de Partes Beneficiárias Nominativas
  - Livro de Atas das Assembleias Gerais
  - Livro de Presença dos Acionistas
  - Livro de Atas do Conselho de Administração (se houver esse Conselho)
  - Livro de Atas das Reuniões da Diretoria
  - Livro de Atas e Pareceres do Conselho Fiscal

- Livros Trabalhistas – Ex.: Livro de Registro de Empregados.

- Livros Contábeis – São aqueles onde são registrados todos os fatos contábeis (permutativos, modificativos e mistos) e alguns atos administrativos, normalmente, aqueles que terão por desfecho fatos contábeis. Os mais conhecidos são:
  - Livro Diário
  - Livro Razão
  - Livro Caixa
  - Livro de Registro de Duplicatas
  - Livro Contas-Correntes

5. Critérios de Classificação dos Livros Contábeis

5.1. Quanto à Obrigatoriedade

- LIVROS OBRIGATÓRIOS – São aqueles exigidos por lei.
- LIVROS FACULTATIVOS – São aqueles mantidos por interesse exclusivo da empresa, visto que não há lei que os obrigue.

5.2. Quanto à Natureza

- LIVROS CRONOLÓGICOS – São aqueles cuja escrituração segue a linha do tempo (dia, mês e ano).
- LIVROS SISTEMÁTICOS – São aqueles cuja escrituração segue primordialmente a natureza e finalidade do fato registrado, sendo a linha do tempo secundária. Dessa forma, ao passo que o livro Diário é cronológico, pois os fatos contábeis são escriturados à medida que ocorrem no tempo, o livro Razão é sistemático, pois os fatos contábeis são escriturados por contas. Assim, por exemplo, se no dia 04 de maio de 2013 uma empresa comprou um caminhão à vista por R$ 90.000,00, no livro Diário esse fato deve ser escriturado após aqueles que ocorreram antes do dia 04 de maio e antes daqueles que ocorreram após o dia 04 de maio. Já no Razão esse fato deve ser escriturado debitando-se a conta "Veículos" e creditando-se a conta "Caixa". Em outras palavras, ao passo que no Diário se procura a data (livro cronológico), no Razão se procura a conta (livro sistemático).

5.3. Quanto à Utilidade

- LIVROS PRINCIPAIS – São aqueles onde são registrados todos os fatos contábeis.
- LIVROS AUXILIARES – São os que visam em particular detalhar alguns fatos contábeis, de modo a oferecer uma análise específica e quantitativa de determinados valores. Assim, por exemplo, se uma determinada empresa compra mercadorias a prazo de 8 fornecedores diferentes, no livro Diário, que é um livro principal, credita-se a conta fornecedores, sem a preocupação de dar uma visão mais específica dos saldos e movimentações de cada um deles. Já no livro "Contas-Correntes", que é um livro auxiliar, haverá uma ficha específica para cada um dos 8 fornecedores, onde será mais fácil saber as operações realizadas com cada um e os respectivos saldos.

6. Livros Contábeis – Características Gerais

6.1. Livro Diário

Nesse livro devem ser lançados "dia a dia" todos os fatos contábeis, motivo pelo qual é considerado obrigatório (exigido por lei), principal (registra todos os fatos) e cronológico (os fatos são registrados em ordem cronológica – dia, mês e ano).

Os lançamentos no Diário poderão ser efetuados diretamente ou por reprodução, ou por meio de processamento eletrônico de dados.

A legislação fiscal admite a escrituração resumida do diário, por totais que não excedam o período de um mês, relativamente a contas cujas operações sejam numerosas ou realizadas fora da sede do estabelecimento, desde que sejam utilizados livros auxiliares (devidamente autenticados na forma prevista para o Diário) para registro individualizado e conservados os documentos que permitam sua perfeita verificação. Nesse caso, os lançamentos resumidos do Diário devem ter referências às páginas dos livros auxiliares em que as operações estiverem registradas de forma individualizada.

6.2. Livro Razão

É obrigatório (somente às empresas que declaram IR com base no lucro real), principal (registra todos os fatos) e sistemático (os fatos são registrados por conta e não por data como no livro diário).

6.3. Livro Caixa

É obrigatório (somente às empresas tributadas pelo SIMPLES NACIONAL ou pelo LUCRO PRESUMIDO), auxiliar (registra somente os fatos que envolvam entradas e saídas de dinheiro do caixa) e sistemático (os fatos são registrados em função de envolverem dinheiro e não em função da data em que ocorreram. Secundariamente, esse livro é cronológico, pois as entradas e saídas de dinheiro são registradas em ordem cronológica).

6.4. Livro de Registro de Duplicatas

É livro obrigatório para as empresas que realizam vendas a prazo com emissão de duplicatas, podendo, desde que devidamente autenticado no Registro do Comércio, ser utilizado como livro auxiliar da escrituração mercantil.

6.5. Livro de Contas-Correntes

Livro auxiliar onde são registrados e individualizados todos os clientes e fornecedores da empresa e escrituradas todas as operações com os mesmos.

Obs. 1: Os livros auxiliares, que são o "Livro Caixa" e o "Livro Contas-Correntes", são dispensados de autenticação quando as operações a que se reportarem tiverem sido lançadas detalhadamente em livros devidamente registrados.

Obs. 2: Na escrituração contábil, é permitido o uso de códigos de números ou de abreviaturas, desde que estes constem de livro próprio, revestido das formalidades de registro e autenticação (parágrafo 1º do art. 269 do RIR/99). Esse livro pode ser o próprio livro Diário, que deverá conter, necessariamente, no encerramento do período-base, a transcrição das demonstrações contábeis. Ou o livro utilizado para registro do plano de contas e/ou históricos codificados, desde que revestidos das formalidades legais (registro e autenticação).

7. Escrituração no Livro Diário

7.1. Lançamento

É o registro do fato contábil na sua respectiva data, observando o princípio das partidas dobradas.

7.2. Elementos Essenciais do Lançamento

- Local e data
- Conta(s) debitada(s)
- Conta(s) creditada(s)
- Histórico
- Valor

Exemplo:

Rio de Janeiro, 14 de março de 2008	
D Veículos	**34.000**
C BCM	**34.000**
Compra de um caminhão Ford ano 2001, placa KLJ 3456, chassi 008774849, mediante a emissão do cheque BB 0457, conforme NF nº 122 emitida por Auto Revendedora Ratinho Ltda.	

Nota: Observemos no lançamento acima que a conta debitada (Veículos) vem antes da conta creditada (Caixa).

7.3. Fórmulas de Lançamento

Existem 4 (quatro) fórmulas:

1ª FÓRMULA – Uma conta debitada e uma conta creditada. Ex.: Depósito bancário no total de R$ 3.900,00.

D BCM	3.900,00
C Caixa	3.900,00

Nota 1: Por questões de praticidade, em todos os lançamentos serão dispensados "local", "data" e "histórico", de modo que serão indicadas apenas as contas e os valores.

Nota 2: Na escrituração manual, a conta creditada é precedida de uma partícula "a", de modo que o lançamento acima feito por esse modelo tradicional (escrituração manual) ficaria do seguinte modo:

BCM	
a Caixa	3.900,00

Nota 3: Muitas bancas elaboradoras de concursos públicos ainda utilizam o modelo "manual" descrito acima em questões de prova por questões de "tradição", visto que na prática isso é coisa do passado, dado que a tendência é a escrituração ser toda informatizada.

2ª FÓRMULA – Uma conta debitada e mais de uma creditada. Ex.: Compra de mesas de escritório para uso da empresa no total de R$ 10.000,00, sendo 20% de entrada e o restante com aceite de duplicatas.

D Móveis e Utensílios	10.000,00
C Caixa	2.000,00
C Duplicatas a Pagar	8.000,00

Nota: Na escrituração "manual", o lançamento acima seria feito do seguinte modo:

Móveis e Utensílios		
a Diversos		
a Caixa 2.000,00		
a Duplicatas a Pagar .... 8.000,00 ..... 10.000,00		

Observemos nesse caso que antes de pormos as contas creditadas precedidas da partícula "a", utilizamos a palavra "Diversos", também precedida da partícula "a", indicando assim a existência de diversas contas creditadas.

3ª FÓRMULA – Uma conta creditada e mais de uma debitada. Ex.: Compra à vista de 10 mesas de escritório no valor de R$ 1.000,00 cada, sendo 3 para uso da empresa e o restante para revenda.

D Móveis e Utensílios	3.000,00
D Mercadorias	7.000,00
C Caixa	10.000,00

Nota: Na escrituração "manual", o lançamento acima seria feito do seguinte modo:

Diversos		
a Caixa		
Móveis e Utensílios 3.000,00		
Mercadorias .... 7.000,00 ..... 10.000,00		

Observemos nesse caso que a palavra "Diversos" não está precedida da partícula "a", dado que representa as contas debitadas, as quais estão indicadas ao final, também sem a partícula "a", dando a "falsa" impressão que nesse caso a regra foi contrariada, ou seja, que as contas debitadas vieram após a conta creditada. No entanto, a regra continua valendo, ou seja, as contas debitadas sempre são postas antes das creditadas, dado que a palavra "Diversos" no início do lançamento representa as duas contas que foram debitadas (Móveis e Utensílios e Caixa), as quais foram apenas especificadas ao final. Na realidade elas estariam no lugar da palavra "Diversos".

4ª FÓRMULA – Mais de uma conta debitada e mais de uma conta creditada. Ex.: Compra de 10 mesas de escritório no valor de R$ 1.000,00 cada, sendo 3 para uso da empresa e o restante para revenda. A forma de pagamento foi metade à vista e metade a prazo com aceite de duplicatas.

D	Móveis e Utensílios	3.000,00
D	Mercadorias	7.000,00
C	Caixa	5.000,00
C	Duplicatas a Pagar	5.000,00

Nota: Na escrituração "manual", o lançamento acima seria feito do seguinte modo:

	Diversos
a	Diversos
	Móveis e Utensílios.........................3.000,00
	Mercadorias..................................7.000,00
a	Caixa..5.000,00
a	Duplicatas a Pagar ....5.000,00 .....10.000,00

7.4. Erros de Escrituração e Correções

Na escrituração do Diário, os erros mais conhecidos são os seguintes:
- Erro de TÍTULO – Uso do nome indevido da conta debitada ou creditada.
- Erro de VALOR – Valores incorretos em contas debitadas ou creditadas.
- Erro de DUPLO REGISTRO – Lançamento do mesmo fato contábil novamente.
- Erro de INVERSÃO – Debita-se a conta que deveria ser creditada e vice-versa.
- Erro de OMISSÃO – O lançamento do fato ocorrido não foi feito.
- Erro no HISTÓRICO – Informação equivocada no histórico.

Dependendo do erro que foi cometido, temos as seguintes alternativas de correção:
- ➢ ESTORNO – Consiste em lançamento inverso àquele feito erroneamente, ou seja, anula-se por completo o lançamento errado, debitando-se as contas que haviam sido creditadas e creditando-se as contas que haviam sido debitadas. Nesse caso, em geral, deve-se, após o estorno, fazer o lançamento correto.

> TRANSFERÊNCIA – Promove a regularização de conta indevidamente debitada ou creditada, por meio da transposição do registro para a conta adequada.

> COMPLEMENTAÇÃO – Vem posteriormente complementar, aumentando ou reduzindo o valor anteriormente registrado.

Nota: De acordo com o item 36 da ITG 2000 (Interpretação Técnica Geral 2000), aprovada pela Resolução do Conselho Federal de Contabilidade nº 1.330/2011, os lançamentos realizados fora da época devida devem consignar, nos seus históricos, as datas efetivas das ocorrências e a razão do registro extemporâneo.

Exemplo Prático 1:

- Fato ocorrido: Compra de um caminhão à vista com emissão de cheque de R$ 120.000,00.

- Lançamento incorreto:

D Móveis e Utensílios	120.000,00
C Bancos	120.000,00

- Tipo de erro: Erro de TÍTULO

- 1ª alternativa de correção: ESTORNO seguido do lançamento correto:

D Bancos	120.000,00		
C Móveis e Utensílios	120.000,00	→	*Estorno*

D Veículos	120.000,00		
C Bancos	120.000,00	→	*Lançamento correto*

- 2ª alternativa de correção: TRANSFERÊNCIA – De modo diferente do estorno, onde foram feitos dois lançamentos (o de estorno e o correto), apenas um único lançamento (lançamento de transferência) é necessário:

D Veículos	120.000,00		
C Móveis e Utensílios	120.000,00	→	*Lançamento de transferência*

Exemplo Prático 2:
- Fato ocorrido: Pagamento de fornecedores no valor de R$ 13.000,00

- Lançamento incorreto:

  D Fornecedores   11.000,00

  C Caixa   11.000,00

- Tipo de erro: Erro de VALOR

- Forma correção – COMPLEMENTAÇÃO:

  D Fornecedores   2.000,00

  C Caixa   2.000,00

7.5. Formalidades do Livro Diário

Tendo em vista que o Livro Diário é exigido por lei (Código Civil), ele deve observar as formalidades que a própria lei impõe. Desse modo, existem as formalidades referentes à apresentação do livro, sem contar com o seu conteúdo (formalidades "extrínsecas"), e existem as formalidades referentes ao próprio conteúdo da escrituração (formalidades "intrínsecas"). Assim, teremos:

➢ Formalidades <u>EXTRÍNSECAS</u>:
- Encadernação
- Termos de abertura e encerramento
- Folhas numeradas
- Autenticação

Nota: De acordo com o item 17 da ITG 2000, em caso de escrituração contábil em forma DIGITAL, <u>não há necessidade de impressão e ENCADERNAÇÃO em forma de livro</u>, porém o arquivo magnético autenticado pelo registro público competente deve ser mantido pela entidade.

➢ Formalidades <u>INTRÍNSECAS</u>:
- Língua e moeda nacionais.
- Escrituração cronológica.
- Ausência de rasuras, borrões, sinais, linhas em branco, entrelinhas, folhas em branco, etc.

8. Interpretação Técnica Geral 2.000 (ITG 2.000)

RESOLUÇÃO CFC Nº 1.330/11

O CONSELHO FEDERAL DE CONTABILIDADE, no exercício de suas atribuições legais e regimentais, e com fundamento no disposto na alínea "f" do art. 6º do Decreto-Lei nº 9.295/46, alterado pela Lei nº 12.249/10,

RESOLVE:

Art. 1º Aprovar a ITG 2000 – Escrituração Contábil.

NORMAS BRASILEIRAS DE CONTABILIDADE

ITG 2000 – ESCRITURAÇÃO CONTÁBIL

Índice	Item
OBJETIVO	1
ALCANCE	2
FORMALIDADES DA ESCRITURAÇÃO CONTÁBIL	3 – 36
Livro diário e livro razão	14 – 19
Escrituração contábil de filial	20 – 25
Documentação contábil	26 – 28
Contas de compensação	29 – 30
Retificação de lançamento contábil	31 – 36

Objetivo

1. Esta Interpretação estabelece critérios e procedimentos a serem adotados pela entidade para a escrituração contábil de seus fatos patrimoniais, por meio de qualquer processo, bem como a guarda e a manutenção da documentação e de arquivos contábeis e a responsabilidade do profissional da contabilidade.

Alcance

2. Esta Interpretação deve ser adotada por todas as entidades, independente da natureza e do porte, na elaboração da escrituração contábil, observadas as exigências da legislação e de outras normas aplicáveis, se houver.

Formalidades da escrituração contábil

3. A escrituração contábil deve ser realizada com observância aos Princípios de Contabilidade.
4. O nível de detalhamento da escrituração contábil deve estar alinhado às necessidades de informação de seus usuários. Nesse sentido, esta Interpretação não estabelece o nível de detalhe ou mesmo sugere um plano de contas a ser observado. O detalhamento dos registros contábeis é diretamente proporcional à complexidade das operações da entidade e dos requisitos de informação a ela aplicáveis e, exceto nos casos em que uma autoridade reguladora assim o requeira, não devem necessariamente observar um padrão pré-definido.

5. A escrituração contábil deve ser executada:
   a) em idioma e em moeda corrente nacionais;
   b) em forma contábil;
   c) em ordem cronológica de dia, mês e ano;
   d) com ausência de espaços em branco, entrelinhas, borrões, rasuras ou emendas; e
   e) com base em documentos de origem externa ou interna ou, na sua falta, em elementos que comprovem ou evidenciem fatos contábeis.

6. A escrituração em forma contábil de que trata o item 5 deve conter, no mínimo:
   a) data do registro contábil, ou seja, a data em que o fato contábil ocorreu;
   b) conta devedora;
   c) conta credora;
   d) histórico que represente a essência econômica da transação ou o código de histórico padronizado, neste caso baseado em tabela auxiliar inclusa em livro próprio;
   e) valor do registro contábil;
   f) informação que permita identificar, de forma unívoca, todos os registros que integram um mesmo lançamento contábil.

7. O registro contábil deve conter o número de identificação do lançamento em ordem sequencial relacionado ao respectivo documento de origem externa ou interna ou, na sua falta, em elementos que comprovem ou evidenciem fatos contábeis.

8. A terminologia utilizada no registro contábil deve expressar a essência econômica da transação.

9. Os livros contábeis obrigatórios, entre eles o Livro Diário e o Livro Razão, em forma não digital, devem revestir-se de formalidades extrínsecas, tais como:
   a) serem encadernados;
   b) terem suas folhas numeradas sequencialmente;
   c) conterem termo de abertura e de encerramento assinados pelo titular ou representante legal da entidade e pelo profissional da contabilidade regularmente habilitado no Conselho Regional de Contabilidade.

10. Os livros contábeis obrigatórios, entre eles o Livro Diário e o Livro Razão, em forma digital, devem revestir-se de formalidades extrínsecas, tais como:
    a) serem assinados digitalmente pela entidade e pelo profissional da contabilidade regularmente habilitado;
    b) serem autenticados no registro público competente.

11. Admite-se o uso de códigos e/ou abreviaturas, nos históricos dos lançamentos, desde que permanentes e uniformes, devendo constar o significado dos códigos e/ou abreviaturas no Livro Diário ou em registro especial revestido das formalidades extrínsecas de que tratam os itens 9 e 10.

12. *A escrituração contábil e a emissão de relatórios, peças, análises, demonstrativos e demonstrações contábeis são de atribuição e de responsabilidade exclusivas do profissional da contabilidade legalmente habilitado.*
13. *As demonstrações contábeis devem ser transcritas no Livro Diário, completando-se com as assinaturas do titular ou de representante legal da entidade e do profissional da contabilidade legalmente habilitado.*

Livro diário e livro razão

14. *No Livro Diário devem ser lançadas, em ordem cronológica, com individualização, clareza e referência ao documento probante, todas as operações ocorridas, e quaisquer outros fatos que provoquem variações patrimoniais.*
15. *Quando o Livro Diário e o Livro Razão forem gerados por processo que utilize fichas ou folhas soltas, deve ser adotado o registro "Balancetes Diários e Balanços".*
16. *No caso da entidade adotar processo eletrônico ou mecanizado para a sua escrituração contábil, os formulários de folhas soltas devem ser numerados mecânica ou tipograficamente e encadernados em forma de livro.*
17. *Em caso de escrituração contábil em forma digital, não há necessidade de impressão e encadernação em forma de livro, porém o arquivo magnético autenticado pelo registro público competente deve ser mantido pela entidade.*
18. *Os registros auxiliares, quando adotados, devem obedecer aos preceitos gerais da escrituração contábil.*
19. *A entidade é responsável pelo registro público de livros contábeis em órgão competente e por averbações exigidas pela legislação de recuperação judicial, sendo atribuição do profissional de contabilidade a comunicação formal dessas exigências à entidade.*

Escrituração contábil de filial

20. *A entidade que tiver unidade operacional ou de negócios, quer como filial, agência, sucursal ou assemelhada, e que optar por sistema de escrituração descentralizado, deve ter registros contábeis que permitam a identificação das transações de cada uma dessas unidades.*
21. *A escrituração de todas as unidades deve integrar um único sistema contábil.*
22. *A opção por escrituração descentralizada fica a critério da entidade.*
23. *Na escrituração descentralizada, deve ser observado o mesmo grau de detalhamento dos registros contábeis da matriz.*
24. *As contas recíprocas relativas às transações entre matriz e unidades, bem como entre estas, devem ser eliminadas quando da elaboração das demonstrações contábeis da entidade.*
25. *As despesas e as receitas que não possam ser atribuídas às unidades devem ser registradas na matriz e distribuídas para as unidades de acordo com critérios da administração da entidade.*

Documentação contábil

26. Documentação contábil é aquela que comprova os fatos que originam lançamentos na escrituração da entidade e compreende todos os documentos, livros, papéis, registros e outras peças, de origem interna ou externa, que apoiam ou compõem a escrituração.

27. A documentação contábil é hábil quando revestida das características intrínsecas ou extrínsecas essenciais, definidas na legislação, na técnica-contábil ou aceitas pelos "usos e costumes".

28. Os documentos em papel podem ser digitalizados e armazenados em meio magnético, desde que assinados pelo responsável pela entidade e pelo profissional da contabilidade regularmente habilitado, devendo ser submetidos ao registro público competente.

Contas de compensação

29. Contas de compensação constituem sistema próprio para controle e registro dos fatos relevantes que resultam em assunção de direitos e obrigações da entidade cujos efeitos materializar-se-ão no futuro e que possam se traduzir em modificações no patrimônio da entidade.

30. Exceto quando de uso mandatório por ato de órgão regulador, a escrituração das contas de compensação não é obrigatória. Nos casos em que não forem utilizadas, a entidade deve assegurar-se que possui outros mecanismos que permitam acumular as informações que de outra maneira estariam controladas nas contas de compensação.

Retificação de lançamento contábil

31. Retificação de lançamento é o processo técnico de correção de registro realizado com erro na escrituração contábil da entidade e pode ser feito por meio de:
    a) estorno;
    b) transferência; e
    c) complementação.

32. Em qualquer das formas citadas no item 31, o histórico do lançamento deve precisar o motivo da retificação, a data e a localização do lançamento de origem.

33. O estorno consiste em lançamento inverso àquele feito erroneamente, anulando-o totalmente.

34. Lançamento de transferência é aquele que promove a regularização de conta indevidamente debitada ou creditada, por meio da transposição do registro para a conta adequada.

35. Lançamento de complementação é aquele que vem posteriormente complementar, aumentando ou reduzindo o valor anteriormente registrado.

36. Os lançamentos realizados fora da época devida devem consignar, nos seus históricos, as datas efetivas das ocorrências e a razão do registro extemporâneo.

9. Instrução Normativa DNRC Nº 107, de 23 de Maio de 2008

Essa IN do DNRC (Departamento Nacional de Registro do Comércio) dispõe sobre procedimentos para a validade e eficácia dos instrumentos de escrituração dos empresários, sociedades empresárias, leiloeiros e tradutores públicos e intérpretes comerciais.

O DIRETOR DO DEPARTAMENTO NACIONAL DE REGISTRO DO COMÉRCIO – DNRC, no uso das atribuições que lhe confere o art. 4º da Lei nº 8.934, de 18 de novembro de 1994;

CONSIDERANDO as disposições contidas no inciso III do art. 32 da Lei nº 8.934/94; no art. 14 do Decreto-Lei nº 486, de 3 de março de 1969, regulamentado pelo Decreto Federal nº 64.567, de 22 de maio de 1969; no inciso I do art. 78 do Decreto nº 1.800, de 30 de janeiro de 1996; nos arts. 1.179 a 1.195 da Lei nº 10.406, de 10 de janeiro de 2002;

CONSIDERANDO o desenvolvimento tecnológico que permite a geração de microfichas contendo registro de atos e fatos dos empresários e das sociedades empresárias através da microfilmagem de saída direta do computador, com segurança e inviolabilidade, como preceituam os diplomas legais citados;

CONSIDERANDO a edição da Medida Provisória nº 2.200-2, de 24 de agosto de 2001, que estabeleceu a validade de arquivos digitais assinados com certificado da ICP-Brasil;

CONSIDERANDO a edição do Decreto nº 6.022, de 22 de janeiro de 2007, que instituiu o Sistema Público de Escrituração Digital – Sped;

CONSIDERANDO o trabalho conjunto realizado pelo Departamento Nacional de Registro do Comércio, Conselho Federal de Contabilidade, Banco Central do Brasil, Comissão de Valores Mobiliários, Superintendência de Seguros Privados, Agencia Nacional de Transportes, Federação Brasileira de Bancos, Receita Federal do Brasil – RFB, outros órgãos e com a colaboração de representantes de sociedades empresárias relativo ao Leiaute da Escrituração Contábil Digital – LECD publicado no anexo I da Instrução Normativa RFB nº 787, de 19 de novembro de 2007; e

CONSIDERANDO a necessidade de uniformizar e atualizar os procedimentos relativos à autenticação dos instrumentos de escrituração mercantil para lhes dar validade e eficácia; resolve:

Art. 1º Os procedimentos para validade e eficácia dos instrumentos de escrituração dos empresários e das sociedades empresárias ficam disciplinados pelo disposto nesta Instrução Normativa, sem prejuízo da legislação específica aplicável à matéria.

Parágrafo único. As disposições desta Instrução Normativa aplicam-se às filiais, sucursais ou agências, no País, da sociedade ou empresário autorizados a funcionar no País, com sede em país estrangeiro (art. 1.195. CC/2002).

Art. 2º São instrumentos de escrituração dos empresários e das sociedades empresárias:

I – livros, em papel;

II – conjunto de fichas avulsas (art. 1.180. CC/2002);

III – conjunto de fichas ou folhas contínuas (art. 1.180 – CC/2002);

IV – livros em microfichas geradas através de microfilmagem de saída direta do computador (COM);

V – livros digitais.

Parágrafo único. O empresário ou a sociedade empresária que adotar o sistema de fichas de lançamentos poderá substituir o livro Diário pelo livro Balancetes Diários e Balanços, observadas as mesmas formalidades extrínsecas exigidas para aquele (art. 1.185 – CC/2002).

Art. 3º Aplicam-se aos instrumentos de escrituração dos leiloeiros e tradutores públicos e intérpretes comerciais as disposições desta Instrução Normativa referentes a livro em papel, obedecida a legislação que lhes é pertinente.

Art. 4º No Diário serão lançados o balanço patrimonial e o de resultados, devendo:

I – no caso de livro em papel, ambos serem assinados por contabilista legalmente habilitado e pelo empresário ou sociedade empresária (art. 1.184. CC/2002);

II – em se tratando de livro digital, as assinaturas digitais das pessoas acima citadas, nele lançadas, serão efetuadas utilizando-se de certificado digital, de segurança mínima tipo A3, emitido por entidade credenciada pela Infraestrutura de Chaves Públicas Brasileira (ICPBrasil) e suprem as exigências do inciso anterior.

§ 1º A adoção de fichas de escrituração não dispensa o uso de livro diário para o lançamento do balanço patrimonial e do de resultado econômico (Parágrafo único, art. 1.180. CC/2002), ao qual deve ser atribuído o número subsequente ao do livro diário escriturado em fichas.

§ 2º O livro não poderá ser dividido em volumes, podendo, em relação a um mesmo exercício, ser escriturado mais de um livro, observados períodos parciais e sequenciais, constantes dos respectivos Termos de Encerramento, de acordo com as necessidades do empresário ou da sociedade empresária.

§ 3º A numeração das folhas ou páginas de cada livro em papel ou microficha observará ordem sequencial única, iniciando-se pelo numeral um, incluído na sequência da escrituração o balanço patrimonial e o de resultado econômico, quando for o caso.

Art. 5º A retificação de lançamento feito com erro, em livro já autenticado pela Junta Comercial, deverá ser efetuada nos livros de escrituração do exercício em que foi constatada a sua ocorrência, observadas as Normas Brasileiras de Contabilidade, não podendo o livro já autenticado ser substituído por outro, de mesmo número ou não, contendo a escrituração retificada.

Art. 6º Na escrituração, quando utilizados códigos de números ou de abreviaturas, esses deverão constar (art. 1.183 – CC/2002):

I – de livro próprio, regularmente autenticado, no caso de livro em papel;

II – do próprio instrumento de escrituração, observado o Leiaute da Escrituração Contábil Digital – LECD publicado no anexo I da Instrução Normativa RFB nº 787, de 19 de novembro de 2007, ora ratificado por esta Instrução Normativa, no caso de livro digital.

Parágrafo único. O código de histórico padronizado deverá ser único para o período da escrituração, não podendo ser alterado no mesmo período.

Art. 7º Quando adotada a escrituração resumida do Diário, com totais que não excedam o período de trinta dias, relativamente a contas cujas operações sejam numerosas ou realizadas fora da sede, deverão ser utilizados livros auxiliares do Diário, regularmente autenticados, para registro individualizado, e conservados os documentos que permitam a sua perfeita verificação (§ 1º, art. 1.184 – CC/2002).

§ 1º Os livros auxiliares observarão o mesmo meio, digital ou papel, do Livro Diário com Escrituração Resumida.

§ 2º Quando o Livro Diário com Escrituração Resumida for na forma digital, os livros auxiliares correspondentes deverão se referir ao mesmo período de escrituração e constar de arquivos independentes, observadas as formalidades quanto aos Termos de Abertura e de Encerramento e o LECD.

Art. 8º As fichas que substituírem os livros, para o caso de escrituração mecanizada ou eletrônica, poderão ser:

I – contínuas, em forma de sanfona, em blocos, com subdivisões numeradas mecânica ou tipograficamente por dobras, sendo vedado o destaque ou ruptura das mesmas (art. 3º, Decreto nº 64.567/69);

II – avulsas, as quais serão numeradas tipograficamente (art. 4º, Decreto nº 64.567/69).

DOS TERMOS DE ABERTURA E DE ENCERRAMENTO

Art. 9º Os instrumentos de escrituração dos empresários e das sociedades empresárias conterão termos de abertura e de encerramento, que indicarão:

I – Termo de Abertura:

a) o nome empresarial do empresário ou da sociedade empresária a que pertença o instrumento de escrituração;

b) o Número de Identificação do Registro de Empresas – NIRE e a data do arquivamento dos atos constitutivos ou do ato de conversão de sociedade simples em sociedade empresária pela Junta Comercial;

c) o município da sede ou filial;

d) a finalidade a que se destina o instrumento de escrituração;

e) o número de ordem do instrumento de escrituração;

f) a quantidade de:

f.1. folhas, se numeradas apenas no anverso;

f.2. páginas, se numeradas no anverso e verso;

f.3. fotogramas, se microfichas; e

f.4. registros, se livro digital;

g) o número da inscrição no Cadastro Nacional da Pessoa Jurídica – CNPJ, administrado pela Receita Federal do Brasil.

II – Termo de Encerramento:

a) o nome empresarial do empresário ou da sociedade empresária a que pertença o instrumento de escrituração;

b) o fim a que se destinou o instrumento escriturado;

c) o período a que se refere a escrituração;

d) o número de ordem do instrumento de escrituração;

e) a quantidade de:

e.1. folhas, se numeradas apenas no anverso;

e.2. páginas, se numeradas no anverso e verso;

e.3. fotogramas, se microfichas; e

e.4. registros, se livro digital;

§ 1º No caso de livro em papel, do Termo de Encerramento do livro Diário com escrituração resumida, deverá constar relação que identifique todos os livros auxiliares a ele associados, com indicação da finalidade de cada um deles e seus respectivos números sequenciais.

Cada livro auxiliar, no respectivo Termo de Encerramento, deverá indicar o(s) número(s) do(s) livro(s) Diário(s) com escrituração resumida a que esteja(m) vinculado(s).

§ 2º Existindo erro ou omissão de algum dado obrigatório do Termo de Abertura e/ou Encerramento, no livro em papel, poderá ser feita ressalva na própria folha ou página, a qual deverá ser assinada pelos mesmos signatários do Termo e homologada pelo autenticador do instrumento pela Junta Comercial, mediante Termo de homologação por esse datado e assinado.

Art. 10. Os Termos de Abertura e de Encerramento serão datados e assinados pelo empresário, administrador de sociedade empresária ou procurador e por contabilista legalmente habilitado, com indicação do número de sua inscrição no Conselho Regional de Contabilidade – CRC e dos nomes completos dos signatários e das respectivas funções (art. 7º, Decreto nº 64.567/69), consoante o parágrafo primeiro deste artigo.

§ 1º As funções a que se refere o caput do presente artigo, são as constantes da Tabela de Qualificação de Assinantes abaixo:

Código	Descrição da função
203	Diretor
204	Conselheiro de Administração
205	Administrador
206	Administrador de Grupo
207	Administrador de Sociedade Filiada
220	Administrador Judicial – Pessoa Física
222	Administrador Judicial – Pessoa Jurídica – Profissional Responsável
223	Administrador Judicial/Gestor
226	Gestor Judicial
309	Procurador
312	Inventariante
313	Liquidante
315	Interventor
801	Empresário
900	Contador
999	Outros

§ 2º Não havendo contabilista habilitado na localidade onde se situa a sede do empresário ou da sociedade empresária ou a filial, os Termos de Abertura e de Encerramento serão assinados, apenas, pelo empresário, administrador de sociedade empresária ou procurador (art. 1.182. CC/2002, C/C parágrafo único, art. 7º do Decreto nº 64.567/69).

§ 3º Para efeito do parágrafo anterior, caberá aos Conselhos Regionais de Contabilidade informar às Juntas Comerciais as localidades onde não haja profissional habilitado (§ 2º, art. 3º, Decreto nº 64.567/69).

§ 4º No caso de assinatura por procurador, a procuração deverá conter os poderes para a prática do ato, ser arquivada na Junta Comercial e anotada nos registros de autenticação de livros, conforme disposto no inciso VII, art. 28, desta Instrução Normativa.

§ 5º Em se tratando de livro digital, esse deve ser assinado por contabilista legalmente habilitado e pelo empresário ou sociedade empresária, conforme LECD, com certificado digital, de segurança mínima tipo A3, emitido por entidade credenciada pela Infraestrutura de Chaves Públicas Brasileira (ICP-Brasil), antes de ser submetido à autenticação pelas Juntas Comerciais;

Art. 11. Nas fichas ou folhas que substituírem os livros, para o caso de escrituração mecanizada ou eletrônica, os Termos de Abertura e de Encerramento serão apostos, respectivamente, como segue:

I – fichas ou folhas contínuas: no anverso da primeira e no verso da última dobra de cada bloco, que receberá número de ordem (art. 8º, Decreto nº 64.567/69);

II – fichas avulsas: na primeira e última ficha de cada conjunto (art. 9º, Decreto nº 64.567/69).

DA AUTENTICAÇÃO

Art. 12. Lavrados os Termos de Abertura e de Encerramento, os instrumentos de escrituração dos empresários e das sociedades empresárias, de caráter obrigatório, salvo disposição especial de lei, deverão ser submetidos à autenticação pela Junta Comercial (art. 1.181. CC/2002, excepcionadas as impossibilidades técnicas):

I – antes ou após efetuada a escrituração, quando se tratar de livros em papel, conjuntos de fichas ou folhas contínuas;

II – após efetuada a escrituração, quando se tratar de microfichas geradas através de microfilmagem de saída direta do computador (COM) e de livros digitais.

§ 1º O empresário e a sociedade empresária poderão fazer autenticar livros não obrigatórios (Parágrafo único, art. 1.181 – CC/2002).

§ 2º É dispensado das exigências deste artigo o pequeno empresário a que se refere o art. 970 da Lei nº 10.406, de 10 de janeiro de 2002, que não está obrigado a seguir um sistema de contabilidade com base na escrituração uniforme de seus livros, em correspondência com a documentação respectiva, nem a levantar anualmente o balanço patrimonial e o de resultado econômico (art. 1.179 e § 2º CC/2002).

Art. 13. Os instrumentos de escrituração dos empresários e sociedades empresárias apresentados para autenticação pela Junta Comercial serão objeto de exame do cumprimento das formalidades legais e da presente Instrução Normativa.

§ 1º As exigências formuladas pela Junta Comercial deverão ser cumpridas em até trinta dias, contados do dia subsequente à data da ciência pelo interessado.

§ 2º O instrumento de escrituração objeto de exigência, no caso do livro em papel, será devolvido completo ao interessado, para efeito de retificação ou apresentação de novo livro.

§ 3º Devolvido o livro retificado ou apresentado novo livro após o prazo previsto no parágrafo primeiro deste artigo, o instrumento de escrituração será considerado novo pedido, sujeito a novo pagamento dos serviços correspondentes.

Art. 14. A Junta Comercial procederá às autenticações previstas nesta Instrução:

I – em relação aos livros em papel, fichas ou folhas contínuas e fichas avulsas, por Termo, que conterá declaração expressa da exatidão dos Termos de Abertura e de Encerramento, bem como o número e a data de autenticação, do seguinte modo:

a) nos livros em papel, será aposto na primeira página numerada (alínea "a", art. 12, do Decreto nº 64.567/69);

b) nas fichas ou folhas contínuas, será aposto no anverso da primeira dobra de cada bloco;

c) nas fichas avulsas, será aposto na primeira ficha de cada conjunto e todas as demais serão obrigatoriamente autenticadas com o sinete da Junta Comercial e rubrica do autenticador sobre esse (art. 9º, Decreto nº 64.567/69);

II – em relação aos livros digitais, por Termo, constante de arquivo eletrônico, que conterá:

a) identificação: Termo de Autenticação;

b) declaração: Declaro a exatidão dos Termos de Abertura e Encerramento do livro digital de características abaixo, por mim examinado e conferido.

c) identificação do arquivo, composta por hash da escrituração e hash do requerimento;

d) identificação da escrituração, composta por sigla da unidade da federação, nome empresarial, NIRE, CNPJ, forma da escrituração, data de início e data de término da escrituração, natureza e número de ordem do livro;

e) informação dos requerentes, compreendendo: CPF, nome e cargo;

f) assinatura dos administradores e do contabilista;

g) número de autenticação;

h) número da versão do Termo de Autenticação;

i) data da autenticação;

j) localidade;

k) número e a data de autenticação;

l) hash do Termo de Autenticação e assinatura digital do autenticador.

§ 1º No caso do inciso I do caput:

I – o autenticador deverá ser expressamente identificado, com indicação do seu nome completo, em letra de forma legível, ou com a aposição de carimbo;

II – com o objetivo de resguardar a segurança e inviolabilidade dos instrumentos de escrituração dos empresários e das sociedades empresárias, recomenda-se a autenticação destes por meio de etiqueta adesiva com requisitos de segurança, atendidos os procedimentos e requisitos quanto a posição e conteúdo do Termo e identificação dos signatários.

§ 2º No caso do inciso II do caput, o Termo de Autenticação deve ser assinado por servidor devidamente habilitado, com certificado digital, de segurança mínima tipo A3, emitido por entidade credenciada pela Infraestrutura de Chaves Públicas Brasileira (ICPBrasil).

Art. 15. A autenticação de instrumentos de escrituração não se fará sem que:

I – esteja inscrito o empresário ou registrada a sociedade empresária (parágrafo único, art. 1.181. CC/2002);

II – os requisitos mencionados, em cada caso, nesta Instrução Normativa, sejam atendidos;

III – seja observada a sequência do número de ordem do instrumento e do período da escrituração;

IV – relativamente ao livro Diário, com escrituração resumida, os respectivos livros auxiliares:

a) estejam todos presentes no ato da autenticação; e

b) no caso do livro digital, tenham sido assinados pelo empresário ou sociedade empresária e contabilista com certificado digital, de segurança mínima tipo A3, emitido por entidade credenciada pela Infraestrutura de Chaves Públicas Brasileira (ICP-Brasil), e os hash obtidos após assinaturas tenham sido integrados ao livro Diário digital, com escrituração resumida, conforme LECD.

Parágrafo único. A autenticação do instrumento independe da apresentação física à Junta Comercial de outro(s) anteriormente autenticado(s).

DO LIVRO DIGITAL

Art. 16. A geração do livro digital deverá observar quanto à:

I – escrituração e incorporação dos Termos de Abertura e de Encerramento, as disposições contidas no Manual de Orientação do Leiaute da Escrituração Contábil Digital – LECD, aprovado pela Instrução Normativa RFB nº 787, de 19 de novembro de 2007;

II – incorporação das assinaturas digitais, a utilização de software oficial denominado Programa Validador e Assinador (PVA), a ser disponibilizado, gratuitamente, no sítio da RFB/Sped na Internet, para download pelos interessados.

Art. 17. O PVA deverá possibilitar a execução das funções abaixo, dentre outras, em relação ao livro digital:

I – validação da escrituração;

II – visualização do livro, segundo formatos tradicionais do livro em papel;

III – geração do requerimento próprio para o caso, dirigido à Junta Comercial;

IV – assinatura digital do livro e do requerimento pertinente;

V – transmissão para o Sped;

VI – consulta para fins de acompanhamento do processo de autenticação, inclusive conhecimento de exigências em decorrência de deficiências identificadas no instrumento;

VII – download do Termo de Autenticação do livro.

Art. 18. O livro digital será enviado pelo empresário ou sociedade empresária ao Sped com o respectivo requerimento de autenticação à Junta Comercial, ficando o livro disponível naquele Serviço para ser visualizado pelo autenticador da Junta Comercial.

§ 1º O livro digital, mediante solicitação do autenticador ao Sped, será disponibilizado para ser visualizado, por tempo suficiente para esse procedimento, sendo vedado o acesso à visualização após a sua autenticação;

§ 2º O pagamento do preço do serviço deverá ser efetuado previamente à sua solicitação, mediante recolhimento por guia de arrecadação a ser disponibilizada pela Junta Comercial ao interessado;

§ 3º O requerimento mencionado no caput deste artigo conterá o número da guia de recolhimento, consoante sistemática adotada pela Junta Comercial, que disponibilizará informação a respeito, quando necessário.

Art. 19. O Sped remeterá à Junta Comercial arquivo contendo os Termos de Abertura e de Encerramento do livro digital, respectivo Requerimento, assim como outros dados necessários à análise daqueles instrumentos pelo mencionado Órgão, complementada pela visualização do livro no ambiente daquele Serviço.

Art. 20. A autenticação dos livros digitais será efetuada pelas Juntas Comerciais com utilização de software disponibilizado pelo DNRC, o qual deve ser integrado por aqueles órgãos aos seus sistemas informatizados de apoio ao processo operacional.

§ 1º No caso das Juntas Comerciais que utilizam sistema informatizado de apoio ao processo operacional fornecido pelo DNRC, a integração a que se refere o caput será efetuada pelo Departamento.

§ 2º Em caso de exigências que impeçam a autenticação do livro digital ou de indeferimento do requerimento, a Junta Comercial enviará ao Sped a respectiva notificação, para conhecimento pelo empresário ou sociedade empresária;

§ 3º Uma vez autenticado o livro digital, a Junta Comercial enviará o Termo de Autenticação para o Sped e o empresário ou a sociedade empresária promoverá o seu download, com utilização do PVA.

Art. 21. Na ocorrência de situação que impossibilite a autenticação de livro digital com o software a ser fornecido pelo DNRC, a Junta Comercial utilizará funcionalidade de contingência disponibilizada no Sped.

§ 1º A Junta Comercial efetuará download integral do livro digital para análise no seu ambiente e execução dos procedimentos de deferimento e emissão do Termo de Autenticação ou de notificação do requerente quanto a exigências ou de indeferimento.

§ 2º Após a análise e execução dos procedimentos mencionados no parágrafo anterior, o funcionário autenticador promoverá a eliminação do arquivo do livro correspondente.

§ 3º A Junta Comercial implementará os procedimentos de segurança necessários para a preservação da confidencialidade do conteúdo do livro, enquanto não procedida a sua eliminação.

§ 4º O resultado do processo com utilização da função de contingência deverá ser incorporado ao sistema informatizado de apoio ao processo operacional da Junta Comercial, observadas as disposições desta Instrução Normativa.

Art. 22. A validade do livro digital dependerá da sua existência e do respectivo Termo de Autenticação, mantida a inviolabilidade de seus conteúdos.

Art. 23. Para efeito de prova em juízo ou fora dele, o empresário ou a sociedade deverá utilizar-se do PVA para demonstração visual do conteúdo do livro digital e de seu Termo de Autenticação, assim como para geração e emissão de documentos probantes.

DA MICROFICHA

Art. 24. A microficha, como instrumento de escrituração, poderá ser utilizada pelas companhias e em relação aos livros sociais de que trata o art. 100 da Lei nº 6.404, de 15 de dezembro de 1976.

§ 1º No caso das companhias abertas, aplicar-se-ão, ainda, as normas expedidas pela Comissão de Valores Mobiliários, apenas para os livros dos incisos I a III do art. 100 da Lei nº 6.404, de 15 de dezembro de 1976.

§ 2º As microfichas, como instrumento de escrituração, deverão atender os requisitos constantes do Anexo I a esta Instrução Normativa.

§ 3º Far-se-á a autenticação de todas as microfichas constantes de cada conjunto correspondente a um livro, mediante aposição de carimbo conforme modelo constante do Anexo I a que se refere o parágrafo anterior, data da autenticação e rubrica do autenticador.

DISPOSIÇÕES GERAIS

Art. 25. No caso de escrituração descentralizada, o empresário ou a sociedade empresária que possuir filial em outra unidade federativa deverá requerer a autenticação dos instrumentos de escrituração respectivos à Junta Comercial onde a filial estiver situada.

Parágrafo único. Os Termos de Abertura e de Encerramento deverão atender o disposto nos arts. 9º ao 11 desta Instrução, conforme o caso, sendo que os dados deverão referir-se à filial e a data de arquivamento deverá referir-se ao ato de abertura da filial na Junta Comercial da unidade federativa onde essa se localizar.

Art. 26. Ocorrendo extravio, deterioração ou destruição de qualquer dos instrumentos de escrituração, o empresário ou a sociedade empresária fará publicar, em jornal de grande circulação do local de seu estabelecimento, aviso concernente ao fato e deste fará minuciosa informação, dentro de quarenta e oito horas à Junta Comercial de sua jurisdição.

§ 1º Recomposta a escrituração, o novo instrumento receberá o mesmo número de ordem do substituído, devendo o Termo de Autenticação ressalvar, expressamente, a ocorrência comunicada.

§ 2º A autenticação de novo instrumento de escrituração só será procedida após o cumprimento do disposto no caput deste artigo.

§ 3º No caso de livro digital, enquanto for mantida uma via do instrumento objeto de extravio, deterioração ou destruição no Sped, a Junta Comercial não autenticará livro substitutivo, devendo o empresário ou sociedade obter reprodução do instrumento junto à administradora daquele Sistema.

Art. 27. Cabe às Juntas Comerciais manter o controle dos instrumentos de escrituração autenticados, através de sistemas de registro próprios, que deverão conter, pelo menos, os seguintes dados:

I – nome empresarial;

II – Número de Identificação do Registro de Empresa – NIRE;

III – número de ordem;

IV – finalidade;

V – período a que se refere a escrituração;

VI – data e número de autenticação do instrumento de escrituração mercantil;

VII – número do arquivamento da procuração e data de seu término ou o número do arquivamento do instrumento que autoriza a assinatura do livro quando esse for assinado por pessoa com uma das funções constantes da tabela do § 1º do art. 10, excluído o representante legal da empresa ou sociedade e o contabilista;

VIII – em relação ao livro papel e ao livro em microficha, adicionalmente ao disposto nos itens anteriores;

a) número de folhas ou páginas ou número de fotogramas, conforme o caso;

b) as assinaturas dos autenticadores, para eventuais averiguações ou confrontos.

IX – em relação ao livro digital, adicionalmente ao disposto nos incisos I a VII:

a) quantidade de registros;

b) Termo de Autenticação, conforme inciso II e § 2º do art. 13 desta Instrução;

Art. 28. Poderão as Juntas Comerciais, fora de suas sedes, atendidas as conveniências do serviço, delegar competência a outra autoridade pública para autenticar instrumentos de escrituração dos empresários e das sociedades empresárias, excepcionados os livros digitais.

Art. 29. A autenticação dos instrumentos de escrituração dos empresários e das sociedades empresárias pela Junta Comercial não a responsabiliza pelos fatos e atos neles escriturados.

Art. 30. Os instrumentos de escrituração, exceto os livros digitais, autenticados na forma desta Instrução, não retirados no prazo de trinta dias, contados da autenticação, poderão ser eliminados, após publicação de Edital no Diário Oficial do Estado ou no Diário Oficial da União, no caso da Junta Comercial do Distrito Federal, que conterá nome empresarial, NIRE, a finalidade a que se destinou o livro, o número de ordem e o período a que se refere a escrituração.

Parágrafo único. Da eliminação será lavrado Termo de Eliminação de Livro Mercantil, que deverá conter o fundamento legal para a eliminação do livro, a citação do Edital e dos dados de identificação do livro nele contidos, bem como a menção ao Diário Oficial, data e número da página em que foi publicado, o qual será datado e assinado pelo Secretário-Geral e pelo responsável pelo setor de autenticação de livros.

Art. 31. O empresário e a sociedade empresária são obrigados a conservar em boa guarda toda a escrituração, correspondência e mais papéis concernentes à sua atividade, enquanto não ocorrer prescrição ou decadência no tocante aos atos neles consignados (art. 1.194. CC/2002).

Art. 32. As Juntas Comerciais adaptarão seus procedimentos às disposições da presente Instrução Normativa relativamemte à autenticação de livros digitais com utilização da funcionalidade de contingência até 30 de setembro de 2008 e com a utilização do aplicativo a ser disponibilizado pelo DNRC até 31 de dezembro de 2008.

Art. 33. Esta Instrução Normativa entra em vigor na data de sua publicação.

Art. 34. Revoga-se a Instrução Normativa nº 102, de 25 de abril de 2007.

Nota: *Além desses 34 artigos, essa IN apresenta detalhes técnicos específicos sobre MICROFICHAS em seu ANEXO I*

EXERCÍCIO PROPOSTO 1: Faça os lançamentos de 1ª fórmula dos fatos seguintes no livro diário.

(1) Depósito bancário de R$ 2.500,00.

(2) Retirada bancária de R$ 1.000,00.

(3) Pagamento de uma duplicata de R$ 5.600,00.

(4) Recebimento de uma duplicata de R$ 3.300,00.

(5) Compra de mercadorias à vista no valor de R$ 4.100,00.

(6) Compra de mercadorias a prazo no valor de R$ 2.700,00.

(7) Venda de um terreno à vista no valor de R$ 28.000,00, sem lucro ou prejuízo.

(8) Aumento do capital social com parte do lucro líquido do exercício no valor de R$ 3.700,00.

(9) Aumento do capital social com utilização de reservas de capital no valor de R$ 23.000,00.

(10) Aumento do capital social com a emissão de 6.000 novas ações de valor nominal R$ 5,00 cada, mediante depósito bancário.

(11) Compra de um caminhão à vista no valor de R$ 60.000,00.

(12) Depreciação do caminhão do item (11) em 5%.

(13) Apropriação dos salários de março no valor de R$ 50.000,00, para pagamento em abril.

(14) Retenção do INSS dos funcionários referente aos salários do item (13) em 11%.

(15) Apropriação do INSS patronal referente aos salários do item (13) em 22%.

(16) Contabilização do salário-família referente aos salários do item (13) no valor de R$ 2.000,00.

(17) Retenção na fonte do IR dos salários referentes ao item (13) em R$ 6.000,00.

(18) Pagamento, em abril, dos salários referentes ao item (13).

EXERCÍCIO PROPOSTO 2: Faça os lançamentos de 2ª fórmula no livro diário.

(1) Compra de mercadorias no total de R$ 80.000,00, sendo 30% à vista e o restante com aceite de duplicatas.

(2) Pagamento de duplicatas de R$ 50.000,00 com desconto de 10%.

(3) Recebimento de duplicatas de R$ 20.000,00 com juros de mora de 5%.

EXERCÍCIO PROPOSTO 3: Faça os lançamentos de 3ª fórmula no livro diário.

(1) Compra à vista de 40 mesas de escritório a R$ 500,00 cada, sendo 3 para uso da empresa e o restante para revenda.
(2) Compra de mercadorias a prazo no total de R$ 50.000,00 com ICMS de 17%.
(3) Pagamento de duplicatas no total de R$ 20.000,00 com juros de mora de 5%.
(4) Recebimento de duplicatas no total de R$ 20.000,00 com desconto de 10%.

EXERCÍCIO PROPOSTO 4: Faça os lançamentos de 4ª fórmula no livro diário.

(1) Compra de 30 mesas de escritório a R$ 1.000,00 cada, sendo 5 para uso da empresa e 25 para revenda, metade à vista e metade com aceite de duplicatas.
(2) Venda de mercadorias à vista no total de R$ 100.000,00 com ICMS de 18%, sendo o custo das mercadorias vendidas de R$ 42.000,00.

SOLUÇÕES DOS EXERCÍCIOS PROPOSTOS
EXERCÍCIO PROPOSTO 1

(1) D Bancos   2.500
    C Caixa   2.500

(2) D Caixa   1.000
    C Bancos   1.000

(3) D Duplicatas a Pagar   5.600
    C Caixa   5.600

(4) D Caixa   3.300
    C Duplicatas a Receber   3.300

(5) D Mercadorias   4.100
    C Caixa   4.100

(6) D Mercadorias   2.700
    C Fornecedores   2.700

Nota: *Nas compras a prazo, em geral, quando não há menção à palavra "duplicatas", utilizamos a conta "Fornecedores". Caso haja menção à palavra "duplicatas", utilizamos a conta "Duplicatas a Pagar".*

(7)   D Caixa   28.000
      C Terrenos   28.000

(8)   D Lucros Acumulados   3.700
      C Capital Social   3.700

(9)   D Reservas de Capital   23.000
      C Capital Social   23.000

(10)   D Bancos   30.000
      C Capital Social   30.000

(11)   D Veículos   60.000
      C Caixa   60.000

(12)   D Depreciação (despesa)   3.000
      C Depreciação Acumulada   3.000

(13)   D Salários (despesa)   50.000
      C Salários a Pagar   50.000

(14)   D Salários a Pagar   5.500
      C INSS a Recolher   5.500

Nota: *Visto que esse tipo de INSS é aquele arcado pelos empregados, seu valor será descontado da conta "Salários a Pagar", a qual será debitada.*

(15) D Despesa com INSS   11.000
    C INSS a Recolher   11.000

Nota: Visto que esse tipo de INSS é aquele arcado pelos EMPREGADOR (empresa), seu valor gerará uma despesa administrativa.

....

(16) D INSS a Recolher   2.000
    C Salários a Pagar   2.000

Nota: Embora a empresa que pague ao empregado o salário-família, o ônus recai sobre o Governo Federal. Nesse caso, a empresa debitará a conta "INSS a Recolher", visto que pagará à União menos INSS (em vez de a empresa pagar esse "pedaço" do INSS ao Governo, paga ao empregado) e creditará a conta "Salários a Pagar", dado que irá pagar a diferença a maior aos empregados.

....

(17) D Salários a Pagar   6.000
    C IRRF a Recolher   6.000

....

(18) D Salários a Pagar   40.500
    C Caixa   40.500

EXERCÍCIO PROPOSTO 2

(1) D Mercadorias   80.000
     C Caixa   24.000
     C Duplicatas a Pagar   56.000

....

(2) D Duplicatas a Pagar   50.000
     C Descontos Financeiros (ou Condicionais) Obtidos   5.000
     C Caixa   45.000

....

(3) D Caixa   21.000
     C Receitas de Juros (ou Juros Ativos)   1.000
     C Duplicatas a Receber   20.000

EXERCÍCIO PROPOSTO 3

(1) D Móveis e Utensílios 1.500
    D Mercadorias 18.500
    C Caixa 20.000

(2) D Mercadorias 41.500
    D ICMS a Recuperar 8.500
    C Fornecedores 50.000

(3) D Duplicatas a Pagar 20.000
    D Despesas de Juros (ou Juros Passivos) 1.000
    C Caixa 21.000

(4) D Caixa 18.000
    D Descontos Financeiros (ou Condicionais) Concedidos 2.000
    C Duplicatas a Receber 20.000

EXERCÍCIO PROPOSTO 4

(1) D Móveis e Utensílios 5.000
    D Mercadorias 25.000
    C Caixa 15.000
    C Duplicatas a Pagar 15.000

(2) D Caixa 100.000
    D Custo das Mercadorias Vendidas 42.000
    D ICMS sobre Vendas 18.000
    C Vendas (ou Receita de Vendas) 100.000
    C Mercadorias (ou Estoques de Mercadorias) 42.000
    C ICMS a Recolher 18.000

Nota: *Observemos nesse último lançamento que nas vendas, com relação ao ICMS, existem duas contas distintas: 1º) "ICMS sobre Vendas", que é uma DESPESA considerada, a qual será deduzida da Receita Bruta de Vendas (100.000) para posteriormente ser determinada a Receita Líquida de Vendas (82.000); 2º) "ICMS a Recolher", que é uma conta do PASSIVO, a qual poderá ser compensada com "ICMS a Recuperar". De modo diferente, no caso das COMPRAS de mercadorias, não existe a conta "ICMS sobre Compras", visto que o valor dos estoques já é escriturado <u>líquido</u> do ICMS, havendo apenas a conta "ICMS a Recuperar".*

Exercícios de Fixação

1. (Fiscal de Tributos Estaduais – PA/Esaf) Nos lançamentos contábeis, as partidas são denominadas de:
   a) terceira fórmula, quando são debitadas duas contas e creditada uma conta;
   b) segunda fórmula, quando são debitadas duas contas e creditada uma conta;
   c) segunda fórmula, quando são debitadas duas contas e creditadas duas contas;
   d) terceira fórmula, quando são creditadas duas contas e debitada uma conta;
   e) terceira fórmula, quando são debitadas duas contas e creditadas duas contas.

2. (Auditor da Receita Federal/Esaf) Assinale, abaixo, a opção que não se enquadra no complemento da frase:
   "A companhia deve ter, além dos livros obrigatórios para qualquer comerciante, os seguintes, revestidos das mesmas formalidades legais:
   a) Livro de Registro de Ações Ordinárias".
   b) Livro de Atas das Assembleias Gerais".
   c) Livro de Presença de Acionistas".
   d) Livro de Atas e Pareceres do Conselho Fiscal".
   e) Livro de Transferência de Ações Nominativas".

3. (Técnico da Receita Federal/Esaf) Entre as formalidades extrínsecas e intrínsecas dos Livros de Escrituração, destacamos as abaixo indicadas, exceto:
   a) termos de abertura e de encerramento;
   b) registro da Junta Comercial (autenticação);
   c) numeração tipográfica e sequencial das folhas;
   d) escrituração, em ordem cronológica, de dia, mês e ano;
   e) existência de emendas, rasuras e espaço em branco.

4. (Técnico de Finanças e Controles/SFC) Aponte o lançamento correto, considerando que os históricos estão certos e adequados.
   a) Diversos
   a Caixa
   pelo recebimento de duplicatas, como segue:
   Duplicatas a receber
   valor principal do título   300,00
   Juros ativos
   valor dos juros incorridos   30,00   330,00

b) Duplicatas a pagar
a Diversos
pelo pagamento de duplicatas, como segue:
a Caixa
valor líquido do título   270,00
a Descontos passivos
valor dos descontos obtidos no pagamento   30,00   300,00
c) Diversos
a Diversos
valor das vendas de mercadorias isentas de tributação
realizadas nesta data, como segue:
Caixa
valor recebido como entrada e sinal de pagamento   100,00
Clientes
valor financiado na operação, para 30 e 60 dias   400,00   500,00
a Mercadorias
valor de custo que ora se baixa do estoque   350,00
a Resultado com mercadorias
valor do lucro alcançado nesta venda   150,00   500,00
d) Caixa
a Bancos conta movimento
valor do nosso depósito bancário nesta data   250,00
e) Comissões ativas
a Caixa
valor das despesas de comissão, pago nesta data   60,00

5. **(Técnico da Receita Federal/Esaf)** A empresa Belmont S/A adquiriu um equipamento por R$ 27.000,00 e gastou mais R$ 3.000,00 para sua instalação.
Decorrido certo tempo, a empresa vendeu, à vista, o equipamento por R$ 12.000,00. Nessa época, a conta Depreciação acumulada tinha saldo de R$ 15.000,00.
O lançamento correto, para registrar o fato acima citado, deve ser o que segue:

a) Diversos
   a Equipamentos
   Caixa   R$ 12.000,00
   Depreciação acumulada   R$ 15.000,00   R$ 27.000,00
b) Equipamentos
   a Diversos
   a Caixa   R$ 12.000,00
   a Depreciação acumulada   R$ 15.000,00   R$ 27.000,00
c) Diversos
   a Diversos
   Equipamentos   R$ 27.000,00
   Gastos de instalação   R$ 3.000,00   R$ 30.000,00
   a Caixa R$ 12.000,00
   a Depreciação acumulada   R$ 18.000,00   R$ 30.000,00

d) Diversos
   a Equipamentos

Caixa	R$ 12.000,00	
Depreciação acumulada	R$ 15.000,00	
Perda de capital	R$ 3.000,00	R$ 30.000,00

e) Diversos
   a Diversos

Equipamentos	R$ 27.000,00	
Gastos de instalação	R$ 3.000,00	R$ 30.000,00
a Caixa	R$ 12.000,00	
a Depreciação acumulada	R$ 18.000,00	R$ 30.000,00

6. **(Fiscal de Tributos Estaduais – PA/Esaf) Indique a opção incorreta:**
   a) A manutenção de um sistema de controle permanente de estoques é admitida para efeito de apuração dos resultados do exercício.
   b) A escrituração do livro Diário pode ser substituída pela escrituração obrigatória do livro Razão.
   c) A avaliação dos estoques pelo método do custo médio ponderado é aceita para efeito de apuração dos resultados do exercício.
   d) Os créditos de impossível realização devem ser expurgados do ativo.
   e) A perda de valor dos recursos minerais explorados deve ser reconhecida através de registro em contas de exaustão.

7. **(Analista de Finanças e Controle – STN/Esaf) Entre as afirmativas abaixo, apenas uma está corretamente formulada. Assinale a opção que a contém.**
   a) Estoque final é o valor de custo da mercadoria remanescente, isto é, daquela que não foi vendida no período. O estoque final de um período é o mesmo estoque inicial do período anterior.
   b) Formalidades intrínsecas são procedimentos interiores aos livros contábeis e fiscais, necessários para conferir-lhes validade legal. São elas, entre outras: inexistência de rasuras, emendas e entrelinhas no corpo da escrituração; ordem cronológica; termo de abertura e de encerramento etc.
   c) Lançamento de terceira fórmula é aquele que contém local e data, duas ou mais contas credoras, uma conta devedora, histórico e valor da partida.
   d) Notas explicativas são informações adicionais às demonstrações financeiras, destinadas a esclarecer aspectos relevantes, especialmente informações que não se encontrem explicitadas, tais como critérios de avaliação de estoques, método de depreciação, duração do exercício social, espécies de ações etc.
   e) Na equação patrimonial, quando a soma dos bens e direitos é inferior ao conjunto das obrigações, e a situação líquida é negativa, chama-se passivo a descoberto, caracteriza uma situação líquida passiva e é apresentado como parcela da soma do ativo.

8. **(Auditor do Tesouro Municipal – Recife/Esaf) Com relação a lançamentos contábeis, assinale a opção incorreta:**
   a) Em qualquer das formas de retificação de lançamento contábil o histórico do lançamento deverá precisar o motivo da retificação, a data e a localização do lançamento de origem.
   b) O estorno consiste em lançamento inverso àquele feito erroneamente, anulando-o totalmente.
   c) Lançamento de transferência é aquele que promove a regularização de conta indevidamente debitada ou creditada, através da transposição do valor para a conta adequada.
   d) Lançamento de complementação é aquele que vem, posteriormente, complementando o histórico original, sem, contudo, aumentar ou reduzir o valor anteriormente registrado.
   e) Os lançamentos realizados fora da época devida deverão consignar, nos seus históricos, as datas efetivas das ocorrências e a razão do atraso.

9. **(Auditor do Tesouro Municipal – CE/Esaf) Com relação a lançamentos contábeis apresentamos quatro afirmativas incorretas. Indique a opção correta.**
   a) Na única forma de retificação de lançamento contábil, que é o estorno, o histórico do lançamento deverá precisar o motivo da retificação, a data e a localização do lançamento de origem.
   b) O estorno consiste em lançamento inverso àquele feito erroneamente, anulando-o totalmente.
   c) O lançamento de estorno promove a regularização de conta indevidamente debitada ou creditada, através da transposição do valor para a conta mais adequada.
   d) O lançamento de estorno é aquele que vem, posteriormente, complementando o histórico original, sem, contudo, aumentar ou reduzir o valor anteriormente registrado.
   e) O lançamento de estorno tem o objetivo de ratificar o lançamento original.

10. **(Auditor do Tesouro Municipal – Recife/Esaf) Considerando o Método das Partidas Dobradas, assinale a única opção correta:**
    a) Para cada fato contábil, teremos um registro indicando que, para cada débito, haverá um ou mais créditos de igual valor, ou ainda, para cada aplicação, haverá uma ou mais origens de igual valor.
    b) O Método garante o equilíbrio entre as receitas e as despesas, em respeito ao princípio da continuidade da Entidade, no tempo, considerando que o mais importante é que a empresa continue funcionando.
    c) Representa uma duplicidade de lançamentos, pois um valor contábil deve ser dividido por dois para localizar o valor correto. Esta é a razão de ser muito pouco utilizado.
    d) É um método de cálculo relacionado com as definições de Fatura e Duplicata, quando da emissão das notas fiscais pela venda de mercadorias, ou seja, emite-se a fatura e a duplicata será cobrada.
    e) Esse método só foi aplicado pelos mercadores de Veneza no século XIV. Atualmente ele só faz parte da história da evolução contábil, porque o método utilizado atualmente é o direto.

11. **(Petrobras – Técnico de Contabilidade/Fundação Cesgranrio)** A Cia. Delta recebeu de um cliente a importância de R$ 30.000,00 como adiantamento e primeira parte de três pagamentos, iguais e sucessivos, referentes à aquisição de um software a ser ainda desenvolvido para este cliente. O registro desta operação na Cia. Delta, em reais, será:
   a) Adiantamento de Clientes
      a Receita de Serviços 30.000,00
   b) Adiantamento de Receitas
      a Caixa 30.000,00
   c) Caixa
      a Adiantamento de Clientes 30.000,00
   d) Caixa
      a Receita de Serviços 90.000,00
   e) Receitas de Serviços
      a Adiantamento de Receitas 90.000,00

12. **(Analista de Finanças e Controle/CGU/Esaf)** Observe a seguinte operação, que constitui um fato contábil:
   "Recebimento, em cheque, do Banco S/A de uma duplicata, no valor de R$ 500, com desconto de 5%".
   O lançamento correto para contabilizar este fato acima será:
   a) Diversos
      a Duplicatas a Receber
      Pela quitação que ora se faz, como segue:
      Caixa
      Valor líquido recebido, em cheque   475,00
      Descontos Passivos
      Valor de 5% concedido como desconto   25,00   500,00
   b) Diversos
      a Duplicatas a Receber
      Pela quitação que ora se faz, como segue:
      Bancos c/Movimento
      Valor líquido recebido, em cheque   475,00
      Descontos Passivos
      Valor de 5% concedido como desconto   25,00   500,00
   c) Duplicatas a Receber
      a Diversos
      Pela quitação que ora se faz, como segue:
      Bancos c/Movimento
      Valor líquido ora recebido, em cheque   500,00
      Descontos Passivos
      Valor de 5% concedido como desconto   25,00   525,00

d) Diversos
   a Bancos c/Movimento
   Pela quitação que ora se faz, como segue:
   Duplicatas a Receber
   Valor líquido ora recebido, em cheque   500,00
   Descontos Passivos
   Valor de 5% concedido como desconto   25,00   500,00
e) Diversos
   a Títulos a Receber
   Pela quitação que ora se faz, como segue:
   Bancos c/Movimento
   Valor líquido ora recebido, em cheque   475,00
   Descontos Passivos
   Valor de 5% concedido como desconto   25,00   500,00

13. **(Analista de Finanças e Controle/CGU/Esaf) A seguir são apresentados cinco lançamentos contábeis sobre a quitação de um título de crédito de R$ 800,00. Apenas um deles não está correto nem adequado a seu próprio histórico. Assinale a opção que o contém:**
    a) Diversos
       a Títulos a Receber
       Pela quitação que ora se faz, como segue:
       Caixa
       Valor líquido ora recebido   720,00
       Descontos Passivos
       Valor de 10% concedido como desconto   80,00   800,00
    b) Caixa
       a Diversos
       Pela quitação que ora se faz, como segue:
       a Títulos a Receber
       Valor principal do título   800,00
       a Juros Ativos
       Valor de 10% incidente como juros   80,00   880,00
    c) Títulos a Pagar
       a Diversos
       Pela quitação que ora se faz, como segue:
       a Bancos c/Movimento
       Valor líquido conforme cheque   720,00
       a Descontos Ativos
       Valor de 10% obtido como desconto   80,00   800,00

d) Diversos
   a Bancos c/Movimento
   Pela quitação que ora se faz, como segue:
   Títulos a Pagar
   Valor principal do título   800,00
   Juros Passivos
   Valor de 10% incidente como juros   80,00   880,00
e) Diversos
   a Títulos a Receber
   Pela quitação que ora se faz, como segue:
   Bancos c/Movimento
   Valor líquido recebido conforme cheque   720,00
   Descontos Ativos
   Valor de 10% concedido como desconto   80,00   800,00

14. (Petrobras – Técnico de Contabilidade/Fundação Cesgranrio) A Empresa Delta devia à Empresa Gama R$ 10.000,00, correspondente à compra de mercadorias para revenda, a prazo. Estando, momentaneamente, passando por uma fase difícil, a Delta resolveu liquidar a dívida da seguinte maneira: devolvendo a mercadoria comprada e pagando, a título de juros, 6% sobre o valor da mercadoria, a serem pagos em 60 dias. Desconsiderando qualquer incidência de impostos, o registro desta operação, em reais, na contabilidade da Empresa Gama, deve ser feito da seguinte forma:

a) Diversos
   a Diversos
   Estoque de Mercadorias   10.000,00
   Juros a Receber   600,00 10.600,00
   a Duplicatas a Receber   10.000,00
   a Juros Ativos   600,00 10.600,00
b) Diversos
   a Estoque de Mercadorias
   Duplicatas a Pagar   10.000,00
   Juros a Pagar   600,00 10.600,00
c) Diversos
   a Estoque de Mercadorias
   Duplicatas a Receber   10.000,00
   Juros a Receber   600,00 10.600,00
d) Estoque de Mercadorias
   a Diversos
   a Duplicatas a Pagar   10.000,00
   a Juros a Pagar   600,00 10.600,00
e) Estoque de Mercadorias
   a Diversos
   a Duplicatas a Receber   10.000,00
   a Juros a Receber   600,00 10.600,00

15. (Agência Nacional do Petróleo – Técnico em Regulação do Petróleo/Fundação Cesgranrio) Observe os seguintes registros de operações, feitos no Diário de uma determinada empresa, através dos respectivos lançamentos, apresentados somente com os elementos conta debitada e conta creditada:

    CREDORES IMOBILIÁRIOS
    a CAIXA

    DEVEDORES HIPOTECÁRIOS
    a IMÓVEIS

    Tais registros indicam, na mesma ordem de sua elaboração, as seguintes operações:
    a) pagamento de prestação imobiliária; venda de imóvel com financiamento imobiliário;
    b) pagamento de prestação imobiliária; compra de imóvel com prestação imobiliária;
    c) recebimento de prestação imobiliária; compra de imóvel com financiamento imobiliário;
    d) recebimento de prestação imobiliária; venda de imóvel com financiamento imobiliário;
    e) recebimento de financiamento imobiliário; constituição de hipoteca sobre imóvel.

16. (Agência Nacional do Petróleo – Técnico em Regulação do Petróleo/Fundação Cesgranrio) O Livro no qual são registradas todas as operações em ordem cronológica de sua realização é o:
    a) Caixa;
    b) Contas a Pagar;
    c) Contas a Receber;
    d) Diário;
    e) Razão.

17. (Analista Previdenciário/Fundação Cesgranrio) O método das partidas dobradas, atualmente, é utilizado por:
    a) entidades que têm exclusivamente finalidade lucrativa, cujo interesse seja debitar e creditar os valores resultantes das operações de compra e venda de mercadorias;
    b) entidades econômicas que queiram agrupar as operações realizadas, num determinado período, visando a determinar o resultado operacional obtido no exercício;
    c) entidades sem fins lucrativos, visando a explicar o mecanismo de funcionamento da contabilidade universal e suas aplicações;
    d) qualquer entidade de personalidade jurídica de direito público ou privado que tenha, apenas, finalidade lucrativa e necessidade de registrar as atividades econômicas;
    e) qualquer tipo de pessoa física ou jurídica, com finalidades lucrativas ou não, que tenha necessidade de exercer atividades econômicas para alcançar suas finalidades.

18. (Técnico em Contabilidade/Fundação Cesgranrio) Quanto à sua natureza, os livros de escrituração podem ser:
    a) cronológicos e sistemáticos;
    b) principais e auxiliares;
    c) exclusivos e secundários;
    d) obrigatórios e facultativos;
    e) fiscais e cíveis.

19. (Analista de Finanças e Controle – STN/Esaf) Assinale a opção que completa a afirmativa corretamente. São erros de escrituração os seguintes:
    a) borrões, rasuras, estorno de lançamento, saltos de linhas, salto de páginas.
    b) erros de algarismos, troca de uma conta por outra, inversão de contas, omissão de lançamento, repetição de lançamento.
    c) erro de algarismo lançado a mais, lançamento retificativo, erro de algarismo lançado a menor, troca de uma conta por outra, inversão de contas.
    d) omissão de lançamento, repetição de lançamento, inversão de lançamento, troca de uma conta por outra, lançamento complementar.
    e) estorno de lançamento, borrões, rasuras, retificação de lançamento, saltos de linhas, ressalva por profissional habilitado.

20. (Petrobras – Técnico de Contabilidade/Fundação Cesgranrio) Analise o registro contábil a seguir, como um conjunto único das operações realizadas.
    Rio de Janeiro, 21 de outubro de 2005
    Diversos
    a Bancos c/ Movimento
    Banco A
    Móveis e Utensílios
    Pago à Indústria Mobiliária,
    conforme NF nº 1234... 2.900,00
    Veículos
    Pago à Campeã Renault F.1 Ltda.,
    Conforme NF nº 5421... 35.000,00.................37.900,00

    Pode-se afirmar que tal conjunto apresenta os requisitos necessários a uma partida de:
    a) Caixa;
    b) Conta-corrente;
    c) Diário;
    d) Razão;
    e) Razonete.

21. (Petrobras – Técnico de Contabilidade/Fundação Cesgranrio) Considerando os conceitos técnicos dos lançamentos de 2ª e 3ª fórmulas, é correto afirmar que a(s):
    a) 2ª fórmula facilita os registros a débito;
    b) 3ª fórmula facilita os registros a débito;
    c) duas fórmulas possuem as mesmas características;
    d) duas fórmulas são de uso obrigatório, na escrituração;
    e) duas fórmulas são utilizadas para facilitar a escrituração.

22. **(BACEN – Técnico/Fundação Cesgranrio)** A Cia. Franco Goiana S/A realizou, à vista, por R$ 12.000,00, recebidos em dinheiro, a venda de uma máquina operatriz que custou R$ 120.000,00 e que possui depreciação acumulada de R$ 105.000,00. O registro contábil correspondente à baixa dessa máquina foi:

    a) D: Caixa   12.000,00
        C: Prejuízo na venda de imobilizado   3.000,00
        C: Depreciação acumulada   9.000,00
    b) D: Caixa   12.000,00
        D: Máquinas e equipamentos   105.000,00
        D: Despesa de depreciação   3.000,00
        C: Baixa de máquinas e equipamentos   120.000,00
    c) D: Depreciação acumulada   105.000,00
        D: Caixa   12.000,00
        D: Prejuízo na venda de imobilizado   3.000,00
        C: Máquinas e equipamentos   120.000,00
    d) D: Caixa   12.000,00
        D: Prejuízo na baixa de máquinas   3.000,00
        C: Depreciação acumulada   15.000,00
    e) D: Caixa   12.000,00
        D: Máquinas e equipamentos   118.000,00
        C: Depreciação acumulada   105.000,00
        C: Prejuízo não operacional   15.000,00

23. **(Auditor-Fiscal da Receita Federal do Brasil/ESAF)** A empresa Revendedora S.A. alienou dois veículos de sua frota de uso, por R$ 29.000,00, à vista. O primeiro desses carros já era da empresa desde 2005, tendo entrado no balanço de 2007 com saldo de R$ 25.000,00 e depreciação acumulada de 55%. O segundo veículo foi comprado em primeiro de abril de 2008 por R$ 10.000,00, não tendo participado do balanço do referido ano de 2007.

    A empresa atualiza o desgaste de seus bens de uso em períodos mensais.

    Em 30 de setembro de 2008, quando esses veículos foram vendidos, a empresa registrou seus ganhos ou perdas de capital com o seguinte lançamento de fórmula complexa:

    a) Diversos
        a Diversos
        Caixa.. 29.000,00
        Perdas de Capital... 6.000,00.....................35.000,00
        a Veículo "A"... 25.000,00
        a Veículo "B"... 10.000,00.....................35.000,00
    b) Diversos
        a Diversos
        Caixa.. 29.000,00
        Depreciação Acumulada................................. 13.750,00.....................42.750,00
        a Veículos 35.000,00
        a Ganhos de Capital.. 7.750,00.....................42.750,00

c) Diversos
   a Diversos
   Caixa.. 29.000,00
   Depreciação Acumulada......................... 17.500,00.................46.500,00
   a Veículos... 35.000,00
   a Ganhos de Capital............................... 11.500,00.................46.500,00
d) Diversos
   a Diversos
   Caixa.. 29.000,00
   Depreciação Acumulada......................... 18.500,00.................47.500,00
   a Veículos... 35.000,00
   a Ganhos de Capital............................... 12.500,00.................47.500,00
e) Diversos
   a Diversos
   Caixa.. 29.000,00
   Depreciação Acumulada......................... 19.000,00.................48.000,00
   a Veículos... 35.000,00
   a Ganhos de Capital............................... 13.000,00.................48.000,00

24. **(Analista-Tributário da Receita Federal do Brasil/ESAF) Observemos o seguinte fato contábil: pagamento, mediante a emissão de cheque, de uma duplicata antes do vencimento, obtendo-se um desconto financeiro, por essa razão.**
   Para que o registro contábil desse fato seja feito em um único lançamento, deve-se utilizar a:
   a) primeira fórmula, com 1 conta devedora e 1 conta credora;
   b) segunda fórmula, com 1 conta devedora e 2 contas credoras;
   c) terceira fórmula, com duas contas devedoras e uma credora;
   d) quarta fórmula, com duas contas devedoras e 2 contas credoras;
   e) terceira fórmula, com 3 contas devedoras e 1 conta credora.

25. **(FUNASA – Contador/Fundação Cesgranrio) Analise cuidadosamente o lançamento a seguir, sem data, valor e histórico, realizado por uma empresa prestadora de serviços.**

   Peças de Reparo
   a Fornecedores

   Tal registro indica que a empresa realizou:
   a) compra de peças para estoque, a prazo;
   b) compra de peças para estoque, à vista;
   c) despesa com peças de reparo, a prazo;
   d) despesa com peças de reparo, à vista;
   e) requisição de peças para consumo, a prazo.

26. **(FUNASA – Contador/Fundação Cesgranrio)** A Copiadora Ideal paga os salários de seus empregados pelo regime de competência, até o 5º dia do mês seguinte. Desse modo, o reconhecimento da despesa de salários deve ser feito da seguinte forma:

	Débito	Crédito
a)	Banco conta Movimento	Salários a Pagar
b)	Despesa de Salário	Caixa
c)	Despesa de Salário	Bancos conta Movimento
d)	Despesa de Salário	Salários a Pagar
e)	Salários a Pagar	Banco conta Movimento

27. **(FUNASA – Contador/Fundação Cesgranrio)** A Empresa Pintura do Futuro presta serviços de manutenção e pintura de casas e apartamentos. Em janeiro de 2009, contratou a realização de um serviço de pintura a ser feito no mês de abril de 2009, recebendo o valor integral da operação no ato da contratação do serviço.
    O registro contábil desse recebimento deve ser feito da seguinte forma:

	Débito	Crédito
a)	Adiantamento de Clientes	Caixa
b)	Adiantamento de Clientes	Receita de Serviços
c)	Adiantamento para Serviços	Caixa
d)	Caixa	Receita de Serviços
e)	Caixa	Adiantamento de Clientes

28. **(PETROBRAS/Fundação Cesgranrio)** Teoricamente é lícito afirmar que, no método das partidas dobradas, os:
    a) créditos representam as aplicações de recursos;
    b) créditos representam as fontes de recursos em todas as contas;
    c) débitos representam as origens de recursos;
    d) débitos representam as aplicações de recursos só nas contas do ativo;
    e) débitos representam as entradas de recursos nas contas de origem credora.

29. **(PETROBRAS/Fundação Cesgranrio)** De acordo com as Normas Brasileiras de Contabilidade, editadas pelo Conselho Federal de Contabilidade, constituem os registros permanentes da Entidade:
    a) Caixa e Razão.
    b) Caixa e Registro de Duplicatas.
    c) Diário e Registro de Duplicatas.
    d) Diário e Razão.
    e) Caixa, Razão e Registro de Duplicatas.

30. **(PETROBRAS/Fundação Cesgranrio)** Uma empresa prestadora de serviços de manutenção predial recebeu antecipadamente de um condomínio residencial um determinado valor para prestar serviços futuros de manutenção no referido condomínio. O registro contábil desse adiantamento, na empresa prestadora de serviços, irá provocar um aumento no:
    a) ativo e no passivo;
    b) passivo e no patrimônio líquido;
    c) caixa e no patrimônio líquido;
    d) caixa e na receita de serviços;
    e) direito a receber e na receita de serviços.

31. **(PETROBRAS/Fundação Cesgranrio)** A concessionária de automóveis Augusta S.A. de capital fechado, além dos livros de contabilidade previstos em leis e regulamentos e do Livro de Apuração do Lucro Real (LALUR), deverá possuir, por imposição da legislação do imposto de renda, os seguintes livros para registro:
    a) Inventário e Entradas (compras).
    b) Inventário e Saídas (vendas).
    c) Inventário e Permanente de Estoque.
    d) Entradas (compras), Saídas (vendas) e Permanente de Estoques.
    e) Inventário, Entradas e Movimentação de Combustíveis.

32. **(PETROBRAS/Fundação Cesgranrio)** Segundo o Código Civil, dentre os chamados livros comerciais, aquele considerado obrigatório, na sociedade empresária, é o livro:
    a) Razão.
    b) Caixa.
    c) Contas-Correntes.
    d) Lalur.
    e) Diário.

Gabarito Comentado

Exercício 1

Existem quatro (4) fórmulas de lançamento no livro Diário:

1ª fórmula – quando há somente uma conta debitada e somente uma conta creditada;
2ª fórmula – quando há somente uma conta debitada e pelo menos duas contas creditadas;
3ª fórmula – quando há pelo menos duas contas debitadas e somente uma conta creditada;
4ª fórmula – quando há pelo menos duas contas debitadas e pelo menos duas contas creditadas.

(Resposta: opção a)

Exercício 2

De acordo com o art. 100 da Lei nº 6.404/1976, a companhia deve ter, além dos livros obrigatórios para qualquer comerciante, os seguintes, revestidos das mesmas formalidades legais:

- Livro de Registro de Ações Nominativas
- Livro de Transferência de Ações Nominativas
- Livro de Registro de Partes Beneficiárias Nominativas
- Livro de Transferência de Partes Beneficiárias Nominativas
- Livro de Atas das Assembleias Gerais
- Livro de Presença de Acionistas
- Livro de Atas das Reuniões do Conselho de Administração (se houver)
- Livro de Atas das Reuniões de Diretoria
- Livro de Atas e Pareceres do Conselho Fiscal

Desta forma, não há referência alguma sobre "Livro de Registro de Ações Ordinárias".

(Resposta: opção a)

Exercício 3

São formalidades de escrituração no livro diário:

- folhas numeradas
- termos de abertura e encerramento
- autenticação

- encadernação }FORMALIDADES EXTRÍNSECAS
- ausência de emendas, rasuras e espaços em branco etc.
- escrituração cronológica
- língua e moeda nacionais }FORMALIDADES INTRÍNSECAS

(Resposta: opção e)

Exercício 4

a) Recebimento de duplicatas com juros:

Caixa

a Diversos

a Duplicatas a receber

a Juros ativos

b) Pagamento de duplicatas com desconto:

Duplicatas a pagar

a Diversos

a Caixa

a Descontos ativos

c) **Lançamento correto**

d) Depósito bancário:

BCM

a Caixa

e) Pagamento de comissões:

Comissões passivas

a Caixa

(Resposta: opção c)

Exercício 5

Custo de aquisição (= 27.000 + 3.000)	30.000
(–) Depreciação acumulada	(15.000)
(=) Valor contábil do bem	15.000
(–) Preço de venda	(12.000)
(=) Perda de capital (prejuízo não operacional)	3.000

D – Caixa	12.000
D – Depreciação acumulada	15.000
D – Perda de capital	3.000
C – Equipamentos	30.000

(Resposta: opção d)

Exercício 6

Tanto a escrituração do livro Diário quanto a do livro Razão são obrigatórias. A primeira, pela legislação comercial; a segunda, pela legislação do imposto de renda.

(Resposta: opção b)

Exercício 7

a) INCORRETA. Estoque final é o valor de custo da mercadoria remanescente, isto é, daquela que não foi vendida no período. O estoque final de um período é o mesmo estoque inicial do período **posterior**.

b) INCORRETA. Termo de abertura e de encerramento são formalidades extrínsecas.

c) INCORRETA. Lançamento de terceira fórmula é aquele que contém local e data, duas ou mais contas **devedoras**, uma conta **credora**, histórico e valor da partida.

d) INCORRETA. A duração do exercício social não é estabelecida em notas explicativas. A Lei nº 6.404/1976, em seu art. 175, fixa a duração do exercício social em 1 (um) ano.

e) RESPOSTA CORRETA.

(Resposta: opção e)

Exercício 8

a) CORRETA. Em qualquer das formas de retificação de lançamento contábil o histórico do lançamento deverá precisar o motivo da retificação, a data e a localização do lançamento de origem.

b) CORRETA. Estorno consiste em lançamento inverso àquele feito erroneamente, anulando-o totalmente.

c) CORRETA. Lançamento de transferência é aquele que promove a regularização de conta indevidamente debitada ou creditada, através da transposição do valor para a conta adequada.

d) **INCORRETA**. Lançamento de complementação é aquele que vem, posteriormente, complementando o histórico original, aumentando ou reduzindo o valor anteriormente registrado.

e) CORRETA. Os lançamentos realizados fora da época devida deverão consignar, nos seus históricos, as datas efetivas das ocorrências e a razão do atraso.

(Resposta: opção d)

Exercício 9

a) INCORRETA. O estorno é uma das formas de retificação e não a única.

b) **CORRETA**. O estorno consiste em lançamento inverso àquele feito erroneamente, anulando-o totalmente.

c) INCORRETA. É o lançamento de transferência que promove a regularização de conta indevidamente debitada ou creditada, através da transposição do valor para a conta mais adequada.

d) INCORRETA. É o lançamento de complementação que é aquele que vem, posteriormente, complementando para mais ou para menos o valor anteriormente registrado.

e) INCORRETA. O lançamento de estorno tem o objetivo de anular o lançamento original.

(Resposta: opção b)

Exercício 10

Para cada fato contábil, teremos um registro indicando que, para cada débito, haverá um ou mais créditos de igual valor, ou ainda, para cada aplicação, haverá uma ou mais origens de igual valor (as aplicações correspondem aos débitos e as origens aos créditos).

(Resposta: opção a)

Exercício 11

Ao receber R$ 30.000,00, debita-se a conta Caixa neste valor. Visto que o serviço ainda não foi prestado, não há a receita. Apenas a obrigação de prestar o serviço, sendo esta creditada na conta Adiantamento de Clientes (conta do passivo) no referido valor.

(Resposta: opção c)

Exercício 12

O cheque recebido será de 95% de R$ 500,00, isto é, R$ 475,00. Tal valor será debitado na conta Caixa (tanto o recebimento em dinheiro quanto o recebimento em cheque sempre entra no caixa. No entanto, o pagamento em cheque realmente sai de bancos e não do caixa). Desta forma, haverá um débito na conta Descontos Passivos no valor de R$ 25,00. A conta Duplicatas a Receber será creditada do seu valor, ou seja, R$ 500,00.

D – Caixa	475,00
D – Descontos Passivos	25,00
C – Duplicatas a Receber	500,00

(Resposta: opção a)

Exercício 13

Na opção e, Descontos Concedidos é o mesmo que Descontos Passivos e não Descontos Ativos.

(Resposta: opção e)

Exercício 14

Na Empresa Gama, a mercadoria está retornando ao estoque, no valor de R$ 10.000,00. Logo, será debitado este valor na conta Estoque de Mercadorias. As Duplicatas a Receber deixarão de existir no valor de R$ 10.000,00. Desta forma, será creditado este valor nesta conta. Aparecerá o direito de receber os juros no valor de R$ 600,00. Assim, será debitado este valor na conta Juros a Receber. Em contrapartida, será creditado o mesmo valor na conta Juros Ativos.

(Resposta: opção a)

Exercício 15

No primeiro lançamento, a conta CAIXA está sendo creditada. Logo, trata-se de um pagamento.

A conta CREDORES IMOBILIÁRIOS é do passivo, e se refere a um débito (dívida) da empresa, em virtude de compra de imóvel a prazo. O débito nesta conta significa a redução de seu saldo em função do pagamento de prestação.

No segundo lançamento, a conta IMÓVEIS está sendo creditada, significando assim a sua saída mediante venda. A conta DEVEDORES HIPOTECÁRIOS é do ativo. Esta representa um crédito (direito) da empresa por estar vendendo um imóvel a prazo com garantia real contra o devedor, mediante hipoteca.

(Resposta: opção a)

Exercício 16

O livro DIÁRIO é: Obrigatório (é exigido por lei); Principal (registra todos os fatos); e Cronológico (os fatos são registrados seguindo a ordem do tempo).

(Resposta: opção d)

Exercício 17

Não há restrição quanto aos usuários do método das partidas dobradas, sejam pessoas físicas ou jurídicas, de fins lucrativos ou não.

(Resposta: opção e)

Exercício 18

O livro Razão, por exemplo, é um livro sistemático, pois os fatos são contabilizados por conta. No entanto, o livro Diário é um livro cronológico, pois os fatos são contabilizados por data. Em outras palavras, no livro Razão, para a contabilização dos fatos, procura-se as contas envolvidas no fato. Já, no livro Diário, procura-se a data em que ocorreu o fato.

(Resposta: opção a)

Exercício 19

Estorno de lançamento, lançamento retificativo (ou retificação de lançamento) e lançamento complementar são formas de correção de erros de escrituração e não erros de escrituração. A única opção que só contém erros de escrituração é a b.

(Resposta: opção b)

Exercício 20

Visto que o livro Diário é cronológico, a primeira indicação de uma partida nesse livro é do local e da data de ocorrência do fato, coisa que se observa no lançamento dado. Logo em seguida, virão as contas debitadas (Móveis e Utensílios e Veículos). Nesse caso, na escrituração manual (caneta esferográfica), utilizamos a expressão "Diversos" no lugar dessas contas, e, após a conta creditada (Bancos Conta Movimento), indicamos as diversas debitadas, sem a partícula "a" pois essa só precede as contas creditadas.

(Resposta: opção c)

Exercício 21

Se uma empresa compra, por exemplo, um computador para uso próprio no valor de R$ 2.000,00, com 20% de entrada mediante a emissão de um cheque e o restante com aceite de duplicata, seria prático fazer um único lançamento com uma conta debitada (Computadores) e diversas creditadas (BCM e Duplicatas a Pagar), ou seja, fazer um único lançamento de 2ª fórmula. Nesse caso, não seria recomendável fazer dois lançamentos de 1ª fórmula. Dessa forma, em geral, os lançamentos de 2ª e 3ª fórmula são utilizados a fim de facilitar a escrituração.

(Resposta: opção e)

Exercício 22

Valor contábil da máquina (120.000,00 – 105.000,00)	15.000,00
(–) Preço de venda da máquina	(12.000,00)
(=) Prejuízo na venda de imobilizado	3.000,00

Assim, teremos a seguinte contabilização:

D: Depreciação acumulada 105.000,00

D: Caixa 12.000,00

D: Prejuízo na venda de imobilizado 3.000,00

C: Máquinas e equipamentos 120.000,00

(Resposta: opção c)

Exercício 23

Apesar de não ter sido fornecida a taxa de depreciação dos veículos, a legislação tributária determina que essa taxa é de 20% ao ano ou 20%/12 ao mês. Assim, teremos:

1º Automóvel (situação em 30 de setembro de 2008):

Custo de aquisição .... R$ 25.000

(–) Depreciação acumulada [(55% + 9 × 20%/12) × R$ 25.000,00] .... (R$ 17.500)

(=) Valor contábil .... R$ 7.500

2º Automóvel (situação em 30 de setembro de 2008):

Custo de aquisição .... R$ 10.000

(–) Depreciação acumulada [(6 × 20%/12) × R$ 10.000,00] .... (R$ 1.000)

(=) Valor contábil .... R$ 9.000

Lucro na venda dos veículos (ganhos de capital) = R$ 29.000 – R$ 16.500 = R$ 12.500

Ao vender os dois carros, cujos valores contábeis somam R$ 17.500 por R$ 29.000, a empresa terá um lucro de R$ 12.500, o qual será creditado na conta Ganhos de Capital.

Os custos de aquisição dos dois carros será creditado na conta Veículos no valor de R$ 35.000. A conta Depreciação Acumulada, a qual tem saldo credor, será baixada através de um débito correspondente à soma das depreciações dos dois veículos (R$ 18.500). A conta Caixa será debitada pela entrada de dinheiro (R$ 29.000). Assim, teremos o seguinte lançamento:

D – Caixa 29.000,00

D – Depreciação Acumulada 18.500,00

C – Ganhos de Capital 12.500,00

C – Veículos 35.000,00

(Resposta: opção d)

Exercício 24

No pagamento, mediante a emissão de cheque, de uma duplicata antes do vencimento, temos a seguinte contabilização:

D – Duplicatas a Pagar

C – Caixa

C – Descontos Ativos (ou Descontos Financeiros ou Condicionais Obtidos)

Assim, uma conta debitada e mais de uma creditada caracterizam um lançamento de segunda fórmula.

(Resposta: opção b)

Exercício 25

Ao debitar a conta "Peças de Reparo" (conta do ativo – estoques) e creditar a conta "Fornecedores" (conta do passivo), a empresa estará escriturando a compra de peças de reparo a prazo.

(Resposta: opção a)

Exercício 26

O reconhecimento de uma despesa num mês para pagamento no mês seguinte gera um débito na conta de despesa e um crédito na conta de passivo. No caso dos salários, debita-se "Despesa de Salário" e credita-se "Salários a Pagar".

(Resposta: opção d)

Exercício 27

O recebimento antecipado para prestação posterior de serviços é escriturado mediante um débito na conta "Caixa" e um crédito na conta "Adiantamento de Clientes".

(Resposta: opção e)

Exercício 28

No método das partidas dobradas, todo e qualquer débito corresponde às **aplicações de recursos** e todo e qualquer crédito corresponde às **origens (ou fontes) de recursos**.

Assim, por exemplo, ao comprar mercadorias à vista, uma empresa terá como fonte o dinheiro (crédito na conta Caixa) e como aplicação as mercadorias (débito na conta Mercadorias). Se a compra fosse a prazo, a fonte seria uma dívida com fornecedores (crédito na conta Fornecedores).

(Resposta: opção b)

Exercício 29

De acordo com a NBC T.2.1, item 2.1.5, o "Diário" e o "Razão" constituem os registros permanentes da Entidade.

Os registros auxiliares, quando adotados, devem obedecer aos preceitos gerais da escrituração contábil, observadas as peculiaridades da sua função.

No "Diário" serão lançadas, em ordem cronológica, com individuação, clareza e referência ao documento probante, todas as operações ocorridas, incluídas as de natureza aleatória, e quaisquer outros fatos que provoquem variações patrimoniais.

(Resposta: opção d)

Exercício 30

O recebimento antecipado para prestação posterior de serviços é escriturado mediante um débito na conta "Caixa" (aumento no ativo) e um crédito na conta "Adiantamento de Clientes" (aumento no passivo).

(Resposta: opção a)

Exercício 31

Em consonância com a legislação do IR, a PJ, além dos livros de contabilidade previstos em leis e regulamentos, deverá possuir os seguintes livros:

I – para **registro de inventário**;

II – para registro de **entradas (compras);**

III – de Apuração do Lucro Real – LALUR;

IV – para registro permanente de estoque, para as PJ que exercerem atividades de compra, venda, incorporação e construção de imóveis, loteamento ou desmembramento de terrenos para venda;

V – de Movimentação de Combustíveis, a ser escriturado diariamente pelo posto revendedor.

(Resposta: opção a)

Exercício 32

De acordo com o art. 1.179 do Código Civil, o empresário e a sociedade empresária, entre as quais as sociedades limitadas, são obrigados a seguir um sistema de contabilidade, mecanizado ou não, com base na escrituração uniforme de seus livros, em correspondência com a documentação respectiva.

De acordo com o art. 1.180 do referido código, além dos demais livros exigidos por lei, é **indispensável** o Diário, que pode ser substituído por fichas no caso de escrituração mecanizada ou eletrônica.

(Resposta: opção e)

Comentário extra: Apesar do livro Diário ser o único livro obrigatório para todas as empresas em geral, há livros obrigatórios especiais, como por exemplo, livro de registro de duplicatas (para as empresas que emitem e descontam duplicatas), livro de entradas e saídas de mercadorias (para os donos de armazéns gerais), etc. **Cabe ressaltar que o livro Diário** poderá ser substituído por **balancetes ou balanços diários**, desde que observadas as formalidades legais. O resumo, regra geral, é lançado no balanço anual.

Capítulo 7

Contabilização de Operações Diversas

1. Juros na Compra de Bens a Prazo

Ex.: A Cia. ABC adquiriu em 31 de março de 20X1 uma máquina para uso na produção, mediante a assinatura de duas promissórias a serem pagas em 30 dias e 60 dias no valor de R$ 104.040,00 cada. A taxa de juros mensal foi de 2%. O referido ativo foi posto em funcionamento logo em 1º de abril de 20X1.

Assim, o primeiro passo é fazermos o AJUSTE A VALOR PRESENTE do valor das promissórias, onde iremos determinar o valor do bem à vista:

$$\text{Valor atual} = \frac{R\$\ 104.040}{(1+0{,}02)^1} + \frac{R\$\ 104.040}{(1+0{,}02)^2} = R\$\ 102.000 + R\$\ 100.000 = R\$\ 202.000$$

....

Dessa forma, as despesas de juros a serem apropriadas ao final de abril e maio de 20X1 serão calculadas da seguinte forma:

- Juros (abril) = R$ 202.000 × 2% = R$ 4.040
- Juros (maio) = (R$ 202.000 − R$ 104.040 + R$ 4.040) × 2% = R$ 2.040

....

Existem <u>duas formas</u> de apurarmos os juros totais a apropriar:

1ª) Somando as despesas de juros de abril e maio: R$ 4.040 + R$ 2.040 = R$ 6.080

2ª) Subtraindo o valor atual dos fluxos de caixa (R$ 202.000) do valor total a pagar (R$ 104.040 × 2 = R$ 208.080): R$ 208.080 − R$ 202.000 = R$ 6.080

....

Por fim, teremos as seguintes contabilizações:

(31/03/20X1) Compra da máquina:

D	Máquinas...	202.000
D	Juros a Transcorrer	6.080
C	Promissórias a Pagar	208.080

(30/04/20X1) Apropriação das despesas financeiras de abril:

D	Despesas de Juros	4.040
C	Juros a Transcorrer	4.040

(31/05/20X1) Apropriação das despesas financeiras de maio:

D	Despesas de Juros	2.040
C	Juros a Transcorrer	2.040

Obs.: De acordo com o item 1 do Pronunciamento Técnico CPC 20 (R1) – Custos de Empréstimos, custos de empréstimos que são diretamente atribuíveis à aquisição, construção ou produção de um ATIVO QUALIFICÁVEL **formam parte do custo de tal ativo**.

De acordo com o item 5 do mesmo CPC, ATIVO QUALIFICÁVEL é um ativo que, necessariamente, demanda um período de tempo substancial para ficar pronto para seu uso ou venda pretendidos. É o caso, por exemplo, de ativo imobilizado adquirido em período pré-operacional, visto que tal ativo ainda não está sendo usado. Desse modo, os encargos financeiros incidentes sobre financiamento para aquisição desse ativo são considerados custos de empréstimos de ativo qualificável, devendo, portanto, ser incorporados ao custo desse ativo e, consequentemente, baixados juntamente com sua depreciação.

Na fase operacional, isto é, na fase em que o ativo já não for mais considerado qualificável, em função de já estar sendo utilizado, os encargos sobre financiamentos devem ser tratados como despesas financeiras, não sendo mais incorporados ao custo do respectivo ativo. A base disso é o item 22 do mesmo CPC, o qual determina que a entidade deve cessar a capitalização dos custos de empréstimos quando substancialmente todas as atividades necessárias ao preparo do ativo qualificável para seu uso ou venda pretendidos estiverem concluídas.

Corroborando ainda tudo isso, a letra (e) do item 23 do Pronunciamento Técnico CPC 27 – Ativo Imobilizado – determina como componente do custo de imobilizado os encargos financeiros incorridos durante o período de construção ou produção.

Assim, nesse último exemplo da Cia. ABC, se a máquina só tivesse sido instalada em 1º de maio de 20X1, teríamos as seguintes contabilizações:

(31/03/20X1) Compra da máquina:

D Máquinas 202.000

D Juros a Transcorrer 6.080

C Promissórias a Pagar 208.080

(30/04/20X1) Incorporação das despesas financeiras de abril ao custo da máquina, visto que foi considerada ativo qualificável:

D Máquinas **4.040**

C Juros a Transcorrer 4.040

(31/05/20X1) Apropriação das despesas financeiras de maio:

D Despesas de Juros 2.040

C Juros a Transcorrer 2.040

Observemos que no mês de abril a máquina não estava pronta para uso, sendo, portanto considerada ativo QUALIFICÁVEL e, consequentemente, os encargos financeiros (juros) de abril foram incorporados ao seu custo. Somente a partir de maio é que os juros não mais foram incorporados ao custo do imobilizado e sim apropriados como despesas.

2. Descontos Financeiros (ou Condicionais) Obtidos no Pagamento Antecipado de Duplicatas

Exemplo: A Cia. Y pagou uma duplicata no valor de R$ 20.000,00 com desconto de 10%.

D Duplicatas a Pagar 20.000

C Desconto Financeiro Obtido 2.000

C Caixa 18.000

3. Descontos Financeiros (ou Condicionais) Concedidos no Recebimento Antecipado de Duplicatas

Exemplo: A Cia. Z recebeu uma duplicata no valor de R$ 30.000,00 com desconto de 5%.

D Caixa 28.500

D Desconto Financeiro Concedido 1.500

C Duplicatas a Receber 30.000

4. Descontos Comerciais (ou Incondicionais) Obtidos na Compra de Mercadorias

Exemplo: A empresa varejista, Cia. U, comprou mercadorias para revenda a prazo da empresa atacadista, Cia. M, no valor de R$ 100.000,00 com ICMS de 17% e desconto incondicional de 20%.

D Mercadorias (100.000 – 17% 80.000)	86.400
D ICMS a Recuperar	13.600
C Desconto Comercial Obtido	20.000
C Fornecedores	80.000

5. Descontos Comerciais (ou Incondicionais) Concedidos na Revenda de Mercadorias

Exemplo: Considerando o exemplo anterior, a contabilização na Cia. M (empresa vendedora) seria a seguinte

D Clientes	80.000
D Desconto Comercial Concedido	20.000
C Vendas	100.000

D ICMS sobre Vendas	13.600
C ICMS a Recolher	13.600

6. Apropriação e Pagamento do IPTU

Exemplo: O IPTU da Cia. Beta será pago em cota única em 28 de fevereiro de 20X1 no total de R$ 24.000,00.

(31/01/20X1) Apropriação do IPTU ainda não pago no valor de R$ 24.000 ÷ 12 = R$ 2.000,00

D Despesa de IPTU	2.000
C IPTU a Pagar	2.000

(28/02/20X1) Pagamento da cota única de R$ 24.000,00 e apropriação de R$ 2.000,00 referente a fevereiro de 20X2.

D Despesa de IPTU	2.000
D IPTU a Transcorrer	20.000
D IPTU a Pagar	2.000
C Caixa	24.000

Nota 1: A partir de março de 20X1 até dezembro de 20X1 a empresa fará a seguinte apropriação ao final de cada um dos 10 meses restantes:

D Despesa de IPTU 2.000

C IPTU a Transcorrer 2.000

Nota 2: A contabilização do IPVA ou de qualquer outro tributo que seja pago em cota única anual ou seja parcelado segue as mesmas regras do IPTU.

7. APROPRIAÇÃO DOS ALUGUÉIS QUE SERÃO PAGOS NO MÊS SEGUINTE

Exemplo: A Cia. Estrela (locatária) apropriou ao final de março o aluguel desse mês no valor de R$ 5.000,00, o qual será pago em 5 de abril para a Cia. Delta (locadora).

(31/03) Apropriação do aluguel de março

D Despesas de Aluguéis 5.000,00

C Aluguéis a Pagar 5.000,00

(05/04) Pagamento do aluguel de março

D Aluguéis a Pagar 5.000,00

C Caixa 5.000,00

8. APROPRIAÇÃO DOS ALUGUÉIS QUE SERÃO RECEBIDOS NO MÊS SEGUINTE

Exemplo: Considerando ainda o exemplo anterior da Cia. Estrela (locatária do aluguel), as contabilizações na Cia. Delta (locadora) serão as seguintes:

(31/03) Apropriação da receita de aluguel de março

D Aluguéis a Receber 5.000,00

C Receitas de Aluguéis 5.000,00

(05/04) Recebimento do aluguel de março

D Caixa 5.000,00

C Aluguéis a Receber 5.000,00

9. PAGAMENTO ANTECIPADO DE ALUGUÉIS

Exemplo: Em 31 de dezembro de 20X1, a Cia. Vitória (locatária) pagou antecipadamente para a Cia. Nova (locadora) R$ 6.000,00 referentes ao aluguel de seu imóvel em janeiro de 20X2.

(31/12/20X1) Pagamento antecipado do aluguel de janeiro de 20X2
D Despesas Antecipadas de Aluguéis 6.000,00
C Caixa 6.000,00

(31/01/20X2) Apropriação da despesa de aluguel de janeiro de 20X2
D Despesas de Aluguéis 6.000,00
C Despesas Antecipadas de Aluguéis 6.000,00

Nota 1: A conta "Despesas Antecipadas de Aluguéis" ou "Aluguéis a Transcorrer" ou "Aluguéis a Apropriar" ou "Aluguéis a Vencer" é classificada no ATIVO CIRCULANTE, visto que é "semelhante" a um direito realizável a curto prazo (= direito de usar o imóvel no mês seguinte ao pagamento).

Nota 2: A forma de contabilização acima é justificada pelo princípio da COMPETÊNCIA, visto que a despesa não é caracterizada pelo pagamento e sim pela ocorrência do fato gerador, que, no caso, é o uso do imóvel em janeiro de 20X2.

10. Recebimento Antecipado de Aluguéis

Considerando ainda o exemplo anterior da Cia. Vitória (locatária), teremos as seguintes contabilizações na Cia. Nova (locadora):

(31/12/20X1) Recebimento antecipado do aluguel de janeiro de 20X2
D Caixa 6.000,00
C Receitas Antecipadas de Aluguéis 6.000,00

(31/01/20X2) Apropriação da despesa de aluguel de janeiro de 20X2
D Receitas Antecipadas de Aluguéis 6.000,00
C Receitas de Aluguéis 6.000,00

Nota 1: A conta "Receitas Antecipadas de Aluguéis" ou " Receitas de Aluguéis a Transcorrer" ou " Receitas de Aluguéis a Apropriar" ou "Receitas de Aluguéis a Vencer" ou "Receitas Diferidas de Aluguéis" é classificada no PASSIVO EXIGÍVEL, visto que é "semelhante" a uma obrigação (= obrigação de deixar o locatário usufruir do aluguel de janeiro de 20X2).

Nota 2: A forma de contabilização acima é justificada pelo princípio da COMPETÊNCIA, visto que a RECEITA não é caracterizada pelo recebimento e sim pela ocorrência do fato gerador, que, no caso, é a disponibilização do imóvel para uso pelo locatório em janeiro de 20X2.

11. Variação Cambial de Dívida em Moeda Estrangeira

Exemplo: A Indústria Sol S/A adquiriu em 30/11/20X1, para montagem de seu parque fabril, uma máquina nos E.U.A, com emissão de uma promissória de 4.000 dólares a ser paga em 31/03/20X2. Desconsiderando a existência de juros e supondo que a máquina chegou no Brasil em 31 de dezembro de 20X1 e só foi instalada em 31 de janeiro de 20X2, teremos as seguintes contabilizações, considerando as taxas de câmbio abaixo indicadas:

30/11/20X1: 1 dólar = R$ 2,00

31/12/20X1: 1 dólar = R$ 2,30

31/01/20X2: 1 dólar = R$ 2,05

28/02/20X2: 1 dólar = R$ 2,16

31/03/20X2: 1 dólar = R$ 2,10

(30/11/20X1) Compra do bem

D Importações em Andamento (4.000 × 2,00) 8.000,00

C Financiamentos no Exterior 8.000,00

(31/12/20X1) Chegada do bem na empresa no Brasil

D Máquinas 8.000,00

C Importações em Andamento 8.000,00

(31/12/20X1) Atualização do financiamento mediante a incorporação da variação cambial ao custo do ativo que ainda "não foi instalado", tendo em vista que foi considerada ativo qualificável (= ativo em produção ou construção).

D Máquinas [4.000 × (2,30 – 2,00)] 1.200,00

C Financiamentos no Exterior 1.200,00

(31/01/20X2) Atualização do financiamento mediante a desincorporação da variação cambial do custo do ativo que ainda "não foi instalado", tendo em vista que foi considerada ativo qualificável (= ativo em produção ou construção).

D Financiamentos no Exterior 1.000,00

C Máquinas [4.000 × (2,30 – 2,05)] 1.000,00

(28/02/20X2) Atualização do financiamento mediante a contabilização da VARIAÇÃO CAMBIAL PASSIVA, dado que o bem já está pronto para uso, ou seja, não é mais ativo qualificável, sendo os encargos financeiros apropriados ao resultado.

D Variações Cambiais Passivas [4.000 × (2,16 – 2,05)] 440,00

C Financiamentos no Exterior 440,00

(31/03/20X2) Atualização do financiamento mediante a contabilização da VARIAÇÃO CAMBIAL ATIVA

D Financiamentos no Exterior 240,00

C Variações Cambiais Ativas [4.000 × (2,16 – 2,10)] 240,00

(31/03/20X2) Pagamento do financiamento no valor de R$ 8.000,00 + R$ 1.200,00 – R$ 1.000,00 + R$ 440,00 – R$ 240 = R$ 8.400,00 através da conta corrente no Banco do Brasil

D Financiamentos no Exterior 8.400,00

C BCM – BB 8.400,00

Comentário: Observemos que até a data em que o bem foi instalado, a variação cambial do financiamento em moeda estrangeira foi incorporada (ou desincorporada) ao custo do ativo QUALIFICÁVEL. Após a instalação do bem, cessará a incorporação (ou desincorporação) das variações cambiais ao ativo, o qual não será mais considerado qualificável, sendo a variação cambial contabilizada como despesa financeira ou receita financeira no resultado. A base legal para tal procedimento encontramos nos itens 5 a 8 do Pronunciamento Técnico CPC 20 (R1) – Custos de Empréstimos, os quais reproduzimos abaixo:

*5. .... **Ativo qualificável** é um ativo que, necessariamente, demanda um período de tempo substancial para ficar pronto para seu uso ou venda pretendidos.*

6. Custos de empréstimos incluem:

(a) encargos financeiros calculados com base no método da taxa efetiva de juros como descrito nos Pronunciamentos Técnicos CPC 08 – Custos de Transação e Prêmios na Emissão de Títulos e Valores Mobiliários e CPC 38 – Instrumentos Financeiros: Reconhecimento e Mensuração;

(b) (eliminado);

(c) (eliminado);

(d) encargos financeiros relativos aos arrendamentos mercantis financeiros reconhecidos de acordo com o Pronunciamento Técnico CPC 06 – Operações de Arrendamento Mercantil; e

*(e) **variações cambiais** decorrentes de empréstimos em moeda estrangeira, na extensão em que elas sejam consideradas como ajuste, para mais ou para menos, do custo dos juros.*

7. Dependendo das circunstâncias, um ou mais dos seguintes ativos podem ser considerados ativos qualificáveis:

(a) estoques;

(b) plantas industriais para manufatura;

(c) usinas de geração de energia;

(d) ativos intangíveis;

(e) propriedades para investimentos.

Ativos financeiros e estoques que são manufaturados, ou de outro modo produzidos, ao longo de um curto período de tempo, não são ativos qualificáveis. Ativos que estão prontos para seu uso ou venda pretendidos quando adquiridos não são ativos qualificáveis.

*8. A entidade deve **capitalizar** os custos de empréstimos que são diretamente atribuíveis à aquisição, construção ou produção de **ativo qualificável** como parte do custo do ativo. A entidade deve reconhecer os outros custos de empréstimos como despesa no período em que são incorridos.*

12. OPERAÇÕES COM FOLHA DE PAGAMENTO DO PESSOAL

12.1. Apropriação dos salários para pagamento no mês seguinte

D Despesas de Salários

C Salários a Pagar

12.2. Retenção na Fonte do INSS e do IR do pessoal

D Salários a Pagar

C INSS a Recolher

D Salários a Pagar

C IRRF a Recolher

12.3. Contabilização do INSS patronal

D Despesa com INSS

C INSS a Recolher

12.4. Contabilização do Salário-Família

D INSS a Recolher

C Salários a Pagar

Nota: O débito na conta "INSS a Recolher" na contabilização do salário-família se traduz num CRÉDITO do empregador (empresa) contra a previdência social, ou seja, quem na realidade paga o referido salário é o Governo e não o empregador, o qual reduzirá a sua dívida com a previdência.

12.5. Adiantamento de Salários
D Adiantamentos de Salários
C Caixa/Bancos

12.6. Apropriação dos salários do pessoal no final do mês quando há adiantamentos de salários no decorrer do mês
D Despesas de Salários
C Salários a Pagar

D Salários a Pagar
C Adiantamentos de Salários

12.7. Apropriação dos salários quando há empréstimos consignados efetuados por instituições financeiras

Empréstimos consignados são os contraídos pelos empregados de determinada empresa, a qual assume o compromisso de descontar mensalmente as parcelas e de repassar essas parcelas à instituição fornecedora do empréstimo.

Dessa forma, a despesa referente aos descontos consignados é apropriada no mês da ocorrência do seu fato gerador e não no momento do pagamento, em função do regime de competência e não de regime de caixa.

Assim, por exemplo, suponhamos que o salário mensal de determinado funcionário seja de R$ 1.000,00, mas haja empréstimo consignado por um banco com desconto mensal em folha no valor de R$ 200,00. Assim, no mês da apropriação da folha a empresa faria a seguinte contabilização, supondo o INSS de 110,00 e o IRRF de R$ 160,00:

D Despesas de Salários	1.000,00
C INSS a Recolher	110,00
C IRRF a Recolher	160,00
C Empréstimos Consignados em Folha a Pagar	**200,00**
C Salários a Pagar	530,00

Observemos no lançamento acima que a "despesa referente aos descontos consignados" no valor de R$ 200,00 já está "embutida" na conta "Despesa de Salários" no total de R$ 1.000,00.

No mês do pagamento, seriam feitas as seguintes contabilizações:

D Salários a Pagar	530,00
C Caixa (ou Bancos)	530,00
D Empréstimos Consignados em Folha a Pagar	200,00
C Caixa (ou Bancos)	200,00

13. Operações com Ativo Imobilizado

13.1. Compra de Bens do Ativo Imobilizado

Exemplo: Em 10 de março de 20X1, a Cia. Gama adquiriu para uso próprio um caminhão com a emissão de um cheque de R$ 80.000,00.

D Veículos 80.000,00
C Bancos 80.000,00

13.2. Depreciação de Bens do Ativo Imobilizado

A depreciação dos bens do imobilizado se dá em função do desgaste pelo uso, ação da natureza ou obsolescência.

O método de depreciação mais utilizado é chamado de método linear (ou quotas constantes), onde a depreciação acumulada é proporcional ao tempo transcorrido.

Exemplo: Em abril de 20X1, a comercial Castelo S/A adquiriu um equipamento para uso próprio no valor de R$ 60.000,00. Considerando um tempo de vida útil de 10 anos e valor residual de 20%, teremos:

- Taxa de depreciação = 100% ÷ 10 anos = 10% ao ano
- Valor depreciável = 60.000 – 20% 60.000 = 48.000
- Depreciação mensal = $48.000 \times \dfrac{10\%}{12} = 400$
- Depreciação (20X1 = 9 meses) = 9 × 400 = 3.600
- Contabilização nos razonetes (R$ 400,00 ao mês em 9 meses):

Dep. Acumulada	Depreciação
400	400
400	400
.	.
.	.
400	400
3.600	3.600

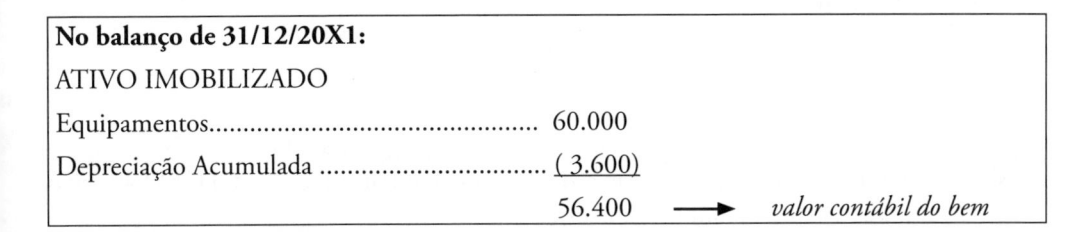

No balanço de 31/12/20X1:

ATIVO IMOBILIZADO

Equipamentos................................... 60.000
Depreciação Acumulada .... (3.600)
                                       56.400 ⟶ *valor contábil do bem*

Depreciação no exercício social de 20X2:

- Depreciação (20X2 = 12 meses) = 48.000 × 10% = 4.800
- Contabilização nos razonetes (R$ 400 ao mês em 12 meses), lembrando que a conta "Depreciação Acumulada" já tem um saldo inicial de R$ 3.600 referentes ao exercício de 20X1 (porém, a despesa está com saldo <u>zero</u> porque foi encerrada):

Dep. Acumulada	Depreciação
3.600	400
400	400
.	.
.	.
.	.
400	400
8.400	4.800

No balanço de 31/12/20X2:
ATIVO IMOBILIZADO
Equipamentos... 60.000
Depreciação Acumulada .... (8.400)
51.600   ⟶   *valor contábil do bem*

Obs. 1: Observemos que o saldo das contas "Depreciação Acumulada" e "Depreciação (despesa)" só equivalem no 1º ano de uso do bem. A partir do 2º ano, o saldo da 1ª conta vai acumulando até o final de sua vida útil e o da 2ª conta só reflete a despesa referente ao respectivo ano, visto que ao final do ano deverá ser encerrada, juntamente com as demais despesas e receitas, para a apuração do resultado do exercício, de sorte que no início de cada ano sempre começa com saldo zero.

Obs. 2: Quem regula as taxas máximas que as empresas podem utilizar para a depreciação de bens do ativo imobilizado é a Legislação do Imposto de Renda. Abaixo, temos as taxas mais conhecidas:

- Veículos/Computadores/Impressoras – 20% ao ano
- Móveis e Utensílios/Equipamentos – 10% ao ano
- Imóveis (somente edificações) – 4% ao ano

Obs. 3: A seguir, reproduzimos os itens do Pronunciamento Técnico CPC 27 – Ativo Imobilizado que tratam de depreciação:

Item 6:
VALOR CONTÁBIL é o valor pelo qual um ativo é reconhecido após a dedução da depreciação e da perda por redução ao valor recuperável acumuladas.
VALOR DEPRECIÁVEL é o custo de um ativo ou outro valor que substitua o custo, menos o seu valor residual.
DEPRECIAÇÃO é a alocação sistemática do valor depreciável de um ativo ao longo da sua vida útil.
VALOR RESIDUAL DE UM ATIVO é o valor estimado que a entidade obteria com a venda do ativo, após deduzir as despesas estimadas de venda, caso o ativo já tivesse a idade e a condição esperadas para o fim de sua vida útil.
VIDA ÚTIL É: (a) o período de tempo no qual a entidade espera utilizar o ativo; ou (b) o número de unidades de produção ou unidades semelhantes que a entidade espera obter pela utilização do ativo.

Item 36: *O valor depreciável de um bem do ativo imobilizado deve ser apropriado numa base sistemática durante a sua vida útil econômica. O método de depreciação usado deve refletir o padrão em que os benefícios econômicos do ativo são consumidos pela empresa. A parcela de depreciação referente a cada período deve ser contabilizada como despesa ou custo, a não ser que seja incluída no valor contábil de outro ativo.*

Item 37: *À medida em que os bens do ativo imobilizado são utilizados nas operações, o valor contábil do ativo é reduzido para refletir esse benefício econômico, gerando uma despesa de depreciação. A depreciação deve ser registrada mesmo que o valor justo do ativo exceda o seu valor contábil.*

Item 38: *A diminuição de valor dos bens do ativo imobilizado decorre principalmente da sua utilização (reconhecida por meio de depreciação). Entretanto, outros fatores, tais como a obsolescência tecnológica e o desgaste enquanto o ativo ficar parado, geralmente resultam na diminuição dos benefícios econômicos que se poderia esperar fossem proporcionados pelo ativo. Consequentemente, os seguintes fatores devem ser considerados ao estimar a vida útil econômica de um ativo:*
a. o uso esperado do ativo pela empresa, que deve ser avaliado com base na capacidade ou na produção física esperadas do ativo;
b. o desgaste físico esperado, que depende de fatores operacionais, tais como o número de turnos durante os quais o ativo será usado e o programa de reparo e manutenção, inclusive enquanto não estiver em operação;
c. obsolescência tecnológica resultante de mudanças ou aperfeiçoamentos na produção, ou mudanças na demanda no mercado do produto ou serviço proporcionado pelo ativo; e
d. limites legais ou semelhantes sobre o uso do ativo, tais como datas de expiração dos respectivos arrendamentos, permissões de exploração ou concessões.

Item 39: A vida útil econômica de um bem do ativo imobilizado é definida em termos do benefício econômico que a empresa espera obter da utilização desse ativo. A política de administração dos ativos de uma empresa pode incluir a venda dos ativos depois de um determinado período ou depois do consumo de uma certa proporção dos benefícios econômicos incorporados no ativo. Consequentemente, a vida útil de um ativo pode ser mais curta do que a sua vida econômica. A estimativa da vida útil de um bem do ativo imobilizado é uma questão de julgamento baseado na experiência com ativos semelhantes e, portanto, não deve estar vinculada a limites legais para dedutibilidade da despesa com depreciação.

Item 40: Terrenos e edificações são ativos tratados separadamente para fins contábeis, mesmo quando adquiridos em conjunto. O terreno, normalmente, tem uma vida ilimitada e, portanto, <u>não é depreciado</u>. As edificações têm uma vida limitada e, portanto, são depreciáveis. Um aumento no valor do terreno no qual uma edificação está situada não afeta a determinação da vida útil do edifício.

Item 41: Uma variedade de métodos de depreciação pode ser usada para alocar o montante depreciável de um ativo numa base sistemática durante a sua vida útil. O método usado para um ativo é selecionado com base no padrão esperado de benefícios econômicos e deve ser uniformemente aplicado, a não ser que haja uma mudança no padrão esperado de benefícios econômicos derivados desse ativo.

Item 42: A depreciação de um período é usualmente reconhecida como despesa ou como parte do custo de construir ou produzir outro ativo, caso em que os benefícios econômicos decorrentes da utilização de um ativo são absorvidos pela empresa na produção de outros ativos. Por exemplo, a depreciação da fábrica e seus equipamentos é incluída no custo dos estoques.

Item 43: A estimativa de vida útil de um bem do ativo imobilizado deve ser revisada periodicamente e, se ela for significativamente diferente da anterior, a taxa de depreciação do período corrente e dos períodos futuros deve ser ajustada.

Item 44: Durante a vida de um ativo, poderá tornar-se claro que a estimativa de sua vida útil não é apropriada. Por exemplo, a vida útil pode ser prolongada por dispêndios subsequentes que melhoram as condições do ativo para além do padrão de desempenho originalmente estimado. Também, mudanças tecnológicas ou mudanças no mercado para os produtos podem alterar a vida útil do ativo. Em tais casos, a vida útil e, portanto, a taxa de depreciação, devem ser ajustadas para o período corrente e períodos futuros.

Item 45: A política de manutenção e reparos da empresa pode também afetar a vida útil do ativo, resultando num prolongamento da vida útil ou num aumento no valor de resgate.

Item 46: O método de depreciação aplicado ao ativo imobilizado deve ser revisado periodicamente e, se tiver havido uma mudança significativa no padrão esperado dos benefícios econômicos desses ativos, o método deve ser mudado para refletir a mudança de padrão. Quando tal mudança no método de depreciação é necessária, ela deve ser tratada como uma mudança na estimativa contábil. A despesa de depreciação do período corrente e de períodos futuros deve ser ajustada, para adaptá-la às novas circunstâncias

13.3. Venda de Bens do Ativo Imobilizado

Exemplo: A Comercial Satélite S/A vendeu à vista por R$ 27.000,00 um caminhão adquirido por R$ 50.000,00 e depreciação acumulada de R$ 20.000,00.

D Caixa 27.000,00

D Outras Despesas – Prejuízo na venda de imobilizado 3.000,00

D Depreciação Acumulada 20.000,00

C Veículos 50.000,00

13.4. Baixa de Bens do Ativo Imobilizado

No exemplo acima da Comercial Satélite S/A, se em vez de vendido, o caminhão se tornasse inútil em função de incendiar, teríamos a seguinte contabilização:

D Outras Despesas – Prejuízo na baixa de imobilizado 30.000,00

D Depreciação Acumulada 20.000,00

C Veículos 50.000,00

14. OPERAÇÕES COM ATIVO INTANGÍVEL

14.1. Aquisição Separada de Ativo Intangível

Um ativo intangível adquirido separadamente, isto é, comprado diretamente de terceiros, à vista ou a prazo, <u>deve ser reconhecido contabilmente</u> (contabilizado), visto que em geral sempre cumpre as <u>duas condições</u> de reconhecimento descritas no item 21 do Pronunciamento Técnico CPC 04 (R1) – Ativo Intangível. Abaixo, reproduzimos o referido item:

> *Item 21:* Um ativo intangível deve ser RECONHECIDO apenas se:
> *(a) for provável que os benefícios econômicos futuros esperados atribuíveis ao ativo serão gerados em favor da entidade; e*
> *(b) o custo do ativo possa ser mensurado com confiabilidade.*

Exemplo: Em agosto de 20X1, a Cia. M adquiriu da Cia. P uma patente no valor de R$ 120.000,00.

D Patentes 120.000,00

C Caixa 120.000,00

14.2. Ativo Intangível Gerado Internamente

Por vezes é difícil avaliar se um ativo intangível gerado internamente se qualifica para o <u>reconhecimento</u> (contabilização), devido às dificuldades para:

(a) IDENTIFICAR se, e quando, existe um ativo identificável que gerará benefícios econômicos esperados; e

(b) Determinar com CONFIABILIDADE o custo do ativo. Em alguns casos não é possível separar o custo incorrido com a geração interna de ativo intangível do custo da manutenção ou melhoria do ágio derivado da expectativa de rentabilidade futura (*goodwill*) gerado internamente ou com as operações regulares (do dia-a-dia) da entidade.

Assim, de acordo com o item 52 do Pronunciamento Técnico CPC 04 (R1) – Ativo Intangível, para avaliar se um ativo intangível gerado internamente atende aos critérios de reconhecimento, a entidade deve classificar a geração do ativo:

(a) Na fase da **PESQUISA** (*fase menos avançada*); e/ou

(b) Na fase de **DESENVOLVIMENTO** (*fase mais avançada*).

O item 55 do CPC 04 (R1) determina que durante a fase de PESQUISA de projeto interno, a entidade não está apta a demonstrar a existência de ativo intangível que gerará prováveis benefícios econômicos futuros. Portanto, tais gastos devem ser reconhecidos como DESPESA quando incorridos.

Por outro lado, o item 58 do mesmo CPC descreve que na fase de DESENVOLVIMENTO de projeto interno, a entidade pode, **em alguns casos**, identificar um ativo intangível e demonstrar que este gerará prováveis benefícios econômicos futuros, uma vez que a fase de desenvolvimento de um projeto é mais avançada do que a fase de pesquisa. No entanto, o item 53 do mesmo CPC estabelece que caso a entidade não consiga diferenciar a fase de pesquisa da fase de desenvolvimento de projeto interno de criação de ativo intangível, o gasto com o projeto deve ser tratado como incorrido "apenas" na fase de pesquisa (portanto, tudo será DESPESA).

Exemplo: A Cia. Carmesim inicia em janeiro de 20X2 uma pesquisa para desenvolvimento de um produto de captação de energia eólia. Quando concluído, será patenteado pela empresa. Até agosto de 20X2, a empresa já havia efetuado diversos gastos com pesquisa no valor de R$ 500.000,00. Após essa data, com avanço do processo de pesquisa, foi possível definir um critério confiável de controle, acumulação, identificação e registro do Ativo Intangível. No final de 20X2, os gastos da empresa com pesquisas e desenvolvimento totalizaram R$ 700.000,00. Assim, teremos a seguinte contabilização da patente gerada internamente:

D Despesas com Pesquisas 500.000,00

D Patentes 200.000,00

C Caixa 700.000,00

Observemos no lançamento acima que a contabilização dos gastos na fase de PESQUISA se deu como DESPESA. Só na fase de desenvolvimento que os gastos integraram o custo do ativo intangível gerado internamente.

14.3. Amortização de Ativo Intangível

A amortização é a perda de valor de bens intangíveis com vida útil DEFINIDA, tendo em vista que ativos intangíveis com vida útil indefinida não são amortizados.

Ex.: Em outubro de 20X1 uma empresa adquiriu uma concessão pública no valor de R$ 4.500.000,00 pelo prazo de 20 anos. Assim, teremos:

- Taxa de amortização = 100% ÷ 20 anos = 5% ao ano
- Amortização mensal = $4.500.000 \times \dfrac{5\%}{12} = 18.750$
- Amortização (20X1 = 3 meses) = 18.750 × 3 = 56.250
- Contabilização nos razonetes da amortização de 20X1:

Amort. Acumulada	Amortização
18.750	18.750
18.750	18.750
18.750	18.750
56.250	**56.250**

No balanço de 31/12/20X1:

ATIVO INTANGÍVEL	
Concessões Obtidas	4.500.000
Amortização Acumulada	(56.250)
	4.443.750 → "*valor contábil*"

Abaixo, reproduzimos os itens 97 a 110 do Pronunciamento Técnico CPC 04 (R1) – Ativo Intangível, os quais tratam da amortização de ativo intangível com vida útil DEFINIDA, sendo que os com vida útil INDEFINIDA **não são amortizados**:

> *Item 97: O valor amortizável de ativo intangível com vida útil definida deve ser apropriado de forma sistemática ao longo da sua vida útil estimada. A amortização deve ser iniciada a partir do momento em que o ativo estiver disponível para uso, ou seja, quando se encontrar no local e nas condições necessários para que possa funcionar da maneira pretendida pela administração. A amortização deve cessar na data em que o ativo é classificado como mantido para venda ou incluído em um grupo de ativos classificado como mantido para venda, de acordo com o Pronunciamento Técnico CPC 31 – Ativo Não Circulante Mantido para Venda e Operação Descontinuada, ou, ainda, na data em que ele é baixado, o que ocorrer primeiro. O método de amortização utilizado reflete o padrão de consumo pela entidade dos benefícios econômicos futuros. Se não for possível determinar esse padrão com confiabilidade, deve ser utilizado o método linear. A despesa de amortização para cada período deve ser reconhecida no resultado, a não ser que outra norma ou pronunciamento contábil permita ou exija a sua inclusão no valor contábil de outro ativo.*

Item 98: *Podem ser utilizados vários métodos de amortização para apropriar de forma sistemática o valor amortizável de um ativo ao longo da sua vida útil. Tais métodos incluem o método linear, também conhecido como método de linha reta, o método dos saldos decrescentes e o método de unidades produzidas. A seleção do método deve obedecer ao padrão de consumo dos benefícios econômicos futuros esperados, incorporados ao ativo, e aplicado consistentemente entre períodos, a não ser que exista alteração nesse padrão.*

Item 99: *A amortização deve normalmente ser reconhecida no resultado. No entanto, por vezes os benefícios econômicos futuros incorporados no ativo são absorvidos para a produção de outros ativos. Nesses casos, a amortização faz parte do custo de outro ativo, devendo ser incluída no seu valor contábil. Por exemplo, a amortização de ativos intangíveis utilizados em processo de produção faz parte do valor contábil dos estoques (ver Pronunciamento Técnico CPC 16 – Estoques).*

Valor residual

Item 100: *Deve-se presumir que o valor residual de ativo intangível com vida útil definida é zero, a não ser que:*
(a) haja compromisso de terceiros para comprar o ativo ao final da sua vida útil;
ou
(b) exista mercado ativo para ele e:
  (i) o valor residual possa ser determinado em relação a esse mercado; e
  (ii) seja provável que esse mercado continuará a existir ao final da vida útil do ativo.

Item 101: *O valor amortizável de ativo com vida útil definida deve ser determinado após a dedução de seu valor residual. O valor residual diferente de zero implica que a entidade espera a alienação do ativo intangível antes do final de sua vida econômica.*

Item 102: *A estimativa do valor residual baseia-se no valor recuperável pela alienação, utilizando os preços em vigor na data da estimativa para a venda de ativo similar que tenha atingido o final de sua vida útil e que tenha sido operado em condições semelhantes àquelas em que o ativo será utilizado. O valor residual deve ser revisado pelo menos ao final de cada exercício. Uma alteração no valor residual deve ser contabilizada como mudança na estimativa contábil, de acordo com o Pronunciamento Técnico CPC 23 – Políticas Contábeis, Mudança de Estimativa e Retificação de Erro.*

Item 103: *O valor residual de ativo intangível pode ser aumentado. A despesa de amortização de ativo intangível será zero enquanto o valor residual subsequente for igual ou superior ao seu valor contábil.*

Revisão do período e do método de amortização

> *Item 104:* O período e o método de amortização de ativo intangível com vida útil definida devem ser revisados pelo menos ao final de cada exercício. Caso a vida útil prevista do ativo seja diferente de estimativas anteriores, o prazo de amortização deve ser devidamente alterado. Se houver alteração no padrão de consumo previsto, o método de amortização deve ser alterado para refletir essa mudança. Tais mudanças devem ser registradas como mudanças nas estimativas contábeis, de acordo com o Pronunciamento Técnico CPC 23 – Políticas Contábeis, Mudança de Estimativa e Retificação de Erro.

> *Item 105:* Ao longo da vida de ativo intangível, pode ficar evidente que a estimativa de sua vida útil é inadequada. Por exemplo, o reconhecimento de prejuízo por perda de valor pode indicar que o prazo de amortização deve ser alterado.

> *Item 106:* Com o decorrer do tempo, o padrão dos benefícios econômicos futuros gerados pelo ativo intangível que se espera ingressem na entidade pode mudar. Por exemplo, pode ficar evidente que o método dos saldos decrescentes é mais adequado que o método linear. Outro exemplo é o caso da utilização de direitos de licença que depende de medidas pendentes em relação a outros componentes do plano de negócios. Nesse caso, os benefícios econômicos gerados pelo ativo talvez só sejam auferidos em períodos posteriores.

Ativo intangível com vida útil indefinida

> *Item 107:* Ativo intangível com vida útil indefinida não deve ser amortizado.

> *Item 108:* De acordo com o Pronunciamento Técnico CPC 01 – Redução ao Valor Recuperável de Ativos, a entidade deve testar a perda de valor dos ativos intangíveis com vida útil indefinida, comparando o seu valor recuperável com o seu valor contábil:
> (a) anualmente; e
> (b) sempre que existam indícios de que o ativo intangível pode ter perdido valor.

Revisão da vida útil

> *Item 109:* A vida útil de ativo intangível que não é amortizado deve ser revisada periodicamente para determinar se eventos e circunstâncias continuam a consubstanciar a avaliação de vida útil indefinida. Caso contrário, a mudança na avaliação de vida útil de indefinida para definida deve ser contabilizada como mudança de estimativa contábil, conforme Pronunciamento Técnico CPC 23.

> *Item 110:* De acordo com o Pronunciamento Técnico CPC 01 – Redução ao Valor Recuperável de Ativos, a revisão da vida útil de ativo intangível de indefinida para definida é um indicador de que o ativo pode já não ter valor. Assim, a entidade deve testar a perda de valor do ativo em relação ao seu valor recuperável, de acordo com o referido Pronunciamento, reconhecendo a eventual desvalorização como perda.

15. Exaustão de Minas e Jazidas

Embora a "Direitos de Exploração de Minas e Jazidas" seja classificada no ativo INTANGÍVEL, não é regulada pelo CPC 04 (R1) – Ativo Intangível e sim pelo CPC 34 –Exploração e Avaliação de Recursos Minerais. Nesse caso, a perda de valor de uma mina ou jazida se dá por EXAUSTÃO e não por amortização.

Obs.: Ao passo que JAZIDA é o depósito natural de uma ou mais substâncias úteis, incluindo os combustíveis naturais, a MINA é uma jazida em LAVRA, isto é, jazida que já está sendo explorada economicamente, onde, em geral, já se pode observar instalações e homens trabalhando. Em outras palavras, LAVRA é a exploração econômica de uma jazida, caracterizando a mina.

Exemplo: Em janeiro de 20X2 a Cia. Mineradora Tatu adquiriu uma jazida no valor de R$ 600.000,00 com prazo indeterminado para exploração dos recursos. A quantidade de minério estimada é de 500 toneladas e no ano de 20X2 foram extraídas 25 toneladas. Assim, teremos:

Taxa de Exaustão de 20X2 = 25/500 = 5%

Exaustão (20X2) = R$ 600.000,00 × 5% = R$ 30.000,00

Exaustão Acumulada	Exaustão
30.000	30.000

Obs. 1: Nesse último exemplo, os R$ 30.000 de "Exaustão" não devem ser contabilmente tratados como despesa operacional e sim como custo do minério extraído. Nesse caso, esse valor só integraria a apuração do resultado da empresa caso o minério extraído em 20X2 fosse totalmente vendido. Se a empresa, por exemplo, só vendesse em 20X2 50% do minério extraído, só R$ 15.000,00 iriam para o resultado através da conta "Custo do Minério Extraído". Os outros R$ 15.000,00 ficariam no ativo circulante da empresa como "Estoque de Minério".

Obs. 2: Com base no § 2º do art. 330 do RIR/1999, somente se o prazo da concessão do direito de exploração da mina ou jazida for indeterminado ou maior do que o prazo previsto para esgotamento, deve-se exaurir com base nos recursos efetivamente extraídos, que foi o caso do exemplo acima. Caso o prazo da concessão seja MENOR do que o prazo previsto para o esgotamento, deve-se exaurir em função do prazo da concessão. Assim, considerando ainda o exemplo acima, e admitindo agora que o prazo da concessão da exploração da jazida fosse de 8 anos e não indeterminado, o qual é menor do que o prazo previsto para o esgotamento (500 toneladas ÷ 25 toneladas = 20 anos), a taxa de exaustão anual seria de 100% ÷ 8 anos = 12,5% ao ano. Nesse caso, a exaustão de 20X2 seria de R$ 600.000,00 × 12,5% = R$ 75.000,00 e não R$ 30.000,00.

16. Provisão para Contingências Trabalhistas

Exemplo: Um ex-funcionário da empresa X entrou com um processo na justiça do trabalho requerendo uma indenização trabalhista no total de R$ 8.000,00. Desta forma, a referida empresa, irá fazer a seguinte contabilização:

D Despesas com Provisões 8.000,00
C Provisão para Contingências Trabalhistas 8.000,00

17. Contabilidação das Perdas Estimadas em Estoques (PEE)

Com base no item 9 do Pronunciamento Técnico **CPC 16 (R1) – Estoques**, os ESTOQUES devem ser mensurados pelo valor do CUSTO ou pelo VALOR REALIZÁVEL LÍQUIDO, **dos dois o MENOR**. Caso o custo de aquisição seja superior ao valor realizável líquido, deve-se fazer a redução do valor dos estoques ao valor realizável líquido.

Abaixo, reproduzimos o **item 6 do CPC 16 (R1)**, o qual apresenta importantes definições (caixa alta e grifo nossos):

Os seguintes termos são usados neste Pronunciamento, com os significados especificados:

ESTOQUES são ativos:

(a) Mantidos para venda no curso normal dos negócios;
(b) Em processo para venda; ou
(c) Na forma de materiais ou suprimentos a serem consumidos ou transformados no processo de produção ou na prestação de serviços.

*VALOR REALIZÁVEL LÍQUIDO é o PREÇO DE VENDA estimado no curso normal dos negócios DEDUZIDO dos **custos estimados para a sua conclusão** e dos **gastos estimados necessários para se concretizar a venda**.*

VALOR JUSTO é aquele pelo qual um ativo pode ser trocado ou um passivo liquidado entre partes interessadas, conhecedoras do negócio e independentes entre si, com ausência de fatores que pressionem para a liquidação da transação ou que caracterizem uma transação compulsória.

Obs.: O VALOR REALIZÁVEL LÍQUIDO (VRL) também pode ser entendido como o valor que se pode obter das mercadorias ou os produtos acabados mediante suas vendas no MERCADO, devendo esse valor já estar deduzido dos impostos e demais despesas necessárias para concretizar tais vendas, incluindo os gastos para recebimento (ex.: despesas bancárias de cobrança). No caso das matérias-primas e materiais de almoxarifado, tendo em vista que esses bens não são para a venda, o VRL é o CUSTO DE REPOSIÇÃO dos mesmos, mediante suas compras no MERCADO.

Exemplo prático de avaliação de estoques de mercadorias ao custo ou valor realizável líquido, dos dois, o menor: Uma empresa comercial, que revende três tipos de mercadorias, forneceu, entre outras, as seguintes informações para levantamento do seu balanço de 31/12/X1:

	Mercadoria "A"	Mercadoria "B"	Mercadoria "C"
(1) Preço unitário de venda	15,00	9,00	4,00
(2) Despesas unitárias para vender:			
• Impostos sobre vendas	3,00	1,80	0,80
• Comissões sobre vendas	0,60	0,36	0,11
• Embalagens	0,20	0,10	0,02
• Fretes sobre vendas	0,14	0,02	0,03
• Despesas de cobrança bancária	0,06	0,08	0,04
(3) Valor realizável líquido (1) – (2)	**11,00**	**6,64**	**3,00**
(4) Custo de aquisição	8,00	7,50	3,70
(5) Unitário abaixo do mercado	Não há	0,86	0,70

Considerando que no estoque há 200 unidades da mercadoria "A", 180 unidades da mercadoria "B" e 240 unidades da mercadoria "C", teremos o seguinte cálculo das Perdas Estimadas em Estoques (PEE):

PEE = 180 × 0,86 + 240 × 0,70 = 322,80

...

Nota: A mercadoria "A" não gerou PEE, pois o custo de aquisição é <u>menor</u> que o valor realizável líquido.

...

A contabilização será feita da seguinte forma:

D Despesa com PEE (outras despesas) 322,80
C PEE (retificadora do ativo circulante) 322,80

No balanço de 31/12/X1, seria apresentado da seguinte forma:

ATIVO CIRCULANTE
Mercadorias (8,00 × 200 + 7,50 × 180 + 3,70 × 240) 3.838,00
Perdas Estimadas em Estoques .... (322,80)
                                                                                                                              3.515,20

18. Contabilização das Perdas Estimadas em Créditos de Liquidação Duvidosa – PECLD

Antes das normas do CPC, especialmente o CPC 25 – Provisões, Passivos Contingentes e Ativos Contingentes, essa conta era denominada "Provisão para Devedores Duvidosos" ou "Provisão para Créditos de Liquidação Duvidosa".

A conta PECLD é retificadora de "Clientes" (ou "Duplicatas a Receber") no ativo circulante, tendo em vista a possibilidade da inadimplência dos clientes.

Assim, suponhamos, por exemplo, que no encerramento do exercício social de 20X1 a Cia. ABC apurou suas duplicatas a receber para 20X2 num total de R$ 200.000,00. Admitindo que a empresa tenha constatado que a média de inadimplência anual de clientes nos últimos anos foi de 4%, teremos:

PECLD	Despesa c/ PECLD
8.000	8.000

No balanço de 31/12/20X1, poderia ser indicado da seguinte forma:

ATIVO CIRCULANTE

Duplicatas a Receber 200.000

PECLD .... (8.000) 192.000

Admitindo que em 20X2 a inadimplência dos clientes fosse de R$ 6.700,00, teríamos:

(1) Recebimento de R$ 193.300,00 dos clientes (vamos supor que todo esse valor foi recebido de uma só vez em uma única data):

Duplicatas a Receber		Caixa	
200.000	193.300 (1)	(1) 193.300	
6.700			

(2) Baixa dos R$ 6.700,00 das duplicatas incobráveis utilizando parte das PECLD formada no exercício anterior:

Duplicatas a Receber		PECLD	
6.700	6.700 (2)	(2) 6.700	8.000
			1.300

(3) Reversão para o resultado como receita de R$ 1.300,00 das PECLD remanescentes:

Reversão de PECLD		PECLD	
	1.300 (3)	(3) 1.300	1.300

Obs. 1: Se no exemplo a inadimplência fosse de R$ 10.600,00 em vez de R$ 6.700,00, teríamos que complementar o excesso de inadimplência com uma despesa operacional comercial chamada "Perdas com Clientes". Nessa hipótese, teríamos:

(1) Recebimento de R$ 189.400,00 dos clientes (vamos supor que todo esse valor foi recebido de uma só vez em uma única data):

Duplicatas a Receber		Caixa	
200.000	189.400 (1)	(1) 189.400	
10.600			

(2) Baixa dos R$ 10.600,00 das duplicatas incobráveis utilizando toda PECLD formada no exercício anterior, complementando a insuficiência de saldo com uma despesa de R$ 2.600,00:

Duplicatas a Receber		PECLD		Perdas c/ Clientes	
10.600	10.600 (2)	(2) 8.000	8.000	(2) 2.600	

Obs. 2: Ao passo que a despesa com PECLD é indedutível do lucro tributável pelo IR e CSLL, dado que representa uma perda potencial e não efetiva, a despesa com perdas c/ clientes é dedutível, visto que retrata uma perda efetiva. Assim, por exemplo, supondo que uma empresa apurasse lucro antes do IR e CSLL no valor de R$ 92.000,00, sendo que na apuração desse valor foi constatada uma despesa com PECLD no valor de R$ 8.000,00, então o lucro tributável pelo IR e CSLL não seria de R$ 92.000,00 e sim de R$ 92.000,00 + R$ 8.000,00 = R$ 100.000,00. Admitindo que a alíquota conjunta desses dois tributos fosse de 24%, então teríamos o seguinte:

Lucro antes do IR e CSLL 92.000

(–) IR e CSLL (24% de 100.000) .... (24.000)

(=) Lucro Líquido 68.000

Observemos acima que o lucro "contábil" continua a ser de R$ 92.000,00, tendo em vista que esse valor não é afetado pelo fato de haver despesas "indedutíveis", visto que essas só afetam o lucro "fiscal" (= lucro tributável = lucro real), o qual passou de R$ 92.000,00 para R$ 100.000,00

Exercícios de Fixação

1. (Ministério Público – RJ/UFRJ) Ao adquirir um veículo já usado, a Companhia XYZ deve adotar o seguinte critério para a depreciação deste bem:
   a) metade do prazo da vida útil admissível para o bem adquirido novo;
   b) restante da vida útil do bem, considerada em relação à primeira utilização;
   c) o bem deve ser depreciado pela taxa normal, como um bem novo adquirido;
   d) o maior prazo de vida útil entre a metade do prazo de vida útil admissível para o bem adquirido novo ou o restante da vida útil do bem, considerando-se a primeira utilização;
   e) nenhum, pois o bem já foi usado e, portanto, não requer depreciação.

2. (Auditor-Fiscal da Receita Federal do Brasil/ESAF) Na Contabilidade da empresa Atualizadíssima S.A. os bens depreciáveis eram apresentados com saldo de R$ 800.000,00 em 31/03/2008, com uma Depreciação Acumulada, já contabilizada, com saldo de R$ 200.000,00, nessa data.
   Entretanto, em 31/12/2008, o saldo da conta de bens depreciáveis havia saltado para R$ 1.100.000,00, em decorrência da aquisição, em primeiro de abril, de outros bens com vida útil de 5 anos, no valor de R$ 300.000,00.
   Considerando que todo o saldo anterior é referente a bens depreciáveis à taxa anual de 10%, podemos dizer que no balanço patrimonial a ser encerrado em 31 de dezembro de 2008 o saldo da conta Depreciação Acumulada deverá ser de:
   a) R$ 340.000,00;
   b) R$ 320.000,00;
   c) R$ 325.000,00;
   d) R$ 305.000,00;
   e) R$ 290.000,00.

3. (Auditor-Fiscal da Receita Federal do Brasil/Esaf) A empresa Zucata S/A, que negocia com máquinas usadas, em 30 de abril, promoveu uma venda dos seguintes itens:
   - trator de seu estoque de vendas, vendido por R$ 35.000,00;
   - *jeep* de seu imobilizado, vendido por R$ 25.000,00; e
   - imóvel de sua propriedade, vendido por R$ 70.000,00.

   A operação de venda não sofrerá nenhum gravame fiscal, a não ser de imposto de renda sobre eventuais lucros ao fim do ano e que serão calculados naquela ocasião.
   Os dados para custeamento da transação foram os seguintes:
   – o trator foi adquirido por R$ 28.000,00, tem vida útil de 10 (dez) anos e já estava na empresa há dois anos e meio;
   – o *jeep* foi adquirido por R$ 20.000,00, tem vida útil de 8 (oito) anos e já estava na empresa há 2 (dois) anos;
   – o imóvel foi adquirido por R$ 80.000,00, tem uma edificação equivalente a 40% do seu valor, com vida útil estimada em 25 (vinte e cinco) anos e já estava na empresa há 10 (dez) anos.

Considerando essas informações, podemos afirmar que, na operação de venda, a Zucata alcançou um lucro global de:
a) R$ 26.200,00;
b) R$ 26.000,00;
c) R$ 21.000,00;
d) R$ 19.800,00;
e) R$ 14.000,00.

4. (Auditor-Fiscal da Receita Federal do Brasil/Esaf) A empresa Zola estava desmontando seu parque operacional e, para isto, efetuou as seguintes operações:
   a – vendeu, à vista, por R$ 3.000,00, uma máquina adquirida por R$ 4.000,00 e que já fora depreciada em 70%;
   b – baixou do acervo patrimonial um guindaste comprado por R$ 5.000,00, já depreciado em 80%; e,
   c – alienou por R$ 2.000,00 um cofre, ainda bom, com valor contábil de R$ 3.000,00, embora já depreciado em 25%.
   No período não houve incidência de correção monetária e as operações não sofreram tributação.
   Considerando apenas as transações citadas, podemos dizer que a empresa Zola incorreu em:
   a) custos de R$ 13.000,00;
   b) custos de R$ 4.450,00;
   c) lucros de R$ 550,00;
   d) perdas de R$ 2.600,00;
   e) perdas de R$ 200,00.

5. (Auditor-Fiscal da Receita Federal – Adaptada) A empresa Desmontando S/A vendeu o seu ativo não circulante, à vista, por R$ 100.000,00. Dele constavam apenas uma mina de carvão e um trator usado.
   A mina teve custo original de R$ 110.000,00 e o trator fora comprado por R$ 35.000,00, há exatos 04 (quatro) anos.
   Quando da aquisição da mina, a capacidade total foi estimada em 40 toneladas de minérios, com extração prevista para 10 (dez) anos. Agora, já passados 04 (quatro) anos, verificamos que foram extraídas, efetivamente, 20 toneladas.
   O trator vendido tem sido depreciado pelo método linear com vida útil prevista em 10 (dez) anos e valor residual de 20%.
   Considerando que a contabilização estimada da amortização desses ativos tem sido feita normalmente, podemos afirmar que a alienação narrada acima deu origem, em termos líquidos, a ganhos de capital no valor de:
   a) R$ 10.200,00;
   b) R$ 21.200,00;
   c) R$ 20.200,00;
   d) R$ 13.000,00;
   e) R$ 24.000,00.

6. (Petrobras – Contador/Cesgranrio) A Cia. Delta adquiriu uma nova empilhadeira, com vida útil de 10 anos, para agilizar a guarda de mercadorias em seu depósito. A Companhia importou a empilhadeira da Itália, com os seguintes gastos, em reais:

Valor da empilhadeira	35.600,00
Imposto de importação	1.200,00
Despesas alfandegárias	800,00
Fretes e seguros	800,00
Encargos financeiros sobre empréstimos para aquisição da empilhadeira	3.600,00

Com base nos dados apresentados, o valor mensal da depreciação referente à empilhadeira, pelo método das quotas constantes, em reais, será de:

a) 350,00;
b) 320,00;
c) 310,00;
d) 303,33;
e) 296,66.

7. (Analista Previdenciário/Fundação Cesgranrio) A Cia. Gama, empresa de extração de areia, utiliza uma máquina que, por problemas de corrosão, tem sua depreciação alocada em função da matéria-prima processada. A máquina foi adquirida por R$ 850.000,00 e tem sua vida útil limitada ao processamento de 500.000.000 kg de matéria-prima. Num determinado período, a empresa retirou 2.000.000 kg de areia lavada e 500.000 kg de areia de frigir, tudo processado pela mesma máquina.

Pelo método de depreciação das unidades produzidas, o valor da depreciação do período, em reais, será de:

a) 42.500,00;
b) 14.705,88;
c) 5.888,23;
d) 4.250,00;
e) 3.400,00.

8. (Petrobras – Contador Pleno/Fundação Cesgranrio) A Cia. Alvorada adquiriu uma caminhonete para entregar mercadorias a seus clientes por R$ 60.000,00, a prazo.

O montante da depreciação anual correspondente ao quinto ano, último da vida útil deste veículo, pelo Método da Soma dos Dígitos dos Anos, em reais, é:

a) 14.111,11;
b) 12.000,00;
c) 6.333,33;
d) 4.555,55;
e) 4.000,00.

9. (Petrobras – Contador Pleno/Fundação Cesgranrio) A Cia. de Mineração Ouro Branco adquiriu, em janeiro de 20X4, uma jazida no valor de R$ 450.000,00. Os gastos com pesquisa e estudos geológicos realizados na mesma época totalizaram R$ 150.000,00. O valor a ser considerado na base de cálculo, em reais, para fins de cálculo da exaustão, é:
   a) 150.000,00;
   b) 300.000,00;
   c) 450.000,00;
   d) 495.000,00;
   e) 600.000,00.

10. (Petrobras – Contador Pleno/Fundação Cesgranrio) A Cia. Gás & Óleo alugou um terreno para uso em suas atividades operacionais e nele realizou benfeitorias no montante de R$ 48.000,00. O contrato de locação estava previsto para 4 (quatro) anos, a partir de 1º de setembro de 20X1. O valor da amortização lançada em cada período-base anual, a partir de 20X1, em reais, foi, respectivamente:
    a) 4.000,00 – 8.000,00 – 12.000,00 – 24.000,00;
    b) 4.000,00 – 12.000,00 – 12.000,00 – 12.000,00 – 8.000,00;
    c) 8.000,00 – 12.000,00 – 20.000,00 – 8.000,00;
    d) 8.000,00 – 12.000,00 – 12.000,00 – 12.000,00 – 4.000,00;
    e) 12.000,00 – 12.000,00 – 12.000,00 – 12.000,00.

11. (Agente Fiscal de Rendas – SP/Fundação Carlos Chagas) A depreciação de uma máquina, pelo método linear, relativa ao ano de 2008, adquirida por R$ 100.000,00, em 01 de julho de 2008, com vida útil estimada de 10 anos, valor residual de 5% do valor histórico, e que trabalha em dois turnos, é:
    a) R$ 14.250,00;
    b) R$ 10.000,00;
    c) R$ 7.125,00;
    d) R$ 5.000,00;
    e) R$ 4.750,00.

12. (Agente Tributário Estadual – MS/Esaf) Em novembro passado a folha de pagamento da empresa Rubi Vermelho Ltda. discriminava:

Salários e ordenados	R$ 120.000,00
Horas extras trabalhadas	R$ 8.000,00
INSS patronal	22%
INSS do segurado	11%
FGTS do segurado	8%

    No mês de dezembro, não foi computado nenhum reajuste salarial e a jornada de trabalho foi absolutamente igual à do mês anterior. Esta folha está dividida de tal modo, que não há imposto de renda recolhido na fonte.
    Exclusivamente a partir desses dados, considerando que a empresa acima encerra o exercício em 31 de dezembro, podemos afirmar que esta folha de pagamento ocasionou, para a empresa em questão, uma despesa total de:
    a) R$ 180.480,00;
    b) R$ 166.400,00;

c) R$ 156.160,00;
d) R$ 152.320,00;
e) R$ 149.920,00.

13. (Analista do Serpro – Recursos Financeiros e Auditoria/Esaf) José de Anchieta, nosso empregado, matrícula nº 1.520, pediu para conferir os cálculos de seu contracheque, tendo encontrado os seguintes valores:
    Salários e ordenados: R$ 550,00
    Insalubridade: 40% do salário-mínimo
    18 horas extras com acréscimo de 50%
    INSS do segurado à alíquota de 11%
    INSS patronal à alíquota de 26%
    FGTS à alíquota de 8%
    Observações:
    – o salário-mínimo vigente tem o valor de R$ 151,00;
    – o mês comercial é composto por 220 horas.
    Pelos cálculos de José de Anchieta, podemos concluir que sua remuneração mensal vai provocar para a empresa um débito em despesas no valor de:
    a) R$ 833,81;
    b) R$ 858,15;
    c) R$ 875,13;
    d) R$ 908,38;
    e) R$ 982,95.

14. (Analista de Finanças e Controle – STN/Esaf) A Firma Décima Ltda. elaborou uma folha de pagamentos onde se podem ler as seguintes informações:

Salários e ordenados	R$ 200.000,00
Imposto de renda retido na fonte	R$ 16.000,00
Horas extras trabalhadas	R$ 4.000,00
Previdência patronal	R$ 30.000,00
Previdência dos segurados	R$ 22.000,00
FGTS	R$ 16.000,00

    Utilizando-se de um lançamento contábil de segunda fórmula para registrar a folha de salários composta dos elementos acima, a empresa deverá fazer o seguinte lançamento no livro Diário:
    a) Despesas com pessoal
       a Diversos
          a Salários a pagar   R$ 166.000,00
          a Contribuições a recolher   R$ 22.000,00
          a IRRF a recolher   R$ 16.000,00   R$ 204.000,00
    b) Despesas com pessoal
       a Diversos
          a Salários a pagar   R$ 166.000,00
          a Contribuições a recolher   R$ 68.000,00
          a IRRF a recolher   R$ 16.000,00   R$ 250.000,00

c) Despesas com pessoal
   a Diversos
   a Salários a pagar   R$ 204.000,00
   a Contribuições a recolher   R$ 30.000,00
   a IRRF a recolher   R$ 16.000,00   R$ 250.000,00
d) Despesas com pessoal
   a Diversos
   a Salários a pagar   R$ 188.000,00
   a Contribuições a recolher   R$ 68.000,00
   a IRRF a recolher   R$ 16.000,00   R$ 272.000,00
e) Despesas com pessoal
   a Diversos
   a Salários a pagar   R$ 204.000,00
   a Contribuições a recolher   R$ 68.000,00
   a IRRF a recolher   R$ 16.000,00   R$ 288.000,00

15. (Auditor-Fiscal da Previdência Social/Esaf) A empresa Arbóresse Ltda. mandou elaborar a folha de pagamento do mês de outubro com os seguintes dados:

    Salários e ordenados: R$ 21.000,00
    Horas extras trabalhadas: R$ 2.000,00
    Imposto de renda retido na fonte: R$ 2.500,00
    Contribuição para o INSS, parte dos empregados: 11%
    Contribuição para o INSS, parte patronal: 20%
    Depósito para o FGTS: 8%

    Com base nos dados e nas informações acima fornecidos, pode-se dizer que a empresa, em decorrência dessa folha de pagamento, terá despesas totais no valor de:
    a) R$ 29.440,00;
    b) R$ 31.970,00;
    c) R$ 34.470,00;
    d) R$ 26.910,00;
    e) R$ 24.410,00.

16. (Petrobras – Técnico de Contabilidade/Fundação Cesgranrio) O pagamento dos salários do mês de dezembro de 2003, efetuado por intermédio do banco, em 05/01/2004, após a elaboração do Balanço Patrimonial de 31/12/2003, deve ser registrado no livro Diário através do seguinte lançamento:
    a) Despesas de Salários
       a Salários a Pagar;
    b) Despesas de Salários
       a Bancos Conta Movimento;
    c) Salários a Pagar
       a Despesas de Salários;
    d) Salários a Pagar
       a Bancos Conta Movimento;
    e) Bancos Conta Movimento
       a Salários a Pagar.

17. **(Petrobras – Contador/Fundação Cesgranrio)** Em 30/06/20X3, a Companhia Lampião S/A concedeu férias a um empregado pagando-lhe, além das férias, 50% do 13º salário, com a transferência dos valores da conta bancária da empresa para a conta bancária do empregado.

    O registro contábil desse 13º salário será feito mediante o seguinte registro contábil:
    a) Débito: Despesa de 13º Salário/Crédito: Banco conta Movimento.
    b) Débito: Despesa de 13º Salário/Crédito: Caixa.
    c) Débito: Adiantamento de 13º Salário/Crédito: Caixa.
    d) Débito: Adiantamento de 13º Salário/Crédito: Banco conta Movimento.
    e) Débito: 13º Salário a Pagar/Crédito: Banco conta Movimento.

18. **(Auditor-Fiscal do Tesouro Estadual – RN/Esaf)** A pequena empresa Comercial Arruda possui apenas dois empregados: João, com salário bruto mensal de R$ 4.000,00, e Alberto, com salário mensal de apenas R$ 800,00. Os encargos da folha de pagamento são os seguintes:
    - INSS referente ao João: 11%;
    - INSS referente ao Alberto: 8%;
    - INSS referente ao Empregador: 20%;
    - FGTS dos empregados: 8%;
    - Foi concedido adiantamento salarial de R$ 800,00 para João.

    Ao elaborar a folha de pagamento do mês, a empresa vai contabilizar despesas no valor total de:
    a) R$ 6.648,00;
    b) R$ 6.144,00;
    c) R$ 5.760,00;
    d) R$ 5.640,00;
    e) R$ 5.344,00.

19. **(Técnico em Contabilidade/Fundação Cesgranrio)** Analise os dados, em reais, folha de pagamento da Cia. Ponte.
    - Salário Mensal.. 4.000,00
    - Horas Extras.. 200,00
    - Apropriação de Férias e 13º Salário............................. 800,00
    - INSS Descontado dos Empregados............................. 300,00
    - INSS sobre Folha de Pagamento................................... 1.000,00
    - FGTS.. 425,00
    - IR Retido dos Empregados... 120,00

    Qual o valor total, em reais, dos registros nas contas de despesa da Cia. Ponte, referentes à folha de pagamento?
    a) 6.000,00.
    b) 6.005,00.
    c) 6.305,00.
    d) 6.425,00.
    e) 6.845,00.

Gabarito Comentado

Exercício 1

Com base na legislação do IR e CSLL, a depreciação de bens adquiridos usados terá por prazo o maior dentre os seguintes: metade do prazo de vida útil do bem adquirido novo, ou restante do prazo de vida útil do bem, considerado este em relação à primeira instalação, ou utilização desse bem.

(Resposta: opção d)

Exercício 2

A depreciação acumulada dos bens de R$ 800.000 no balanço de 2008 será de [R$ 200.000 + R$ 800.000 × 9 meses × 10%/12 ao mês] = R$ 260.000.

A depreciação acumulada dos bens adquiridos em 1º de abril por R$ 300.000 será de [R$ 300.000 × 9 meses × 20%/12 ao mês] = R$ 45.000.

Finalmente, a depreciação acumulada de todos os bens na data do balanço será de R$ 260.000 + R$ 45.000 = R$ 305.000.

(Resposta: opção d)

Exercício 3

Em primeiro lugar, devemos observar que o trator não sofreu depreciação, pois era item componente do estoque, ou seja, ativo circulante.

Em segundo lugar, devemos observar que o jeep e o imóvel (edificação = 40% do custo total) sofreram depreciação, pois são itens do ativo imobilizado tangível.

Visto que o jeep já estava na empresa há 2 anos e tem vida útil de 8 anos, ele já terá sido depreciado em 2/8. Logo, o valor contábil desse bem será de 8/8 – 2/8 = 6/8 do seu custo original.

No caso do imóvel, 60% do custo total não será depreciado, pois somente 40% corresponde à edificação, a qual sofrerá depreciação de 10/25, fazendo com que o valor contábil desta seja de 25/25 – 10/25 = 15/25 do custo original. Já o valor contábil do terreno será apenas 60% do custo total sem depreciação. Assim:

Valor contábil (trator) 28.000
Valor contábil (jeep) (= 20.000 × 6/8) 15.000
Valor contábil (imóvel):
    Edificação (= 40% 80.000,00 × 15/25) 19.200
    Terreno (= 60% 80.000) ....48.000 .... 67.200
TOTAL 110.200

Finalmente:

Lucro = 35.000 + 25.000 + 70.000 − 110.200 = 19.800.

(Resposta: opção d)

Exercício 4

Resultado na venda da máquina = 3.000 − 4.000 x 30% = 1.800 (ganho)

Resultado na venda do guindaste = 0 − 5.000 x 20% = − 1.000 (perda)

Resultado na venda do cofre = 2.000 − 3.000 = − 1.000 (perda)

TOTAL = 1.800 − 1.000 − 1.000 = − 200

(Resposta: opção e)

Exercício 5

Com relação ao trator, visto que o tempo de vida útil é de 10 (dez) anos, a taxa anual de depreciação será de 100% ÷ 10, ou seja, 10%. Desta forma, em 4 (quatro) anos, a taxa acumulada de depreciação será de 4 x 10%, isto é, 40%. No entanto, tendo em vista que o valor residual é de 20%, a depreciação acumulada em 4 (quatro) anos será de 40% de 80% de 35.000, isto é, 11.200. Assim, o valor contábil do trator na venda será a diferença entre o custo de aquisição e a depreciação acumulada, ou seja, 35.000 − 11.200 = 23.800.

Com relação à mina, temos duas taxas acumuladas diferentes de exaustão: a primeira está baseada no tempo previsto de extração 10 (dez) anos, a qual irá gerar em 4 (quatro) anos uma taxa acumulada de exaustão de 40%; a segunda está baseada na quantidade extraída, a qual irá gerar em 4 (quatro) anos uma taxa acumulada de exaustão de 20 toneladas ÷ 40 toneladas, isto é, 50%.

No entanto, a questão nos informa que a contabilização estimada da amortização desses ativos tem sido feita normalmente. Dessa forma, iremos optar pela taxa de 10% ao ano, a qual, em 4 (quatro) anos, irá gerar uma exaustão acumulada de 40% de 110.000, isto é, 44.000. Assim, o valor contábil da mina na venda será de 110.000 − 44.000 = 66.000.

Finalmente, o lucro não operacional será obtido, subtraindo-se do valor de venda o somatório dos valores contábeis dos bens na época da venda, ou seja, 100.000 − (23.800 + 66.000) = 10.200.

(Resposta: opção a)

Comentário extra: Com base na legislação do IR, se o prazo da concessão for maior do que o prazo previsto para o esgotamento da mina, deve-se exaurir com base nos recursos efetivamente extraídos (RIR 1999, art. 330, § 2º). Visto que após 4 anos foram extraídas 20 toneladas (50% do total), provavelmente, antes dos 10 anos se esgotarão 100% da mina. Desta forma, o certo seria exaurir 50% de R$ 110.000, isto é, R$ 55.000, fazendo com que o valor contábil da mina seja de R$ 55.000. Os 40% só seriam corretos se após os 4 anos fosse extraído efetivamente um percentual não superior a 40%. Assim, a solução correta seria: 100.000 − (23.800 + 55.000) = 21.200 (opção b). No entanto, a banca considerou como correta a solução dada acima (opção a), e não houve mudança de gabarito pós-recursos.

Exercício 6

O custo de aquisição da empilhadeira incluirá todos os custos mencionados, exceto os encargos financeiros, pois estes são considerados despesas financeiras (conta de resultado).

Assim:

Custo de aquisição = 35.600,00 + 1.200,00 + 800,00 + 800,00 = 38.400,00

Taxa anual de depreciação = 100% ÷ 10 = 10%

Taxa mensal de depreciação = 10%/12

Depreciação mensal = 38.400,00 = 320,00 × 10%/12

(Resposta: opção b)

Exercício 7

Depreciação = $\dfrac{2.500.000}{500.000.000}$ × R$ 850.000,00 = R$ 4.250,00

(Resposta: opção d)

Exercício 8

Soma dos dígitos = 1 + 2 + 3 + 4 + 5 = 15

....

1º ano: Depreciação = 5/15 de 60.000 = 20.000

2º ano: Depreciação = 4/15 de 60.000 = 16.000

3º ano: Depreciação = 3/15 de 60.000 = 12.000

4º ano: Depreciação = 2/15 de 60.000 = 8.000

5º ano: Depreciação = 1/15 de 60.000 = 4.000

(Resposta: opção e)

Exercício 9

O valor a ser exaurido é de R$ 450.000,00, o qual será posto no ativo intangível como custo da jazida. Os R$ 150.000,00 gastos com pesquisa e estudo serão tratados como despesas.

(Resposta: opção c)

Exercício 10

Taxa de amortização = 100%/4 = 25% a.a. = 25%/12 a.m.

1º ANO (20X1): Amortização (4 meses) = 4 × 25%/12 x R$ 48.000,00 = R$ 4.000,00

2º ANO (20X2): Amortização (integral) = 25% × R$ 48.000,00 = R$ 12.000,00

3º ANO (20X3): Amortização (integral) = 25% × R$ 48.000,00 = R$ 12.000,00

4º ANO (20X4): Amortização (integral) = 25% × R$ 48.000,00 = R$ 12.000,00

5º ANO (20X5): Amortização (8 meses) = 8 × 25%/12 × R$ 48.000,00 = R$ 8.000,00

(Resposta: opção b)

Exercício 11

Sendo a vida útil do bem de 10 anos, a taxa de depreciação é de 100% ÷ 10 anos, ou seja, 10% ao ano. No entanto, de acordo com legislação tributária, o coeficiente multiplicativo, quando se utiliza o bem em dois turnos é de 1,5. Desta forma, a nova taxa de depreciação será de 1,5 × 10% ao ano, isto é, 15% ao ano ou 15% ÷ 12 meses = 1,25% ao mês.

De 01 de junho de 2008 a 31/12/2008 teremos uma taxa de depreciação acumulada de 1,25% ao mês × 6 meses, ou seja, 7,5%.

Visto que o valor residual é de 5% de R$ 100.000,00, o valor depreciável será de R$ 95.000,00.

Finalmente, a depreciação do ano de 2008 será de 7,5% de R$ 95.000,00, ou seja, R$ 7.125,00.

(Resposta: opção c)

Exercício 12

Dos itens dados, o único que não gera despesa para a empresa é o INSS do segurado (empregados). Desta forma, teremos as seguintes despesas:

Salários e ordenados	120.000
Horas extras trabalhadas	8.000
INSS patronal (22% × 128.000)	28.160
FGTS (8% × 128.000)	10.240
Total	166.400

(Resposta: opção b)

Exercício 13

Despesas = $(550 + 40\% \cdot 151 + 1,5 \times 18 \times \frac{550}{220}) \times 1,34 = 908,38$

Nota 1: 550/220 = salário por hora, tendo em vista que o mês considerado possui 220 horas.
Nota 2: 1,5 = fator que acrescenta os 50% às horas extras.
Nota 3: 1,5 × 18 × 550/220 = salário das 18 horas extras com acréscimo de 50%.
Nota 4: 1,34 = fator que acrescenta 26% do INSS patronal mais 8% do FGTS ao somatório dos salários e ordenados com a insalubridade e as horas extras.

(Resposta: opção d)

Exercício 14

A conta Salários a Pagar deverá ficar com saldo credor no valor do salário líquido, sendo este calculado da seguinte forma:

200.000 + 4.000 − 16.000 − 22.000 = 166.000

Além do salário líquido, a empresa terá as seguintes obrigações:

- Contribuições a recolher (INSS patronal e dos empregados + FGTS) = 68.000
- IRRF = 16.000

(Resposta: opção b)

Exercício 15

Despesas = (21.000 + 2.000) × 1,28 = 29.440

Nota: 1,28 = fator que acrescenta 20% do INSS patronal mais 8% do FGTS ao somatório dos salários com as horas extras.

(Resposta: opção a)

Exercício 16

No mês de dezembro de 2003, a apropriação dos salários será feita mediante o seguinte lançamento:

Despesas de Salários
a Salários a Pagar

No mês de janeiro de 2004, o pagamento dos salários será feito mediante o seguinte lançamento:

Salários a Pagar
a Bancos Conta Movimento

(Resposta: opção d)

Exercício 17

Regra geral, as empresas que contabilizam seus fatos adotando o regime da competência, mensalmente, contabilizam o 13º salário, mediante o seguinte lançamento:

D – Despesa com 13º Salário (conta de despesa)
C – 13º Salário a Pagar (conta do passivo circulante)

Caso, na época de férias, a empresa pagasse via banco uma parte do 13º salário, a título de adiantamento, seria feita a seguinte contabilização:

D – Adiantamento de 13º Salário (conta do ativo circulante)
C – Bancos Conta Movimento

(Resposta: opção d)

Exercício 18

As únicas despesas são o salário bruto, o INSS do empregador e o FGTS. Desta forma, o total das despesas será de R$ 4.800,00 acrescidos de 28%, isto é, R$ 4.800,00 × 1,28 = R$ 6.144,00.

(Resposta: opção b)

Exercício 19

Salário Mensal	4.000,00
(+) Horas Extras	200,00
(+) Apropriação de Férias e 13º Salário	800,00
(+) INSS sobre Folha de Pagamento	1.000,00
(+) FGTS	425,00
(=) Total das despesas	6.425,00

Nota: O INSS dos empregados e o IRRF **não** são despesas, pois são descontados dos salários brutos dos empregados, mediante o seguinte lançamento contábil:

D – Salários a Pagar
C – INSS a Recolher
C – IRRF a Recolher

(Resposta: opção d)

Capítulo 8

Operações com Mercadorias

1. Apuração Extracontábil

Também chamada de apuração MATEMÁTICA, esse tipo de apuração se limita aos cálculos matemáticos do valor das compras brutas, das compras líquidas, das mercadorias disponíveis para venda, do custo das mercadorias vendidas, das vendas brutas, das vendas líquidas e do resultado com mercadorias, através do uso de fórmulas matemáticas, sem a preocupação de contabilização.

1.1. Compras Brutas (CB)

Antes de estabelecermos as relações matemáticas para o cálculo das compras brutas, devemos entender o que é CUMULATIVIDADE e NÃO CUMULATIVIDADE de tributos.

No caso da CUMULATIVIDADE de um tributo, essa se traduz na impossibilidade de adquirir o direito de recuperá-lo nas compras de mercadorias para revenda. É o caso, por exemplo, do PIS e da COFINS nas empresas que não pagam o imposto de renda com base no lucro real, que, em geral, são as empresas que pagam esse imposto com base no lucro presumido, as quais, ao revenderem mercadorias, devem recolher ao Governo Federal o PIS e a COFINS incidentes sobre suas vendas, sem o direito de compensar esses tributos incidentes sobre as compras, razão pela qual as alíquotas incidentes sobre as vendas não são tão altas (em geral, PIS = 0,65% e COFINS = 3%).

De forma diferente, no caso das empresas que pagam imposto de renda com base no lucro real, as quais, em geral, são as sociedades anônimas e demais empresas de grande porte, a legislação tributária determina a NÃO CUMULATIVIDADE do PIS e da COFINS, os quais são recuperáveis nas compras de mercadorias para revenda nesses tipos de empresas, ou seja, os débitos desses tributos nas vendas de mercadorias podem ser compensados com os créditos adquiridos nas compras, razão pela qual as alíquotas incidentes são maiores que aquelas utilizadas no sistema cumulativo (em geral, PIS = 1,65% e COFINS = 7,6%).

Cabe mencionar que no caso específico do ICMS incidente sobre as compras de mercadorias revendidas por empresas que nas vendas inserem esse tributo nas suas notas fiscais de venda, o mesmo é sempre considerado NÃO CUMULATIVO, ou seja, os débitos contraídos nas vendas sempre podem ser compensados com os créditos adquiridos nas compras, independentemente da forma como calculam e pagam o imposto de renda.

Por fim, em vista disso tudo, podemos distinguir dois casos para o cálculo do valor das compras brutas:

1.1.1. Empresas Comerciais Tributadas pelo Pis e pela Cofins no Sistema Cumulativo

Conforme já mencionado acima, só o ICMS incidente sobre mercadorias compradas para revenda é recuperável, de modo que o mesmo será SUBTRAÍDO do valor das compras para o cálculo das compras brutas, não integrando, portanto, o custo dos estoques.

Além disso, havendo incidência de IPI nas compras de mercadoria fornecidas por indústrias, esse imposto não é recuperável pela empresa comercial, visto que só as indústrias o têm por recuperável quando da compra de matérias-primas para a fabricação de seus produtos. Consequentemente, tendo em vista que se trata de um imposto "por fora", ou seja, não está embutido no valor das compras, ele deve ser SOMADO "por fora" a esse valor.

Assim, em vista disso tudo, podemos chegar à seguinte fórmula:

$$CB = \text{Valor da Compra} + IPI - ICMS$$

Exemplo: A Comercial Alfa adquiriu à vista mercadorias para revenda da Industrial Beta no total de R$ 100.000,00 com ICMS de 17% e IPI de 10%. Assim:

- Total da nota fiscal = 100.000 + 10% 100.000 = 110.000
- Compras Brutas = 100.000 + 10% 100.000 − 17% 100.000 = 93.000

....

Obs.: A contabilização poderia ser feita da seguinte forma:

D Mercadorias 93.000
D ICMS a Recuperar 17.000
C Caixa 110.000

1.1.2. Empresas Comerciais Tributadas pelo Pis e pela Cofins no Sistema Não Cumulativo

Tendo em vista que nessa hipótese essas empresas adquirem nas compras o direito de compensar o PIS e a COFINS incidentes sobre as mesmas com seus débitos contraídos nas vendas, então esses tributos não integrarão o valor das compras brutas, devendo, portanto, ser subtraídos. Assim, podemos estabelecer a seguinte fórmula para o cálculo das compras brutas:

$$CB = \text{Valor da Compra} + IPI - ICMS - PIS - COFINS$$

Supondo no exemplo anterior que a Comercial Alfa fosse tributada pelo PIS e pela COFINS no sistema não cumulativo, admitindo as alíquotas desses tributos de 1,65% e 7,6%, respectivamente, teríamos:

CB = 100.000 + 10% 100.000 − 17% 100.000 − 1,65% 110.000 − 7,6% 110.000 = 82.825

Obs. 1: Observemos que, de modo diferente do ICMS e do IPI, os quais incidiram sobre a receita bruta de vendas (R$ 100.000,00), o PIS e a COFINS incidiram sobre o faturamento total (R$ 110.000,00), isto é, incidiram também sobre o IPI, o qual está "por fora" da receita bruta de vendas.

Obs. 2: A legislação tributária determina a incidência do PIS e da COFINS sobre o IPI <u>somente quando ele não for recuperável</u>, que foi o caso do exemplo acima. Caso fosse uma indústria adquirindo matérias-primas para a produção, o IPI seria recuperável, e o PIS e a COFINS incidiriam somente sobre a receita bruta de vendas, ou seja, não incidiriam sobre o IPI. Nessa hipótese, com os mesmos dados do exemplo acima, se fosse uma indústria comprando matérias-primas, o valor a ser integrado aos estoques de matérias-primas seria obtido da seguinte forma:

CB = 100.000 − 17% 100.000 − 1,65% **100.000** − 7,6% **100.000**

Obs. 3: A contabilização na Comercial Alfa S/A poderia ser feita da seguinte forma:

D Mercadorias 82.825
D ICMS a Recuperar 17.000
D PIS a Recuperar 1.815
D COFINS a Recuperar... 8.360
C Caixa 110.000

1.2. Compras Líquidas (CL)

$$CL = CB + Fretes + Seguros - Deduções$$

Deduções:
- Devoluções de Compras
- Abatimentos sobre Compras
- Descontos Incondicionais Obtidos

Exemplo: As seguintes informações foram obtidas da empresa Linhares Ltda. referentes ao mês de março de 20X8 (desconsidere a existência de tributos sobre compras):

Compras ....R$ 20.000
Devoluções de Compras ....R$ 5.000
Fretes sobre Compras ....R$ 1.300

Assim, teremos:

CL = 20.000 + 1.300 − 5000 = 16.300

1.3. Mercadorias Disponíveis para Venda (MDV)

$$\boxed{MDV = EI + CL}$$

Legenda: CL − Compras Líquidas; EI − Estoque Inicial

No exemplo empresa Linhares Ltda., supondo que o estoque em 1º de março fosse de R$ 3.100, teríamos:

MDV = 3.100 + 16.300 = 19.400

1.4. Custo das Mercadorias Vendidas (CMV)

$$\boxed{CMV = EI + CL - EF}$$

Legenda: EF − *Estoque Final*

No exemplo da empresa Linhares Ltda., supondo que o estoque em 31 de março fosse de R$ 1.200, teríamos:

CMV = 3.100 + 16.300 − 1.200 = 18.200

1.5. Vendas Brutas: VB (ou Receita Bruta)

É o valor original das VENDAS, sem a subtração das possíveis deduções dessas vendas. Assim, admitindo que a empresa Linhares Ltda. do exemplo acima tivesse vendido no mês de março mercadorias no total de R$ 36.000,00, com ICMS de 10%, PIS de 0,65% e COFINS de 3%, sendo, posteriormente, canceladas R$ 6.000,00 dessas vendas, as Vendas Brutas importariam em R$ 36.000,00, independentemente de todos esses tributos incidentes sobre vendas e das vendas canceladas.

$$\boxed{VB = \text{Valor da Venda}}$$

1.6. Vendas Líquidas: VL (ou Receita Líquida)

No exemplo acima, as Vendas Líquidas seriam apuradas abatendo das Vendas Brutas (R$ 12.000,00) as referidas deduções. Assim, teríamos:

Vendas Brutas	R$ 36.000,00
(−) Vendas Canceladas	(R$ 6.000,00)
(−) ICMS sobre Vendas (17% R$ 30.000,00)	(R$ 5.100,00)
(−) PIS (0,65% R$ 30.000,00)	(R$ 195,00)
(−) COFINS (3% R$ 30.000,00)	(R$ 900,00)
(=) Vendas Líquidas	**R$ 23.805,00**

Nota: Observemos que os tributos sobre vendas incidiram sobre o valor dessas abatido das vendas canceladas.

Por fim, podemos estabelecer a seguinte fórmula:

$$VL = VB - Deduções$$

Deduções:
- Devoluções de Vendas
- Abatimentos sobre Vendas
- Descontos Incondicionais Concedidos
- ICMS, PIS e COFINS

1.7. Resultado com Mercadorias (RCM)

$$RCM = VL - CMV$$

Se RCM > 0 → Lucro Bruto

Se RCM < 0 → Prejuízo Bruto

No exemplo acima da empresa Linhares Ltda., teríamos:

RCM = R$ 23.805,00 – R$ 18.200,00 = R$ 5.605,00 (Lucro Bruto)

2. APURAÇÃO CONTÁBIL

Nesse caso, a forma de apurar o valor das compras brutas, das compras líquidas, do custo das mercadorias vendidas, da receita bruta, da receita líquida e do resultado com mercadorias será feita contabilmente, ou seja, através de lançamentos nos razonetes e/ou no livro diário.

Na apuração contábil, as contas que serão utilizadas e os lançamentos contábeis que serão feitos dependem do SISTEMA DE CONTROLE DE ESTOQUES utilizado pela empresa. Abaixo, indicamos os sistemas mais conhecidos:

SISTEMAS
- INVENTÁRIO PERIÓDICO
  - Método da Conta Mista
  - Método da Conta Desdobrada
- INVENTÁRIO PERMANENTE
  - Método PEPS
  - Método UEPS
  - Método do Custo Médio Móvel

SIGNIFICADOS:

➢ **PEPS** – A **_Primeira_** mercadoria que **_Entra_** no estoque é a **_Primeira_** que **_Sai_** do estoque.

➢ **UEPS** – A **_Última_** mercadoria que **_Entra_** no estoque é a **_Primeira_** que **_Sai_** do estoque. *Esse método não é permitido às empresas brasileiras pela legislação tributária, visto que num sistema de economia inflacionária saem primeiro as mercadorias mais caras de tal forma que o CMV é superavaliado e, consequentemente, o lucro tributável é subavaliado, implicando assim um menor valor de IR e CSLL.*

2.1. Inventário Periódico

Antes de mais nada, deve ficar claro dentro desse contexto que fazer INVENTÁRIO significa proceder ao levantamento (apuração) dos estoques de mercadorias para revenda.

Assim, o sistema de inventário PERIÓDICO é aquele onde a empresa **somente** apura o valor de seus estoques periodicamente, isto é, ao final de cada período (mensal, trimestral, anual etc.).

Em consequência disso, ao fim de cada período (mensal, trimestral, anual etc.), os estoques são apurados por CONTAGEM FÍSICA, ou seja, alguém ou um grupo de indivíduos entra "fisicamente" no depósito e procede à contagem física das mercadorias estocadas, razão pela qual é um sistema normalmente adotado por pequenas empresas, onde o estoque não é tão grande que alguém não possa contá-lo fisicamente com relativa facilidade.

Dentro do sistema de inventário periódico, a empresa pode optar por dois métodos distintos de contabilização:

- Conta Mercadorias Mista
- Conta Mercadorias Desdobrada

A adoção de um ou outro método acima irá, sobretudo, depender das necessidades gerenciais da empresa.

2.1.1. Conta Mercadorias Mista

Nesse método, a conta "Mercadorias" assume "transitoriamente" função de CONTA MISTA, dado que representa, ao mesmo tempo, uma CONTA PATRIMONIAL, tendo em vista que registra o valor dos estoques, e CONTA DE RESULTADO, visto que as receitas de vendas são contabilizadas a crédito dessa conta. Além disso, as compras também são registradas a débito dessa mesma conta.

Ao final de cada período (mensal, trimestral, anual etc.), a conta "Mercadorias" assume exclusivamente a função de conta patrimonial, tendo em vista que registra o valor dos estoques naquela época (saldo devedor, visto que é conta do ativo). Daí, a ideia de "transitoriedade", ou seja, ela só é conta mista no decorrer do período, em função das receitas de vendas serem lançadas a crédito daquela conta, de modo que ao final de cada período ela assume sua função definitiva de conta patrimonial, e assim por diante, começando o período seguinte com saldo devedor correspondente aos estoques existentes, os quais, conforme já mencionado, foram apurados por contagem física ao final do período anterior.

Exemplo: A comercial Céu Azul Ltda. iniciou o mês de abril com um estoque de mercadorias no total de R$ 13.000,00. Ao longo do referido mês, realizou as seguintes operações:

- 5 de abril: Compras à vista no total de R$ 22.000,00.
- 27 de abril: Vendas à vista no total de R$ 46.000,00.

Sabendo-se que no dia 30 de abril o estoque apurado por contagem física importou em R$ 10.000,00, apure o valor do RCM (Resultado com Mercadorias) de abril:

(A) Matematicamente (apuração extracontábil)

(B) Contabilmente, pelo método conta Mista.

SOLUÇÃO

(A) APURAÇÃO MATEMÁTICA

O primeiro passo é apurarmos o CMV (Custo das Mercadorias Vendidas), da seguinte forma:

CMV = EI + Compras – EF = 13.000 + 22.000 – 10.000 = 25.000

Por fim, iremos apurar o RCM (Resultado com Mercadorias) da seguinte forma:

RCM = Vendas – CMV = 46.000 – 25.000 = 21.000 (Lucro Bruto)

....

(B) APURAÇÃO CONTÁBIL

Sem contar com a conta "Caixa", trabalharemos com duas contas: A conta "Mercadorias", a qual será utilizada para as compras, vendas e estoques, e a conta "RCM", a qual será utilizada para indicação do lucro ou prejuízo nas vendas de mercadorias. Assim, teremos:

Mercadorias		Caixa	
13.000	46.000 (2)	(2) 46.000	22.000 (1)
(1) 22.000			
	11.000 *(saldo credor provisório)*		

Observemos no razonete acima que a conta "Mercadorias" apresentou ao final de abril saldo credor de R$ 11.000,00. No entanto, esse saldo é "provisório", visto que ao final do mês essa conta, por ser do ativo, deve apresentar saldo <u>devedor</u> correspondente ao estoque final apurado por contagem física. Assim, faremos o lançamento de AJUSTE na conta "Mercadorias", de forma que de saldo credor de R$ 11.000,00 ela passe a ter saldo devedor de R$ 10.000,00, debitando essa conta de R$ 21.000,00 (= R$ 11.000,00 + R$ 10.000,00) em contrapartida com a conta "RCM":

Mercadorias		RCM	
(3) 21.000	11.000		21.000 (3) ⟶ ***Lucro Bruto***
10.000			

Por fim, concluímos que o lançamento (3) feito ao final de abril resolveu dois problemas ao mesmo tempo: 1º) Acertou o saldo da conta "Mercadorias", ficando essa com o saldo devedor correspondente ao estoque em 30 de abril; 2º) Revelou o valor do Resultado com Mercadorias na própria conta "RCM", a qual, credora de R$ 21.000,00, indica um Lucro Bruto nesse valor.

Obs.: Para solução de questões de concursos públicos pelo método da conta mista, precisamos apenas de duas informações:

(1) Saldo provisório da conta "Mercadorias" ao final do período, o qual poderá ser devedor ou credor.

(2) Valor do estoque ao final do período, o qual foi apurado por contagem física.

Nesse caso, temos três regras gerais básicas:

1ª REGRA – Quando o saldo provisório da conta "Mercadorias" for **credor**, o RCM sempre será LUCRO BRUTO, de modo que o valor deste será exatamente a soma do Saldo Credor Provisório (SCP) com o valor do Estoque Final (EF), ou seja:

$$\boxed{\text{Lucro Bruto} = \text{SCP} + \text{EF}}$$

2ª REGRA – Quando o saldo provisório da conta "Mercadorias" for **devedor**, o RCM será sempre LUCRO BRUTO, se o Saldo Devedor Provisório (SDP) for MENOR do que o Estoque Final (EF), ou seja, SDP < EF. Nesse caso, o LUCRO BRUTO será a diferença entre o Estoque Final e o referido saldo. Assim, teremos:

$$\boxed{\text{Lucro Bruto} = \text{EF} - \text{SDP}}$$

Assim, por exemplo, se ao final de certo mês uma empresa que contabiliza suas operações com mercadorias pelo método da conta mista constatasse que o saldo devedor provisório da conta "Mercadorias" fosse, por exemplo, de R$ 15.000,00 e o valor do estoque apurado por contagem física ao final do mesmo mês fosse, por exemplo, de R$ 27.800,00, o Lucro Bruto da empresa seria de R$ 27.800,00 – R$ 15.000,00 = R$ 12.800,00.

3ª REGRA – Quando o saldo provisório da conta "Mercadorias" for **devedor**, o RCM será sempre PREJUÍZO BRUTO, se o Saldo Devedor Provisório (SDP) for MAIOR do que o Estoque Final (EF), ou seja, SDP > EF. Nesse caso, o PREJUÍZO BRUTO será a diferença entre o Saldo Devedor Provisório e o referido estoque. Assim, teremos:

$$\boxed{\text{Prejuízo Bruto} = \text{SDP} - \text{EF}}$$

Assim, por exemplo, se ao final de certo mês uma empresa que contabiliza suas operações com mercadorias pelo método da conta mista constatasse que o saldo devedor provisório da conta "Mercadorias" fosse, por exemplo, de R$ 23.000,00 e o valor do estoque apurado por contagem física ao final do mesmo mês fosse, por exemplo, de R$ 10.700,00, o Prejuízo Bruto da empresa seria de R$ 23.000,00 – R$ 10.700,00 = R$ 12.300,00.

2.1.2. Conta Mercadorias Desdobrada

De modo diferente do método da conta mista, no método da conta desdobrada a conta "Mercadorias" assume apenas a função de conta patrimonial, tendo em vista que representa somente os estoques. As compras, vendas, devoluções e abatimentos são desdobradas em contas específicas, as quais são contabilmente consideradas contas de resultado.

Em termos gerenciais, esse método é mais completo que o da conta mista, visto que apresenta mais informações explícitas, em virtude do maior número de contas que são utilizadas nas operações.

De outro modo dizendo, ao passo que no método da conta mista utilizamos apenas a conta "Mercadorias" para todas as operações (estoques, compras, vendas, devoluções, abatimentos), na conta desdobrada utilizamos a conta "Mercadorias" só para estoques, a conta "Compras" só para o registro das compras, a conta "Vendas" só para os registros das vendas mercadorias, a conta "Devoluções de Compras" só para os registros das mercadorias devolvidas após compradas, a conta "Devoluções de Vendas" só para os registros das mercadorias devolvidas pelos clientes etc., além de indicar explicitamente a conta "CMV", conta esta inexistente no método da conta mista, dado que o CMV nesse método só pode ser apurado extracontabilmente (matematicamente).

No exemplo anterior da Cia. Céu Azul Ltda., teríamos as seguintes contabilizações das operações de compras e vendas nos razonetes:

Compras		Vendas		Caixa	
(1) 22.000			46.000 (2)	(2) 46.000	22.000 (1)

Ao final de abril, o 1º passo é apurarmos contabilmente o CMV, com base na sua fórmula matemática: CMV = Estoque Inicial + Compras – Estoque Final.

Assim, observando a fórmula do CMV, a primeira coisa a fazer é transferir o Estoque Inicial (13.000) e as Compras (22.000) para a conta CMV, debitando-se essa conta de 35.000 (= 13.000 + 22.000) em contrapartida com um crédito na conta "Mercadorias" e um crédito na conta "Compras" nos respectivos valores. Por fim, atualizamos a conta "Mercadorias", mediante um débito nessa conta pelo valor do Estoque Final (10.000) em contrapartida com um crédito na conta "CMV", de modo que o seu saldo será o seu valor definitivo:

Mercadorias		Compras		CMV	
13.000	13.000 (3)	22.000	22.000 (3)	(3) 35.000	10.000 (4)
(4) 10.000				25.000	

Obs.: A apuração contábil desse último exemplo poderia terminar na determinação do CMV com os lançamentos (3) e (4), de modo que no balancete de verificação apareceria a conta "Vendas" com saldo credor de R$ 46.000,00 e, separadamente, a conta "CMV" com saldo devedor de R$ 25.000,00. No entanto, opcionalmente seria criada a conta adicional "RCM", de modo que seu saldo seria determinado por um crédito nessa conta de R$ 46.000,00 em contrapartida com um débito desse valor na conta "Vendas" (lançamento 5) e por um débito naquela conta no valor de R$ 25.000,00 em contrapartida com um crédito na conta "CMV" nesse valor (lançamento 6) da seguinte forma:

Vendas		CMV		RCM	
(5) **46.000**	46.000	25.000	**25.000 (6)**	(6) **25.000**	**46.000 (6)**
					21.000

Nessa última opção, em vez de no balancete de verificação aparecer a conta "Vendas" com saldo credor de R$ 46.000,00 e a conta "CMV" com saldo devedor de R$ 25.000,00, apareceria somente a conta "RCM" com saldo credor de R$ 21.000,00, opção essa que, embora esteja perfeitamente correta, raramente é utilizada, visto que a maioria dos contabilistas preferem a indicação das contas "Vendas" e "CMV" separadamente no balancete, em vez da conta única "RCM".

2.2. Inventário Permanente

Ao contrário do sistema de inventário periódico, onde os estoques são apurados apenas ao fim do período, no sistema de inventário permanente há um controle <u>contínuo</u>, ou seja, <u>permanente</u> dos estoques, através do uso de fichas de controle de estoques. Esse é o sistema ideal para as empresas de grande porte, dado o grande volume de operações e o grande volume dos estoques.

2.2.1. Forma de Contabilização

Para a contabilização das compras, utilizamos a conta "**Mercadorias**" (ou "Estoques"), dado que no inventário permanente os estoques devem estar continuamente atualizados, de modo que o uso da conta "Compras" desatualizaria os estoques, razão pela qual esta última conta só é utilizada no sistema de inventário periódico, nunca no sistema de inventário permanente. Assim, por exemplo, se uma empresa comprar mercadorias à vista no valor de R$ 10.000,00 com ICMS de 17%, teríamos as seguintes contabilizações:

| Inventário PERIÓDICO | → | D **Compras** 8.300,00
D ICMS a Recuperar 1.700,00
C Caixa .... 10.000,00 |

| Inventário PERMANENTE | → | D **Mercadorias** 8.300,00
D ICMS a Recuperar 1.700,00
C Caixa .... 10.000,00 |

Nas vendas utilizamos a conta "Vendas" (ou "Receita de Vendas"), da mesma forma que no inventário periódico na conta desdobrada. Porém, tendo em vista que os estoques devem estar permanentemente atualizados, logo após a contabilização da receita de vendas, deve haver um lançamento para atualizar os estoques, debitando-se a conta "CMV" (Custo das Mercadorias Vendidas) e creditando-se a conta "Mercadorias" (ou "Estoques"). Assim, suponhamos, por exemplo, que uma empresa realize vendas de mercadorias à vista no total de R$ 10.000,00 com ICMS de 17%, sendo o custo das mercadorias vendidas de R$ 5.200,00. Nesse caso, teríamos as seguintes contabilizações:

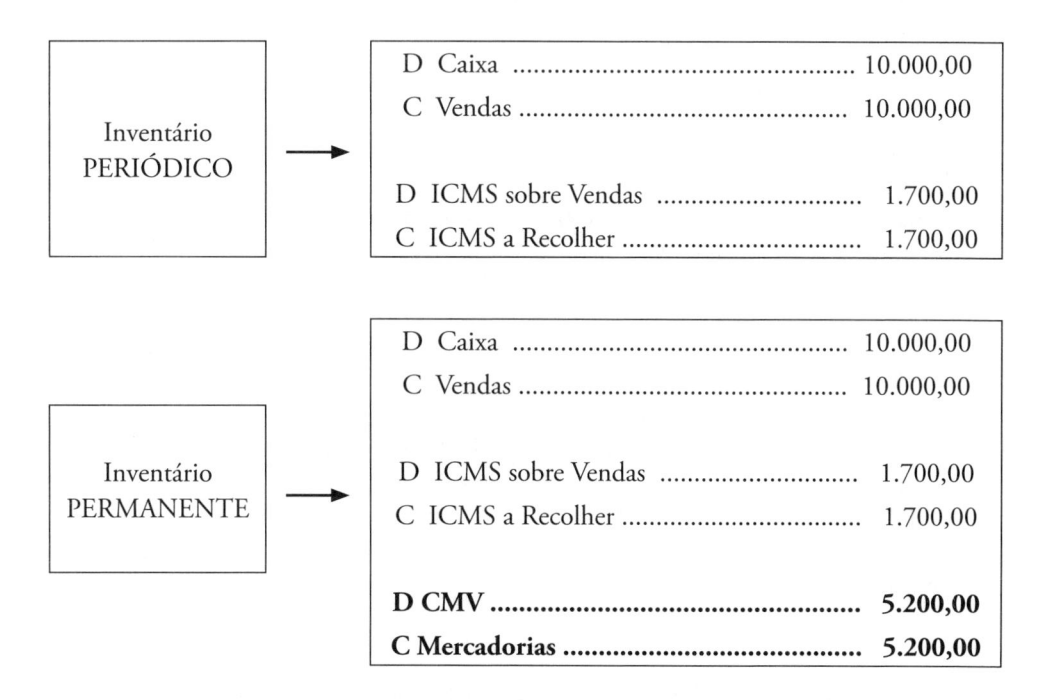

| Inventário PERIÓDICO | → | D Caixa 10.000,00
C Vendas 10.000,00

D ICMS sobre Vendas 1.700,00
C ICMS a Recolher .... 1.700,00 |

| Inventário PERMANENTE | → | D Caixa 10.000,00
C Vendas 10.000,00

D ICMS sobre Vendas 1.700,00
C ICMS a Recolher 1.700,00

D CMV **5.200,00**
C Mercadorias .... **5.200,00** |

Observemos nesse exemplo que a diferença, no caso específico das vendas, está na contabilização de um fato a mais, ou seja, do 3º lançamento para atualizar os estoques, coisa esta que não existe no sistema de inventário periódico, dado que nesse sistema os estoques só serão atualizados ao final do período.

2.2.2. Sistemas de Controle de Estoques

Tendo em vista que a filosofia do sistema de inventário PERMAMENTE é manter os estoques continuamente atualizados em "qualquer data" e não apenas ao final do período, como é o caso do sistema de inventário periódico, então é necessário a eleição de um **método de controle de estoques**. Os três métodos mais conhecidos são os seguintes:

- ➢ MÉTODO PEPS (Primeira que Entra é a Primeira que Sai)
- ➢ MÉTODO UEPS (Última que Entra é a Primeira que Sai)
- ➢ MÉTODO CUSTO MÉDIO MÓVEL (ou Média Ponderada Móvel)

Assim, suponhamos, por exemplo, que uma empresa que possuía no início de um determinado mês um estoque da mercadoria "X" composto por 30 unidades a R$ 10,00 cada, realizasse as seguintes operações ao longo do mês:

- Dia 09: Compra de 70 unidades a R$ 12,00 cada.
- Dia 17: Compra de 60 unidades a R$ 14,00 cada.
- Dia 29: Venda de 95 unidades.
- Dia 30: Compra de 40 unidades a R$ 15,00 cada

Assim, teríamos:

MÉTODO PEPS

Se a empresa controlasse seus estoques permanentemente por esse método, nas vendas das 95 unidades sairiam primeiro as 30 unidades do estoque inicial a R$ 10,00 cada e depois as 65 unidades adquiridas no dia 09 a R$ 12,00 cada, de sorte que o CMV (Custo das Mercadorias Vendidas) seria de R$ 10 × 30 + R$ 12 × 65 = R$ 1.080 e o estoque final do mês seria de 5 unidades a R$ 12,00 (= R$ 60,00) cada mais as 60 unidades adquiridas no dia 17 a R$ 14,00 cada (= R$ 840,00) e mais as 40 unidades a R$ 15,00 cada (= R$ 600,00), totalizando R$ 1.500,00.

MÉTODO UEPS

Se a empresa controlasse seus estoques permanentemente por esse método, nas vendas de 95 unidades sairiam primeiro as 60 unidades adquiridas no dia 17 a R$ 14,00 cada (= R$ 840,00) e depois 35 unidades adquiridas no dia 9 a R$ 12,00 cada (= R$ 420,00), de sorte que o CMV seria de R$ 840,00 + R$ 420 = R$ 1.260,00 e o estoque final do mês seria composto pelas 40 unidades do dia 30 a R$ 15,00 cada (= R$ 600,00) mais 35 unidades que sobraram do dia 9 a R$ 12,00 cada (= R$ 420,00) mais as 30 unidades do estoque inicial a R$ 10,00 cada (= R$ 300,00), totalizando R$ 1.320,00.

CUSTO MÉDIO MÓVEL (ou MÉDIA PONDERADA MÓVEL)

Se a empresa controlasse seus estoques permanentemente por esse método, teríamos três médias ponderadas: dia 09, dia 17 e dia 30. Daí, ela ser chamada de "<u>móvel</u>", visto que a cada nova entrada há alteração do custo médio unitário dos estoques, o qual é obtido por meio do cálculo de uma nova média aritmética dos custos unitários ponderada pelas suas respectivas quantidades. Assim, teríamos:

1ª média (dia 09) – Será a média aritmética ponderada entre as 30 unidades (peso 30) a R$ 10,00 cada e as 70 unidades (peso 70) a R$ 12,00 cada:

$$\text{Custo unitário do estoque} = \frac{(30 \times R\$ 10) + (70 \times R\$ 12)}{30 + 70} = 11,40$$

2ª média (dia 17) – Será a média aritmética ponderada entre as 30 unidades (peso 30) a R$ 10,00 cada, 70 unidades (peso 70) a R$ 12,00 cada e 60 (peso 60) unidades a R$ 14,00 cada:

$$\text{Custo unitário do estoque} = \frac{(30 \times R\$ 10) + (70 \times R\$ 12) + (60 \times R\$ 14)}{30 + 70 + 60} = R\$ 12,375$$

3ª média (dia 30) – Será a média aritmética ponderada entre as 65 unidades (peso 65) que sobraram após a venda do dia 29 a R$ 12,375 cada e as 40 unidades (peso 40) adquiridas no dia 30 a R$ 15,00 cada:

$$\text{Custo unitário do estoque} = \frac{(65 \times R\$ 12,375) + (40 \times R\$ 15)}{65 + 40} = R\$ 13,375$$

Desse modo, ao final do mês, o CMV seria de 95 unidades a R$ 12,375 cada (visto que as vendas ocorreram antes das compras do dia 30), ou seja, CMV = R$ 1.175,625 e o estoque final seria composto pelas 105 unidades a R$ 13,375 = R$ 1.404,375.

> **Obs.:** Além dos três métodos já descritos, ainda existe um quarto chamado de CUSTO MÉDIO FIXO (ou MÉDIA PONDERADA FIXA). De forma diferente do custo médio móvel, onde é calculada uma nova média a cada entrada nos estoques, no custo médio fixo só é calculada uma **única** média ao final do período, não importando as vendas intermediárias. Assim, nesse último exemplo teríamos:
>
> $$\text{Custo unitário} = \frac{(30 \times R\$ 10) + (70 \times R\$ 12) + (60 \times R\$ 14) + (40 \times R\$ 15)}{30 + 70 + 60 + 40} = R\$ 12,90$$
>
> ....
> CMV = R$ 12,90 × 95 = R$ 1.225,50
>
> ....
> Estoque Final = R$ 12,90 × 105 = R$ 1.354,50
>
> Cabe ressaltar que o referido método é pouquíssimo utilizado, mesmo porque é proibido pela legislação tributária brasileira, embora já tenha sido cobrado em algumas questões de concursos públicos.

2.2.3. Comparação entre os Métodos PEPS, UEPS e Custo Médio Móvel

(1ª POSSIBILIDADE) – Sistema de economia INFLACIONÁRIA

Num sistema de economia com preços crescentes ao longo do tempo, no método PEPS saem primeiro do estoque as mercadorias mais "baratas", acarretando que o CMV seja o menor possível e o LB (Lucro Bruto), que é igual à Receita de Vendas – CMV, seja o maior possível, ficando nos estoques as mais "caras", acarretando que o EF (Estoque Final) seja o maior possível.

Por outro lado, no método UEPS ocorre justamente o oposto. Nesse caso, lembrando que a última mercadoria que entra é a primeira que sai do estoque, nas vendas saem primeiro as mais "caras" (lembremos que num sistema inflacionário, as últimas, em geral, são mais caras que as primeiras), acarretando que o CMV seja o maior possível e o LB (Lucro Bruto) seja o menor possível, ficando nos estoques as mais "baratas", acarretando que o EF (Estoque Final) seja o menor possível.

Por fim, no método do Custo Médio Móvel, há um comportamento intermediário, ou seja, o CMV é maior que aquele pelo método PEPS e menor que aquele pelo método UEPS e, consequentemente, o Lucro Bruto é maior que aquele apurado pelo método UEPS, porém menor que aquele pelo método PEPS.

Resumindo tudo isso, teremos que num sistema inflacionário:

CMV (método PEPS) < CMV (método Custo Médio Móvel) < CMV (método UEPS)

LB (método PEPS) > LB (método Custo Médio Móvel) > LB (método UEPS)

EF (método PEPS) > EF (método Custo Médio Móvel) > EF (método UEPS)

Nota: < = menor que; > = maior que

(2ª POSSIBILIDADE) – Sistema de economia DEFLACIONÁRIA

Num sistema de economia com preços decrescentes ao longo do tempo, no método PEPS saem primeiro do estoque as mercadorias mais "caras", acarretando que o CMV seja o maior possível e o LB (Lucro Bruto), que é igual à Receita de Vendas – CMV, seja o menor possível, ficando nos estoques as mais "baratas", acarretando que o EF (Estoque Final) seja o menor possível.

Por outro lado, no método UEPS ocorre justamente o oposto. Nesse caso, lembrando que a última mercadoria que entra é a primeira que sai do estoque, nas vendas saem primeiro as mais "baratas" (lembremos que num sistema deflacionário, as últimas, em geral, são mais "baratas" que as primeiras), acarretando que o CMV seja o menor possível e o LB (Lucro Bruto) seja o maior possível, ficando nos estoques as mais "caras", acarretando que o EF (Estoque Final) seja o maior possível.

Por fim, no método do Custo Médio Móvel, há um comportamento intermediário, ou seja, o CMV é menor que aquele pelo método PEPS e maior que aquele pelo método UEPS e, consequentemente, o Lucro Bruto é menor que aquele apurado pelo método UEPS, porém maior que aquele pelo método PEPS.

Resumindo tudo isso, teremos que num sistema deflacionário:

CMV (método PEPS) > CMV (método Custo Médio Móvel) > CMV (método UEPS)

LB (método PEPS) < LB (método Custo Médio Móvel) < LB (método UEPS)

EF (método PEPS) < EF (método Custo Médio Móvel) < EF (método UEPS)

(3ª POSSIBILIDADE) – Sistema de economia ESTÁVEL.

Num sistema de economia onde os preços se mantêm constantes, os valores do CMV, do Lucro Bruto (LB) e do Estoque Final (EF) são os MESMOS nos três métodos descritos.

Obs. 1: No sistema de inventário permanente é comum o uso de FICHAS DE CONTROLE de estoques para os métodos PEPS, UEPS e Custo Médio Móvel. Abaixo, apresentamos um modelo genérico para essas fichas, onde a coluna "ENTRADAS", que é utilizada para registrar as mercadorias que estão entrando no estoque, em geral, por compras efetuadas, ressaltando que no caso de haver devoluções de compras essas afetariam as entradas "negativamente", tanto em quantidade, quanto em valor e, no caso específico de abatimentos sobre compras, essas também afetariam "negativamente" as entradas, porém só em valor (a quantidade não se altera), a coluna de SAÍDAS é utilizada pelas vendas, podendo também ser afetada "negativamente" pelas devoluções de vendas, mas, de forma diferente das compras, os abatimentos sobre vendas não afetam a coluna de vendas visto que reduzem a RECEITA DE VENDAS e não o custo das vendas. Cabe mencionar também que a receita de vendas NÃO APARECE na ficha de estoques e sim o CUSTO das vendas (CMV – Custo das Mercadorias Vendidas). A coluna "ESTOQUE" indica o valor do estoque existente em cada data. Abaixo, indicamos um exemplo de ficha de controle de estoques pelo método do Custo Médio Móvel, onde cada uma das colunas principais (Entradas, Saídas e Estoque) é dividida em três subcolunas ("Q" = Quantidade; "U" = valor da Unidade; e "T" = Total, onde T = Q × U).

	ENTRADAS			SAÍDAS			ESTOQUE		
DIA	Q	U	T	Q	U	T	Q	U	T
01/05							32	10,00	320,00
04/05	18	10,00	180,00				50	10,00	500,00
06/05	(8)	10,00	(80,00)				42	10,00	420,00
07/05	-	-	(21,00)				42	9,50	399,00
11/05				20	9,50	190,00	22	9,50	209,00
12/05				(8)	9,50	(76,00)	30	9,50	285,00

Dessa ficha interpretamos o seguinte:

- Havia no dia 1º de maio 32 unidades de uma determinada mercadoria a R$ 10,00 cada, totalizando R$ 320,00.
- No dia 04 de maio houve compra de 18 unidades a R$ 10,00 cada, totalizando R$ 180,00. Assim, o estoque passou de 32 para 50 unidades a R$ 10,00 cada, totalizando R$ 500,00.
- No dia 06 de maio houve devolução de 8 unidades compradas a R$ 10,00 cada, totalizando R$ 80,00. Assim, o estoque reduziu de 50 unidades para 42 unidades a R$ 10,00 cada, totalizando R$ 420,00.
- No dia 07 de maio a empresa recebeu um abatimento sobre compras no valor de R$ 21,00. Embora o quantitativo do estoque não tenha sofrido alteração, seu valor total reduziu de R$ 400,00 para R$ 399,00 e, consequentemente, seu valor unitário passou a ser de R$ 399,00 ÷ 42 unidades = R$ 9,50.
- No dia 11 de maio houve vendas de 20 unidades ao "custo" de R$ 9,50 cada, totalizando o "custo" das vendas R$ 190,00. Cabe ressaltar que o preço de venda <u>nunca aparece na ficha de controle de estoques</u>. Assim, o estoque reduziu de 42 unidades para 22 unidades a R$ 9,50 cada, totalizando R$ 209,00.
- No dia 12 houve devolução de 8 unidades vendidas ao "custo" de R$ 9,50, totalizando R$ 76,00. Consequentemente, o estoque subiu de 22 unidades para 30 unidades a R$ 9,50 cada, totalizando R$ 285,00.

Cabe deixar claro que o CMV (Custo das Mercadorias Vendidas) é a soma algébrica do total da coluna de saídas, ou seja, CMV = + R$ 190,00 – R$ 76,00 = R$ 114,00.

Obs. 2: Dado que o caso mais comum na economia nacional é sistema INFLACIONÁRIO, onde, conforme já visto acima, o Lucro Bruto é o MENOR possível pelo método UEPS, a legislação tributária não permite esse método para as empresas no Brasil, pois seria o método onde o Imposto de Renda (IR) e a Contribuição Social sobre o Lucro (CSL) teriam os menores valores possíveis, dado que esses tributos são calculados com base nos lucros das empresas. Logo, as empresas no Brasil só poderão adotar o método PEPS ou o método do Custo Médio MÓVEL. Na prática, os empresários brasileiros irão optar por este último método, dado que pelo método PEPS pagariam muito IR e CSL.

EXERCÍCIO RESOLVIDO: Em 1º de março de 20X1, o estoque da mercadoria "M" na empresa "E" era composto por 20 unidades a R$ 8,00. Ao longo do referido mês, ocorreram os seguintes fatos relacionados à mercadoria "M":

Dia 4 – Compras à vista de 80 unidades a R$ 9,00 cada;

Dia 11 – Vendas à vista de 50 unidades a R$ 20,00 cada;

Dia 19 – Compras à vista de 150 unidades a R$ 10,00 cada;

Dia 26 – Vendas à vista de 170 unidades a R$ 20,00 cada;

Assim, supondo que a empresa Y só comercialize a mercadoria X, com relação ao mês de março de 20X1, apure o Estoque Final, o CMV, a Vendas Líquidas e o RCM, considerando:

A) Método PEPS
B) Método UEPS
C) Método da Média Ponderada Móvel

A) **Ficha de controle de estoques – Método PEPS, onde "Q" é a quantidade, "U" é o valor de cada unidade e "T" é o total:**

DIA	ENTRADAS			SAÍDAS			ESTOQUE		
	Q	U	T	Q	U	T	Q	U	T
01/03							20	8	160
04/03	80	9	720				20	8	160
							80	9	720
11/03				20	8	160			
				30	9	270	50	9	450
19/03	150	10	1.500				50	9	450
							150	10	1.500
26/03				50	9	450			
				120	10	1.500	30	10	300

- *Estoque Final (é o estoque no dia 26) = R$ 300,00*
- *CMV (é a soma da coluna de saídas) = R$ 160,00 + R$ 270,00 + R$ 450,00 + R$ 1.500,00 = R$ 2.380,00*
- *Vendas Líquidas (não aparece na ficha de estoques) = [R$ 20,00 × 50] + [R$ 20,00 × 170] = R$ 20,00 × 220 = R$ 4.400,00*
- *RCM (Resultado com Mercadorias) = Vendas Líquidas – CMV = R$ 4.400,00 – R$ 2.380,00 = R$ 2.020,00.*

Obs. 1: *O estoque no dia 04 é composto de 100 unidades, sendo 20 a R$ 8,00 cada e 80 a R$ 9,00 cada, totalizando R$ 880,00. Só daria para juntar as 20 unidades com as 80 se todas tivessem o mesmo custo ou fosse pelo método do custo médio móvel, razão pela qual se mantiveram separadas no estoque, embora fosse a mesma mercadoria "M".*

Obs. 2: *Nas vendas de 50 unidades no dia 11 saíram do estoque primeiro as 20 unidades de R$ 8,00 cada e depois as 30 unidades de R$ 9,00 cada, ficando no estoque apenas 50 unidades de R$ 9,00 cada, totalizando R$ 450,00, dado que no método PEPS a primeira mercadoria que entra no estoque é a primeira que sai do estoque.*

Obs. 3: *O estoque no dia 19 é composto de 200 unidades, sendo 50 a R$ 9,00 cada e 150 a R$ 10,00 cada, totalizando R$ 1.950,00. Só daria para juntar as 50 unidades com as 150 se todas tivessem o mesmo custo ou fosse pelo método do custo médio móvel, razão pela qual se mantiveram separadas no estoque, embora fosse a mesma mercadoria "M".*

Obs. 4: *Nas vendas de 170 unidades no dia 16 saíram do estoque primeiro as 50 unidades de R$ 9,00 cada e depois as 120 unidades de R$ 10,00 cada, ficando no estoque apenas 30 unidades de R$ 10,00 cada, totalizando R$ 300,00, dado que no método PEPS a primeira mercadoria que entra no estoque é a primeira que sai do estoque.*

B) Ficha de controle de estoques – Método UEPS

	ENTRADAS			SAÍDAS			ESTOQUE		
DIA	Q	U	T	Q	U	T	Q	U	T
01/03							20	8	160
04/03	80	9	720				20	8	160
							80	9	720
11/03							20	8	160
				50	9	450	30	9	270
19/03	150	10	1.500				20	8	160
							30	9	270
							150	10	1.500
26/03				150	10	1.500	20	8	160
				20	9	180	10	9	90

- *Estoque Final (dia 26) = R$ 160,00 + R$ 90,00 = R$ 250,00*
- *CMV (soma dos totais das saídas) = R$ 450,00 + R$ 1.500,00 + R$ 180,00 = R$ 2.130,00*
- *Vendas Líquidas (o mesmo valor anterior, pois não depende do método de controle de estoques) = R$ 4.400,00*
- *RCM (Resultado com Mercadorias) = Vendas Líquidas – CMV = R$ 4.400,00 – R$ 2.380,00 = R$ 2.270,00.*

Obs. 1: *Na vendas de 50 unidades no dia 11, saíram 50 unidades das 80 que entraram por último a R$ 9,00 cada, restando no estoque as 20 de R$ 8,00 cada e 30 de R$ 9,00 cada, lembrando que no método UEPS a última que entra é a primeira que sai.*

Obs. 2: *O estoque no dia 19 é composto de 200 unidades, sendo 20 de R$ 8,00, 30 de R$ 9,00 e 150 de R$ 10,00. Só daria para juntar as 200 unidades se as mesmas tivessem o mesmo custo ou se estivéssemos trabalhando com o método do Custo Médio Móvel.*

Obs. 3: *Nas vendas das 170 unidades no dia 26, saíram primeiro as 150 de R$ 10,00 e depois as 20 de R$ 9,00, restando no estoque 30 unidades, sendo 20 de R$ 8,00 e 10 de R$ 9,00.*

C) **Ficha de controle de estoques – Método do Custo Médio Móvel (Média Ponderada Móvel)**

DIA	ENTRADAS			SAÍDAS			ESTOQUE		
	Q	U	T	Q	U	T	Q	U	T
01/03							20	8	160
04/03	80	9	720				100	8,80	880
11/03				50	8,80	440	50	8,80	440
19/03	150	10	1.500				200	9,70	1.940
26/03				170	9,70	1.649	30	9,70	291

- *Estoque Final (dia 26) = R$ 291,00*
- *CMV (soma dos totais das saídas) = R$ 440,00 + R$ 1.649,00 = R$ 2.089*
- *Vendas Líquidas (o mesmo valor anterior, pois não depende do método de controle de estoques) = R$ 4.400,00*
- *RCM (Resultado com Mercadorias) = Vendas Líquidas – CMV = R$ 4.400,00 – R$ 2.089,00 = R$ 2.311,00.*

Obs.: *O custo médio unitário do dia 04 (R$ 8,80) foi achado da seguinte forma: (R$ 160 + R$ 720) ÷ (20 + 80). Do mesmo modo, o do dia 19 (R$ 9,70), foi achado da seguinte forma: (R$ 440,00 + R$ 1.500,00) ÷ (50 + 150).*

Exercícios de Fixação

1. (Agente Fiscal de Tributos Estaduais do Piauí/Esaf) Os seguintes dados foram obtidos nos registros contábeis de uma empresa comercial, cujas compras e vendas estão sujeitas ao ICMS de 20%.
   Estoques de mercadorias para revenda, em 31/10/2001 ....2.000
   Mercadorias adquiridas em novembro de 2001..1.000
   Receitas de vendas de mercadorias, em novembro de 2001 ....4.000
   Devolução de mercadorias adquiridas em novembro de 2001.............................100
   Fretes cobrados nas entregas de mercadorias vendidas 200
   Devolução de mercadorias vendidas em novembro 100
   Estoques de mercadorias para revenda, em 30/11/2001 ....1.000
   Saldo credor da conta C/C ICMS, em 30/11/2001 400
   Levando-se em conta os dados acima, podemos afirmar que:
   a) o custo de mercadorias vendidas, em novembro de 2001, é de 1.720;
   b) o custo de mercadorias vendidas, em novembro de 2001, é de 1.900;
   c) o lucro bruto de vendas, em novembro de 2001, é de 2000;
   d) o custo de mercadorias vendidas, em novembro de 2001, é de 1.920;
   e) se o saldo da conta C/C ICMS, em 31/10/2001, fosse de 140, o seu valor, em 30/11/2001, seria de 400.

2. (Analista de Finanças e Controle/Esaf – Adaptada)   Considere os seguintes dados:
   Saldos em 31/08/20X8:
   Ativo circulante   200
   Ativo não circulante   800
   Passivo circulante   300
   Patrimônio líquido   700
   Fatos ocorridos em setembro de 20X8:
   Compra de mercadorias a prazo   400
   Compra de mercadorias à vista   100
   Pagamento de despesas operacionais   150
   Pagamento de duplicatas   250
   Recebimento de duplicatas   200
   Vendas a prazo   2.000
   Vendas à vista   1.000
   Sabendo-se que:
   – estoque de mercadorias em 31/08/20X8   100
   – estoque de mercadorias em 30/09/20X8   50
   – ICMS sobre compras e vendas 20%

Podemos afirmar que, no balanço de 30/09/20X8:

a) o CMV foi de 550;
b) o passivo circulante aumentou de 450;
c) o passivo circulante reduziu de 650;
d) o lucro operacional foi de 1.800;
e) o lucro operacional foi de 1.950.

3. (Fiscal de Rendas – SP/Vunesp) A Rolamentos S/A é uma empresa comercial típica, que compra mercadorias para revender. Nestas condições, é contribuinte do ICMS mas não é contribuinte do IPI. No início do mês de janeiro de 2002, a empresa possuía um estoque de 15 (quinze) rolamentos, corretamente contabilizado por R$ 2.700. Durante o mês de janeiro, adquiriu novo lote de 10 (dez) rolamentos, todos do mesmo tipo dos que já possuía em estoque. O valor global (que inclui o valor do ICMS e do IPI) da nota fiscal de aquisição é de R$ 2.200. Na nota fiscal é informado, ainda, que o IPI foi calculado com a alíquota de 10% sobre o preço das mercadorias. O ICMS, incluso no preço das mercadorias, foi calculado pela alíquota de 18%. No final de janeiro, o estoque de rolamentos era de 5 (cinco) unidades, pois a empresa vendera os outros 20 (vinte) rolamentos. Sabendo-se que a empresa mantém controle permanente de estoque, utilizando o método PEPS, pode-se afirmar que, em 31 de janeiro de 2002, o valor do estoque final e do custo das mercadorias vendidas será, respectivamente, de:

a) R$ 902 e R$ 3.602;
b) R$ 920 e R$ 3.620;
c) R$ 1.000 e R$ 3.700;
d) R$ 1.080 e R$ 3.780;
e) R$ 1.100 e R$ 3.800.

4. (Auditor Fiscal de Tributos Estaduais do Piauí/Esaf) Ao finalizar os procedimentos de encerramento das atividades da empresa Edistar Ltda., seu gerente deparou com a existência de 100 sacas de 50 kg de feijão à espera de uma destinação. Disse o gerente ao proprietário:
– O senhor fica com o feijão restante? Falta apenas quitá-lo junto ao fornecedor. A dívida é de R$ 1,20 por quilograma, e equivale ao custo do feijão.
– Não. O feijão tem de ser vendido à vista, pois haverá recolhimento de ICMS a 17%, uma vez que não há mais impostos a recuperar. Além disso, 10% do custo desse feijão é para despesa de armazenagem.

Assim sendo, concluiu, mesmo sem nada ganhar, que o feijão deve ser vendido por:

a) R$ 8.219,18;
b) R$ 7.228,92;
c) R$ 7.620,00;
d) R$ 7.951,81;
e) R$ 7.828,92.

5. (Agente Fiscal de Tributos Estaduais do Piauí/Esaf) A empresa Onça Maior contabilizou suas compras e vendas do mês como se as mercadorias fossem isentas de tributação de ICMS. Utilizando o critério PEPS para avaliação do estoque, a dita empresa apresenta o seguinte resumo de sua ficha de controle de estoque, referente ao mês de maio de 2001:

   estoque inicial: 20 unidades, a R$ 25,00;

   compras à vista: 50 unidades, a R$ 30,00;

   vendas a prazo: 40 unidades, a R$ 28,00;

   compras a prazo: 100 unidades, a R$ 40,00;

   vendas à vista: 60 unidades, a R$ 38,00.

   Ao retificar a escrituração, contabilizando esses mesmos dados com a tributação de ICMS à alíquota de 10%, igual para compras e vendas, podemos dizer que o RCM – resultado com mercadorias (equivalente na DRE – demonstração do resultado do exercício ao resultado operacional bruto, sem PIS – faturamento e Cofins) será um lucro no valor de:

   a) R$ 520,00;
   b) R$ 130,00;
   c) R$ 470,00;
   d) R$ 260,00;
   e) R$ 180,00.

6. (Petrobras – Técnico de Contabilidade/Fundação Cesgranrio) A Cia. Delta, em março de 2003, apresentou as seguintes informações:
   - Saldo inicial da conta Mercadorias para Revenda R$ 20.000,00;
   - Aquisições de mercadorias para revenda, sujeitas a ICMS de 20% R$ 80.000,00;
   - Inventário final de mercadorias para revenda R$ 16.000,00;
   - Valor das vendas equivalente a 200% do custo das mercadorias vendidas;
   - Impostos incidentes sobre as vendas 20% das mesmas.

   Com base em tais informações, o lucro bruto sobre vendas, em reais, foi:

   a) 33.600,00;
   b) 40.800,00;
   c) 64.600,00;
   d) 68.000,00;
   e) 84.000,00.

7. (CVM/Fundação Carlos Chagas) A Cia. Comercial do Norte utiliza o sistema de inventário permanente para o controle de estoque de suas mercadorias adquiridas para revenda. A ficha de estoque de uma mercadoria, representada a seguir, sofreu 4 movimentações no período de 1 a 5 de certo mês. Q, U e T representam, respectivamente, Quantidade, Custo Unitário e Custo Total em Reais.

	ENTRADAS			SAÍDAS			ESTOQUE		
DIA	Q	U	T	Q	U	T	Q	U	T
01							10	100,00	1.000,00
02	15	120,00	1.800,00				?	112,00	?
03				?	?	1.456,00	?	?	?
04				(2)	?	?	?	?	?
05	(3)	?	?				?	?	?

Sabendo-se que as devoluções são relativas ao movimento do mesmo mês, o valor a ser encontrado na célula SALDO/T/05, isto é, o valor do estoque no dia 05, em reais, é:
a) 1.200,00;
b) 1.208,00;
c) 1.344,00;
d) 1.456,00;
e) 1.568,00.

8. (Auditor da Receita Federal/Esaf) A empresa Comércio Industrial Ltda. comprou 250 latas de tinta ao custo unitário de R$ 120,00, tributadas com IPI de 5% e ICMS de 12%. Pagou entrada de 20% e aceitou duas duplicatas mensais de igual valor. A tinta adquirida foi contabilizada conforme sua natureza contábil funcional, com a seguinte destinação:

50 latas para consumo interno;

100 latas para revender; e

100 latas para usar como matéria-prima.

Após efetuar o competente lançamento contábil, é correto afirmar que, com essa operação, os estoques da empresa sofreram aumento no valor de:
a) R$ 31.500,00;
b) R$ 30.000,00;
c) R$ 28.020,00;
d) R$ 27.900,00;
e) R$ 26.500,00.

9. (Analista em Auditoria/Fundação Cesgranrio) Uma empresa comercial iniciou o exercício com estoque zero. Adquiriu 50 unidades de determinado produto, pagando R$ 5.400,00, da seguinte forma:
- Preço das mercadorias adquiridas R$ 5.000,00
- (+) IPI acrescido ao preço (alíquota de 10%) R$ 500,00
- (–) Descontos Incondicionais Concedidos R$ 250,00
- (+) Frete Pago na Compra R$ 100,00
- (+) Seguro Pago na Compra R$ 50,00

Obs.: A alíquota de ICMS na compra foi de 18%.

A empresa vendeu todo o estoque adquirido pelo preço total de R$ 6.000,00. O custo das mercadorias vendidas, em reais, a ser registrado na Demonstração do Resultado do Exercício, será:
a) 4.028,00;
b) 4.118,00;
c) 4.428,00;
d) 4.518,00;
e) 4.545,00.

10. (Gestor Fazendário – MG/Esaf) Em 31 de dezembro, antes dos ajustes para fechamento da conta-corrente do ICMS, a empresa Comercial Beta S/A levantou os seguintes saldos, apresentados em ordem alfabética:

Caixa	R$ 9.600,00
Capital Social	R$ 30.000,00
Clientes	R$ 14.700,00
Cofins	R$ 57,00
Compras de Mercadorias	R$ 36.000,00
Fornecedores	R$ 12.000,00
ICMS sobre Vendas	R$ 10.200,00
Impostos e Taxas	R$ 690,00
Juros Ativos	R$ 330,00
Mercadorias	R$ 13.500,00
Móveis e Utensílios	R$ 9.000,00
PIS sobre Faturamento	R$ 63,00
Prêmio de Seguros	R$ 1.080,00
Reserva Legal	R$ 300,00
Salários e Encargos	R$ 2.400,00
Salários e Encargos a Pagar	R$ 360,00
Veículos	R$ 12.000,00
Vendas de Mercadorias	R$ 60.000,00

Observações:
- Ao fim do período, a empresa apresentou estoque de mercadorias avaliado em R$ 6.000,00.
- O ICMS incide à mesma alíquota sobre as compras e sobre as vendas.
- No período não houve outras implicações tributárias nem distribuição de resultados.

Após contabilizar o ajuste do ICMS, as demonstrações contábeis apresentarão:
a) R$ 12.300,00 de lucro líquido do exercício;
b) R$ 22.500,00 de lucro operacional bruto;
c) R$ 37.380,00 de custo da mercadoria vendida;
d) R$ 43.500,00 de custo da mercadoria vendida;
e) R$ 49.680,00 de lucro operacional bruto.

11. (Técnico de Contabilidade/Fundação Cesgranrio) A Cia. Anápolis é uma empresa comercial que utiliza o método PEPS (Primeiro que Entra, Primeiro que Sai) para avaliar seus estoques. Seu saldo inicial era de R$ 1.500,00, representado por 20 unidades. Adquiriu no mês mais 10 unidades pelo preço individual de R$ 90,00 mais frete total de R$ 60,00 e seguro de R$ 20,00. Vendeu 25 unidades no mês. O Custo das Mercadorias Vendidas, em reais, a ser registrado no mês será:
a) 1.950,00;
b) 1.980,00;
c) 1.990,00;
d) 2.000,00;
e) 2.010,00.

12. (IRB – Analista/Esaf) O mercado Pop Loli Ltda. comprou mercadorias por R$ 200.000,00 e assinou duplicatas. Na operação foram negociados descontos de 5% na nota fiscal, no ato da compra, e de 3% para pagamentos efetuados em até 30 dias. A operação de compra não sofreu qualquer incidência de ordem fiscal ou tributária, a não ser do ICMS de 12%.

    A empresa pagou metade das dívidas em 30 de abril, para aproveitar o desconto e a outra metade em 5 de junho.

    Quando a mercadoria foi vendida por R$ 250.000,00, em 10 de junho, o mercado deve ter contabilizado um custo de vendas no valor de:
    a) R$ 164.200,00;
    b) R$ 165.560,00;
    c) R$ 164.692,00;
    d) R$ 166.000,00;
    e) R$ 167.200,00.

13. (INFRAERO – Profissional de Serviços Técnicos/Fundação Carlos Chagas) A legislação do ICMS estabelece que o crédito de imposto decorrente da entrada de bens do Imobilizado da pessoa jurídica contribuinte deve ser feito parceladamente, na razão, ao mês, de:
    a) 1/48 avos do valor do crédito;
    b) 1/36 avos do valor do crédito;
    c) 1/24 avos do valor do crédito;
    d) 1/18 avos do valor do crédito;
    e) 1/12 avos do valor do crédito.

14. (Fiscal de Rendas – SP/Fundação Carlos Chagas) A empresa Girauto S.A. pretende controlar seus estoques de mercadorias, para fins de gestão, de forma que estejam o mais próximos do que ela desembolsaria para os repor. Considerando que o mercado em que a empresa atua tem um comportamento estável de preços e que seus fornecedores administram seus preços sempre reajustando-os para os preços maiores, o critério de custeio que melhor atenderia a empresa para alcançar esse objetivo seria:
    a) qualquer um dos métodos, por não apresentarem diferenças no preço de reposição.
    b) o método do preço médio ponderado.
    c) o método PEPS, que apresenta o custo mais próximo do preço de mercado.
    d) o método do preço médio comparado ao preço de venda.
    e) o método UEPS, que apresenta o custo de reposição do produto.

15. (BACEN – Técnico/Fundação Cesgranrio) Dados extraídos da contabilidade da Empresa Financilar S/A:
    - Venda de mercadorias a prazo R$ 120.000,00
    - Devolução de vendas de mercadorias R$ 15.000,00
    - Compra de mercadorias a prazo R$ 100.000,00
    - Devolução de compras R$ 5.000,00
    - Estoque inicial de mercadorias R$ 25.000,00
    - Estoque final de mercadorias R$ 35.000,00

Considerando exclusivamente os dados acima e o fato de que houve incidência de ICMS de 10% tanto na compra como na venda, o lucro bruto apurado na empresa, em reais, foi:
a) 25.500,00;
b) 21.500,00;
c) 20.000,00;
d) 19.000,00;
e) 18.500,00.

16. (BACEN – Técnico/Fundação Cesgranrio) A Comercial Lunar, que controla seus estoques pelo critério PEPS, informou as seguintes operações com mercadorias, ao final de um determinado mês:

Dia da operação	Compra		Venda	
	Quantidade	Preço unitário	Quantidade	Preço unitário
5	50	10,00		
6	25	13,00		
8			40	20,00
10	35	15,00		
12			40	22,00

O custo das mercadorias vendidas no dia 12, em reais, é:
a) 500,00;
b) 525,00;
c) 540,00;
d) 585,00;
e) 880,00.

17. (Auditor-Fiscal da Receita Federal do Brasil/ESAF) No mercadinho de José Maria Souza, que ele, orgulhosamente, chama de Supermercado Barateiro, o Contador recebeu a seguinte documentação:
Inventário físico-financeiro de mercadorias:
elaborado em 31.12.2007: R$ 90.000,00
elaborado em 31.12.2008: R$ 160.000,00
Notas-fiscais de compras de mercadorias:
Pagamento à vista R$ 120.000,00
Pagamento a prazo R$ 80.000,00
Notas-fiscais de vendas de mercadorias:
Recebimento à vista R$ 90.000,00
Recebimento a prazo R$ 130.000,00
Os fretes foram cobrados à razão de R$ 25.000,00 sobre as compras e de R$ 15.000,00 sobre as vendas; o Imposto sobre Circulação de Mercadorias e Serviços foi calculado à razão de 15% sobre as compras e sobre as vendas. Não há ICMS sobre os fretes, nem outro tipo de tributação nas operações.

Com base nessa documentação, coube ao Contador contabilizar as operações e calcular os custos e lucros do Supermercado. Terminada essa tarefa, podemos dizer que foi calculado um lucro bruto de vendas, no valor de:
a) R$ 62.000,00;
b) R$ 47.000,00;
c) R$ 87.000,00;
d) R$ 90.000,00;
e) R$ 97.000,00.

18. (CEDAE – Contador/CEPERJ) Considere as seguintes informações sobre a Cia. Comercial Mundial.
    - saldo inicial da conta estoque de mercadorias: R$ 4.000,00;
    - no período de apuração foram realizadas aquisições de mercadorias no montante de R$ 12.000,00;
    - as vendas do período foram de R$ 20.000,00;
    - ocorreu devolução de vendas, no mesmo período, por parte dos clientes, no valor de R$ 2.000,00;
    - saldo final da conta estoque de mercadorias: R$ 5.000,00; e o ICMS incidente nas operações era de 15%.

    O lucro bruto da Companhia foi de:
    a) R$ 6.500,00;
    b) R$ 6.100,00;
    c) R$ 6.000,00;
    d) R$ 5.800,00;
    e) R$ 5.700,00.

19. (CEDAE – Contador/CEPERJ) Na sua escrituração contábil, a Empresa Comercial Ltda. adota a conta mista de Mercadorias para registrar suas operações de compra e venda. No final do exercício, a conta Mercadorias, no Razão, apresentava vários registros a débito, totalizando R$ 94.500,00 e, do lado do crédito, correspondente a R$ 68.250,00. Sabendo-se que o valor do inventário realizado de mercadorias existentes foi R$ 49.350,00, o lucro bruto obtido nas vendas correspondeu a:
    a) R$ 75.600,00;
    b) R$ 45.150,00;
    c) R$ 26.250,00;
    d) R$ 23.100,00;
    e) R$ 27.500,00.

20. (Fiscal de Rendas – RJ/FGV) A empresa FORTALEZA S/A, dedicada ao comércio de equipamentos de ginástica, começou o período com o estoque de mercadorias composto por 20 unidades de halteres de 5kg avaliadas, no total, por R$ 280,00; e 6 unidades de alteres de 7kg avaliadas, no total, por R$ 120,00.
    Sabe-se que a empresa comercial FORTALEZA S/A é contribuinte do ICMS mediante movimentação econômica, contribuinte do IR com base no lucro real, e não é contribuinte do IPI.

No início do período, FORTALEZA S/A adquiriu 100 novas unidades de halteres de 5kg. Os dados de aquisição eram os seguintes:

Fornecedor	Indústria
Valor total das mercadorias	2.000,00
ICMS	18%
IPI	5%
Valor total da nota fiscal	2.100

No final do período, a FORTALEZA S/A vendeu 80 unidades de halteres de 5kg por R$ 30,00 cada unidade, e 5 alteres de 7kg por R$ 40,00 cada unidade.

Considerando que a FORTALEZA S/A avalia seu estoque pelo Custo Médio Ponderado Móvel, o valor do custo das mercadorias vendidas nesse período é, em valores arredondados:

a) 1.307,45;
b) 1.446,67;
c) 1.317,17;
d) 1.424,00;
e) 1.323,33.

21. Supondo na questão anterior que a FORTALEZA S/A em vez de lucro real, fosse contribuinte do IR com base no lucro presumido, o custo das mercadorias vendidas seria de:

a) 1.307,45;
b) 1.446,67;
c) 1.317,17;
d) 1.424,00;
e) 1.323,33.

22. (Fiscal de Rendas – RJ/FGV) Em 31/12/2008, a Cia. Itu tinha em seu estoque 8 unidades da mercadoria k, sendo seu estoque avaliado por $ 640.
Durante o mês de janeiro de 2009, a Cia. Itu realizou as seguintes operações:
- Compra de 12 unidades de k pelo valor total de $ 1.020. O frete de $ 200 é pago pelo fornecedor.
- Compra de 15 unidades de k pelo valor total de $ 1.350. O frete de $ 150 é pago pelo comprador.
- Venda de 25 unidades de k por $ 100 cada.
- Compra de 10 unidades de k pelo valor total de $ 850,00. O frete de $ 100 é pago pelo comprador.
- Venda de 13 unidades de k por $ 110.

Em 31/01/2009, os valores aproximados de estoque final, de acordo com os métodos PEPS e Custo Médio Ponderado Móvel, foram respectivamente:

a) $ 595 e $ 599;
b) $ 595 e $ 619;
c) $ 665 e $ 649;
d) $ 510 e $ 649;
e) $ 510 e $ 619.

23. (Senado Federal – Analista Legislativo – Contabilidade/FGV) Em 31/12/X0, a Companhia H tinha em seu estoque 10 unidades da mercadoria x, sendo seu estoque avaliado em $ 400.

    Durante o mês de janeiro de X1 a Companhia H realizou as seguintes operações:
    - compra de 20 unidade de x por $ 840; o frete de $ 80 é pago pelo fornecedor;
    - venda de 15 unidades de x por $ 60 cada;
    - compra de 10 unidades de x por $ 450; o frete de 50 é pago pelo comprador;
    - venda de 20 unidades de x por $ 65 cada.

    Em 31/01/X1, os valores do estoque final de acordo com os métodos PEPS e Custo Médio Ponderado Fixo são, respectivamente:
    a) $ 1.570 e $ 1.592,50;
    b) $ 230 e $ 223,75;
    c) $ 250 e $ 217,50;
    d) $ 250 e $ 223,75;
    e) $ 250 e $ 227,50.

24. (Fiscal de Rendas – RJ/FGV) A Cia. Esmeralda apresenta os seguintes saldos referentes ao ano de 2008:

Vendas brutas	$ 90.000
Impostos sobre operações financeiras	$ 10.000
Imposto predial da fábrica	$ 5.000
Comissão de vendas	$ 4.000
Devolução de vendas	$ 2.000
Devolução de compras	$ 6.000
IPI nas compras	$ 20.000
ICMS sobre vendas	$ 20.000
Ajuste a valor presente das Duplicatas a Receber de Clientes	$ 8.000
Ajuste a valor presente de Contas a Pagar	$ 1.000

    Considerando que a Cia. Esmeralda não é contribuinte do IPI, mas é contribuinte dos impostos estaduais e municipais, e considerando que a Cia. Esmeralda adota o CPC 12, aprovado pelo CFC, assinale a alternativa que indique o valor da Receita Líquida apurada em 2008.
    a) R$ 70.000.
    b) R$ 56.000.
    c) R$ 68.000.
    d) R$ 64.000.
    e) R$ 60.000.

25. (PETROBRAS – Contador Júnior/Fundação Cesgranrio) A Comercial Lunar apresentou, em reais, as informações abaixo com relação à comercialização de mercadorias, num determinado período de tempo.

    Compras de mercadorias 800.000,00

    Desconto incondicional auferido 8.000,00

Desconto incondicional concedido 6.000,00
Frete na compra, cobrado pelo vendedor 10.000,00
Frete na venda, pago pelo comprador 15.000,00
Seguro na compra, cobrado pelo vendedor 5.000,00
Venda de mercadorias 1.000.000,00
Outras informações referentes unicamente às operações acima:
– As operações estão sujeitas ao ICMS de 18%.
– O estoque inicial e final de mercadorias é zero.
Considerando-se exclusivamente as informações recebidas, o custo das mercadorias vendidas pela Comercial Lunar, em reais, é:
a) 649.440,00;
b) 656.000,00;
c) 661.740,00;
d) 663.380,00;
e) 668.300,00.

26. (PETROBRAS/Fundação Cesgranrio) Operações realizadas pela Empresa Comercial Serra Verde Ltda. em maio de 2009:

Compra de Mercadorias:

Compra de 100 cadeiras	R$ 16.000,00
(+) IPI	R$ 1.600,00
Valor da Nota Fiscal	R$ 17.600,00
ICMS destacado na nota fiscal	R$ 2.720,00
Frete	R$ 450,00
Seguros	R$ 230,00

Venda de Mercadorias:

Venda de 100 cadeiras	R$ 22.000,00
ICMS destacado na nota fiscal	R$ 3.740,00
PIS/FINSOCIAL	R$ 1.265,00
Frete	R$ 450,00
Seguros	R$ 250,00

Considerando, exclusivamente, as informações acima, o Lucro Bruto obtido nessa operação, em reais, foi:
a) 735,00;
b) 1.085,00;
c) 1.185,00;
d) 1.235,00;
e) 1.435,00.

27. (PETROBRAS/Fundação Cesgranrio) Um dos critérios de avaliação dos estoques é o preço médio que pode ser calculado por meio de dois métodos distintos: Preço Médio Ponderado Móvel e Preço Médio Ponderado Fixo. Qual a diferença fundamental entre esses dois métodos de cálculo, respectivamente?

a) Atualiza o preço médio a cada operação/Atualiza o preço médio a cada saída.
b) Atualiza o preço médio em cada aquisição/Atualiza o preço médio em cada saída.
c) Atualiza o preço médio em cada entrada/Atualiza o preço médio apenas no encerramento do período.
d) Atualiza o preço médio em cada entrada e em cada saída/Atualiza o preço médio apenas no encerramento do período.
e) Atualiza o preço médio em cada saída/Atualiza o preço médio em cada entrada.

28. (PETROBRAS/Fundação Cesgranrio) Admita, para todos os efeitos, somente as seguintes situações:
    - a Companhia Amarela vendeu mercadorias para revenda para a Companhia Verde, por R$ 200.000,00 a prazo.
    - a Companhia Verde, que na negociação dessas mercadorias está isenta de ICMS, revendeu as mesmas mercadorias para a Companhia Azul, por R$ 300.000,00 à vista.
    - a Companhia Azul vendeu 50% dessas mercadorias para o consumidor final, por R$ 400.000,00, sendo metade à vista e metade a prazo.
    - a alíquota de ICMS é de 18%, quando cabível nessas operações.

    Considerando exclusivamente os dados recebidos e a legislação fiscal aplicável, o ICMS a pagar pela Companhia Azul, em reais, é:
    a) 18.000,00;
    b) 36.000,00;
    c) 45.000,00;
    d) 54.000,00;
    e) 72.000,00.

29. (PETROBRAS/Fundação Cesgranrio) Nas vendas de mercadorias para outro estado, no cálculo do ICMS será adotada a alíquota:
    a) interestadual, em todas as vendas realizadas;
    b) interestadual, quando o comprador for contribuinte do ICMS;
    c) interestadual, quando o comprador não for contribuinte do ICMS;
    d) interna do produto no estado comprador, quando este não for contribuinte do ICMS;
    e) interna do produto no estado vendedor, quando o comprador for contribuinte do ICMS.

30. (PETROBRAS/Fundação Cesgranrio) Quando uma empresa comercial tributada pelo lucro presumido adquire produtos de uma indústria, há incidência, sobre a venda, dos seguintes impostos: IPI, ICMS, PIS e Cofins. Dentre esses impostos, a empresa comercial recupera:
    a) ICMS;
    b) IPI;
    c) ICMS e IPI;
    d) ICMS, IPI e Cofins;
    e) ICMS, IPI, PIS e Cofins.

31. (PETROBRAS/Fundação Cesgranrio) A Miramar Ltda. possuía em estoque, no início de abril de 2009, 100 calças no valor total de R$ 10.890,00. Durante o mês, adquiriu um lote de 120 calças, diretamente da indústria, sendo o valor global da Nota Fiscal R$ 15.840,00, com valor do IPI incluso e calculado pela alíquota de 10%.
O valor do ICMS, destacado na nota fiscal, é calculada pela alíquota de 18%.
Na contagem física do estoque no final de abril, depois de registradas todas as vendas do mês, foi apurada a existência de 80 calças.
Com base exclusivamente nos dados informados e sabendo-se que a empresa adota o sistema PEPS (Primeiro que Entra Primeiro que Sai) para controlar o estoque, o Custo das Mercadorias Vendidas (CMV) em abril de 2009, em reais, é:
a) 15.840,00;
b) 15.306,00;
c) 14.826,00;
d) 14.400,00;
e) 12.872,00.

32. (PETROBRAS/Fundação Cesgranrio) A empresa Montes Claros Ltda., que adota o sistema de inventário periódico e a conta mercadorias desdobrada, havia vendido mercadorias a prazo para a Empresa Almeida & Filhos Ltda. no valor de R$ 60.000,00. Contudo, no mesmo dia, ao receber as mercadorias, o cliente devolveu metade delas, alegando serem completamente diferentes das que encomendara.
Considerando exclusivamente as informações recebidas, o registro de diário simplificado (sem data e histórico) dessa devolução é:
a) D: Devolução de Vendas 30.000,00
   C: Banco Conta Movimento 30.000,00
b) D: Devolução de Vendas 30.000,00
   C: Caixa 30.000,00
c) D: Devolução de Vendas 30.000,00
   C: Receita de Vendas 30.000,00
d) D: Devolução de Vendas 30.000,00
   C: Duplicatas a Receber 30.000,00
e) D: Despesa de Vendas 30.000,00
   C: Receita de Vendas 30.000,00

33. (PETROBRAS – Contador Júnior/Fundação Cesgranrio) Algumas deduções podem ser feitas da base de cálculo do PIS e Cofins não cumulativo. Analise as situações a seguir.
   I. Devolução de vendas.
   II. Descontos incondicionais concedidos.
   III. Receita com lucro e dividendos de investimentos avaliados pelo custo de aquisição.
   IV. Receitas obtidas com os transportes internacionais de cargas ou passageiros.
São deduções exclusivas das bases de cálculo do PIS e Cofins das empresas submetidas à tributação pelo método não cumulativo APENAS:

a) I e II;
b) III e IV;
c) I, II e III;
d) I, II e IV;
e) II, III e IV.

34. (PETROBRAS – Contador Júnior/Fundação Cesgranrio) Considere que uma empresa passe a ter direito ao crédito presumido sobre estoques para dedução do Cofins apurado pelo método não cumulativo. O lançamento a ser feito, quando da apuração do referido crédito, pelo seu valor total, é:

	DÉBITO	CRÉDITO
a)	Cofins a Pagar	Cofins a Recuperar
b)	Cofins a Recuperar	Despesa de Cofins
c)	Cofins a Recuperar	Estoque
d)	Estoque	Cofins a Pagar
e)	Despesa de Cofins	Estoque

35. (FUNASA – Contador/Fundação Cesgranrio) Considere as seguintes informações, fornecidas pela Comercial Lopes, relativas a determinado período de operações comerciais:

ICMS sobre vendas, apurado no período, R$ 280.000,00;
ICMS pago no mesmo período das vendas, R$ 65.000,00.
Admita que a empresa, nesse mesmo período:
– não teve estoque inicial de mercadorias;
– só comprou mercadorias das empresas comerciais sediadas no mesmo estado;
– teve alíquota de ICMS, de 20%, em todas as operações realizadas;
– apurou, ao final, um estoque de mercadorias no valor de R$ 205.000,00;
– concedeu um desconto de R$ 15.000,00, para recebimento antecipado de uma das vendas a prazo.

Considerando exclusivamente as informações recebidas da Companhia, o lucro bruto apurado, nesse período, em reais, foi:
a) 420.000,00;
b) 450.000,00;
c) 465.000,00;
d) 550.000,00;
e) 745.000,00.

Gabarito Comentado

Exercício 1

CMV = 2.000 + (1.000 − 100) × 0,8 − 1.000 = 1.720

Obs.: Ao multiplicarmos a diferença entre as compras e as devoluções de compras por 0,8 (= 80%), estaremos deduzindo os 20% do ICMS das compras e das devoluções de compras, isto é, (1.000 − 100) × 0,8 é o valor das compras líquidas. Analogamente, se fosse necessário acharmos o valor das vendas líquidas, bastaria multiplicarmos a diferença entre as vendas e as devoluções por 0,8, ou seja, (4.000 − 100) × 0,8 seria o valor das vendas líquidas.

(Resposta: opção a)

Exercício 2

CMV = 100 + (400 + 100) × 0,8 − 50 = 450

....

Aumento do PC = 400 − 250 + **(20% 3.000 − 20%500)** = 650

ICMS a recolher

....

LUCRO OPERACIONAL = (2.000 + 1.000) × 0,8 − 450 − 150 = 1.800

(Resposta: opção d)

Exercício 3

R$ 2.200,00 equivalem a 110% do valor da compra, pois o IPI é um imposto "por fora". Desta forma, o valor da compra sem o IPI é igual a R$ 2.200,00 ÷ 1,10, isto é, R$ 2.000,00. Logo, o custo das 10 (dez) unidades compradas é igual ao valor da compra mais o IPI, menos o ICMS, ou seja, R$ 2.000,00 + 10% R$ 2.000,00 − 18% R$ 2.000,00, isto é, R$ 1.840,00.

Assim, o valor do CMV pelo método PEPS é igual ao somatório dos R$ 2.700 (15 unidades) com metade de R$ 1.840,00 (5 unidades), ou seja, R$ 3.620,00.

Consequentemente, o estoque final equivale ao custo das outras 05 (cinco) unidades remanescentes, isto é, R$ 920,00.

(Resposta: opção b)

Exercício 4

CMV = 100 × 50 × 1,20 + 10% 100 × 50 × 1,20 = 6.600

Admitindo que vendas brutas = V, então vendas líquidas = V – 17% V = 0,83V.

Se na venda não houver lucro ou prejuízo, então vendas líquidas = CMV, isto é, 0,83V = 6.600, ou seja, V = 6.600 ÷ 0,83 = 7.951,81.

(Resposta: opção d)

Exercício 5

Ao todo foram vendidas 100 unidades. Pelo método PEPS, na venda sairão primeiro as mais antigas, isto é, 20 de R$ 25,00, depois 50 de R$ 30,00 × 0,9, e, por último, 30 de R$ 40,00 × 0,9 (o fator 0,9 retira os 10% de ICMS do custo das compras). Assim:

CMV = 20 × 25 + 50 × 30 × 0,9 + 30 × 40 × 0,9 = 2.930

RCM = (40 × 28 + 60 × 38) × 0,9 – 2.930 = 130

(Resposta: opção b)

Exercício 6

Estoque Inicial	20.000,00
(+) Compras	80.000,00
(–) ICMS s/Compras (20%)	(16.000,00)
(–) Estoque Final	(16.000,00)
(=) CMV	**68.000,00**
Vendas (200% 68.000,00)	136.000,00
(–) ICMS s/Vendas (20%)	(27.200,00)
(=) Vendas Líquidas	108.800,00
Vendas Líquidas	108.800,00
(–) CMV	(68.000,00)
(=) Lucro Bruto	40.800,00

(Resposta: opção b)

Exercício 7

Os R$ 112,00 da linha do dia 02 são iguais à média aritmética ponderada entre R$ 100,00 e R$ 120,00, isto é, (10 × 100,00 + 15 × 120,00) ÷ (10 + 15). Logo, concluímos que o critério de controle de estoques que está sendo utilizado é o custo médio. Assim, podemos preencher a ficha de estoques da seguinte forma:

DIA	ENTRADAS			SAÍDAS			ESTOQUE		
	Q	U	T	Q	U	T	Q	U	T
01							10	100,00	1.000,00
02	15	120,00	1.800,00				25	112,00	2.800,00
03				13	112	1.456,00	12	112	1.344,00
04				(2)	112	(224,00)	14	112	1.568,00
05	(3)	120,00	(360,00)				11	?	1.208,00

(**Resposta: opção b**)

Exercício 8

(1) Latas para consumo – neste caso a empresa não recupera nenhum dos impostos. Desta forma, o custo do estoque será de 50 × R$ 120 (o ICMS está embutido nos R$ 120, que seria, no caso, 12% de R$ 126, isto é, o ICMS incide também sobre o IPI quando os bens adquiridos não são destinados à comercialização ou industrialização) mais o IPI "por fora", isto é, mais 5% de 50 X R$ 120, dando um total de **R$ 6.300**.

(2) Latas para revenda – neste caso a empresa funciona como comercial, ou seja, recupera o ICMS (será excluído dos R$ 120), mas não recupera o IPI (será somado por fora aos R$ 120). Assim, o custo do estoque será de 100 × R$ 120 – 12% 100 × R$ 120 + 5% 100 × R$ 120 = **R$ 11.160**.

(3) Latas para a produção – neste caso a empresa funciona como industrial, isto é, recupera os dois impostos. Desta forma, o custo do estoque será de 100 X R$ 120 – 12% 100 X R$ 120 = **R$ 10.560** (o IPI não é somado, pois será recuperado).

Custo total do estoque = R$ 6.300 + R$ 11.160 + R$ 10.560 = R$ 28.020

(**Resposta: opção c**)

Exercício 9

Base do ICMS = R$ 5.000,00 – R$ 250,00 + R$ 100,00 + R$ 50,00 = R$ 4.900,00

....

Nota: Lei nº 2.657/1996, art. 5º, II – Integra(m) a base de cálculo do ICMS:

a) o seguro, o juro e qualquer importância paga, recebida ou debitada;

b) o frete, quando o transporte for efetuado pelo próprio remetente ou por sua conta e ordem, e seja cobrado em separado.

ICMS = 18% R$ 4.900,00 = R$ 882,00

CMV = R$ 5.000,00 + R$ 500,00 − R$ 250,00 − R$ 882,00 + R$ 150,00 = R$ 4.518,00

(Resposta: opção d)

Exercício 10

Alíquota do ICMS = $\dfrac{\text{ICMS s/ Vendas}}{\text{Vendas}} = \dfrac{10.200}{60.000} = 17\%$

CMV = EI + Compras − ICMS s/ Compras − EF

CMV = 13.500 + 36.000 − 17% 36.000 − 6.000 = 37.380

(Resposta: opção c)

Exercício 11

Pelo método PEPS, sairão primeiro as 20 unidades de R$ 1.500,00 e, logo em seguida, 5 unidades das 10 adquiridas (metade da compra). Assim, podemos calcular o CMV da seguinte forma:

CMV = 1.500,00 + (10 × 90,00 + 60,00 + 20,00) ÷ 2 = 1.990,00

(Resposta: opção c)

Exercício 12

Valor bruto da compra 200.000,00

(−) Descontos Incondicionais Obtidos [5% 200.0000] .... (10.000,00)

(−) ICMS s/Compras [12% 190.000,00] .... (22.800,00)

(=) CMV 167.200,00

Nota: O desconto de 3% é chamado de "Descontos <u>Condicionais</u> Obtidos". Esse desconto não tem nenhuma relação com custo dos estoques. É considerado receita financeira.

(Resposta: opção e)

Exercício 13

A Lei Complementar nº 87/1996 instituiu o crédito do ICMS relativo à aquisição de bens do ativo imobilizado. Posteriormente, com o advento da Lei Complementar nº 102/2000, o crédito do ICMS relativo a essas aquisições passa a ser feito em 48 parcelas mensais, não havendo previsão de atualização. A compensação do crédito será feita à razão de 1/48 por mês, devendo a primeira fração ser apropriada no mês em que ocorrer a entrada do bem no estabelecimento.

(Resposta: opção a)

Exercício 14

Visto que a empresa Girauto S.A. deseja que seus estoques estejam o mais próximo possível do preço de mercado, o método de controle de estoques recomendado é o PEPS (a Primeira que Entra é a Primeira que Sai), pois nesse método saem primeiro as mercadorias mais antigas, ficando no estoque as mais recentes, as quais tendem a ter o mesmo valor do mercado, isto é, o mais próximo possível do valor que desembolsaria para repor os estoques vendidos.

(Resposta: opção c)

Exercício 15

CMV = EI + Compras Líquidas − EF

CMV = 25.000 + (100.000 − 5.000) × 0,90 − 35.000 = 75.500

Nota: Ao multiplicarmos a diferença entre as compras e as devoluções de compras por 0,90, estamos abatendo os 10% de ICMS de ambos. O mesmo raciocínio se aplica nas vendas e devoluções de vendas.

LB = Vendas Líquidas − CMV

LB = (120.000 − 15.000) × 0,90 − 75.500 = 19.000

(Resposta: opção d)

Exercício 16

A venda de 40 unidades no dia 8 pelo método PEPS reduz o estoque do dia 5 para 10 unidades a 10,00, de tal forma que o CMV seja de 40 × 10,00, ou seja, 400,00.

A venda de 40 no dia 12 implica a saída de 10 unidades do dia 5 a 10,00 cada, 25 unidades do dia 6 a 13,00 cada e 5 unidades do dia 10 a 15,00 cada, dando um CMV de 500,00.

(Resposta: opção a)

Exercício 17

CMV = EI + Compras (à vista e a prazo) × 0,85 + Fretes s/Compras − EF

CMV = 90.000 + (120.000 + 80.000) × 0,85 + 25.000 − 160.000 = 125.000

Nota: Ao multiplicarmos a soma das compras à vista com as compras a prazo por 0,85, estamos abatendo os 15% de ICMS de ambas. O mesmo raciocínio se aplica nas vendas à vista e a prazo.

LB = Vendas (à vista e a prazo) × 0,85 − CMV

LB = (90.000 + 130.000) × 0,85 − 125.000 = 62.000

(Resposta: opção a)

Exercício 18

CMV = 4.000 + 12.000 × 0,85 − 5.000 = 9.200

Nota 1: Ao multiplicarmos as compras por 0,85, estamos abatendo os 15% de ICMS.

LB = (20.000 − 2.000) × 0,85 − 9.200 = 6.100

Nota 2: Ao multiplicarmos a diferença entre as vendas e as devoluções por 0,85, estamos abatendo os 15% de ICMS de ambas.

(Resposta: opção b)

Exercício 19

Mercadorias		RCM	
94.500	68.250		**23.100 ***
26.250			
*23.100			

Conforme podemos observar nos razonetes acima, antes do ajuste, o saldo da conta "Mercadorias", no final do exercício, é devedor de R$ 26.250,00. No entanto, o estoque final das mercadorias existentes ao fim do exercício foi de R$ 49.350,00, valor este que deverá corresponder ao verdadeiro saldo contábil da referida conta. Desse modo, para que isso ocorra, devemos realizar um **ajuste** nessa conta, debitando a diferença entre esse valor e aquele valor, ou seja, debitando R$ 23.100,00 e, em contrapartida, creditando a conta RCM (Resultado Com Mercadorias) no mesmo valor, valor este correspondente ao lucro bruto.

(Resposta: opção d)

Exercício 20

Tendo em vista que a empresa é tributada pelo IR com base no lucro real, o regime de tributação do PIS e da Cofins é não cumulativo, isto é, a empresa recupera nas compras, não só o ICMS, mas também esses tributos.

Embora a alíquotas já estejam pré-estabelecidas na lei, o enunciado as fornece também: Cofins (7,6%) e PIS (1,65%), ressaltando que a base de cálculo desses tributos inclui o IPI, ou seja, os mesmos incidirão sobre os R$ 2.100 e não sobre os R$ 2.000, como o ICMS e o IPI.

Cabe também ressaltar que o IPI não é recuperável por uma empresa comercial, devendo, portanto, ser somado "por fora" aos R$ 2.000.

Assim, o custo médio unitário dos halteres de 5kg será calculado da seguinte forma:

[R$ 280 + (R$ 2.000 + 5% R$ 2.000 − 18% R$ 2.000 − 1,65% R$ 2.100 − 7,6% R$ 2.100)] ÷ (20 unidades + 100 unidades) = R$ 15,215

Ao mesmo tempo, o custo médio unitário dos halteres de 7kg será R$ 120/6, ou seja, R$ 20. Finalmente, a venda de 80 halteres de 5kg e 5 halteres de 7kg terá o seguinte CVM:

80 × R$ 15,215 + 5 × R$ 20 = R$ 1.317,17

(Resposta: opção c)

Comentário extra: Essa questão foi "indevidamente" anulada pela banca, pois esta acatou os recursos dos candidatos, os quais alegaram que o enunciado tinha obrigação de fornecer as alíquotas do PIS e da COFINS, o que não é verdade, visto que a legislação fornece. Caso se quisesse utilizar alíquotas "fictícias", aí sim, o enunciado teria obrigação de fornecê-las.

Exercício 21

Na hipótese da forma de tributação do IR e CSLL ser pelo lucro presumido, a empresa NÃO recupera o PIS e a COFINS sobre as compras de mercadorias. Assim, o custo médio unitário dos halteres de 5kg será calculado da seguinte forma:

[R$ 280 + (R$ 2.000 + 5% R$ 2.000 − 18% R$ 2.000)] ÷ (20 + 100) = R$ 16,83

Nota: A divisão acima por 120 se deu em função da média aritmética ponderada entre as

20 unidades de 5kg no total de R$ 14 cada (= R$ 280 ÷ 20) e as 100 unidades de 5kg que foram adquiridas, lembrando que o método de controle adotado é o do custo médio.

Por fim, a venda de 80 halteres de 5kg e 5 halteres de 7kg terá o seguinte CVM:

80 × R$ 16,83 + 5 × R$ 20 = R$ 1.446,67

(Resposta: opção b)

Exercício 22

FICHA DE ESTOQUE PELO MÉTODO PEPS:

ENTRADAS			SAÍDAS			ESTOQUE		
Q	U	T	Q	U	T	Q	U	T
						8	80	640
						8	80	640
12	85	1.020				12	85	1.020
						8	80	640
15	100	1.500				12	85	1.020
						15	100	1.500
			8	80	640			
			12	85	1.020	10	100	1.000
			5	100	500			
10	95	950				10	100	1.000
						10	95	950
			10	100	1.000			
			3	95	285	7	95	665

Nota: O frete pago pelo fornecedor não é custo para a empresa. Desta forma, não é incorporado ao valor do estoque adquirido, ao passo que o frete pago pelo <u>comprador</u> é incorporado ao custo do estoque adquirido.

FICHA DE ESTOQUE PELO MÉTODO DO CUSTO MÉDIO.

ENTRADAS			SAÍDAS			ESTOQUE		
Q	U	T	Q	U	T	Q	U	T
						8	80	640
12	85	1.020				20	83	1.660
15	100	1.500				35	90,29	3.160
			25	90,29	2.257,25	10	90,29	902,90
10	95	950				20	92,645	1.852,90
			13	92,645	1.204,39	7	92,645	649

(Resposta: opção c)

Exercício 23

MÉTODO PEPS

ENTRADAS			SAÍDAS			ESTOQUE		
Q	U	T	Q	U	T	Q	U	T
						10	40	400
						10	40	400
20	42	840				20	42	840
			10	40	400			
			5	42	210	15	42	630
10	50	500				15	42	630
						10	50	500
			15	42	630			
			5	50	250	5	50	250

MÉTODO CUSTO MÉDIO FIXO – De forma diferente do Custo Médio Móvel, nesse método não há ficha de controle de estoques, tendo em vista que não são tiradas médias das compras intermediárias às vendas. Em outras palavras, teremos uma <u>única</u> média para as compras num determinado período (mensal, trimestral, anual etc.), independentemente das vendas intermediárias no referido período. Desse modo, a média única do valor unitário do estoque existente será calculada da seguinte forma:

$$\frac{(10 \times \$\,40) + (20 \times \$\,42) + (10 \times \$\,50)}{10 + 20 + 10} = \$\,43,50$$

Finalmente, visto que restaram no estoque, ao fim de janeiro de X1, 5 unidades, o valor do estoque final será de 5 × $ 43,50 = $ 217,50

(Resposta: opção c)

Exercício 24

Com base no Pronunciamento Técnico CPC 12 – Ajuste a Valor Presente, nas vendas de mercadorias a prazo, os juros embutidos nas duplicatas a receber de clientes devem, regra geral, ser tratados como receitas financeiras a apropriar ao longo do período, sendo, portanto, distinguidos das receitas de vendas. Consequentemente, nas vendas brutas de $ 90.000 estão embutidos juros de $ 8.000, os quais deverão ser abatidos dessas vendas, a fim de determinarmos o correto valor da receita líquida de vendas. Logo, o "verdadeiro" valor das VENDAS BRUTAS não seria $ 90.000 e sim $ 82.000, dado que os $ 8.000 devem ser, em geral, tratados como receitas financeiras e não como receita bruta, a menos que fique claro que a empresa também considere o financiamento das vendas a prazo como parte de seu ramo de atividades, conforme se pode inferir do CPC 12, caso este que deve ser tomado como exceção à regra geral. Assim, na questão proposta, teremos:

Vendas Brutas (= 90.000 – 8.000) 82.000

(–) Devoluções de vendas .... (2.000)

(–) ICMS sobre vendas...(20.000)

(=) Receita líquida 60.000

(Resposta: opção e)

Exercício 25

CMV = 0 + (800.000,00 – 8.000,00 + 10.000,00 + 5.000) × 0,82 + 0 = 661.740,00

....

Nota: Ao multiplicarmos o valor das compras subtraídas dos descontos incondicionais e somadas aos fretes e seguros por 0,82 (ou 82%), estamos abatendo os 18% de ICMS.

....

(Resposta: opção c)

Exercício 26

O **CMV** será o custo das 100 cadeiras vendidas e será calculado da seguinte forma:

Compra de 100 cadeiras..R$ 16.000,00

(+) IPI ....R$ 1600,00

(+) Fretes e Seguros..R$ 680,00

(–) ICMS .... (R$ 2.720,00)

(=) CMV..R$ 15.560,00

Assim, teremos:

Vendas (100 cadeiras) ....R$ 22.000,00

(–) ICMS .... (R$ 3.740,00)

(–) PIS.. (R$ 1.265,00)

(=) Vendas Líquidas...R$ 16.995,00

(–) CMV .... (R$ 15.560,00)

(=) Lucro Bruto..R$ 1.435,00

(Resposta: opção e)

Comentário extra: O Frete e os Seguros sobre as vendas não foram considerados no cálculo das Vendas Líquidas, visto que não são deduções das vendas e sim DESPESAS COMERCIAIS.

Exercício 27

No método do Preço Médio Ponderado Móvel, como o próprio nome já sugere, a cada nova entrada (compra), é calculado um novo custo médio do estoque. Já, no método Preço Médio Ponderado Fixo, a atualização somente se dará ao final do período. Assim, por exemplo, suponhamos que no mês de março uma empresa comercial tenha realizado as seguintes operações com a mercadoria X, considerando que no dia 1º já havia no estoque 25 unidades a R$ 6,30 cada:

03/março: Compra de 20 unidades a R$ 9,00 cada;

12/março: Venda de 5 unidades;

28/março: Compra de 55 unidades a R$ 10,00 cada;

Pelo método MÓVEL, o CMV de março seria igual ao produto das 5 unidades vendidas pelo custo médio unitário neste dia, sendo este último calculado da seguinte forma:

(25 × R$ 6,30 + 20 × 9,00) ÷ 45 = R$ 7,50

Assim, o CMV de março seria de 5 × R$ 7,50 = R$ 37,50.

....

No caso do método FIXO, o custo médio unitário só seria calculado apenas ao fim do mês, independentemente das vendas realizadas no decorrer do mês, da seguinte forma:

(25 × R$ 6,30 + 20 × R$ 9,00 + 55 × R$ 10) ÷ 100 = R$ 8,875

Assim, o CMV de março seria de 5 × R$ 8,875 = R$ 44,38

....

Nesse último método, num sistema inflacionário de preços, o CVM, em geral, será maior do que no método móvel, fazendo com que o lucro seja menor, razão pela qual não é permitido pela legislação do IR no Brasil, pois implicaria um prejuízo para o Fisco, lembrando que a base de cálculo do referido imposto é o lucro.

(Resposta: opção c)

Exercício 28

O ICMS que a Companhia Azul terá que pagar ao Estado será apenas o referente à sua venda, tendo em vista que na compra que realizou da Cia. Verde não houve incidência desse imposto. Assim, o valor a pagar será de 18% de R$ 400.000,00, ou seja, R$ 72.000,00.

(Resposta: opção e)

Exercício 29

Se, por exemplo, uma empresa comercial localizada em São Paulo vender mercadorias para uma empresa comercial localizada no Rio de Janeiro, sendo as duas empresas contribuintes do ICMS, a alíquota incidente na operação será a interestadual, no caso, 12%.

(Resposta: opção b)

Exercício 30

Sendo a compradora comercial, não recupera o IPI. Apenas o ICMS. Se fosse tributada pelo Lucro Real, recuperaria também o PIS e a COFINS. No entanto, como é tributada pelo Lucro Presumido, não recupera esses tributos.

(Resposta: opção a)

Exercício 31

Sendo o IPI um imposto "por fora" e sua alíquota de 10%, o total da nota fiscal (R$ 15.840,00) corresponderá a 110% do valor da compra sem o IPI.

Desta forma, esse valor será de R$ 15.840,00 ÷ 1,10 = R$ 14.400,00. Assim, o ICMS nas compras será de 18% de R$ 14.400,00, ou seja, R$ 2.592,00.

Logo, o custo total das 120 calças adquiridas será de R$ 15.840,00 − R$ 2.592,00 = R$ 13.248,00, tendo em vista que a Miramar Ltda. só recupera o ICMS. Consequentemente, o custo unitário dessas calças será de R$ 13.248,00 ÷ 120 = R$ 110,40.

Visto que a empresa possuía 220 calças (100 calças + 120 calças) e após a venda restaram no estoque 80 calças, concluímos que foram vendidas 140 calças.

Pelo método PEPS, o CMV das 140 calças vendidas será igual ao custo das 100 calças que já havia no estoque (R$ 10.890,00) mais o custo de 40 calças a R$ 110,40 (R$ 4.416,00), importando num total de R$ 15.306,00.

(Reposta: opção b)

Exercício 32

No sistema de conta mercadorias desdobrada, ao receber devolução de vendas a prazo no valor de metade de R$ 60.000,00, a vendedora debitará a conta Devolução de Vendas em R$ 30.000,00 e creditará a conta Duplicatas a Receber no mesmo valor.

(Resposta: opção d)

Exercício 33

Os 4 itens são deduções do PIS e COFINS para as empresas tributadas no sistema não cumulativo desses tributos. No entanto, somente os itens III e IV são deduções EXCLUSIVAS desses tributos.

(Resposta: opção b)

Exercício 34

Para excluirmos dos estoques um crédito presumido da COFINS, debitamos a conta "Cofins a Recuperar" e creditamos a conta "Estoque".

(Resposta: opção c)

Exercício 35

Sendo o ICMS sobre vendas de R$ 280.000,00 e o valor do mesmo pago foi de apenas R$ 65.000,00, concluímos que o ICMS originário das compras foi de R$ 215.000,00, valor este correspondente a 20% do total das compras no período (ICMS sobre compras = 20%).

Assim, esse total será de R$ 215.000,00 ÷ 0,20 = R$ 1.075.000,00, sendo o custo dessa compra 80% desse valor (100% – 20% de ICMS), isto é, R$ 860.000,00.

Se o estoque final apurado foi de R$ 205.000,00, então o CMV R$ 860.000,00 – R$ 205.000,00, ou seja, R$ 655.000,00.

Sendo o ICMS sobre vendas de R$ 280.000,00, valor este correspondente a 20% do total das vendas, então esse total será de R$ 280.000,00 ÷ 0,20, isto é, R$ 1.400.000,00.

Assim, o valor das Vendas Líquidas será de 80% desse valor (100% – 20% do ICMS), ou seja, R$ 1.120.000,00.

Finalmente, o Lucro Bruto será de R$ 1.120.000,00 – R$ 655.000,00, isto é, R$ 465.000,00.

(Resposta: opção c)

CAPÍTULO 9

DEMONSTRAÇÃO DO RESULTADO DO EXERCÍCIO

1. CONCEITO

A DRE (Demonstração do Resultado do Exercício) é a demonstração contábil que tem por objetivo a evidenciação da situação econômica de uma empresa, que se traduz na apuração do lucro ou prejuízo.

2. ESTRUTURA

De acordo com o art. 187 da Lei nº 6.404/76, a demonstração do resultado do exercício discriminará:

I – a receita bruta das vendas e serviços, as deduções das vendas, os abatimentos e os impostos;

II – a receita líquida das vendas e serviços, o custo das mercadorias e serviços vendidos e o lucro bruto;

III – as despesas com as vendas, as despesas financeiras, deduzidas das receitas, as despesas gerais e administrativas, e outras despesas operacionais;

IV – o lucro ou prejuízo operacional, as outras receitas e as outras despesas;

V – o resultado do exercício antes do Imposto sobre a Renda e a provisão para o imposto;

VI – as participações de debêntures, empregados, administradores e partes beneficiárias, mesmo na forma de instrumentos financeiros, e de instituições ou fundos de assistência ou previdência de empregados, que não se caracterizem como despesa;

VII – o lucro ou prejuízo líquido do exercício e o seu montante por ação do capital social.

Exemplo: DRE da empresa Pedra Azul S/A, referente ao exercício social encerrado em 31/12/20X8:

Demonstração do resultado do exercício social da Companhia Comercial Pedra Azul encerrado em 31/12/2008 (em R$ mil)

Receita bruta de vendas	480.000
Impostos	(80.000)
Receita líquida	400.000
CMV (custo das mercadorias vendidas)	(130.000)
Lucro bruto	270.000
Despesas comerciais	(89.000)
Despesas gerais e administrativas	(116.000)
Despesas financeiras	(23.000)
Receitas financeiras	10.000
Depreciação e amortização	(8.000)
Receita de aluguéis	44.000
Lucro operacional	88.000
Outras receitas (lucro na venda de imóvel)	12.000
Lucro antes do IR e da CSLL	100.000
IR e CSLL (alíquota conjunta de 24%)	(24.000)
Lucro líquido	76.000
Lucro líquido por ação (capital 50.000.000 de ações)	0,00152

Obs. 1: Pelas normas atuais de contabilidade, com base no Pronunciamento Técnico **CPC 26 (R1) – Apresentação das Demonstrações Contábeis**, as "OUTRAS RECEITAS/ DESPESAS" são apresentadas ANTES do Lucro Operacional, de modo que este lucro **coincide** com o próprio Lucro antes do IR e da CSLL. No entanto, algumas bancas de concursos ainda "insistem" em utilizar o modelo inadequado de DRE proposto no art. 187 da Lei nº 6.404/76. No exemplo acima, o Lucro Operacional pelas novas regras seria de 100.000 e não apenas 88.000, dado que as outras receitas no valor de 12.000 integrariam esse lucro. Abaixo, indicamos um modelo de DRE com base no item 82 do CPC 26 (R1), supondo que não haja na empresa operações descontinuadas:

Receitas
(–) Custo dos produtos, das mercadorias ou dos serviços vendidos
(=) Lucro Bruto
(–) Despesas com Vendas
(–) Despesas Gerais
(–) Despesas Administrativas
(–) Outras Despesas Operacionais
(+) Outras Receitas Operacionais
(+) Resultado Positivo na Equivalência Patrimonial (em coligadas ou controladas)
(–) Resultado Negativo na Equivalência Patrimonial (em coligadas ou controladas)
(=) Resultado antes das Receitas de Despesas Financeiras
(–) Despesas Financeiras
(+) Receitas Financeiras
(=) Resultado antes do IR (Imposto de Renda) e CSL (Contribuição Social s/ o Lucro)
(–) Despesa com IR e CSL
(=) Resultado Líquido do Exercício

Obs. 2: Pelas regras atuais de contabilidade, a DRE deve apurar separadamente o resultado líquido das operações CONTINUADAS (ou EM CONTINUIDADE) e das operações DESCONTINUADAS. (ou EM DESCONTINUIDADE)

Obs. 3: Se uma indústria, por exemplo, que fabricava até certa época sapatos e bolsas e, a partir de determinada época, resolvesse "descontinuar" a fabricação de bolsas, de modo que, gradativamente, fabricasse cada vez menos bolsas até parar por completo, então o lucro (ou prejuízo) com a venda de sapatos se refere ao resultado com as operações continuadas e o lucro ou prejuízo com a venda de bolsas se refere ao resultado das operações descontinuadas. Se, por hipótese, em determinado exercício social o lucro líquido com a venda de sapatos fosse de R$ 96.000,00 e o prejuízo líquido com a venda de bolsas fosse, por exemplo, de R$ 12.000,00, então o lucro líquido ao final da DRE seria de R$ 84.000,00. Abaixo, apresentamos um modelo completo de DRE com base no item 82 do CPC 26 (R1):

Receitas
(–) Custo dos produtos, das mercadorias ou dos serviços vendidos
(=) Lucro Bruto
(–) Despesas com Vendas
(–) Despesas Gerais
(–) Despesas Administrativas
(–) Outras Despesas Operacionais
(+) Outras Receitas Operacionais
(+) Resultado Positivo na Equivalência Patrimonial (em coligadas ou controladas)
(–) Resultado Negativo na Equivalência Patrimonial (em coligadas ou controladas)
(=) Resultado antes das Receitas de Despesas Financeiras
(–) Despesas Financeiras
(+) Receitas Financeiras
(=) Resultado antes do IR (Imposto de Renda) e CSL (Contribuição Social s/ o Lucro)
(–) Despesa com IR e CSL
(=) Resultado Líquido das Operações Continuadas
(±) Resultado Líquido após os tributos das operações descontinuadas
(±) Resultado Líquido após tributos decorrente da mensuração ao valor justo menos despesas de venda ou na baixa dos ativos ou do grupo de ativos à disposição para venda que constituem unidade operacional descontinuada
(=) Resultado líquido do período

---

3. MODELOS DE DRE POR SUBCLASSIFICAÇÃO DE DESPESAS

De acordo com o item 101 do Pronunciamento Técnico CPC 26 (R1) – Apresentação das Demonstrações Contábeis, as DESPESAS devem ser SUBCLASSIFICADAS a fim de destacar componentes do desempenho que possam diferir em termos de frequência, potencial de ganho ou de perda e previsibilidade. Essa análise deve ser proporcionada em uma das duas formas descritas a seguir, obedecidas as disposições legais:

3.1. Método da Natureza da Despesa

As despesas são agregadas na demonstração do resultado de acordo com a sua natureza (por exemplo, depreciações, compras de materiais, despesas com transporte, benefícios aos empregados e despesas de publicidade), não sendo realocadas entre as várias funções dentro da entidade. Esse método pode ser simples de aplicar porque não são necessárias alocações de gastos a classificações funcionais.

Exemplo: DRE da Comercial Satélite S/A pelo Método da Natureza da Despesa:

Receitas de vendas		170.000,00
Outras Receitas		19.000,00
Variação do estoque de mercadorias	(55.000,00)	
Compras de Mercadorias	(23.000,00)	
Salários e benefícios a empregados	(34.000,00)	
Depreciações e amortizações	(11.000,00)	
Despesas com comissões	(3.000,00)	
Fretes sobre vendas	(1.000,00)	
Prejuízo na venda de imobilizado	(5.000,00)	
Total das despesas		(132.000,00)
Resultado antes dos tributos		57.000,00
IR e CSLL		(13.680,00)
Lucro líquido		43.320,00

3.2. Método da Função da Despesa (ou Método do Custo dos Produtos e Serviços Vendidos)

Por esse método, as despesas são classificadas de acordo com a sua FUNÇÃO como parte do custo dos produtos ou serviços vendidos ou, por exemplo, das despesas de distribuição ou das atividades administrativas. No mínimo, a entidade deve divulgar o custo dos produtos e serviços vendidos segundo esse método separadamente das outras despesas. Esse método pode proporcionar informação mais relevante aos usuários do que a classificação de gastos por natureza, mas a alocação de despesas às funções pode exigir alocações arbitrárias e envolver considerável julgamento.

O modelo de DRE proposto no art. 187 da Lei nº 6.404/76, por exemplo, utiliza o método da função da despesa.

Considerando ainda o exemplo acima da Comercial Satélite S/A, a DRE pelo presente método ficaria da seguinte forma:

Receitas de vendas	170.000,00
Custo das Mercadorias Vendidas (CMV)	(78.000,00)
Lucro bruto	92.000,00
Despesas de vendas	(4.000,00)
Despesas administrativas	(45.000,00)
Prejuízo na venda de imobilizado	(5.000,00)
Outras Receitas	19.000,00
Resultado antes dos tributos	57.000,00
IR e CSLL	(13.680,00)
Lucro líquido	43.320,00

Nota 1: Lembrando que a fórmula do CMV é Estoque Inicial + Compras – Estoque Final, concluímos que a soma da variação dos estoques (Estoque Inicial – Estoque Final = R$ 55.000,00) com as Compras (R$ 23.000,00) dará o CMV (R$ 78.000,00)

Nota 2: As despesas de comissões (R$ 3.000,00) somadas com os fretes sobre vendas (R$ 1.000,00) no método de elaboração de DRE pela natureza da despesa importaram nas despesas de vendas (R$ 4.000,00) na elaboração da DRE pelo método da função da despesa.

Nota 3: Os salários e benefícios de empregados (R$ 34.000,00) somados com as depreciações e amortizações (R$ 11.000,00) importaram no total das despesas administrativas apresentadas na DRE pelo método da função da despesa (R$ 45.000,00).

EXERCÍCIO RESOLVIDO: Ao longo do exercício social de 20X1, a comercial Bahia S/A, a qual não possui operações em descontinuidade, realizou vendas totais no valor de R$ 500.000,00, com ICMS de 16%, PIS de 1% e COFINS de 3%, concedendo aos clientes desconto de 10% em nota fiscal. Dessas vendas, houve devoluções no total de R$ 100.000,00. Foram ainda apurados: CMV (Custo das Mercadorias Vendidas) de R$ 137.000,00, despesas comerciais de R$ 23.000,00, despesas financeiras de R$ 5.000,00, receitas financeiras de R$ 2.000,00, despesas administrativas de R$ 42.000,00 e prejuízo de R$ 13.000,00 na venda de veículos de uso. Suponha o IR e CSL com alíquota conjunta de 25%. Assim, elabore a DRE pelo método da FUNÇÃO DA DESPESA, com base no modelo apresentado no Pronunciamento Técnico CPC 26 (R1) – Apresentação das Demonstrações Contábeis.

SOLUÇÃO:

Receita bruta	500.000
(–) Devoluções de vendas	(100.000)
(–) Descontos comerciais concedidos (10% de 400.000)	(40.000)
(–) ICMS, PIS, COFINS (16% + 1% + 3%) de 360.000	(72.000)
(=) Receita líquida	288.000
(–) CMV	(137.000)
(=) Lucro bruto	**151.0000**
(–) Despesas comerciais	(23.000)
(–) Despesas administrativas	(42.000)
(–) Outras despesas (prejuízo na venda de veículos)	(13.000)
(=) Lucro antes das despesas e receitas financeiras	**73.000**
(–) Despesas financeiras	(5.000)
(+) Receitas financeiras	2.000)
(=) Lucro antes do IR e CSL	**70.000**
(–) IR e CSLL [25% 70.000]	(17.500)
Lucro líquido	**52.5000**

4. OPERAÇÕES CONTINUADAS E OPERAÇÕES DESCONTINUADAS

As OPERAÇÕES CONTINUADAS, também chamadas de operações em continuidade, são aquelas que a empresa pretende realizar para o presente e para o futuro, pois tais operações têm por prazo indeterminado o potencial de gerar receitas e atrair a atenção dos consumidores.

No caso das OPERAÇÕES DESCONTINUADAS (*descontinuing operations*), também chamadas de operações em descontinuidade, são aquelas que a empresa se utilizou no passado mas não irá dar continuidade no futuro, tendo como consequência a venda ou abandono de operações que representem linhas principais e separadas de negócios da empresa e das quais os ativos, resultados líquidos e atividades possam ser operacionalmente e fisicamente distinguidos.

Cabe ressaltar, no entanto, que a expressão "operações descontinuadas" deve ser entendida como aquelas que estão "em processo de acabar" até acabar e não necessariamente aquelas que já acabaram, de modo que num determinado período presente "ainda" podem gerar resultados para a empresa até o momento de efetivamente acabarem. Um exemplo disso são algumas empresas que no século passado fabricavam e vendiam máquinas de escrever manuais e elétricas, as quais, na virada do século, foram "gradativamente" sendo substituídas por computadores, isto é, essas empresas foram "aos poucos" abandonando a produção das antigas máquinas e investindo ascendentemente na fabricação e venda de computadores. Nesse caso, houve uma determinada **época de transição** que essas empresas apresentavam em suas demonstrações do resultado, simultaneamente, os resultados das operações continuadas (no caso, resultado das vendas de computadores) e os resultados das operações descontinuadas (no caso, resultado das vendas das antigas máquinas) até o dia em que suas demonstrações do resultado só apresentavam os resultados das vendas dos computadores, não havendo mais a apresentação dos resultados das operações descontinuadas.

O Pronunciamento Técnico **CPC 31 – Ativo Não Circulante Mantido para Venda e Operação Descontinuada**, no seu item 32, dá o seguinte conceito para operação descontinuada: Uma operação DESCONTINUADA é um componente da entidade que foi baixado ou está classificado como mantido para venda e: (a) representa uma importante linha separada de negócios ou área geográfica de operações; (b) é parte integrante de um único plano coordenado para a venda de uma importante linha separada de negócios ou área geográfica de operações; ou (c) é uma controlada adquirida exclusivamente com o objetivo da revenda.

EXEMPLO PRÁTICO: A Cia. Saturno, que trabalha no ramo de venda de calçados, é composta por uma matriz "M" e duas filiais ("F1" e "F2"), onde a matriz "M" e a filial "F1" vendem calçados no atacado para crianças e a filial "F2" vende exclusivamente calçados no atacado para adultos. A diretoria da empresa decidiu no exercício social de X0 que, a partir de setembro de X1, a empresa não iria mais vender calçados para adultos, de forma que a filial "F2" seria desativada no referido mês, operando com vendas de calçados para adultos até agosto de X1. A empresa possuía 3 caminhões para entrega dos calçados, sendo o 1º caminhão da matriz "M", o 2º da filial "F1" e o 3º da filial "F2". Em novembro de X1, a empresa vendeu os três caminhões por R$ 24.000,00 cada um, sendo o valor contábil de cada caminhão na data da venda de R$ 32.000,00, de tal forma que os dois que eram utilizados na matriz "M" e na filial "F1" foram substituídos por dois novos e o caminhão utilizado na filial "F2" não foi substituído, tendo em vista que essa filial deixou de operar em setembro de X1. Além disso, as seguintes informações foram obtidas dos registros contábeis da Cia. Saturno, referentes ao exercício social de X1, para a elaboração da DRE (valores em R$):

	MATRIZ "M"	FILIAL "F1"	FILIAL "F2"
Receita de Vendas	111.360	55.040	40.960
CMV	62.640	30.960	23.040
Despesas c/ Vendas	3.520	2.400	1.440
Despesas Administrativas	24.480	10.720	3.680
Outras Despesas (prejuízo na venda de veículos)	8.000	8.000	8.000
Despesas Financeiras	4.800	-	4.800
Receitas Financeiras	3.360	1.760	-

Supondo a alíquota conjunta do IR e CSLL de 24%, podemos montar a seguinte DRE da Cia. Saturno em 31/12/X1 (os resultados da Matriz "M" e da Filial "F1" irão compor as operações <u>em continuidade</u> e os resultados da Filial "F2" irão compor as operações <u>descontinuadas</u>):

OPERAÇÕES EM CONTINUIDADE	
Receita de Vendas	166.400
(–) CMV	(93.600)
(=) **Lucro Bruto**	**72.800**
(–) Despesas c/ Vendas	(5.920)
(–) Despesas Administrativas	(35.200)
(–) Outras Despesas (prejuízo na venda de veículos)	(16.000)
(=) **Lucro antes das Despesas e Receitas Financeiras**	**15.680**
(–) Despesas Financeiras	(4.800)
(+) Receitas Financeiras	5.120
(=) **Lucro antes do IR e CSLL**	**16.000**
(–) IR e CSLL (24%)	(3.840)
(=) **Lucro Líquido das Operações Continuadas**	**12.160**
OPERAÇÕES DESCONTINUADAS	
(+) **Lucro Líquido das Operações Descontinuadas**	**2.432**
(=) **Lucro Líquido do Exercício**	**14.592**

Em NOTAS EXPLICATIVAS, seria apresentada a apuração completa dos resultados decorrentes das **operações descontinuadas** da seguinte forma:

OPERAÇÕES DESCONTINUADAS	
Receita de Vendas	40.960
(–) CMV	(23.040)
(=) Lucro Bruto	17.920
.(–) Despesas c/ Vendas	(1.440)
(–) Despesas Administrativas	(3.680)
(–) Outras Despesas (prejuízo na venda de veículos)	(8.000)
Lucro antes das Despesas e Receitas Financeiras	4.800
(–) Despesas Financeiras	(1.600)
(+) Receitas Financeiras	-
(=) Lucro antes do IR e CSLL	3.200
(–) IR e CSLL (24%)	(768)
(=) Lucro Líquido das Operações Descontinuadas	2.432

No entanto, com base no **item 33 do CPC 31**, apesar de não ser o mais usado, nada impede que na mesma DRE sejam apresentadas as apurações completas dos resultados das operações continuadas e das operações descontinuadas, dispensando assim a apresentação separada da apresentação dos resultados em notas explicativas. Abaixo, reproduzimos parte do referido item (grifo nosso):

A análise (das operações descontinuadas) **pode ser apresentada nas notas explicativas ou na demonstração do resultado.** *Se for na demonstração do resultado, deve ser apresentada em seção identificada e que esteja relacionada com as operações descontinuadas, isto é, separadamente das operações em continuidade.*

A DRE apresentada pelo INADEQUADO art. 187 da Lei nº 6.404/76, seria a seguinte (nesse caso não haveria divisão entre operações continuadas e descontinuadas, de forma que seriam somados os resultados da matriz e das duas filiais):

Receita de Vendas	207.360
(−) CMV	(116.640)
(=) Lucro Bruto	**90.720**
(−) Despesas c/ Vendas	(7.360)
(−) Despesas Administrativas	(38.880)
(−) Despesas Financeiras	(6.400)
(+) Receitas Financeiras	5.120
(=) Lucro Operacional	**43.200**
(−) Outras Despesas	(24.000)
(=) Lucro antes do IR e CSLL	**19.200**
(−) IR e CSLL (24%)	(4.608)
(=) Lucro Líquido	**14.592**

Observemos que o Lucro Líquido do Exercício nos dois modelos de DRE é o mesmo, ou seja, R$ 14.592. Observemos também que a Despesa com IR e CSLL nesta última DRE (R$ 4.608,00) é exatamente o somatória da referida despesa na apuração dos resultados das operações continuadas (R$ 3.840,00) com aquele apurado em notas explicativas referentes às operações descontinuadas (R$ 768,00).

No entanto, podemos observar na DRE pelas normas do CPC que não existe indicação do valor do Lucro Operacional. No novo modelo de DRE, o **Resultado Operacional** (Lucro ou Prejuízo Operacional) é o próprio "**Resultado do Exercício antes do IR e CSLL**". Isso se explica pelo fato de que pelas novas normas **não mais existem** as chamadas receitas e despesas não operacionais. Pelas regras internacionais de contabilidade, todos os fatos ocorridos numa empresa contribuem de uma forma ou de outra para suas operações, de sorte que TODAS as receitas e despesas são consideradas operacionais.

Assim, o prejuízo na venda dos veículos, que foi posto como "Outras Despesas" na DRE em conformidade com o art. 187 da referida lei após o lucro operacional (posição esta ainda adotada pela legislação tributária, visto que ainda classifica tais resultados como "não operacionais"), na DRE pelas normas do CPC esse prejuízo é considerado **operacional**, isto é, integra também o Lucro Operacional, sendo este o próprio Lucro antes do IR e CSLL.

5. Participações Estatutárias

Com base no art. 187 da Lei nº 6.404/76, a companhia poderá pagar participações sobre os seus lucros, caso essas já estejam determinadas no seu estatuto.

Tais participações podem ser, abreviadamente, chamadas de "PEL" (Participações Estatutárias sobre os Lucros). São elas as participações de:

- Debenturistas
- Empregados
- Administradores
- Partes Beneficiárias

A base de cálculo das PEL é determinada no art. 189 da Lei nº 6.404/76 da seguinte forma:

$$\boxed{\text{LAIR} - \text{IR} - \text{Prejuízos Acumulados}}$$

LAIR: Lucro antes do Imposto de Renda

Obs. 1: O LAIR da fórmula acima é obtido pelo SOMATÓRIO do mesmo referente às **operações em continuidade** com aquele referente às **operações descontinuadas**. Da mesma forma, o IR da fórmula acima corresponde ao somatório daquele obtido das operações em continuidade com aquele referente às operações descontinuadas (este último, em geral, obtido das notas explicativas às demonstrações contábeis).

Obs. 2: Os Prejuízos Acumulados da fórmula acima, em geral, são aqueles indicados no balanço do exercício anterior. Caso haja os ajustes desses prejuízos indicados no § 1º do art. 186 da Lei nº 6.404/76, então deve ser utilizado o valor ajustado desses prejuízos. No Capítulo 11 estudaremos esses ajustes.

Obs. 3: Além do IR (Imposto de Renda) ainda existe um outro tributo sobre o lucro, que é a CSL (Contribuição Social sobre o Lucro), o qual não está previsto na Lei 6.404/76. Assim, a base de cálculo das Participações Estatutárias sobre o Lucro, passa a ser obtida mediante o uso da seguinte fórmula: LAIRCSL – IR e CSL – Prejuízos Acumulados, onde "LAIRCSL" é o <u>Lucro antes do IR e da CSL</u>. Alguns exercícios, e até algumas provas de concursos públicos, por questões de simplicidade, ignoram a CSL, considerando apenas o IR, embora na prática sempre os dois tributos devam ser considerados.

A forma de cálculo das PEL é determinada no art. 190. Em consonância com esse artigo, as participações de empregados, administradores e partes beneficiárias serão determinadas, sucessivamente e nessa ordem, com base nos lucros que remanescerem depois de deduzida a participação anteriormente calculada.

Apesar do art. 190 não fazer menção à participação dos debenturistas, esta deverá ser a <u>primeira</u> a ser calculada, aplicando-se o seu percentual já determinado no estatuto sobre a base de cálculo definida no art. 189.

Em seguida, aplica-se o percentual definido no estatuto para os empregados sobre a base de cálculo definida no art. 189 excluída da participação de debenturistas.

Em seguida, aplica-se o percentual definido no estatuto para os administradores sobre a base de cálculo definida no art. 189 excluída da participação de debenturistas e de empregados.

Por fim, aplica-se o percentual definido no estatuto para os titulares de partes beneficiárias sobre a base de cálculo definida no art. 189 excluída da participação de debenturistas, de empregados e de administradores.

Exemplo: As seguintes informações foram obtidas dos registros contábeis da Cia. Prata, onde há operações em descontinuidade:

LAIR (operações continuadas) 48.750

LAIR (operações descontinuadas) 16.250

IR (operações continuadas) 7.500

IR (operações descontinuadas) 2.500

Prejuízos Acumulados 5.000

Percentuais de participações definidas no estatuto:

Debenturistas 10%

Empregados 10%

Administradores 10%

Partes Beneficiárias 10%

Assim, teremos:

LAIR = 48.750 + 16.250 = 65.000

IR = 7.500 + 2.500 = 10.000

....

Base de cálculo das PEL = 65.000 − 10.000 − 5.000 = 50.000

....

Debenturistas = 10% 50.000 = 5.000

Empregados = 10% (50.000 − 5.000) = 4.500

Administradores = 10% (45.000 − 4.500) = 4.050

Partes Beneficiárias = 10% (40.500 − 4.050) = 3.645

PEL = 5.000 + 4.500 + 4.050 + 3.645 = 17.195

A contabilização das PEL poderá ser feita da seguinte forma:

D – Participação de Debenturistas (despesa)	5.000
D – Participação de Empregados (despesa)	4.500
D – Participação de Administradores (despesa)	4.050
D – Participação de Partes Beneficiárias (despesa)	3.645
C – Participação de Debenturistas a Pagar (passivo)	5.000
C – Participação de Empregados a Pagar (passivo)	4.500
C – Participação de Administradores a Pagar (passivo)	4.050
C – Participação de Partes Beneficiárias a Pagar (passivo)	3.645

6. Lucro Líquido

É o último lucro apurado na DRE. Pode ser obtido subtraindo-se do LAIR (Lucro Antes do IR) o IR (despesa como IR) e as Participações Estatutárias sobre o Lucro (PEL). Assim, teremos:

Onde:
- LAIR = LAIR (das operações continuadas) + LAIR (das operações descontinuadas)
- IR = IR (das operações continuadas) + IR (das operações descontinuadas)

Obs.: Obviamente, nem sempre o resultado do exercício de uma empresa é Lucro Líquido. Poderá ser também Prejuízo Líquido. Nesse caso, não haveria despesa com IR e em participações estatutárias.

No exemplo do item anterior, teremos:

Lucro Líquido = 65.000 – 10.000 – 17.195 = 37.805

Exercícios de Fixação

1. (BNDES – Contador/Vunesp) A Cia. Ômega paga participação de lucros a seus empregados e administradores, com base em percentuais de 10% e 5%, respectivamente. Sabe-se que:
   – prejuízo contábil da companhia em 31/12/X0 R$ 100.000,00
   – lucro líquido de 31/12/X1, antes da CSLL e IRPJ R$ 500.000,00
   – provisão para CSLL e IRPJ R$ 150.000,00
   A participação dos empregados, relativa ao exercício de X1, será:
   a) R$ 50.000,00;
   b) R$ 40.000,00;
   c) R$ 35.000,00;
   d) R$ 30.000,00;
   e) R$ 25.000,00.

2. (Auditor-Fiscal da Receita Federal/Esaf – Adaptada) As contas abaixo representam um grupo de receitas e despesas que, embora distribuídas aqui aleatoriamente, compõem a demonstração do resultado do exercício da empresa Boapermuta S/A.

Conta	Valor
Lucro na venda de imobilizado	R$ 2.000,00
Contribuição social sobre o lucro	10%
Juros recebidos	R$ 1.500,00
Depreciação	R$ 700,00
Participação de administradores	5%
Impostos e taxas	R$ 500,00
Propaganda e publicidade	R$ 1.800,00
Vendas canceladas	R$ 20.000,00
PIS/PASEP	1%
Despesas bancárias	R$ 800,00
Estoque inicial	R$ 30.000,00
Comissões sobre vendas de mercadorias	R$ 3.000,00
Descontos incondicionais concedidos	R$ 20.000,00
Estoque final	R$ 37.000,00
Descontos condicionais concedidos	R$ 2.000,00
Participação de partes beneficiárias	5%
Juros pagos	R$ 500,00
Vendas de mercadorias	R$ 100.000,00
Cofins	2%
Salários e encargos	R$ 3.000,00
Água e energia	R$ 200,00
Imposto de renda	15%

Compras de mercadorias   R$ 50.000,00
ICMS s/compras e vendas   12%
Descontos obtidos   R$ 15.000,00

Ordenando-se as contas acima, adequadamente e em conformidade com as regra de elaboração da demonstração do resultado do exercício, vamos encontrar:

a) receita líquida de vendas de R$ 48.000,00;
b) lucro operacional bruto de R$ 4.000,00;
c) lucro operacional líquido de R$ 15.000,00;
d) lucro líquido antes da contribuição social e do IR de R$ 20.000;
e) lucro líquido do exercício de R$ 13.500,00.

3. (Petrobras – Contador Pleno/Fundação Cesgranrio) A Empresa GNV S/A apresentou um lucro após o Imposto de Renda, no valor de 200.000,00. Sabendo-se que o estatuto da empresa prevê dividendo obrigatório de 25% para os acionistas e também participações de 10% para administradores, 5% para empregados e 5% para debenturistas, afirma-se corretamente que a parcela do lucro, em reais, atribuída aos administradores, observando-se a Lei nº 6.404/1976, será:

a) 13.537,50;
b) 14.250,00;
c) 15.000,00;
d) 18.050,00;
e) 19.000,00.

4. (BACEN – Técnico/Fundação Cesgranrio) Dados extraídos do balancete de verificação da empresa Mares Verdes S/A, em 31/12/2008, em reais:

Contas	Saldos	Devedor/Credor
Fornecedores	11.500,00	Saldo Credor
Caixa	800,00	Saldo Devedor
Despesa de Energia Elétrica	100,00	Saldo Devedor
Banco Conta Movimento	1.300,00	Saldo Devedor
Empréstimos a Pagar	400,00	Saldo Credor
Venda de Mercadorias	10.000,00	Saldo Credor
Empréstimos e Financiamentos a Longo Prazo	1.500,00	Saldo Credor
Duplicatas a Receber	9.500,00	Saldo Devedor
Custo da Mercadoria Vendida	7.000,00	Saldo Devedor
Estoque de Mercadorias	11.000,00	Saldo Devedor
Reserva de Capital	5.000,00	Saldo Credor
Despesa de Água e Esgoto	100,00	Saldo Devedor
Reserva Legal	3.000,00	Saldo Credor
Salários e Encargos a Pagar	1.100,00	Saldo Credor
Despesas Gerais	500,00	Saldo Devedor
Adiantamentos para Viagens	700,00	Saldo Devedor
Despesa de Salários e Encargos	1.100,00	Saldo Devedor
Móveis e Utensílios	6.000,00	Saldo Devedor

Máquinas e Equipamentos	7.000,00	Saldo Devedor
Terrenos	18.000,00	Saldo Devedor
Depreciações Acumuladas	2.000,00	Saldo Credor
Adiantamentos de Clientes	600,00	Saldo Credor
Capital Social	28.000,00	Saldo Credor

Considerando exclusivamente os dados acima e desconsiderando a incidência de quaisquer impostos, o resultado da empresa no exercício, em reais, foi:

a) 1.900,00;
b) 1.200,00;
c) 1.100,00;
d) 900,00;
e) 500,00.

5. (CEDAE – Contador/CEPERJ) Na elaboração da Demonstração do Resultado do Exercício de uma empresa no final do exercício, após serem computados todos os elementos diferenciais, foi apurado um Resultado do Exercício antes da Provisão para o Imposto de Renda e a Contribuição Social sobre o Lucro Líquido no valor de R$ 70.000,00. As referidas provisões apuradas e somadas correspondiam ao montante de R$ 28.000,00.

Sabe-se que:
I. as participações dos administradores e dos empregados no resultado do exercício, conforme dispositivos estatutários, são, respectivamente, de 10% e 20%;
II. a empresa acumulava, até esse exercício, prejuízos no valor de R$ 14.000,00.

Os valores referentes à participação dos administradores e ao lucro líquido do exercício foram, respectivamente, iguais a:

a) R$ 2.240,00 e R$ 34.160,00;
b) R$ 4.200,00 e R$ 29.400,00;
c) R$ 5.600,00 e R$ 33.600,00;
d) R$ 2.800,00 e R$ 34.160,00;
e) R$ 4.200,00 e R$ 15.400,00.

6. (CEDAE – Contador/CEPERJ) A demonstração do resultado do exercício elaborada em 31 de dezembro de uma determinada empresa apresentava, dentre outras, as seguintes contas com seus respectivos valores:

Vendas de Mercadorias	15.000
Comissões sobre Vendas	300
Juros Ativos	750
Custo das Mercadorias Vendidas	7.800
PIS sobre Faturamento	300
Descontos Comerciais Concedidos	900
ICMS sobre Vendas	2.250
Despesas Financeiras	600
Despesas Gerais	1.950
Perdas Eventuais	450

Provisão p/IR e CSLL 600
Variações Monetárias Ativas 850
Ganhos por Equivalência Patrimonial 600

Com base nos dados acima, o valor do lucro operacional bruto foi de:
a) R$ 3.750;
b) R$ 4.950;
c) R$ 3.870;
d) R$ 4.650;
e) R$ 1.800.

7. (Fiscal de Rendas – RJ/FGV – Adaptada) A Cia. Ametista apresentou os seguintes saldos referentes ao ano de 20X8:

Vendas	$ 1.000.000
Custo das Mercadorias Vendidas	$ 520.000
Despesas Administrativas	$ 90.000
Dividendos	$ 90.000
Devolução de Vendas	$ 60.000
Despesas Financeiras	$ 250.000
Receitas Financeiras	$ 120.000
Abatimentos sobre Vendas	$ 50.000
Reserva de Contingências	$ 30.000
Reversão de Perdas Estimadas em Créditos de Liquidação Duvidosa	$ 40.000

Assinale a alternativa que indique o lucro líquido apresentado pela Cia. Ametista relativa ao ano de 20X8.
a) $ 100.000.
b) $ 110.000.
c) $ 160.000.
d) $ 190.000.
e) $ 80.000.

8. (Fiscal de Rendas – RJ/FGV) A Cia. Turquesa realizou as seguintes operações em 2009:
– Compra de estoques a prazo: $ 100.000, tributada pelo ICMS em 18%.
– Venda de 80% das unidades compradas. A receita de vendas somou $ 150.000, a prazo.

Em 31.12.2009, o lucro líquido e o ICMS a recolher serão, respectivamente:
Obs.: considere a alíquota do ICMS em 18% e ignore o IR.
a) $ 57.400 e $ 9.000.
b) $ 23.000 e $ 18.000.
c) $ 41.000 e $ 27.000.
d) $ 57.400 e $ 18.000.
e) $ 23.000 e $ 27.000.

9. **(PETROBRAS/Fundação Cesgranrio)** A Comercial Amazonas Ltda. adquiriu do Atacadista Triângulo Mineiro S.A. R$ 50.000,00 em mercadorias, estando inclusos 18% de ICMS. Dessas mercadorias 60% foram vendidas por R$ 40.000,00, estando inclusos, também, 18% de ICMS.

   Sabendo-se que as operações foram realizadas no mesmo mês e considerando exclusivamente as informações acima, o Lucro Bruto apurado nessa operação, em reais, foi:
   a) 8.200,00;
   b) 8.120,00;
   c) 8.000,00;
   d) 7.480,00;
   e) 2.800,00.

10. **(PETROBRAS – Contador Júnior/Fundação Cesgranrio)** O Art. 187 da Lei nº 6.404/76, com a nova redação dada pela Lei nº 11.941/09, determina a forma como as contas serão ordenadas na demonstração do resultado do exercício.

    Deverão constar na citada demonstração, antes da definição do lucro ou prejuízo líquido do exercício, as participações de debêntures, empregados, administradores e partes beneficiárias, mesmo na forma de instrumentos financeiros e de instituições ou fundos de assistência ou previdência de empregados, que:
    a) sejam limitados a 10% do lucro líquido do exercício antes de sua inclusão;
    b) possam ser caracterizados como despesas remuneratórias;
    c) mantenham o valor retido em forma de reservas de lucros;
    d) se destinem à redução da reserva de lucros a realizar;
    e) não se caracterizem como despesa.

11. **(PETROBRAS – Contador Júnior/Fundação Cesgranrio)** Informações parciais apresentadas, em reais, pela Companhia Percentual S.A. de capital fechado.

    Exercício de 2008:
Patrimônio Líquido	1.300.000,00
Capital Social	1.500.000,00
Prejuízo Acumulado	(200.000,00)

    Exercício de 2009:
Lucro Operacional	1.000.000,00
Provisão para Imposto de Renda	201.000,00
Participações Estatutárias	
Administradores	10%
Empregados	10%
Partes Beneficiárias	10%

    Considerando-se exclusivamente as informações apresentadas pela Companhia e as determinações da Lei Societária, o Lucro Líquido da Percentual, no exercício social de 2009, em reais, é:
    a) 799.000,00;
    b) 636.671,00;
    c) 559.300,00;
    d) 499.300,00;
    e) 436.671,00.

12. (PETROBRAS – Contador Júnior/Fundação Cesgranrio) Analise os dados extraídos da contabilidade da comercial Brasília Ltda., em reais.

Despesas com Vendas	2.000,00
Devolução de Vendas	4.000,00
PIS sobre Vendas	1.200,00
Receita Bruta	22.000,00
Custo das Mercadorias Vendidas	12.000,00
ICMS sobre Vendas	3.960,00
COFINS sobre Vendas	840,00
Despesas Administrativas	4.500,00

Considerando exclusivamente os dados acima, o valor da receita líquida, em reais, é:

a) 5.500,00;
b) 10.000,00;
c) 12.000,00;
d) 13.200,00;
e) 16.800,00.

(Auditor-Fiscal da Receita Federal do Brasil/Esaf) No início de 2013, o Patrimônio Líquido da Cia. Madeira era composto pelos seguintes saldos:

Contas de PL	Valores R$
Capital Social	1.000.000
Capital a Integralizar	(550.000)
Reserva Legal	87.500
Reservas de Lucros	57.500
Lucros Retidos	170.000

Ao final do período de 2013, a empresa apurou um Lucro antes do Imposto sobre a Renda e Contribuições no valor de R$ 400.000.

De acordo com a política contábil da empresa, ao final do exercício, no caso da existência de lucros, os estatutos da empresa determinam que a mesma deve observar os percentuais abaixo para os cálculos das Participações e Contribuições, apuração do Lucro Líquido e sua distribuição.

Dividendos a Pagar	50%
Participação da Administração nos Lucros da Sociedade	20%
Participações de Debêntures	25%
Participação dos Empregados nos Lucros da Sociedade	25%
Provisão para IR e Contribuições	20%
Reservas de Lucros	20%
Reserva Legal	5%

O restante do Lucro Líquido deverá ser mantido em Lucros Retidos conforme decisão da Assembleia Geral Ordinária (AGO) até o final do exercício de 2014, conforme Orçamento de Capital aprovado em AGO de 2012.

Com base nas informações anteriores, responda às questões de nº 13 a 16.

13. **O valor a ser registrado como Reserva Legal é:**
    a) R$ 2.000.
    b) R$ 2.500.
    c) R$ 3.500.
    d) R$ 7.200.
    e) R$ 7.500.

14. **O valor distribuído a título de dividendo é:**
    a) R$ 160.000.
    b) R$ 124.800.
    c) R$ 96.000.
    d) R$ 72.000.
    e) R$ 68.400.

15. **O valor das Participações dos Debenturistas nos Lucros da Sociedade é:**
    a) R$ 80.000.
    b) R$ 72.000.
    c) R$ 64.000.
    d) R$ 48.000.
    e) R$ 36.000.

16. **Com base nos dados fornecidos, pode-se afirmar que:**
    a) o Capital autorizado da empresa é de R$ 550.000.
    b) o valor a ser destinado para a Reserva de Lucros é de R$ 28.000.
    c) após a distribuição do resultado, o saldo total do Patrimônio Líquido é de R$ 837.000.
    d) o valor da Participação da Administração nos Lucros da Sociedade corresponde a R$ 64.000.
    e) o resultado líquido e sua destinação provocam um aumento líquido de passivo de R$ 240.000.

Gabarito Comentado

Exercício 1

De acordo com o art. 189 da Lei nº 6.404/1976, do resultado do exercício serão deduzidos, antes de qualquer participação, os prejuízos acumulados e a provisão para o imposto sobre a renda (= despesa de IR indicada na DRE). Em outras palavras, a base de cálculo das participações estatutárias sobre o lucro de empregados, administradores e partes beneficiárias é o lucro antes do imposto de renda menos a "despesa" com esse imposto e menos os prejuízos acumulados. Assim:

Base de cálculo = 500.000 − 150.000 − 100.000 = 250.000

De acordo com o art. 190 da referida lei, as participações estatutárias de empregados, administradores e partes beneficiárias serão determinadas, sucessivamente e nessa ordem, com base nos lucros que remanescerem, depois de deduzida a participação anteriormente calculada. Assim:

- Empregados = 10% 250.000 = 25.000
- Administradores = 5% (250.000 − 25.000) = 11.250

(Resposta: opção e)

Exercício 2

Vendas de mercadorias	R$ 100.000
(−) Vendas canceladas	(R$ 20.000)
(−) Descontos incondicionais concedidos	(R$ 20.000)
(−) ICMS, PIS e Cofins [(12% +1% + 2%) de R$ 60.000]	(R$ 9.000)
(=) Vendas líquidas	R$ 51.000
(−) CMV [= 30.000 + 50.000 − 12% 50.000 − 37.000]	(R$ 37.000)
(=) Lucro bruto	R$ 14.000
(−) Depreciação	(R$ 700)
(−) Impostos e taxas	(R$ 500)
(−) Propaganda e publicidade	(R$ 1.800)
(−) Despesas bancárias	(R$ 800)
(−) Comissões sobre vendas de mercadorias	(R$ 3.000)
(−) Descontos condicionais concedidos	(R$ 2.000)
(−) Salários e encargos	(R$ 3.000)

(–) Água e energia	(R$ 200)
(–) Juros pagos	(R$ 500)
(+) Juros recebidos	R$ 1.500
(+) Descontos obtidos	R$ 15.000
(+) Lucro na venda de imobilizado	R$ 2.000
(=) Lucro antes da CSLL e do IR	R$ 20.000

(Resposta: opção d)

Exercício 3

Base de cálculo das participações = LAIR – IR – Prejuízos Acumulados

Pelas informações da questão:

- LAIR – IR = Lucro após o IR = 200.000,00
- Prejuízos Acumulados: não há

Logo, a base das participações será de 200.000, pois não há prejuízos acumulados.

Assim:

Participação de debenturistas = 5% 200.000 = 10.000

Participação de empregados = 5% (200.000 – 10.000) = 9.500

Participação de administradores = 10% (200.000 – 10.000 – 9.500) = 18.050

(Resposta: opção d)

Exercício 4

Venda de Mercadorias	10.000,00
(–) Custo da Mercadoria Vendida	(7.000,00)
(–) Despesa de Energia Elétrica	(100,00)
(–) Despesa de Água e Esgoto	(100,00)
(–) Despesas Gerais	(500,00)
(–) Despesa de Salários e Encargos	(1.100,00)
(=) Lucro	**1.200,00**

(Resposta: opção b)

Exercício 5

Base de cálculo das partic. = Lucro antes do IR e CSLL – IR e CSLL – Prejuízos Acumulados
= R$ 70.000,00 – R$ 28.000,00 – R$ 14.000,00 = R$ 28.000,00

- Participação de empregados = 20% R$ 28.000,00 = R$ 5.600,00
- Participação de administradores = 10% (R$ 28.000,00 – R$ 5.600,00) = R$ 2.240,00

Lucro líquido = Lucro antes do IR e CSLL – IR e CSLL – Participações = R$ 70.000,00 – R$ 28.000,00 – R$ 5.600,00 – R$ 2.240,00 = R$ 34.160,00

(Resposta: opção a)

Exercício 6

Vendas de Mercadorias	15.000
(–) Descontos Comerciais Concedidos	(900)
(–) PIS sobre Faturamento	(300)
(–) ICMS sobre Vendas	(2.250)
(=) Receita Líquida	11.550
(–) Custo das Mercadorias Vendidas	(7.800)
(=) Lucro operacional bruto	3.750

(Resposta: opção a)

Exercício 7

Vendas	$	1.000.000
(–) Devolução de Vendas	($	60.000)
(–) Abatimentos sobre Vendas	($	50.000)
(–) Custo das Mercadorias Vendidas	($	520.000)
(=) Lucro Bruto	**$**	**370.000**
(–) Despesas Administrativas	($	90.000)
(–) Despesas Financeiras	($	250.000)
(+) Receitas Financeiras	$	120.000
(+) Reversão de Perdas Est. em Créditos de Liquidação Duvidosa	$	40.000
(=) Lucro Líquido	**$**	**190.000**

(Resposta: opção d)

Exercício 8

Lucro Líquido = $ 150.000 − 18% $ 150.000 − 80% ($ 100.000 − 18% $ 100.000) = $ 57.400

ICMS a recolher = 18% ($ 150.000 − $ 100.000) = $ 9.000

(Resposta: opção a)

Exercício 9

Receita Bruta...40.000,00

(−) ICMS (18% 40.000,00) ....(7.200,00)

(=) Receita Líquida...32.800,00

(−) CMV (60% × 50.000,00 × 0,82)...................(24.600,00)

(=) Lucro Bruto..8.200,00

Nota: Ao multiplicarmos R$ 50.000,00 por 0,82 (ou 82%), estamos abatendo o ICMS de 18%.

(Resposta: opção a)

Exercício 10

Com base no inciso VI do art. 187 da Lei nº 6.404/76, deverão constar na Demonstração do Resultado do Exercício, antes da definição do lucro ou prejuízo líquido do exercício, as participações de debêntures, empregados, administradores e partes beneficiárias, mesmo na forma de instrumentos financeiros e de instituições ou fundos de assistência ou previdência de empregados, que não se caracterizem como despesa.

(Resposta: opção e)

Exercício 11

De acordo com o art. 189 da Lei 6.404, do resultado do exercício serão deduzidos, antes de qualquer participação, os prejuízos acumulados e a provisão para o Imposto sobre a Renda. Assim, a base de cálculo das participações de debenturistas, empregados, administradores e partes beneficiárias será a seguinte:

1.000.000 − 201.000 − 200.000 = 599.000

Considerando o art. 190 da referida lei, as participações de debêntures, empregados, administradores e partes beneficiárias serão determinadas nesta ordem com base nos lucros que remanescerem depois de tirada a participação anterior. Assim, teremos:

- Empregados = 10% 599.000 = 59.900
- Administradores = 10% (599.000 – 59.900) = 53.910
- Partes Beneficiárias = 10% (539.100 – 53.510) = 48.519

Total das participações = 162.329

Finalmente, o Lucro Líquido (LL) será obtido da seguinte forma:

Lucro antes do IR – IR – Participações = 1.000.000 – 201.000 – 162.329 = 636.671

(Resposta: opção b)

Exercício 12

Receita Bruta... 22.000,00

(–) Devoluções de Vendas......................................(4.000,00)

(–) ICMS sobre Vendas ....(3.960,00)

(–) COFINS sobre Vendas ....(840,00)

(–) PIS sobre Vendas...(1.200,00)

(=) Receita Líquida.. 12.000,00

(Resposta: opção c)

Exercício 13

O primeiro passo é determinarmos o valor da base de cálculo das participações sobre o lucro da sociedade da seguinte forma:

Lucro antes do IR e CSLL.. 400.000

(–) IR e CSLL (20% 400.000) ....(80.000)

(=) Base das participações 320.000

O próximo passo é determinarmos o valor das participações de debêntures, empregados e administradores, sucessivamente e nesta ordem, com base nos lucros que remanescerem depois de retirada a participação anterior:

- Debêntures = 25% 320.000 = 80.000
- Empregados = 25% (320.000 – 80.000) = 60.000
- Administradores = 20% (240.000 – 60.000) = 36.000
- TOTAL das participações = 176.000

Agora, iremos determinar o valor do LUCRO LÍQUIDO da seguinte forma:

Lucro antes do IR e CSLL... 400.000

(–) IR e CSLL (20% 400.000) ....(80.000)

(–) Participações sobre o lucro ....(176.000)

(=) Lucro Líquido... 144.000

Segundo o art. 193 da Lei nº 6.404/76, o limite de saldo da RESERVA LEGAL é de 20% do Capital Social (realizado), ou seja, 20% 450.000 = 90.000..

Além disso, o valor que o referido artigo determina para reserva legal ao final de cada exercício social é de 5% do Lucro Líquido, no caso, 5% de 144.000 = 7.200. No entanto, visto que a referida reserva já possuía saldo anterior de 87.500, a companhia não poderá destinar os 7.200 para essa reserva, lembrando que o limite de saldo é de 90.000. Assim, o valor a ser destinado será de 2.500 e não 7.200.

(Resposta: opção b)

Exercício 14

Regra geral, o dividendo obrigatório é calculado nos termos do art. 202 da Lei nº 6.404/76, o qual estabelece como base de cálculo o lucro líquido do exercício ajustado nos termos do referido artigo. No entanto, visto que o enunciado da questão fixou os dividendos em 50% do lucro líquido, então o valor desses será de 50% de R$ 144.000,00 = R$ 72.000,00.

(Resposta: opção d)

Exercício 15

Conforme já calculado na questão 13, Debenturistas = 25% R$ 320.000 = R$ 80.000.

(Resposta: opção a)

Exercício 16

Analisando as opções:

a) INCORRETA. R$ 550.000 é o capital A INTEGRALIZAR e não capital autorizado, de modo que não temos informações suficientes para determinar o valor deste.

b) INCORRETA. O valor a ser destinado para reserva de lucros é, no mínimo, de 20% de R$ 144.000, isto é, R$ 72.000, sem contar com a retenção de lucros (ou reserva orçamentária).

c) CORRETA. Iremos apurar o saldo final do PL da seguinte forma:

Saldo inicial do PL (1.000.000 − 550.000 + 87.500 + 57.500 + 170.000).....765.000

(+) Lucro líquido 144.000

(−) Dividendo .... (72.000)

(=) Saldo final do PL 837.000

d) INCORRETA. Conforme já calculada na questão 13, a participação de administradores é de R$ 36.000.

e) INCORRETA. O aumento do passivo se dará pelo IR e CSLL (R$ 80.000), pelo dividendo (R$ 72.000) e pelas participações sobre o lucro (R$ 176.000), totalizando um aumento líquido no passivo de R$ 328.000 e não R$ 240.000.

(Resposta: opção c)

CAPÍTULO 10

BALANÇO PATRIMONIAL – GRUPOS DE CONTAS E REDUÇÃO AO VALOR RECUPERÁVEL DE ATIVOS

1. ATIVO CIRCULANTE

É composto por três partes:

1.1. Disponibilidades
- Caixa
- BCM
- Aplicações Financeiras de Liquidez Imediata (máximo 3 meses para resgate)

1.2. Direitos Realizáveis no Exercício Seguinte
(A) DIREITOS PESSOAIS (= Créditos contra terceiros)
- Duplicatas a Receber
- Promissórias a Receber
- Dividendos a Receber
- Adiantamentos a Fornecedores
- Adiantamentos a Empregados
- ICMS a Recuperar
- IPI a Recuperar
    etc.

(B) DIREITOS REAIS (= Bens)
- Mercadorias
- Matérias-Primas
- Produtos Prontos
- Produtos em Fabricação
    etc.

1.3. Despesas do Exercício Seguinte

São as despesas de competência do exercício seguinte que foram pagas no exercício atual (= despesas pagas antecipadamente). Em outras palavras, são as despesas <u>pagas</u> (saiu o dinheiro) e <u>não incorridas</u> (não ocorreu o fato gerador).

- Aluguéis a Vencer (ou Aluguéis a Apropriar ou Aluguéis Pagos Antecipadamente ou Despesa Antecipada de Aluguéis)
- Seguros a Vencer (ou Seguros a Apropriar ou Seguros Pagos Antecipadamente ou Despesa Antecipada de Seguros ou Prêmios de Seguros a Vencer)

    etc.

Ex. Prático 1: Em 20 de dezembro de 20X1, a Cia. Artex pagou antecipadamente R$ 3.400,00 referentes ao aluguel de janeiro de 20X2. Assim, teremos as seguintes contabilizações:

20 de dezembro de 20X1 (pagamento):

D – Aluguéis a Vencer 3.400,00

C – Caixa 3.400,00

31 de janeiro de 20X2 (apropriação = reconhecimento do fato gerador da despesa):

D – Despesas de Aluguéis 3.400,00

C – Aluguéis a Vencer 3.400,00

Obs.: Com esse último lançamento, a conta "Aluguéis a Vencer" é zerada, dando lugar à conta "Despesas de Aluguéis", lembrando que no regime de competência a despesa é caracterizada pela ocorrência do fato gerador e não pelo pagamento. No caso do aluguel, o fato gerador é considerado consumado pela utilização do imóvel alugado no mês de janeiro de 20X2, embora o pagamento tenha sido em dezembro de 20X1.

Ex. Prático 2: Em 1º de outubro de 20X1, a Comercial Bahia S/A pagou R$ 4.800,00, referentes a seguros de seus automóveis de uso, com cobertura de 12 meses, a contar do mês do pagamento. Assim, teremos as seguintes contabilizações:

1º de outubro de 20X1 (pagamento):

D – Seguros a Vencer 4.800,00

C – Caixa 4.800,00

31 de outubro de 20X1 (apropriação de R$ 4.800,00 ÷ 12 = R$ 400,00):

D – Despesas de Seguros 400,00

C – Seguros a Vencer 400,00

30 de novembro de 20X1 (apropriação de R$ 4.800,00 ÷ 12 = R$ 400,00):
D – Despesas de Seguros 400,00
C – Seguros a Vencer 400,00

31 de dezembro de 20X1 (apropriação de R$ 4.800,00 ÷ 12 = R$ 400,00):
D – Despesas de Seguros 400,00
C – Seguros a Vencer 400,00

No Ativo Circulante do Balanço Patrimonial teremos:
Seguros a Vencer 3.600,00

Na DRE teremos como Despesas Administrativas:
Despesas de Seguros 1.200,00

Obs.: A conta "Seguros a Vencer" ficou com saldo de R$ 4.800,00 – R$ 1.200,00 = R$ 3.600,00, valor este que corresponde aos 9 meses de 20X2. Os 3 meses no total de R$ 1.200,00 de 20X1 foram apropriados como despesa no resultado desse exercício.

2. ATIVO NÃO CIRCULANTE

É composto por quatro subgrupos:

2.1. Ativo Realizável a Longo Prazo

É composto por duas partes:

(A) Direitos (pessoais ou reais) realizáveis <u>após</u> o término do exercício seguinte:
- Duplicatas a Receber (após o exercício seguinte)
- Promissórias a Receber (após o exercício seguinte)
- Mercadorias (a serem vendidas após o exercício seguinte)
- Matérias-Primas (a serem utilizadas na produção após o exercício seguinte)
    etc.

(B) Direitos **não** RECORRENTES (ou não usuais) derivados de <u>vendas</u>, <u>adiantamentos</u> ou <u>empréstimos</u> a:
- ➢ Sociedades coligadas
- ➢ Sociedades controladas
- ➢ Sócios
- ➢ Diretores
- ➢ Participantes nos lucros da companhia

Exemplos: Empréstimos a Coligadas, Empréstimos a Controladas, Empréstimos a Acionistas, Adiantamentos a Diretores, etc.

Obs. 1: Independentemente do prazo, esses direitos referidos no item (B) serão sempre classificados no ativo realizável a longo prazo, desde que sejam NÃO USUAIS. Caso sejam usuais (operacionais), poderão ser classificados no ativo circulante ou realizável a longo prazo, dependendo do prazo. Assim, por exemplo, se uma empresa comercial empresta dinheiro à sua coligada, a conta Empréstimos a Coligadas será sempre classificada no ativo realizável a longo prazo, visto que emprestar dinheiro não é atividade fim de uma empresa comercial, constituindo assim um crédito não usual (não operacional). No entanto, se a mesma empresa vender mercadorias a prazo com emissão de duplicatas para sua coligada, a conta Duplicatas a Receber poderá ser classificada no ativo circulante ou realizável a longo prazo, dependendo do prazo de recebimento da duplicata, visto que, para a empresa comercial, a venda de mercadorias é atividade fim, constituindo assim um crédito usual (ou operacional).

Obs. 2: CICLO OPERACIONAL de uma empresa comercial, por exemplo, é o período médio que ela demora desde a compra de mercadorias até o recebimento pelas vendas dessas mercadorias. Abaixo, temos um diagrama representando esse ciclo:

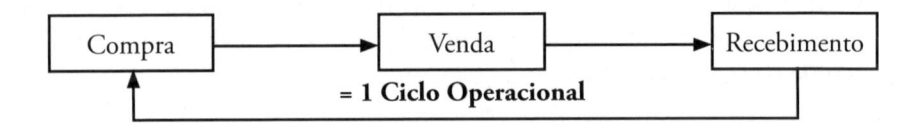

```
┌─────────┐      ┌─────────┐      ┌──────────────┐
│ Compra  │─────▶│  Venda  │─────▶│  Recebimento │
└─────────┘      └─────────┘      └──────────────┘
    ▲         = 1 Ciclo Operacional        │
    └──────────────────────────────────────┘
```

No caso de uma empresa industrial, esse ciclo é o tempo médio que a mesma demora entre as compras de matérias-primas e o recebimento das vendas dos produtos fabricados, razão pela qual, em regra, é maior do que aquele da empresa comercial.

Obs. 3: Na companhia em que o ciclo operacional da empresa tiver duração maior que o exercício social, a classificação no circulante ou longo prazo terá por base o prazo desse ciclo. Assim, por exemplo, suponhamos que uma empresa de construção civil tenha um ciclo operacional de 3 anos. Nesse caso, os direitos a receber até 3 anos seriam classificados no ativo CIRCULANTE. Assim, só os direitos com recebimento após 3 anos seriam classificados como ativo REALIZÁVEL a longo prazo. A mesma regra se aplica ao passivo circulante e ao passivo não circulante.

Obs. 4: De acordo com o item 68 do Pronunciamento Técnico CPC 26 (R1) – Apresentação das Demonstrações Contábeis, o ciclo operacional da entidade é o tempo entre a aquisição de ativos para processamento e sua realização em caixa ou seus equivalentes. Quando o ciclo operacional normal da entidade não for claramente identificável, **pressupõe-se que sua duração seja de doze meses**. Os ativos CIRCULANTES incluem ativos (tais como estoque e contas a receber comerciais) que são vendidos, consumidos ou realizados como parte do ciclo operacional normal, **mesmo quando não se espera que sejam realizados no período de até doze meses após a data do balanço**. Os ativos circulantes também incluem ativos essencialmente mantidos com a finalidade de serem negociados (por exemplo, ativos financeiros dentro dessa categoria classificados como disponíveis para venda de acordo com o Pronunciamento Técnico CPC 38 – Instrumentos Financeiros: Reconhecimento e Mensuração) e a parcela circulante de ativos financeiros não circulantes.

Obs. 5: Do exposto na obs. 4, concluímos que a classificação, por exemplo, de ESTOQUES realizáveis após 12 meses na Lei nº 6.404/76 diverge do CPC 26 (R1). Por aquela lei, tais estoques seriam considerados direitos realizáveis após o exercício seguinte e, portanto, classificados como ativo realizável a longo prazo. Pelo item 68 do referido CPC, esses estoques seriam ainda classificados como ativo circulante, embora não se espere que sejam realizados no período de 12 meses. Em geral, observamos na prática contábil brasileira que ainda persiste o que reza a Lei nº 6.404/76, apesar da adoção obrigatória das normas do CPC.

2.2. Ativo Investimentos

É composto por duas partes:

(A) Bens NÃO destinados à manutenção das atividades da empresa (bens de renda).
- Obras de Arte
- Imóveis (desocupados ou alugados a terceiros)
- Terrenos (não utilizados)
    etc.

(B) Participações permanentes no capital de outras sociedades.
- Ações de Coligadas
- Ações de Controladas etc.

Com base no exposto acima e no Pronunciamento Técnico **CPC 28 – Propriedade para Investimento**, podemos montar o seguinte diagrama:

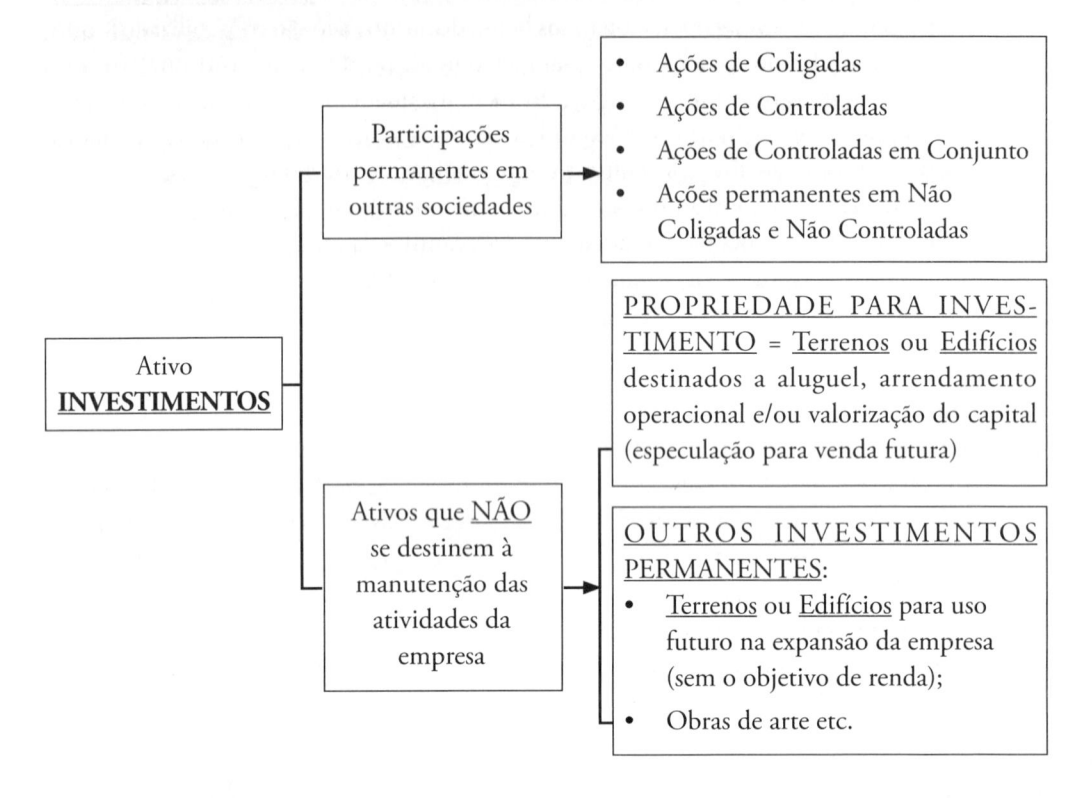

```
                           ┌──────────────────────┐      • Ações de Coligadas
                           │   Participações      │      • Ações de Controladas
                    ┌──────│   permanentes em     │──→   • Ações de Controladas em Conjunto
                    │      │   outras sociedades  │      • Ações permanentes em Não
                    │      └──────────────────────┘        Coligadas e Não Controladas
                    │
                    │                                     ┌──────────────────────────────────────┐
                    │                                     │ PROPRIEDADE PARA INVES-              │
                    │                                  ┌─→│ TIMENTO = Terrenos ou Edifícios      │
  ┌─────────────┐   │                                  │  │ destinados a aluguel, arrendamento   │
  │   Ativo     │───┤                                  │  │ operacional e/ou valorização do capital│
  │INVESTIMENTOS│   │                                  │  │ (especulação para venda futura)      │
  └─────────────┘   │                                  │  └──────────────────────────────────────┘
                    │      ┌──────────────────────┐    │
                    │      │  Ativos que NÃO      │    │  ┌──────────────────────────────────────┐
                    │      │  se destinem à       │    │  │ OUTROS INVESTIMENTOS                 │
                    └──────│  manutenção das      │────┤  │ PERMANENTES:                         │
                           │  atividades da       │    └─→│ • Terrenos ou Edifícios para uso     │
                           │  empresa             │       │   futuro na expansão da empresa      │
                           └──────────────────────┘       │   (sem o objetivo de renda);         │
                                                          │ • Obras de arte etc.                 │
                                                          └──────────────────────────────────────┘
```

2.3. Ativo Imobilizado

É composto pelos direitos que tenham por objeto <u>bens corpóreos</u> destinados à manutenção das atividades da companhia ou da empresa ou exercidos com essa finalidade, inclusive os decorrentes de operações que transfiram à companhia os benefícios, riscos e controle desses bens.

- Imóveis
- Veículos
- Benfeitorias em Imóveis de Terceiros
- Móveis e Utensílios
- Máquinas e Equipamentos etc.

Obs. 1: O Pronunciamento Técnico que tem por objetivo estabelecer o tratamento contábil para ativos imobilizados, de forma que os usuários das demonstrações contábeis possam discernir a informação sobre o investimento da entidade em seus ativos imobilizados, bem como suas mutações é o <u>CPC 27 – Ativo Imobilizado</u>. Nesse pronunciamento, os principais pontos a serem considerados na contabilização do ativo imobilizado são o reconhecimento dos ativos, a determinação dos seus valores contábeis e os valores da depreciação e perdas por desvalorização a serem reconhecidas em relação aos mesmos.

Obs. 2: Somente os bens corpóreos adquiridos por <u>arrendamento mercantil financeiro</u> (= *leasing* financeiro) são contabilizados como ativo imobilizado, dado que este tipo de *leasing* é equivalente a uma compra financiada. No caso de <u>arrendamento mercantil operacional</u> (= *leasing* operacional), os bens adquiridos não são contabilizados como ativo imobilizado e nem como qualquer outro tipo de ativo, visto que este tipo de *leasing* é equivalente ao aluguel do bem arrendado, ou seja, o arrendador não transfere ao arrendatário os riscos e benefícios dos bens objeto do arrendamento, de forma que ao final do contrato, em geral, o bem arrendado é devolvido ao arrendador, ao contrário do *leasing* financeiro. O Pronunciamento Técnico CPC 06 (R1) – Operações de Arrendamento Mercantil – dá maiores detalhes sobre essas duas formas distintas de arrendamento mercantil.

2.4. Ativo Intangível

Os direitos que tenham por objeto <u>bens incorpóreos</u> destinados à manutenção da companhia ou exercidos com essa finalidade, inclusive o fundo de comércio adquirido.

- Patentes
- Fundo de Comércio Adquirido (*Goodwill*)
- Concessões Obtidas
- Direitos de Exploração de Minas e Jazidas
- Direitos de Exploração de Florestas
  etc.

Obs. 1: O Pronunciamento Técnico **CPC 04 (R1) – Ativo Intangível** é aquele que tem por objetivo definir o tratamento contábil dos ativos intangíveis que não são abrangidos especificamente em outro Pronunciamento. Esse Pronunciamento estabelece que uma entidade deve reconhecer um ativo intangível apenas se determinados critérios especificados no mesmo forem atendidos. O CPC 04 (R1) também especifica como mensurar o valor contábil dos ativos intangíveis, exigindo divulgações específicas sobre esses ativos.

Obs. 2: A base legal para classificar os direitos de exploração de minas, jazidas ou florestas no ativo INTANGÍVEL podemos encontrar nos itens 15 e 16 do Pronunciamento Técnico **CPC 34 – Exploração e Avaliação de Recursos Minerais**, os quais reproduzimos abaixo:

15. A entidade deve classificar os ativos de exploração e avaliação como tangíveis ou intangíveis de acordo com a natureza dos mesmos e manterá tal classificação de forma consistente.

*16. **Alguns ativos de exploração e avaliação são tratados como INTANGÍVEIS (por exemplo, direitos de perfuração**), enquanto outros como tangíveis (por exemplo, veículos ou plataformas de perfuração). Na medida em que os ativos tangíveis são consumidos no desenvolvimento de um ativo intangível, o montante de seu custo baixado a título de consumo será computado como parte do custo de elaboração do ativo intangível. Contudo, o uso do ativo tangível para desenvolver um ativo intangível não o torna intangível.*

3. PASSIVO CIRCULANTE

Obrigações exigíveis no exercício seguinte

- Salários a Pagar
- Duplicatas a Pagar
- Promissórias a Pagar
- IRRF a Recolher
- INSS a Recolher
- FGTS a Recolher
- ICMS a Recolher
- IPI a Recolher
- IR a Pagar
- CSLL a Pagar
- Adiantamentos de Clientes
- Dividendos a Pagar
- Empréstimos a Pagar
- Provisão para Contingências Fiscais
- Provisão para Contingências Trabalhistas
- Provisão para Garantia de Produtos etc.

4. PASSIVO NÃO CIRCULANTE

Obrigações exigíveis após o término do exercício seguinte.

- Duplicatas a Pagar (após 12 meses)
- Promissórias a Pagar
- Empréstimos a Pagar
- Debêntures etc.

Capítulo 10 — Balanço Patrimonial – Grupos de Contas e Redução ao Valor Recuperável de Ativos

Obs: Complementando as regras anteriores, abaixo reproduzimos os itens 69 a 72 do Pronunciamento Técnico CPC 26 (R1) – Apresentação das Demonstrações Contábeis:

69. O passivo deve ser classificado como circulante quando satisfizer qualquer dos seguintes critérios:

(a) espera-se que seja liquidado durante o ciclo operacional normal da entidade;

(b) está mantido essencialmente para a finalidade de ser negociado;

(c) deve ser liquidado no período de até doze meses após a data do balanço; ou

(d) a entidade não tem direito incondicional de diferir a liquidação do passivo durante pelo menos doze meses após a data do balanço.

Os termos de um passivo que podem, à opção da contraparte, resultar na sua liquidação por meio da emissão de instrumentos patrimoniais não devem afetar a sua classificação.

Todos os outros passivos devem ser classificados como não circulantes.

70. Alguns passivos circulantes, tais como contas a pagar comerciais e algumas apropriações por competência relativas a gastos com empregados e outros custos operacionais são parte do capital circulante usado no ciclo operacional normal da entidade. Tais itens operacionais são classificados como passivos circulantes mesmo que estejam para ser liquidados em mais de doze meses após a data do balanço patrimonial. O mesmo ciclo operacional normal aplica-se à classificação dos ativos e passivos da entidade. Quando o ciclo operacional normal da entidade não for claramente identificável, pressupõe-se que a sua duração seja de doze meses.

71. Outros passivos circulantes não são liquidados como parte do ciclo operacional normal, mas está prevista a sua liquidação para o período de até doze meses após a data do balanço ou estão essencialmente mantidos com a finalidade de serem negociados. Exemplos disso são os passivos financeiros classificados como disponíveis para venda, de acordo com o Pronunciamento Técnico CPC 38, saldos bancários a descoberto e a parcela circulante de passivos financeiros não circulantes, dividendos a pagar, imposto de renda e outras dívidas a pagar não comerciais. Os passivos financeiros que proporcionem financiamento a longo prazo (ou seja, não façam parte do capital circulante usado no ciclo operacional normal da entidade) e cuja liquidação não esteja prevista para o período de até doze meses após a data do balanço são passivos não circulantes.

72. A entidade deve classificar os seus passivos financeiros como circulantes

quando a sua liquidação estiver prevista para o período de até doze meses após a

data do balanço, mesmo que:

(a) o prazo original para sua liquidação tenha sido por período superior a doze meses; e

(b) um acordo de refinanciamento, ou de reescalonamento de pagamento a longo prazo seja completado após a data do balanço e antes de as demonstrações contábeis serem autorizadas para sua publicação.

5. Patrimônio Líquido

PARTES POSITIVAS
- CAPITAL SOCIAL
- RESERVAS DE CAPITAL
- RESERVAS DE LUCROS
- AJUSTES DE AVALIAÇÃO PATRIMONIAL (saldo credor)
- AJUSTES ACUMULADOS DE CONVERSÃO (saldo credor)
- OPÇÕES OUTORGADAS RECONHECIDAS

PARTES NEGATIVAS
- CAPITAL A INTEGRALIZAR
- PREJUÍZOS ACUMULADOS
- AÇÕES EM TESOURARIA
- AJUSTES DE AVALIAÇÃO PATRIMONIAL (saldo devedor)
- AJUSTES ACUMULADOS DE CONVERSÃO (saldo devedor)
- GASTOS NA EMISSÃO DE AÇÕES

Apesar dos lucros acumulados serem parte positiva do PL, não poderão aparecer no balanço de encerramento (Lei nº 6.404/76, art. 178, III). Desse modo, ao fim do exercício social, o saldo remanescente em lucros acumulados, após as destinações do lucro líquido para as reservas de lucros, deverá ser distribuído como dividendos (Lei nº 6.404/76, art. 202, § 6º).

5.1. Capital Social

Conforme a Lei Societária (Lei nº 6.404/76), a conta do capital social discriminará o montante subscrito e, por dedução, a parcela ainda não realizada.

De outro modo, o capital social representa o total das ações que foram subscritas pelos acionistas de uma companhia, sendo a parte ainda não realizada pelos mesmos, em dinheiro ou outros bens avaliados em dinheiro, chamada de capital a realizar (ou capital a integralizar).

Ex.: A Cia. Silvestre foi constituída com a subscrição de 40.000 ações ordinárias de valor nominal R$ 5,00 cada, sendo integralizadas no ato 30% em dinheiro no banco. Assim, temos duas opções de contabilização:

1ª Opção) Fazendo um único lançamento de 3ª fórmula – Nesse caso, a conta capital a realizar ficará direto com seu saldo de R$ 140.000,00 (70% de R$ 200.000,00):

D – Bancos 60.000,00

D – Capital a Realizar 140.000,00

C – Capital Social 200.000,00

2ª Opção) Fazendo dois lançamentos de 1ª fórmula – Nesse caso, a conta capital a realizar será debitada no valor total de R$ 200.000,00 no 1º lançamento e creditada em R$ 60.000,00 no segundo lançamento, ficando também, é claro, com saldo de R$ 140.000,00:

D – Capital a Realizar 200.000,00

C – Capital Social 200.000,00

D – Bancos 60.000,00

C – Capital a Realizar 60.000,00

APRESENTAÇÃO NO BALANÇO – Existem duas formas opcionais:

1ª FORMA:

Capital Social

Subscrito 200.000,00

a Realizar .... (140.000,00)

Realizado 60.000,00

2ª FORMA:

Capital Social 200.000,00

Capital a Realizar .... (140.000,00)

Capital Realizado 60.000,00

5.2. Gastos na Emissão de Ações

Os gastos que a companhia incorre na emissão de suas ações não são apropriados como despesa e sim tratados como conta redutora do PL. Suponhamos, por exemplo, que a Cia. Gama tenha emitido 30.000 novas ações a R$ 2,00, sendo os gastos com essa emissão de R$ 1.700,00. Assim, teremos a seguinte contabilização:

D – Caixa/Bancos 58.300,00

D – Gastos na Emissão de Ações 1.700,00

C – Capital Social 60.000,00

Supondo que antes do aumento do capital social da empresa o mesmo fosse de R$ 400.000,00, após esse aumento seria apresentado da seguinte forma no balanço:

PATRIMÔNIO LÍQUIDO

Capital Social 460.000,00

(–) Gastos na Emissão de Ações .... (1.700,00)

458.300,00

5.3. Reservas de Capital

São receitas originárias dos sócios ou de terceiros que entram diretamente no patrimônio líquido sem passar pelo resultado. Desta forma, apesar de na sua essência essas reservas serem receitas, elas não são tratadas como tais, visto que não transitam por contas de resultado. Também não poderão ser consideradas como outros resultados abrangentes, dado que estes em épocas futuras transitarão por contas de resultado, coisa que não acontece com as reservas de capital.

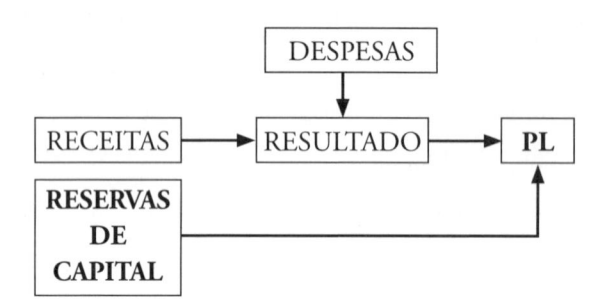

São reservas de capital (Lei nº 6.404/76, art. 182, § 1º):

- Ágio na emissão de ações (= contribuição do subscritor de ações que ultrapassar o valor nominal e a parte do preço de emissão de ações sem valor nominal que ultrapassar a importância destinada à formação do capital social, inclusive nos casos de conversão em ações de debêntures ou partes beneficiárias).
- Produto da alienação de partes beneficiárias.
- Produto da alienação de bônus de subscrição.

Exemplo de ágio na emissão de ações: A Cia. Alfa emitiu 30.000 novas ações de valor nominal R$ 5,00 cada com ágio de 20%. A operação foi intermediada pelo banco X, sendo o crédito feito na C/C da empresa.

D – Bancos conta movimento 180.000,00

C – Capital social 150.000,00

C – Reserva de capital (ágio na emissão de ações) 30.000,00

Obs. 1: Ao passo que o ágio na emissão de ações é reserva de capital, a emissão de ações com deságio não é permitida *(Lei nº 6.404/76, art. 13: É vedada a emissão de ações por valor inferior ao seu valor nominal).*

Obs. 2: Títulos emitidos por companhias (= valores mobiliários):
 – Ações
 – Debêntures
 – Partes Beneficiárias (é vedada a emissão por cias. abertas – Lei nº 6.404/76, art. 47, parágrafo único)
 – Bônus de Subscrição

Obs. 3: Partes beneficiárias são títulos de crédito sem valor nominal e negociáveis emitidos por companhias que dão aos seus titulares participação nos lucros anuais da companhia e, findo o prazo de emissão, serão resgatados ou convertidos em ações da companhia emissora. A emissão (venda) desses títulos gera para a companhia reserva de capital.

Ex.: A Cia. Perfil emitiu por um prazo de 4 anos para resgate 50.000 partes beneficiárias a R$ 3,00 cada.

D – Caixa 150.000,00

C – Reservas de capital (alienação de partes beneficiárias) 150.000,00

Obs. 4: Bônus de subscrição são títulos de crédito negociáveis emitidos por companhias no limite do capital autorizado no estatuto, os quais dão a seus titulares o direito de subscrição de ações da companhia, mediante a apresentação dos bônus e pagamento das ações. A emissão desses títulos gera para a companhia reservas de capital.

Nota: De acordo com o art. 168 da Lei nº 6.404/76, o estatuto pode conter autorização para aumento do capital social independentemente de reforma estatutária.

Ex.: A Cia. Aurora emitiu 20.000 bônus de subscrição a R$ 2,00 cada.

D – Caixa..	40.000,00
C – Reservas de capital (alienação de partes beneficiárias)	40.000,00

Obs. 5: Debêntures são títulos de crédito com valor nominal emitidos por companhias, os quais dão aos seus titulares participação nos lucros anuais, juros e correção monetária. Findo o seu prazo de emissão, serão resgatados ou convertidos em ações da companhia, podendo haver ágio nessa conversão. A emissão desses títulos **não** gera reserva de capital em nenhuma hipótese. No caso da emissão com ágio, este será uma receita financeira a vencer de acordo com o regime de competência, sendo esta receita financeira classificada no passivo exigível.

Ex.: A Indústria de Peças S/A emitiu em 1º de dezembro de 20X8, para resgate em 4 anos, 60.000 debêntures de valor nominal R$ 5,00 cada com ágio de 20%. Assim, teremos a seguinte contabilização na emissão dos títulos:

D – Caixa..	360.000,00
C – Debêntures (passivo não circulante)...	300.000,00
C – Receita Financeira a Transcorrer...	60.000,00

Supondo regime de juros simples, a apropriação da receita financeira em 4 anos implicará uma taxa anual de 25% ou mensal de 25%/12. Nesse caso, a receita de ágio a ser apropriada em dezembro seria de R$ 60.000,00 × 25%/12 = R$ 1.250,00, de modo que ao final de dezembro seria feita a seguinte contabilização:

D – Receita Financeira a Transcorrer	1.250,00
C – Receita Financeira...	1.250,00

No balanço patrimonial de 31/12/20X8 seria apresentado da seguinte forma:

PASSIVO NÃO CIRCULANTE

Debêntures...	300.000,00
Receita Financeira a Transcorrer	58.750,00

Obs. 6: De acordo com o art. 200 da Lei nº 6.404/76, as reservas de capital somente poderão ser utilizadas para 5 coisas:

(1) Absorção de prejuízos que ultrapassarem os lucros acumulados e as reservas de lucros (exceto a reserva legal) e reserva legal nessa ordem. (art. 189, parágrafo único).

Reservas de Capital
Reserva Legal
Reservas de Lucros (exceto a Reserva Legal)   **Prejuízo Líquido (31/12/XX)**
Lucros Acumulados

(2) Resgate, reembolso ou compra de ações. Nesse caso, uma companhia resgata suas ações quando as compra de volta, tirando-as de circulação do mercado. Para tanto, poderá utilizar parte das reservas de capital. Ex.: A Cia. X adquiriu na bolsa de valores todas as suas ações que estavam em circulação no total de R$ 250.000,00, a fim de fechar o seu capital:

D – Reservas de Capital.. 250.000,00
C – Caixa/Bancos.. 250.000,00

Nota 1: Ações em circulação no mercado são todas aquelas do capital, exceto as do acionista controlador, de diretores, de conselheiros de administração e as ações em tesouraria.

Nota 2: No reembolso, a companhia resgata as ações de acionistas minoritários dissidentes de deliberação em assembleia geral, em função de se sentirem prejudicados por decisão dos acionistas majoritários.

Nota 3: Se uma companhia compra parte de suas ações de volta e as guarda para revenda futura, isso não é resgate e sim ações em tesouraria. Ex.: A Cia. ABC adquiriu na bolsa de valores R$ 30.000,00 de suas próprias ações e as guardou para revenda futura, quando do reaquecimento do mercado:

D – Ações em Tesouraria 30.000,00
C – Caixa 30.000,00

(3) Resgate de partes beneficiárias. Ex.: A Comercial Delta S/A resgatou R$ 23.000,00 em partes beneficiárias de sua emissão:

D – Reservas de Capital.. 23.000,00
C – Caixa 23.000,00

Nota: Se no exemplo acima, em vez de resgatar as partes beneficiárias, a companhia convertesse esses títulos em ações, teríamos:

D – Reservas de Capital.. 23.000,00

C – Capital Social 23.000,00

(4) **Incorporação ao capital social.** Ex.: A Cia. Beta aumentou o seu capital social mediante a incorporação de reservas de capital no valor de R$ 70.000,00

D – Reservas de Capital.. 70.000,00

C – Capital Social 70.000,00

(5) **Pagamento de dividendos a ações preferenciais, quando essa vantagem lhes for assegurada** (art. 17, § 5º). Ex.: A Cia. Alfa pagou dividendos no total de R$ 13.000,00 para acionistas preferenciais utilizando reservas de capital.

D – Reservas de Capital 13.000,00

C – Caixa... 13.000,00

5.4. Reservas de Lucros

Conforme já se tem comentado, ao final de cada exercício social, as companhias apuram seus resultados líquidos (lucro ou prejuízo líquido), resultado esse indicado na DRE (Demonstração do Resultado do Exercício).

Contabilmente, a apuração do resultado líquido é feita na conta transitória "Apuração do Resultado" (ou "Resultado do Exercício"), mediante o encerramento de todas as despesas e receitas competentes ao exercício que está sendo encerrado.

Há também a opção de encerrar as contas de resultado sem o uso da conta transitória "Apuração do Resultado" diretamente em contrapartida com a conta "Lucros (ou Prejuízos) Acumulados, opção esta pouco utilizada na prática.

Tendo em vista que a conta "Apuração do Resultado" é transitória ela também deverá ser encerrada em contrapartida com a conta "Lucros (ou Prejuízos) Acumulados", e, supondo que o resultado seja lucro líquido e não haja saldo de prejuízos acumulados de períodos anteriores, a conta "Lucros Acumulados" irá apresentar saldo credor correspondente ao valor desse lucro, o qual poderá ser DISTRIBUÍDO (destinado) da seguinte forma:

- A 1ª parte para "Reserva Legal" (calculada no percentual de 5% do lucro líquido ou valor inferior, caso seja ultrapassado o limite obrigatório)
- Outra parte para as demais "Reservas de Lucros"
- Outra parte para os "Dividendos Obrigatórios" (Lei nº 6.404/76, art. 202)
- Outra parte para aumento do "Capital Social"

Caso haja "Prejuízos Acumulados" de períodos anteriores, a distribuição se dará da seguinte forma:

> A 1ª parte para absorção dos "Prejuízos Acumulados"
> A 2ª parte para "Reserva Legal" (calculada no percentual de 5% do lucro líquido remanescente após a absorção dos prejuízos acumulados)
> Outra parte para as demais "Reservas de Lucros"
> Outra parte para os "Dividendos Obrigatórios"
> Outra parte para aumento do "Capital Social"

Cabe ressaltar que a PRIORIDADE na distribuição do lucro líquido do exercício é a absorção dos prejuízos acumulados e, após isso, a próxima prioridade é a formação de reserva legal, a qual é a **única** reserva de lucro obrigatória, dado que todas as demais reservas de lucros são facultativas.

Cabe ainda ressaltar que quando a Lei nº 6.404/76 utiliza a expressão "RESERVAS DE LUCROS" **não está incluindo a reserva legal**, por ser esta reserva obrigatória e as demais, facultativas, embora esta reserva também seja uma reserva de lucro, visto que também tem origem no lucro líquido do exercício.

Abaixo, indicamos o esquema genérico das destinações do resultado do exercício:

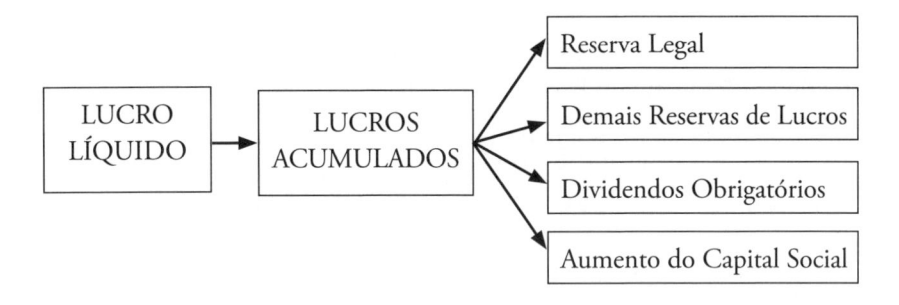

LUCRO LÍQUIDO → LUCROS ACUMULADOS →
- Reserva Legal
- Demais Reservas de Lucros
- Dividendos Obrigatórios
- Aumento do Capital Social

As RESERVAS DE LUCROS indicadas na Lei nº 6.404/76, incluindo a reserva legal, são as seguintes:

- Reserva Legal (art. 193)
- Reservas Estatutárias (art. 194)
- Reservas para Contingências (art. 195)
- Reserva de Incentivos Fiscais (art. 195-A)
- Retenção de Lucros (Art. 196)
- Reserva de Lucros a Realizar (Art. 197)

Obs.: Além das reservas de lucros acima, ainda existe mais uma denominada RESERVA ESPECIAL (Lei nº 6.404/76, art. 202, §§ 4º e 5º), a qual também é uma reserva de lucro, visto que tem origem no lucro líquido da empresa, embora a Lei nº 6.404/76 ao utilizar a expressão "Reservas de Lucros" não esteja incluindo essa reserva.

5.4.1. Reserva Legal

Ao final do exercício social a companhia deverá destinar 5% do lucro líquido (abatido dos prejuízos acumulados, caso haja – Base legal: Art. 189 da Lei nº 6.404/76) ao saldo dessa reserva, de modo que esse saldo não poderá exceder a 20% do capital social (realizado). Abaixo, reproduzimos o art. 193 da Lei nº 6.404/76:

Art. 193. Do lucro líquido do exercício, 5% (cinco por cento) serão aplicados, antes de qualquer outra destinação, na constituição da reserva legal, que não excederá de 20% (vinte por cento) do capital social.

§ 1º A companhia poderá deixar de constituir a reserva legal no exercício em que o saldo dessa reserva, acrescido do montante das reservas de capital de que trata o § 1º do art. 182, exceder de 30% (trinta por cento) do capital social.

§ 2º A reserva legal tem por fim assegurar a integridade do capital social e somente poderá ser utilizada para compensar prejuízos ou aumentar o capital.

5.4.2. Reservas Estatutárias

Embora a Lei nº 6.404/76 no seu art. 194 não indique objetivamente as possíveis finalidades das reservas estatutárias, essas são opcionalmente criadas no estatuto das companhias, em geral, para suprir coisas que as outras reservas de lucros não suprem, como, por exemplo, reserva estatutária destinada ao pagamento de dividendos intermediários, reserva estatutária destinada ao reforço do capital de giro, reserva estatutária para resgate ou amortização de ações etc.

Cabe ressaltar, com base no art. 198 da Lei nº 6.404/76, que as reservas estatutárias não podem ser constituídas em prejuízo do dividendo obrigatório previsto no art. 202 dessa lei, razão pela qual no cálculo desse dividendo só serão considerados a reserva legal, a reserva para contingências e a reserva de incentivos fiscais. Também, indiretamente, a reserva de lucros a realizar poderá reduzir o valor desses dividendos obrigatórios.

Abaixo, reproduzimos o referido art. 194:

> *Art. 194. O estatuto poderá criar reservas desde que, para cada uma:*
> *I – indique, de modo preciso e completo, a sua finalidade;*
> *II – fixe os critérios para determinar a parcela anual dos lucros líquidos que serão destinados à sua constituição; e*
> *III – estabeleça o limite máximo da reserva.*

5.4.3. Reservas para Contingências

São criadas em função de fatos previstos para o exercício seguinte que podem reduzir o lucro da companhia, tal como uma greve de funcionários, pagamento de indenizações trabalhistas, a entrada de uma nova empresa concorrente no mercado, fenômenos naturais que podem reduzir a produção da empresa, tais como geada, seca, chuvas, alagamentos etc. Abaixo, reproduzimos o art. 195 da Lei nº 6.404/76, o qual trata dessa reserva:

> *Art. 195. A assembleia-geral poderá, por proposta dos órgãos da administração, destinar parte do lucro líquido à formação de reserva com a finalidade de compensar, em exercício futuro, a diminuição do lucro decorrente de perda julgada provável, cujo valor possa ser estimado.*
> *§ 1º A proposta dos órgãos da administração deverá indicar a causa da perda prevista e justificar, com as razões de prudência que a recomendem, a constituição da reserva.*
> *§ 2º A reserva será revertida no exercício em que deixarem de existir as razões que justificaram a sua constituição ou em que ocorrer a perda.*

Obs. 1: No caso de pagamento indenizações trabalhistas, por exemplo, se já existe um processo na Justiça do Trabalho contra a empresa, **não é o caso** de se fazer reservas para contingências e sim PROVISÕES PARA CONTINGÊNCIAS (conta do passivo exigível), dado a ocorrência do fato gerador, no caso, a existência de um processo trabalhista, de modo que a contabilização se dará por um débito numa despesa e um crédito na referida provisão. A RESERVA PARA CONTINGÊNCIAS (conta do patrimônio líquido) só deve ser feita se até o final do exercício social que está sendo encerrado não existir ainda um processo trabalhista, o qual estaria previsto para existir a partir do próximo exercício social.

Obs. 2: Na constituição da reserva para contingências ao final do exercício social, debita-se a conta "Lucros Acumulados" e credita-se a conta "Reserva para Contingências". Ao final do próximo ano, independentemente de ter ocorrido a perda prevista ou não ao longo do ano, a reserva será revertida, isto é, voltará à sua origem (lucros acumulados), debitando-se a conta "Reserva para Contingências" e creditando-se a conta "Lucros Acumulados", lembrando que esta última conta não poderá ficar com saldo no balanço patrimonial (Lei nº 6.404/76, art. 202, § 6º), de modo que imediatamente após transferir essa reserva para lucros acumulados o valor deverá ser destinado para outra conta, como, por exemplo, para o acréscimo dos dividendos a pagar aos acionistas.

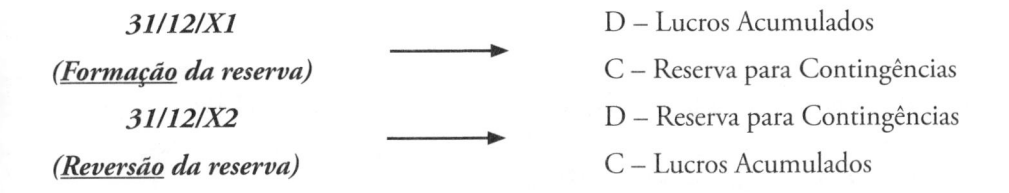

31/12/X1	D – Lucros Acumulados
(**Formação** *da reserva*)	C – Reserva para Contingências
31/12/X2	D – Reserva para Contingências
(**Reversão** *da reserva*)	C – Lucros Acumulados

5.4.4. Reserva de Incentivos Fiscais

É constituída em função da companhia receber a doação de bens por parte de entidades governamentais para expansão de suas atividades. Corroborando isso, abaixo reproduzimos o art. 195-A da Lei nº 6.404/76, o qual trata desse assunto:

> **Art. 195-A.** *A assembleia-geral poderá, por proposta dos órgãos de administração, destinar para a reserva de incentivos fiscais a parcela do lucro líquido decorrente de doações ou subvenções governamentais para investimentos, que poderá ser excluída da base de cálculo do dividendo obrigatório (inciso I do caput do art. 202 desta Lei).*

Assim, suponhamos, por exemplo, que uma empresa industrial recebesse em maio de X1 do Governo do Município "M" a doação de um terreno avaliado em R$ 655.200,00, assumindo o compromisso de instalar nessa propriedade um parque fabril modular no valor de R$ 910.000,00, com vida útil estimada em 10 anos. Dessa forma, o registro contábil dessa subvenção seria feito do seguinte modo:

D – Terrenos 655.200,00
C – Receita Diferida de Doações (conta do passivo não circulante) 655.200,00

> **Obs. 1:** A forma de contabilização acima tem por base legal o disposto nos itens "15" e "15A": do Pronunciamento Técnico **CPC 07 (R1) – Subvenção e Assistência Governamentais**, os quais reproduzimos abaixo (grifos nossos):
>
> *(Item 15)* O tratamento contábil da subvenção governamental como RECEITA deriva dos seguintes principais argumentos:
>
> (a) uma vez que a subvenção governamental é recebida de uma fonte que não os acionistas e deriva de ato de gestão em benefício da entidade, **não deve ser creditada diretamente no patrimônio líquido**, mas, sim, reconhecida **como RECEITA nos períodos apropriados**;
>
> (b) subvenção governamental raramente é gratuita. A entidade ganha efetivamente essa receita quando cumpre as regras das subvenções e cumpre determinadas obrigações. A subvenção, dessa forma, **deve ser reconhecida como RECEITA na demonstração do resultado nos períodos ao longo dos quais a entidade reconhece os custos relacionados à subvenção que são objeto de compensação**;
>
> (c) assim como os tributos são despesas reconhecidas na demonstração do resultado, é lógico registrar a subvenção governamental que é, em essência, uma extensão da política fiscal, como receita na demonstração do resultado.
>
> ....
>
> *(Item 15A)* Enquanto não atendidos os requisitos para reconhecimento da RECEITA com subvenção na demonstração do resultado, **a contrapartida da subvenção governamental registrada no ativo deve ser feita em conta específica do PASSIVO**.

Supondo que o referido parque fabril modular tivesse começado a funcionar a partir de abril de X2, então a taxa de depreciação desse ano seria de 10% ÷ 12 × 9 = 7,5%, devendo a RECEITA DE DOAÇÕES ser reconhecida no **mesmo percentual utilizado para a despesa de depreciação** anual, isto é, 7,5% de R$ 655.200,00, ou seja, R$ 49.140,00, sendo apropriados R$ 5.460,00 (= R$ 49.140,00 ÷ 9) ao fim de cada mês da referida receita. Dessa forma, ao fim de cada mês, a contar de abril de X2, seria feita a seguinte contabilização:

D – Receita Diferida de Doações (conta do passivo não circulante) 5.460,00
C – Receita de Doações (Outras Receitas) 5.460,00

> **Obs. 2:** A base legal da contabilização acima está descrita no item 18 do CPC 07 (R1), o qual reproduzimos abaixo (grifos nossos):
>
> *(Item 18) Subvenção relacionada a <u>ativo não depreciável</u> pode requerer o cumprimento de certas obrigações. O reconhecimento como RECEITA deve então acompanhar a apropriação das despesas necessárias ao cumprimento das obrigações. Exemplificando: uma subvenção que transfira a propriedade definitiva de um terreno pode ter como condição a construção de uma planta industrial e **deve ser apropriada como RECEITA na MESMA PROPORÇÃO da DEPRECIAÇÃO dessa planta.***

Ao fim de X2, a conta "Receita de Doações" ficaria com saldo de R$ 49.140,00 e seria encerrada em contrapartida com a conta "Apuração do Resultado" da seguinte forma:

D – Receita de Doações 49.140,00
C – Apuração do Resultado 49.140,00

Em seguida, a conta "Apuração do Resultado" seria encerrada em contrapartida com a conta "Lucros (ou Prejuízos) Acumulados". Nesse caso, admitindo que o Lucro Líquido de X2 fosse, por exemplo, de R$ 182.000,00, lembrando que "dentro" de valor estariam os R$ 49.140,00 de "Receita de Doações", teríamos o seguinte lançamento:

D – Apuração do Resultado.. 182.000,00
C – Lucros Acumulados 182.000,00

Supondo que nas destinações do resultado, 5% fossem para "Reserva Legal" e R$ 49.140,00 para "Reserva de Incentivos Fiscais", teríamos a seguinte contabilização:

D – Lucros Acumulados.. 58.240,00
C – Reserva Legal.. 9.100,00
C – Reserva de Incentivos Fiscais 49.140,00

> **Obs. 3:** A base legal da contabilização acima está descrita no item "15B" do CPC 07 (R1), o qual reproduzimos abaixo (grifos nossos):
>
> *15B. Há situações em que é necessário que o valor da subvenção governamental não seja distribuído ou de qualquer forma repassado aos sócios ou acionistas, **fazendo-se necessária a retenção, após trânsito pela demonstração do resultado, em conta apropriada de patrimônio líquido**, para comprovação do atendimento dessa condição. Nessas situações, tal valor, após ter sido reconhecido na demonstração do resultado, pode ser creditado à reserva própria (RESERVA DE INCENTIVOS FISCAIS), a partir da conta de lucros ou prejuízos acumulados.*

5.4.5. Reserva de Retenção de Lucros

Também chamada de "Reserva Orçamentária" ou "Reserva para Planos de Investimentos" ou, simplesmente, "Retenção de Lucros", essa reserva é opcionalmente criada ao final do exercício social para futuros planos de expansão da empresa, com base em orçamento. Tal expansão pode ser através de ampliação das instalações, aumento do número de filiais, investimentos em novas tecnologias, aquisição de novas máquinas e equipamentos etc.

Abaixo, reproduzimos o art. 196 da Lei nº 6.404/76, o qual trata dessa reserva:

> **Art. 196.** *A assembleia-geral poderá, por proposta dos órgãos da administração, deliberar reter parcela do lucro líquido do exercício prevista em orçamento de capital por ela previamente aprovado.*
>
> *§ 1º O orçamento, submetido pelos órgãos da administração com a justificação da retenção de lucros proposta, deverá compreender todas as fontes de recursos e aplicações de capital, fixo ou circulante, e poderá ter a duração de até 5 (cinco) exercícios, salvo no caso de execução, por prazo maior, de projeto de investimento.*
>
> *§ 2º O orçamento poderá ser aprovado pela assembleia-geral ordinária que deliberar sobre o balanço do exercício e revisado anualmente, quando tiver duração superior a um exercício social.*

Exemplo: Em 31/12/X1, por ocasião do encerramento do exercício social, ao apurar o lucro líquido do exercício de X1 no valor de R$ 100.000,00, uma companhia destinou 5% desse lucro para reserva legal e outra parte para a constituição de reserva em função da intenção de aquisição de novas máquinas no exercício social de X2, onde, mediante orçamento, apurou-se para tal investimento um gasto no valor de R$ 16.000,00. Assim, tal fato será contabilizado da seguinte forma:

D – Lucros Acumulados... 21.000,00
C – Reserva Legal.. 5.000,00
C – Reserva Orçamentária... 16.000,00

5.4.6. Reservas de Lucros a Realizar (RLAR)

Essa é a única reserva de lucro cujo cálculo depende do valor dos dividendos obrigatórios, ou seja, não é possível calcular a RLAR sem primeiro calcular os dividendos obrigatórios, coisa esta que não acontece com nenhuma outra reserva.

Antes de mostrarmos a sistemática de cálculo dessa reserva, em primeiro lugar devemos entender que não se deve confundir lucros a realizar com reservas de lucros a realizar. LUCROS A REALIZAR são lucros realizados economicamente (já ocorreu o fato gerador) mas não realizados financeiramente (ainda não é dinheiro).

Assim, suponhamos, por exemplo, que no exercício social de 20X1 a comercial Satélite S/A realizou diversas vendas a prazo no total de R$ 60.000,00 ao custo de R$ 42.000,00, de modo que 1/3 dessas duplicatas seriam recebidas em 20X2 e 2/3, em 20X3. Nesse caso, ao final do exercício de 20X1, seriam considerados lucros REALIZADOS, para efeitos de cálculo da RLAR, não somente aqueles cujas vendas já foram recebidas em 20X1, mas também aqueles cujas duplicatas seriam recebidas em 20X2, no caso, (R$ 60.000,00 − R$ 42.000,00) × 1/3 = R$ 6.000,00.

Os lucros NÃO REALIZADOS seriam aqueles cuja realização financeira se daria somente ao final do próximo exercício, no caso, (R$ 60.000,00 − R$ 42.000,00) × 2/3 = R$ 12.000,00.

Supondo que o lucro líquido da empresa Satélite S/A apurado em 31/12/20X1 fosse, por exemplo, de R$ 16.000,00, e que o estatuto da empresa tivesse fixado o dividendo obrigatório a ser pago aos acionistas em 30% do lucro líquido após a reserva legal, sendo destinado para esta 5% do lucro líquido, teríamos:

- Parcela REALIZADA do lucro líquido = Lucro líquido − Lucros NÃO REALIZADOS = R$ 16.000,00 − R$ 12.000,00 = R$ 4.000,00 (= parte do lucro líquido de 20X1 que já é dinheiro ou, pelo menos, será dinheiro no próximo ano)
- Reserva legal = 5% R$ 16.000,00 = R$ 800,00
- Dividendo obrigatório = 30% (R$ 16.000,00 − R$ 800,00) = R$ 4.560,00

Assim, como podemos observar, o dividendo obrigatório teria ultrapassado a parcela REALIZADA do lucro líquido em R$ 560,00, de sorte que o pagamento integral desse dividendo poderia sobrecarregar financeiramente a empresa, dado que esse dividendo seria pago no máximo em 60 dias em dinheiro e a parte do lucro líquido que já é ou será dinheiro no ano seguinte (parcela realizada do lucro líquido) é de R$ 4.000,00.

Nesse caso, o dividendo obrigatório se limitaria à parcela realizada do lucro líquido (R$ 4.000,00) e o excesso (R$ 560,00) seria destinado à constituição de RLAR.

Por fim, a empresa Satélite S/A teria as seguintes contabilizações referentes a 31/12/20X1:

Transferência do lucro líquido para a conta "Lucros Acumulados"

D – Apuração do Resultado...	16.000,00
C – Lucros Acumulados	16.000,00

Destinações do resultado a partir da conta "Lucros Acumulados"

D – Lucros Acumulados...	5.360,00
C – Reserva Legal...	800,00
C – Reserva de Lucros a Realizar	560,00
C – Dividendos a Pagar..	4.000,00

Observemos que após as destinações acima a conta "Lucros Acumulados" ainda ficou com saldo remanescente de R$ 10.640,00. Caso esse valor não fosse destinado à constituição de nenhuma outra reserva de lucro ou para aumento do capital social, com base no § 6º do art. 202 da Lei nº 6.404/76, esse valor deveria ser destinado ao pagamento de dividendos, de sorte que o saldo **final** de "Dividendos a Pagar" passaria de R$ 4.000,00 para R$ 14.640,00, levando-nos a concluir que a expressão "dividendo obrigatório" significa o dividendo MÍNIMO obrigatório, podendo o saldo da conta "Dividendos a Pagar" ultrapassar o valor desse dividendo, caso haja saldo remanescente em "Lucros Acumulados".

Corroborando tudo isso, de acordo com o art. 197 da Lei nº 6.404/76, no exercício em que **o montante do dividendo obrigatório, calculado nos termos do estatuto ou do art. 202 dessa lei ultrapassar a parcela realizada do lucro líquido do exercício**, a assembleia geral poderá, por proposta dos órgãos de administração, destinar o excesso à constituição de reserva de lucros a realizar.

> Destinação para RLAR = Dividendo obrigatório – Lucro líquido realizado

Ainda, de acordo com o referido artigo, considera-se realizada a parcela do lucro líquido do exercício que exceder da soma dos seguintes itens:

I – o resultado líquido positivo na equivalência patrimonial;

II – o lucro, rendimento ou ganho líquidos em operações ou contabilização de ativo e passivo pelo valor de mercado, cujo prazo de realização financeira ocorra após o término do exercício social seguinte.

Obs.: A reserva de lucros a realizar somente poderá ser utilizada para pagamento do dividendo obrigatório e, para efeito do inciso III do art. 202 da Lei nº 6.404/76, serão considerados como integrantes da reserva os lucros a realizar de cada exercício que forem os primeiros a serem realizados em dinheiro.

A seguir, reproduzimos na íntegra o art. 202 da Lei nº 6.404/76:

> **Art. 202.** *Os acionistas têm direito de receber como DIVIDENDO OBRIGATÓRIO, em cada exercício, a parcela dos lucros estabelecida no estatuto ou, se este for omisso, a importância determinada de acordo com as seguintes normas:*
>
> *I – metade do lucro líquido do exercício diminuído ou acrescido dos seguintes valores:*
>
> *a) importância destinada à constituição da reserva legal (art. 193); e*
>
> *b) importância destinada à formação da reserva para contingências (art. 195) e reversão da mesma reserva formada em exercícios anteriores;*
>
> *II – o pagamento do dividendo determinado nos termos do inciso I poderá ser limitado ao montante do lucro líquido do exercício que tiver sido realizado, desde que a diferença seja registrada como reserva de lucros a realizar (art. 197);*
>
> *III – os lucros registrados na reserva de lucros a realizar, quando realizados e se não tiverem sido absorvidos por prejuízos em exercícios subsequentes, deverão ser acrescidos ao primeiro dividendo declarado após a realização.*
>
> *§ 1º. O estatuto poderá estabelecer o dividendo como porcentagem do lucro ou do capital social, ou fixar outros critérios para determiná-lo, desde que sejam regulados com precisão e minúcia e não sujeitem os acionistas minoritários ao arbítrio dos órgãos da administração ou da maioria.*
>
> *§ 2º. Quando o estatuto for omisso e a assembleia geral deliberar alterá-lo para introduzir norma sobre a matéria, o dividendo obrigatório não poderá ser inferior a 25% (vinte e cinco por cento) do lucro líquido ajustado nos termos do inciso I deste artigo.*
>
> *§ 3º. A assembleia geral pode, desde que não haja oposição de qualquer acionista presente, deliberar a distribuição de dividendo inferior ao obrigatório, nos termos deste artigo, ou a retenção de todo o lucro líquido, nas seguintes sociedades:*
>
> *I – companhias abertas exclusivamente para a captação de recursos por debêntures não conversíveis em ações;*
>
> *II – companhias fechadas, exceto nas controladas por companhias abertas que não se enquadrem na condição prevista no inciso I.*
>
> *§ 4º. O dividendo previsto neste artigo não será obrigatório no exercício social em que os órgãos da administração informarem à assembleia geral ordinária ser ele incompatível com a situação financeira da companhia. O Conselho Fiscal, se em funcionamento, deverá dar parecer sobre essa informação e, na companhia aberta, seus administradores encaminharão à Comissão de Valores Mobiliários, dentro de 5 (cinco) dias da realização da assembleia geral, exposição justificativa da informação transmitida à assembleia*
>
> *§ 5º. Os lucros que deixarem de ser distribuídos nos termos do § 4º serão registrados como RESERVA ESPECIAL e, se não absorvidos por prejuízos em exercícios subsequentes, deverão ser pagos como dividendo assim que o permitir a situação financeira da companhia.*
>
> *§ 6º. Os lucros não destinados nos termos dos arts. 193 a 197 deverão ser distribuídos como dividendos.*

Entendemos do art. 202 descrito acima que o LUCRO LÍQUIDO AJUSTADO (LLA) para o cálculo dos dividendos obrigatórios se dará pela seguinte relação:

$$\text{LLA} = \text{Lucro Líquido} - \text{RL} - \text{RC} + \text{RC}$$

Legenda:

– RL = *Destinação para Reserva Legal*

– RC = *Destinação para Reserva de Contingências*

+ RC = *Reversão da Reserva de Contingências*

Ainda com base no art. 195-A da mesma lei, caso haja constituição de "Reserva de Incentivos Fiscais" (RIF), a fórmula acima se estende do seguinte modo:

$$\text{LLA} = \text{Lucro Líquido} - \text{RL} - \text{RC} + \text{RC} - \text{RIF}$$

Abaixo, reproduzimos o referido art. 195-A (grifo nosso):

> **Art. 195-A.** *A assembleia geral poderá, por proposta dos órgãos de administração, destinar para a RESERVA DE INCENTIVOS FISCAIS a parcela do lucro líquido decorrente de doações ou subvenções governamentais para investimentos, que* **poderá ser excluída da base de cálculo do dividendo obrigatório** *(inciso I do caput do art. 202).*

E ainda, caso haja saldo em "Prejuízos Acumulados" de períodos anteriores, a fórmula acima se estende do seguinte modo:

$$\text{LLA} = \text{Lucro Líquido} - \text{Prejuízos Acumulados} - \text{RL} - \text{RC} + \text{RC} - \text{RIF}$$

A base dessa fórmula é o art. 189 da Lei nº 6.404/76, o qual reproduzimos abaixo:

> **Art. 189.** *Do resultado do exercício serão deduzidos, antes de qualquer participação, os prejuízos acumulados e a provisão para o Imposto sobre a Renda.*
> **Parágrafo único.** *O prejuízo do exercício será obrigatoriamente absorvido pelos lucros acumulados, pelas reservas de lucros e pela reserva legal, nessa ordem.*

Entendemos com o exposto acima que a PRIORIDADE antes de "qualquer" destinação do lucro é retirar os "prejuízos acumulados" para após isso se proceder às destinações para o dividendo obrigatório e reservas de lucros, inclusive a reserva legal, a qual será calculada no percentual máximo de 5% do lucro líquido já deduzido do saldo de prejuízos acumulados.

Assim, por exemplo, suponhamos que determinada companhia que tenha fixado no seu estatuto dividendo obrigatório de 40% do lucro ajustado nos termos da lei, sendo esse lucro de R$ 100.000,00, o qual se refere ao exercício social encerrado em 31/12/X1, decidiu pelas seguintes destinações para reservas:

- Reserva Legal = 5%
- Reserva Estatutária = 10%
- Reserva para Contingências = R$ 26.000,00
- Reserva de Incentivos Fiscais = R$ 12.000,00

Admitindo que há saldo em prejuízos acumulados de períodos anteriores no valor de R$ 20.000,00 e reversão de reservas para contingências formada ano passado no valor de R$ 14.000,00, teremos:

– Destinação para Reserva Legal = 5% (100.000 – 20.000) = 4.000
– Destinação para Reserva Estatutária = 10% (100.000 – 20.000) = 8.000
– LLA = 100.000 – 20.000 – 4.000 – 26.000 + 14.000 – 12.000 = 52.000
– Dividendo Obrigatório = 40% LLA (Lucro Líquido Ajustado) = 40% 52.000 = 20.800

Obs. 1: Caso o estatuto da companhia não tivesse fixado os dividendos obrigatórios em percentual algum, ou seja, fosse OMISSO, o dividendo obrigatório seria METADE (50%) do LLA (Lucro Líquido Ajustado). Assim, no exemplo acima, seria de 50% de R$ 52.000,00, isto é, R$ 26.000,00.

Obs. 2: Caso o estatuto desde a constituição da companhia tivesse sido omisso e, posteriormente, fosse acrescentado ao mesmo um percentual para os dividendos obrigatórios, tal percentual não poderia ser inferior a 25% do LLA.

5.4.7. Reserva Especial

É constituída em substituição ao dividendo obrigatório, no caso em que a companhia não dispõe de recursos financeiros favoráveis ao pagamento dos mesmos.

~~D – Lucros Acumulados~~   D – Lucros Acumulados
~~C – Dividendos a Pagar~~   C – Reserva Especial

Observações Finais sobre Reservas de Lucros:

Obs. 1: Existem duas dessas reservas que não podem afetar o cálculo do dividendo obrigatório descrito no art. 202 da Lei nº 6.404/76 que são as RESERVAS ESTATUTÁRIAS (art. 194) e a RESERVA DE RETENÇÃO DE LUCROS (art. 196). A base legal disso é o art. 198 da mesma lei, o qual reproduzimos abaixo:

> *Art. 198. A destinação dos lucros para constituição das reservas de que trata o artigo 194 e a retenção nos termos do artigo 196 não poderão ser aprovadas, em cada exercício, em prejuízo da distribuição do dividendo obrigatório (artigo 202).*

Obs. 2: Com relação ao limite de saldo das reservas de lucros, a soma dos saldos das reservas legal, estatutária e retenção de lucros não poderá ultrapassar o capital social. Consequentemente, os saldos das reservas de contingências, de incentivos fiscais e de lucros a realizar PODEM ultrapassar o capital social. Abaixo, reproduzimos o art. 199 da Lei nº 6.404/76, que é a base legal desse fato:

> Art. 199. O saldo das reservas de lucros, **exceto** as para contingências, de incentivos fiscais e de lucros a realizar, não poderá ultrapassar o capital social. Atingindo esse limite, a assembleia deliberará sobre aplicação do excesso na integralização ou no aumento do capital social ou na distribuição de dividendos.

5.5. Ajustes de Avaliação Patrimonial

Serão classificadas como ajustes de avaliação patrimonial, enquanto não computadas no resultado do exercício em obediência ao regime de competência, as contrapartidas de aumentos ou diminuições de valor atribuídos a elementos do ativo e do passivo, em decorrência da sua avaliação a valor justo, nos casos previstos na Lei nº 6.404/76 ou, em normas expedidas pela Comissão de Valores Mobiliários, com base na competência conferida pelo § 3º do art. 177 da mesma lei.

Ex.: Em 1º de dezembro de 20X1, a Cia. Savana adquiriu 5.000 ações da Cia. Lua ao custo de R$ 4,00 cada, classificando essas ações como ativos financeiros disponíveis para venda. Em 31 de dezembro de 20X1, o valor justo (valor de mercado) de cada ação foi estimado em R$ 4,20. Assim, teremos as seguintes contabilizações:

(1/12/20X1) Compra das ações

D – Ativos Financeiros Disponíveis para Venda... 20.000,00
C – Caixa.. 20.000,00

(31/12/20X1) Avaliação das ações a valor justo

D – Ativos Financeiros Disponíveis para Venda (0,20 × 5.000) 1.000,00
C – Ajustes de Avaliação Patrimonial **1.000,00**

Com esse último lançamento as ações subiram para R$ 21.000,00.

5.6. Ações em Tesouraria

São as ações de emissão própria adquiridas por uma companhia, no limite do saldo de lucros acumulados e reservas, exceto a reserva legal (§ 1º do art. 30 da Lei nº 6.404/76), para revenda futura.

De acordo com o § 5º do art. 182 da Lei nº 6.404/76, as ações em tesouraria deverão ser destacadas no balanço como DEDUÇÃO da conta do patrimônio líquido que registrar a origem dos recursos aplicados na sua aquisição. Além disso, com base no art. 30 da mesma lei, a companhia não pode negociar com as próprias ações, mas as ações em tesouraria são uma dessas exceções a essa restrição.

Assim, por exemplo, se uma companhia adquirisse parte de suas próprias ações por R$ 63.000,00 a contabilização se daria da seguinte forma:

D – Ações em Tesouraria 63.000,00
C – Bancos 63.000,00

O art. 442 do RIR/99 determina que, no caso da venda das ações em tesouraria com LUCRO, **sendo este contabilizado diretamente a crédito da conta de reserva de capital** (reserva de ágio na alienação de ações próprias), esse lucro não sofre tributação pelo Imposto de Renda. Ao mesmo tempo, segundo o mesmo dispositivo legal, em caso de venda com PREJUÍZO, este não é dedutível para fins do Imposto de Renda, devendo o mesmo ser debitado diretamente na reserva de capital que sustentou a aquisição das ações em tesouraria ou, não havendo mais essa reserva, debitado diretamente na conta "Lucros (ou Prejuízos) Acumulados".

5.7. Prejuízos Acumulados

No caso de o resultado do exercício referente a determinado exercício social ser PREJUÍZO LÍQUIDO, ao invés de lucro líquido, esse prejuízo irá entrar no patrimônio líquido absorvendo, "obrigatoriamente", as reservas de lucros e a reserva legal nessa ordem (Lei nº 6.404/76, art. 189, parágrafo único). Havendo prejuízo remanescente após essa absorção, esse valor remanescente, "opcionalmente", irá absorver as reservas de capital (Lei nº 6.404/76, art. 200, I). Persistindo ainda valor remanescente desse prejuízo, finalmente integrará o saldo da conta "Prejuízos Acumulados", aparecendo no balanço patrimonial referente à data do exercício que está sendo encerrado.

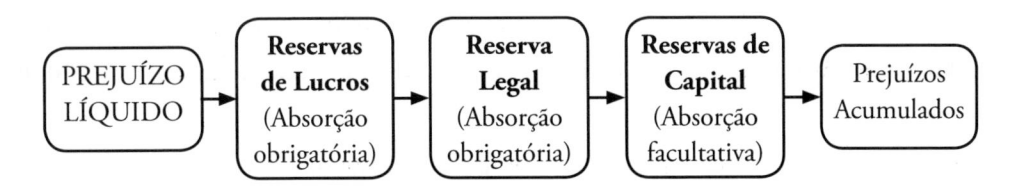

PREJUÍZO LÍQUIDO → **Reservas de Lucros** (Absorção obrigatória) → **Reserva Legal** (Absorção obrigatória) → **Reservas de Capital** (Absorção facultativa) → Prejuízos Acumulados

Caso no próximo exercício haja novamente prejuízo líquido, esse será acumulado na conta "Prejuízos Acumulados".

6. Redução ao Valor Recuperável de Ativos

Em consonância com as regras contábeis atuais, regra geral, nenhum ativo deve estar indicado no balanço patrimonial por valor SUPERIOR àquele que possa ser recuperado pelo seu USO ou pela sua VENDA, de modo que o valor recuperável do ativo deve ser o MAIOR entre esses dois últimos.

Suponhamos, por exemplo, que uma empresa possuísse um equipamento no seu ativo imobilizado adquirido por R$ 150.000,00 e uma depreciação acumulada até a data do balanço de R$ 40.000,00. Nesse caso, seu valor CONTÁBIL seria de R$ 110.000,00. Caso na época do balanço o bem pudesse ser vendido por R$ 80.000,00 e as despesas necessárias para a venda fossem de R$ 6.000,00, seu VALOR JUSTO LÍQUIDO DAS DESPESAS DE VENDAS (VJLDV) seria de R$ 74.000,00. Admitindo que na mesma data fosse apurado um valor atual dos fluxos de caixa futuros do bem no total de R$ 96.000,00, esse seria o seu VALOR EM USO (VU). Dessa forma, o **valor recuperável** do referido bem seria o MAIOR entre o VJLDV e o VU, no caso, R$ 96.000,00. Como o valor contábil do bem ultrapassou em R$ 14.000,00 seu valor recuperável, a empresa, conforme o Pronunciamento Técnico CPC 01 (R1) – Redução ao Valor Recuperável de Ativos, faria a redução ao valor recuperável, contabilizando a perda de R$ 14.000,00 da seguinte forma:

D – Perda por Desvalorização (outras despesas) 14.000,00
C – Perda Estimada por Valor Não Recuperável (retificadora do imob.) 14.000,00

No balanço seria apresentado da seguinte forma:

ATIVO IMOBILIZADO

Equipamentos 150.000,00
(–) Depreciação Acumulada .... (40.000,00)
(–) Perda Estimada por Valor Não Recuperável............................. (14.000,00)
                                                                                                    96.000,00

Exercícios de Fixação

1. (Petrobras – Contador Júnior/Fundação Cesgranrio) De acordo com as determinações da Lei nº 6.404/1976, com a nova redação dada pelas Leis nº 9.457/1997, nº 10.303/2001 e nº 11.638/2007, os direitos que tenham por objeto bens incorpóreos destinados à manutenção da Companhia, ou exercidos com essa finalidade, devem ser classificados no:
   a) Ativo Circulante;
   b) Ativo Realizável a Longo Prazo;
   c) Ativo Imobilizado;
   d) Diferido;
   e) Intangível.

2. O Balanço Patrimonial tem por finalidade apresentar a posição:
   a) econômica da empresa, em qualquer data;
   b) patrimonial da empresa, em qualquer data;
   c) patrimonial e social, em determinada data;
   d) financeira e patrimonial, em determinada data;
   e) financeira da empresa, em determinada data.

3. (BNDES/Cesgranrio) Os estoques de mercadorias fungíveis destinados à venda, na forma da Lei das Sociedades Anônimas, poderão ser avaliados:
   a) pela redução do custo de aquisição ao valor de mercado, quando este for inferior;
   b) pelo custo de aquisição ou pelo valor de mercado, se este for menor;
   c) pelo valor de mercado, quando esse valor for o costume mercantil aceito pela técnica contábil;
   d) pelo custo de aquisição ou produção, deduzido da provisão para ajustá-lo ao valor de mercado;
   e) pelo custo de aquisição, deduzido de provisão para atender às perdas prováveis na realização do seu valor.

4. (Auditor do Tesouro Municipal de Natal/Esaf) José é irmão de Maria. Maria é sócia e diretora da firma Zé, Maria & Irmão Ltda., que comercializa artigos de viagem.
   José e Maria resolveram viajar e, em 31 de outubro de 2001, compraram em sua própria empresa R$ 4.200,00 em artigos de viagem, acertando o pagamento para 30 (trinta) meses, em parcelas iguais, vencendo a inicial em 30/11/01. Maria obteve também R$ 600,00, em vales da empresa, para pagamento de novembro de 2001 a fevereiro do ano seguinte. O exercício social coincide com o ano-calendário e, ao seu final, considere não haver parcelas vencidas. Seguindo as regras atuais de classificação das

contas do Sistema patrimonial, podemos afirmar que, em 31 de dezembro de 2001, no que concerne a essas operações, a empresa terá créditos de:
a) R$ 4.800,00 no ativo realizável a longo prazo;
b) R$ 4.220,00 no ativo realizável a longo prazo;
c) R$ 2.540,00 no ativo realizável a longo prazo;
d) R$ 2.560,00 no ativo circulante;
e) R$ 1.980,00 no ativo circulante.

5. (Analista de Finanças e Controle Externo do TCU/2000) A Empresa S.A. Indústria e Comércio produz tornos metálicos e outras ferramentas industriais, que são comercializados em operações de venda, tanto à vista como a prazo. Seu exercício financeiro coincide com o ano-calendário. Em 21 de dezembro de 1999, o Diretor Financeiro dessa empresa, que também é seu acionista, obteve na Tesouraria um empréstimo de R$ 6.000,00, assinando uma promissória vencível em 25 do mês seguinte. No mesmo dia, esse Diretor comprou a prazo algumas ferramentas, na própria loja da fábrica, assinando três notas promissórias de R$ 600,00, vencíveis a 60, 120 e 180 dias.

As operações foram debitadas em Títulos a receber. Ao encerrar o exercício em 31 de dezembro do referido ano, deverá constar no balanço patrimonial dessa empresa a conta títulos a receber com saldo de:
a) R$ 7.800,00 no ativo circulante;
b) R$ 7.800,00 no ativo realizável a longo prazo;
c) R$ 6.000,00 no ativo circulante;
d) R$ 6.000,00 no ativo circulante e de R$ 1.800,00 no ativo realizável a longo prazo;
e) R$ 1.800,00 no ativo circulante e de R$ 6.000,00 no ativo realizável a longo prazo.

6. (Petrobras – Fundação Cesgranrio – Contador Júnior) Analise atentamente os seguintes elementos:
   I. contribuição do subscritor de ações que ultrapassa o valor nominal;
   II. prêmio recebido na emissão de debêntures;
   III. produto da alienação de bônus de subscrição;
   IV. produto da alienação de partes beneficiárias;
   V. subvenções para investimentos.

Nos termos da Lei nº 6.404/1976, com a nova redação dada pela Lei nº 11.638/2007, são reservas de capital apenas os itens:
a) II e III;
b) II e IV;
c) I, II e V;
d) I, III e IV;
e) I, III e V.

7. (Fiscal de Rendas – RJ/FGV – Adaptada) O Balancete de 31.12.2009 da Cia. Volta Redonda, que atua exclusivamente no comércio varejista, apresentava os seguintes saldos (em R$):

Caixa e Equivalentes de Caixa	20.000,00
Estoques previstos para serem vendidos em 100 dias	30.000,00
Clientes, com vencimento em 120 dias	140.000,00
Contas de Ajuste a Valor Presente a apropriar sobre clientes	1.000,00
Perdas Estimadas em Créditos de Liquidação Duvidosa sobre Clientes	2.000,00
Provisão para Contingências Tributárias	5.000,00
Perdas Estimadas em Estoques	3.000,00
Seguros Pagos Antecipadamente, a serem apropriados mensalmente de forma linear por dois anos	2.400,00
Aplicação Financeira para ser realizada em prazo de 180 dias	32.000,00
Empréstimo a acionista a ser recebido em 80 dias	5.000,00

Assinale a alternativa que indique o total do Ativo Circulante a ser evidenciado no Balanço Patrimonial de 31.12.2009.
a) R$ 218.000,00;
b) R$ 221.000,00;
c) R$ 217.200,00;
d) R$ 222.200,00;
e) R$ 221.200,00.

8. (Petrobras – Contador Júnior/Fundação Cesgranrio) Quando o total das reservas de lucros, de acordo com o determinado pela Lei nº 6.404/1976, com nova redação dada pela Lei nº 11.638/2007, atingir o limite do capital social, compete à Assembleia deliberar sobre a aplicação do excesso, somente, para:
   a) aumento do capital social, pagamento de dividendos e investimento em ativos imobiliários;
   b) aumento do capital social, integralização do capital social e investimento em participações societárias;
   c) integralização do capital social, pagamento de dividendos e aplicação em novos ativos;
   d) integralização do capital social, aumento do capital social e pagamento de dividendos;
   e) integralização do capital social, aumento do capital social, pagamento de dividendos e investimento em novos ativos.

9. (Auditor-Fiscal do Tesouro Estadual – RN/Esaf) A empresa Armazéns Gerais alugou um de seus depósitos pelo prazo de 25 meses, ao valor mensal de R$ 800,00, recebendo o valor total na assinatura do contrato, em primeiro de novembro de 2003.
   A empresa contabilizou a transação segundo o princípio da competência de exercício.
   O procedimento resultou em acréscimo contábil do patrimônio no valor de:
   a) R$ 20.000,00 no ativo circulante.
   b) R$ 18.400,00 no ativo realizável a longo prazo.
   c) R$ 11.200,00 no ativo circulante.
   d) R$ 10.400,00 no ativo realizável a longo prazo.
   e) R$ 1.600,00 no ativo circulante.

10. (Auditor-Fiscal da Receita Federal/Esaf) A empresa Carnes & Frutas S/A, em 30 de agosto de 2.000, obteve um financiamento em cinco parcelas semestrais iguais de R$ 3.000,00 e repassou, por R$ 20.000,00, uma de suas máquinas, dividindo o crédito em 10 parcelas bimestrais.
    Todos os encargos foram embutidos nas respectivas parcelas e não se verificou nenhum atraso nas quitações.
    Devedores e credores admitem compensar débitos e créditos dessas operações em 2002, mas só o farão à época própria, cabendo à empresa dar ou receber quitação restante. Em decorrência desses fatos, se observarmos o balanço de fim de exercício, elaborado com data de 31.12.00, certamente vamos encontrar:
    a) valores a receber a curto prazo R$ 16.000,00;
    b) valores a receber a longo prazo R$ 4.000,00;
    c) valores a pagar a curto prazo R$ 7.000,00;
    d) valores a pagar a longo prazo R$ 13.000,00;
    e) saldo a compensar a longo prazo R$ 2.000,00.

11. (Petrobras – Técnico de Contabilidade/Fundação Cesgranrio) O valor do Imposto de Renda suportado pelas sociedades anônimas de capital fechado, registrado no seu passivo, na data do Balanço, é avaliado pela(o):
    a) inflação ocorrida entre os dois balanços;
    b) mutação patrimonial do período;
    c) variação cambial ocorrida no período;
    d) valor do registro original;
    e) valor conhecido ou calculável.

12. (Agente Fiscal de Rendas – SP/Fundação Carlos Chagas) A empresa Solidária S.A. emprestou para os quatro diretores do grupo R$ 1.000.000,00. O evento foi formalizado por meio de contrato de mútuo, com juros de mercado, para pagamento em doze meses. Em conformidade com a lei societária vigente, esse fato deve ser registrado como:
    a) adiantamento a diretores – passivo circulante;
    b) adiantamento a diretores – ativo não circulante;
    c) empréstimos a diretores – ativo circulante;
    d) empréstimos a diretores – ativo não circulante;
    e) empréstimos a diretores – passivo circulante.

13. (BACEN – Técnico/Fundação Cesgranrio) Segundo a Lei nº 6.404/76, com as alterações das Leis números 11.638/2007 e 11.941/2009, as contas que devem ser classificadas como reservas de capital são as que registram as(o):
    a) receitas de exercícios futuros menos custos e despesas correspondentes e ajustes patrimoniais.
    b) doações e subvenções para investimento.
    c) contrapartidas do aumento e da redução de valor atribuído a elementos do ativo.
    d) prêmio recebido na emissão de debêntures e ágio na colocação de ações.
    e) produto da alienação de partes beneficiárias e bônus de subscrição.

14. **(BACEN – Técnico/Fundação Cesgranrio)** De acordo com o que reza a Lei nº 6.404/76, com as alterações das Leis números 11.638/2007 e 11.941/2009, as contas classificáveis no Ativo Imobilizado são:
    a) móveis e utensílios, instalações, obras civis e equipamentos de processamento de dados.
    b) direitos autorais, veículos, peças e conjuntos de reposição e direitos de franquia.
    c) investimentos em ações, obras em andamento, despesas com reorganizações e ferramentas.
    d) máquinas e equipamentos, móveis e utensílios, marcas e patentes e instalações.
    e) despesas pré-operacionais, terrenos, edifícios e obras de arte.

15. **(Analista-Tributário da Receita Federal do Brasil/Esaf)** Em relação ao encerramento do exercício social e à composição dos grupos e subgrupos do balanço, assinale a seguir a opção falsa.
    a) No intangível, serão classificados os direitos que tenham por objeto bens incorpóreos destinados à manutenção da companhia ou exercidos com essa finalidade, inclusive o fundo de comércio adquirido.
    b) Na companhia em que o ciclo operacional da empresa tiver duração maior que o exercício social, a classificação no circulante ou longo prazo terá por base o prazo desse ciclo.
    c) Em investimentos, serão classificadas as participações permanentes em outras sociedades e os direitos de qualquer natureza, não classificáveis no ativo circulante, e que não se destinem à manutenção da atividade da companhia ou da empresa.
    d) No ativo imobilizado, serão classificados os direitos que tenham por objeto bens corpóreos destinados à manutenção das atividades da companhia ou da empresa ou exercidos com essa finalidade, inclusive os decorrentes de operações que transfiram à companhia os benefícios, riscos e controle desses bens.
    e) No ativo circulante, serão incluídas as disponibilidades, os direitos realizáveis no curso do exercício social e as aplicações de recursos em despesas do exercício seguinte.

16. **(Agente Fiscal de Rendas – SP/Fundação Carlos Chagas)** São características necessárias para a identificação de um ativo intangível:
    a) ser identificável, controlado e gerar benefícios econômicos futuros.
    b) ter indivisibilidade patrimonial e financeira e utilização econômica limitada.
    c) ter indivisibilidade patrimonial e não resultar de direitos contratuais.
    d) apresentar a possibilidade concreta de reconhecimento futuro e ser indivisível.
    e) permitir a utilização de base confiável de controle, mesmo que a mensuração de seu custo não possa ser feita em bases fidedignas, e ter indivisibilidade patrimonial.

17. **(Senado Federal – Analista Legislativo – Contabilidade/FGV)** A Companhia J efetua no período de X8 a alienação de Ações em Tesouraria, obtendo um resultado positivo. Esse valor será evidenciado nas Demonstrações Contábeis da empresa como:
    a) Resultado Operacional – Demonstração do Resultado do Exercício;
    b) Resultado não Operacional – Demonstração do Resultado do Exercício;
    c) Ajuste de Exercícios Anteriores – Demonstração das Mutações do Patrimônio Líquido;
    d) Reservas de Capital – Balanço Patrimonial;
    e) Reservas de Lucro – Balanço Patrimonial.

18. (Analista de Controle Interno – Pernambuco/FGV) No balanço, os elementos do passivo serão avaliados de acordo com os critérios apresentados a seguir.
    I. As obrigações, encargos e riscos, conhecidos ou calculáveis, inclusive imposto sobre a renda a pagar com base no resultado do exercício, serão computados pelo valor atualizado até a data do balanço.
    II. As obrigações em moeda estrangeira, com cláusula de paridade cambial, serão convertidas em moeda nacional à taxa de câmbio em vigor na data do balanço.
    III. As obrigações sujeitas à correção monetária serão atualizadas até a data do balanço.
    IV. As obrigações, encargos e riscos classificados no passivo exigível a longo prazo serão ajustados ao seu valor presente, sendo os demais ajustados quando houver efeito relevante.
    V. As obrigações, encargos e riscos classificados no passivo não circulante serão ajustados ao seu valor presente, sendo os demais ajustados quando houver efeito relevante.

    Assinale:
    a) se somente os critérios I e III estiverem corretos.
    b) se somente os critérios III e V estiverem corretos.
    c) se somente os critérios I, II e V estiverem corretos.
    d) se somente os critérios II, III e V estiverem corretos.
    e) se somente os critérios I, II, II e IV estiverem corretos.

19. (INFRAERO – Auditor/Fundação Carlos Chagas) A Cia. Omega importou uma máquina no valor CIF (*Cost, Insurence and Freight*) de 100.000,00 dólares americanos. Na ocasião do desembaraço da mercadoria, houve incidência de imposto de importação à alíquota 10% sobre o valor aduaneiro, este último correspondente a R$ 215.000,00. Todos os demais impostos pagos sobre a importação são recuperáveis para a companhia. Houve pagamento de despesas de armazenagem e outras taxas no valor de R$ 23.000,00. A Cia. gastou de frete e seguro internos para a remoção da mercadoria do local de entrada no Brasil para suas instalações fabris o valor de R$ 38.000,00. A importação foi feita a prazo e, no vencimento, o fornecedor estrangeiro cobrou juros de 2%, no período, sobre o valor da aquisição em dólares. Na data do pagamento ao credor, a taxa de câmbio era U$ 1,00 = R$ 2,36. Ao final da operação, o valor da máquina no Ativo da companhia ficou registrado por, em R$:
    a) 323.220,00;
    b) 318.500,00;
    c) 303.220,00;
    d) 307.500,00;
    e) 297.500,00.

20. (Fiscal de Rendas – RJ/FGV) Em 01.04.2009 a Cia. Platina adquiriu um equipamento para ser utilizado em sua fábrica no valor de $ 113.000.
    Os seguintes custos adicionais são diretamente relacionados ao ativo:
    Frete $ 5.000
    Seguro do transporte $ 2.000
    Seguro anual $ 12.000

O equipamento tem vida útil estimada em 12 anos. Após esse período, o valor residual é estimado em zero.

Para atendimento do CPC 01, aprovado pelo CFC, deve ser efetuada em 31.12.2009 a avaliação do valor recuperável do ativo.

As informações obtidas nesta data são as seguintes:

Valor líquido de venda $ 90.000

Valor presente dos benefícios futuros em uso $ 140.000

Em 31.12.2009, o valor líquido do equipamento que deve ser apresentado no Balanço Patrimonial da Cia. Platina será:

a) R$ 120.063;
b) R$ 112.500;
c) R$ 111.500;
d) R$ 140.000;
e) R$ 90.000.

21. (PETROBRAS – Contador Júnior/Fundação Cesgranrio) A redução ao valor recuperável de ativos visa a assegurar que esses mesmos ativos não estejam registrados contabilmente por um valor superior ao de sua possível recuperação por uso ou por venda.

Sob o enfoque da redução ao valor recuperável do ativo, o valor presente dos fluxos de caixa futuros estimados, resultantes do uso de um ativo, indica o seu valor:

a) de uso;
b) contábil;
c) residual;
d) recuperável;
e) líquido de venda.

22. (PETROBRAS/Fundação Cesgranrio) Uma Sociedade Anônima de capital fechado apresentou as informações a seguir, referentes ao seu passivo.
   - Imposto de Renda a pagar com base no resultado do exercício – R$ 120.000,00.
   - Empréstimos contraídos em moeda estrangeira, com paridade cambial – R$ 200.000,00.
   - Empréstimos com prazo de 8 anos, para financiar o imobilizado – R$ 1.200.000,00.

Considerando as determinações da Lei Societária vigente, pode-se afirmar que a avaliação das situações, informadas acima, será feita, respectivamente, pelo:

a) valor original; conversão em moeda nacional à taxa de câmbio da data do evento; ajuste a valor futuro.
b) valor original ajustado a valor presente; conversão em moeda nacional à taxa de câmbio da data do evento; ajuste a valor de mercado.
c) valor justo; conversão em moeda nacional à taxa de câmbio da data do balanço; ajuste a valor presente.
d) valor original; conversão em moeda nacional à taxa de câmbio da data do balanço; ajuste a valor presente.
e) valor atualizado até a data do balanço; conversão em moeda nacional à taxa de câmbio na data do balanço; ajuste a valor presente.

23. (PETROBRAS/Fundação Cesgranrio) Analise as informações a seguir, apresentadas por uma Sociedade Anônima, atuando na compra e venda de veículos, referentes a junho/2009.
    - Adiantamentos a diretores, vencimento 10/Agosto/2009 – R$ 50.000,00.
    - Adiantamentos a empregados, vencimento 10/Agosto/2009 – R$ 30.000,00.
    - Veículos para revenda – R$ 100.000,00.
    - Veículos de uso próprio – R$ 20.000,00.

    Considerando, única e exclusivamente, as informações acima e as determinações da Lei das Sociedades Anônimas, no Balanço Patrimonial encerrado em 30/junho/2009, o total do Ativo não Circulante, em reais, é:
    a) 20.000,00;
    b) 70.000,00;
    c) 80.000,00;
    d) 170.000,00;
    e) 200.000,00.

24. (PETROBRAS/Fundação Cesgranrio) Admita que uma Sociedade Anônima tenha informado o seguinte:
    - Valor nominal da ação – R$ 2,00;
    - Ações subscritas – 800.000 ações ordinárias;
    - Valor de cada ação subscrita – R$ 2,20;
    - Capital a realizar – R$ 200.000,00;
    - Capital autorizado – R$ 2.000.000,00.

    Considerando as informações acima e as determinações da Lei das Sociedades Anônimas, afirma-se que o Capital Social da Companhia, em reais, é:
    a) 1.400.000,00;
    b) 1.600.000,00;
    c) 1.500.000,00;
    d) 1.760.000,00;
    e) 1.800.000,00.

25. (PETROBRAS/Fundação Cesgranrio) A Comercial Formiga S.A., de capital fechado, apresentou as informações parciais, a seguir, referentes ao exercício social de 2009, antes da elaboração do balanço.
    - Valor da contribuição do subscritor de ações, emitidas sem valor nominal, que ultrapassou a importância destinada à formação do capital social – R$ 200.000,00.
    - Valor do prêmio cobrado no lançamento de debêntures – R$ 100.000,00.
    - Valor da alienação de partes beneficiárias – R$ 50.000,00.

    No balanço de 2009, elaborado pela Comercial Formiga, considerando exclusivamente as informações recebidas, o valor das reservas de capital, em reais, é:
    a) 50.000,00;
    b) 100.000,00;
    c) 200.000,00;
    d) 250.000,00;
    e) 350.000,00.

26. **(PETROBRAS – Contador Júnior/Fundação Cesgranrio)** O Art. 183 da Lei nº 6.404/76, com a nova redação dada pela Lei nº 11.941/09, determina como os elementos do ativo devem ser avaliados no Balanço Patrimonial. Entre os critérios relacionados, foi introduzido o valor justo. Esse critério deve ser utilizado:
    a) nas aplicações em instrumentos financeiros, inclusive derivativos;
    b) nas aplicações em direitos e títulos de créditos classificados no ativo circulante ou no realizável a longo prazo;
    c) para avaliar os direitos que tenham por objeto mercadorias e produtos do comércio da Companhia;
    d) quando se tratar de aplicações destinadas à negociação ou disponíveis para venda;
    e) quando se tratar de investimentos em participação no capital de outras sociedades.

27. **(PETROBRAS – Contador Júnior/Fundação Cesgranrio)** A Lei nº 6.404/76, das Sociedades Anônimas, com as alterações das Leis números 11.638/07 e 11.941/09 determina que os elementos do passivo que devem ser avaliados a valor presente no balanço são as(os):
    a) obrigações em moeda estrangeira, com cláusula de paridade cambial;
    b) obrigações, encargos e os riscos classificados no passivo não circulante;
    c) obrigações, os encargos e os riscos conhecidos e calculáveis, inclusive o imposto sobre a renda a pagar;
    d) reversões de reservas e o lucro líquido do exercício;
    e) ajustes de exercícios anteriores e a correção monetária do saldo inicial.

28. **(PETROBRAS – Contador Júnior/Fundação Cesgranrio)** Dados extraídos da contabilidade da Cia. Maracanã S.A. do ramo da indústria de produtos elétricos, em determinado exercício social, com valores em reais.
    - Ferramentas 65.000,00
    - Instalações 895.000,00
    - Máquinas e Equipamentos 674.500,00
    - Marcas, Direitos e Patentes Industriais 135.215,00
    - Móveis e Utensílios 77.000,00
    - Obras de Arte 678.990,00
    - Participações Acionárias 715.500,00
    - Terrenos para Futura Utilização 233.500,00
    - Títulos e Valores Mobiliários 450.000,00
    - Veículos 145.000,00

    Considerando exclusivamente os dados acima e respeitando as determinações da Lei nº 6.404/76, com as alterações das Leis números 11.638/07 e 11.941/09, o valor do ativo imobilizado, apurado no balanço patrimonial, elaborado com as informações acima, em reais, é:
    a) 1.856.500,00;
    b) 1.991.830,00;
    c) 1.997.715,00;
    d) 2.089.500,00;
    e) 2.768.495,00.

Gabarito Comentado

Exercício 1

De acordo com o inciso VI do art. 179 da Lei nº 6.404/1976, no INTANGÍVEL são classificados os direitos que tenham por objeto bens incorpóreos destinados à manutenção da companhia ou exercidos com essa finalidade, inclusive o fundo de comércio adquirido.

(Resposta: opção e)

Exercício 2

De acordo com o art. 176 da Lei nº 6.404/1976, ao fim de cada exercício social, a diretoria fará elaborar, com base na escrituração mercantil da companhia, o balanço patrimonial e demais demonstrações contábeis. Assim, o balanço patrimonial evidencia em determinada data (fim do exercício social – normalmente em 31 de dezembro) o patrimônio de uma empresa, bem como sua situação financeira (capacidade de a empresa pagar suas dívidas).

(Resposta: opção d)

Exercício 3

De acordo com o § 4º do art. 183 da Lei nº 6.404/1976, os estoques de mercadorias fungíveis (que se consomem com o uso – ex.: alimentos) destinadas à venda poderão ser avaliados pelo valor de mercado, quando esse for o costume mercantil aceito pela técnica contábil.

(Resposta: opção c)

Exercício 4

Com base no inciso II do art. 179 da Lei nº 6.404/1976, os direitos derivados de vendas, adiantamentos ou empréstimos a coligadas, controladas, sócios, diretores, participantes nos lucros serão sempre classificados no realizável a longo prazo, independentemente do prazo, desde que não estejam ligados a negócios usuais na exploração do objeto da companhia, ou seja, desde que tais direitos constituam créditos não operacionais.

Assim:

Com relação aos R$ 4.200,00 de compras a prazo, em 2001, serão pagas 2 (duas) parcelas de R$ 140,00. Em 2002, serão pagas 12 (doze) parcelas de R$ 140,00. Por fim, das 30 (trinta) parcelas de R$ 140,00, 16 (dezesseis) serão pagas após o exercício seguinte, no total de R$ 2.240,00.

Com relação aos empréstimos a sócios, com base no que foi mencionado, independentemente do prazo, tal crédito sempre será ativo realizável a longo prazo. Por fim:

Capítulo 10 — *Balanço Patrimonial – Grupos de Contas e Redução ao Valor Recuperável de Ativos* ■ **345**

$$AC\ (31/12/01) = \frac{4.200}{30} \times 12 = 1.680$$

$$ARLP\ (31/12/01) = \frac{600}{4} \times 2 + \frac{4.200}{30} \times (30 - 2 - 12) = 2.540$$

(Resposta: opção c)

Exercício 5

- Empréstimos a diretores (crédito não usual – independe do prazo – ARLP) = 6.000,00
- Promissórias a receber (vendas a prazo – crédito operacional – depende do prazo) = 3 × 600 = 1.800 Ativo circulante.

(Resposta: opção e)

Exercício 6

Com base no § 1º do art. 182 da Lei nº 6.404/1976, temos as seguintes reservas de capital:

– a contribuição do subscritor de ações que ultrapassar o valor nominal e a parte do preço de emissão das ações sem valor nominal que ultrapassar a importância destinada à formação do capital social, inclusive nos casos de conversão em ações de debêntures ou partes beneficiárias. Em outras palavras, o ágio na emissão de ações (com ou sem valor nominal) é reserva de capital;

– o produto da alienação de partes beneficiárias;

– o produto da alienação de bônus de subscrição.

(Resposta: opção c)

Exercício 7

ATIVO CIRCULANTE

Caixa e Equivalentes de Caixa	20.000,00
(+) Estoques previstos para serem vendidos em 100 dias	30.000,00
(+) Clientes, com vencimento em 120 dias	140.000,00
(–) Contas de Ajuste a Valor Presente a apropriar sobre clientes	(1.000,00)
(–) Perdas Estimadas em Créditos de Liquidação Duvidosa sobre Clientes	(2.000,00)
(–) Perdas Estimadas em Estoques	(3.000,00)
(+) Seguros Pagos Antecipadamente (2.400,00 ÷ 24) × 12	1.200,00
(+) Aplicação Financeira para ser realizada em prazo de 180 dias	32.000,00
(=) TOTAL DO ATIVO CIRCULANTE	217.200,00

(Resposta: opção c)

Exercício 8

Com base no art. 199 da Lei nº 6.404/1976, o saldo das reservas de lucros, exceto as para contingências, de incentivos fiscais e de lucros a realizar, não poderá ultrapassar o capital social. Atingindo esse limite, a assembleia deliberará sobre aplicação do excesso na integralização ou no aumento do capital social ou na distribuição de dividendos.

(Resposta: opção d)

Comentário extra: A banca Fundação Cesgranrio considera pagamento de dividendos como sinônimo de distribuição de dividendos. Apesar de ser aceitável, o ideal é distinguir a diferença, pois a distribuição (ou declaração ou provisionamento) de dividendos é, em regra, feita ao fim do exercício social, mediante o seguinte lançamento contábil:

D – Lucros Acumulados

C – Dividendos a Pagar

No caso do pagamento, a lei determina no § 3º do art. 205 que será efetuado no prazo de 60 dias da data em que for declarado. Nesse caso, a contabilização é a seguinte:

D – Dividendos a Pagar

C – Caixa ou Bancos

Exercício 9

Ao receber todo o aluguel em 2003, entrará em Caixa R$ 800,00 × 25 = R$ 20.000,00, aumentando assim o ativo circulante nesse valor.

(Resposta: opção a)

Exercício 10

Valores a Pagar (Financiamento):

Parcela Vencimento Valor Balanço de 31/12/2000

1ª fev de 2001 R$ 3.000,00 Passivo Circulante

2ª ago de 2001 R$ 3.000,00 Passivo Circulante

3ª fev de 2002 R$ 3.000,00 Passivo Não Circulante

4ª ago de 2002 R$ 3.000,00 Passivo Não Circulante

5ª fev de 2003 R$ 3.000,00 Passivo Não Circulante

Conclusão:

Valores a pagar (PC – curto prazo) = R$ 6.000,00

Valores a pagar (Passível Não Circulante – longo prazo) = R$ 9.000,00

Valores a Receber (venda da máquina):

Parcela Vencimento Valor Balanço de 31/12/2000

1ª out de 2000 R$ 2.000,00 —⎤
2ª dez de 2000 R$ 2.000,00 —⎦ 2 parcelas (não entram no balanço)

3ª fev de 2001 R$ 2.000,00 Ativo Circulante ⎤
4ª abr de 2001 R$ 2.000,00 Ativo Circulante ⎥
5ª jun de 2001 R$ 2.000,00 Ativo Circulante ⎥
6ª ago de 2001 R$ 2.000,00 Ativo Circulante ⎬ 6 parcelas (AC no balanço)
7ª out de 2001 R$ 2.000,00 Ativo Circulante ⎥
8ª dez de 2001 R$ 2.000,00 Ativo Circulante ⎦

9ª fev de 2002 R$ 2.000,00 Ativo Real. Longo Prazo ⎤
10ª abr de 2002 R$ 2.000,00 Ativo Real. Longo Prazo ⎦ 2 parcelas (ARLP no balanço)

Conclusão:

Valores já recebidos antes do balanço de 31/12/00 = R$ 2.000,00 × 2 = R$ 4.000,00

Valores a receber (AC – curto prazo) = R$ 2.000,00 × 6 = R$ 12.000,00

Valores a receber (ARLP – longo prazo) = R$ 2.000,00 × 2 = R$ 4.000,00

(Resposta: opção b)

Exercício 11

Lei nº 6.404/1976, art. 184, I.

(Resposta: opção e)

Exercício 12

Com base no inciso II do art. 179 da Lei 6.404/76, os direitos derivados de vendas, adiantamentos ou empréstimos a sociedades coligadas ou controladas (art. 243), **diretores**, acionistas ou participantes no lucro da companhia, serão SEMPRE classificados no ativo realizável a longo prazo, ou seja, serão classificados neste grupo, independentemente do prazo, desde que não constituam negócios usuais na exploração do objeto da companhia, isto é, não tenham origem nas operações normais para funcionamento da companhia.

Dessa forma, os empréstimos a diretores, os quais constituem créditos não usuais nas operações normais da companhia serão, independentemente do prazo, classificados no ativo realizável a longo prazo, que é uma das partes do ativo não circulante (Lei nº 6.404/76, art. 178, II).

(Resposta: opção d)

Exercício 13

Com base no § 1º do art. 182 da Lei nº 6.404/76, são reservas de capital:
- Ágio na emissão de ações (= a contribuição do subscritor de ações que ultrapassar o valor nominal e a parte do preço de emissão das ações sem valor nominal que ultrapassar a importância destinada à formação do capital social, inclusive nos casos de conversão em ações de debêntures ou partes beneficiárias).
- Produto da alienação de partes beneficiárias.
- Produto da alienação de bônus de subscrição.

(Resposta: opção e)

Exercício 14

De acordo com o inciso IV do art. 179 da Lei nº 6.404/76, são integrantes do ativo imobilizado os direitos que tenham por objeto **bens corpóreos** destinados à manutenção das atividades da companhia ou da empresa ou exercidos com essa finalidade, inclusive os decorrentes de operações que transfiram à companhia os benefícios, riscos e controle desses bens. Assim, a única opção onde todas as contas representam bens corpóreos, ou seja, bens tangíveis (= bens materiais) é a opção "a". Na opção "b", por exemplo, direitos autorais são bens incorpóreos, isto é, bens intangíveis (= bens imateriais), fazendo parte do Ativo Intangível.

(Resposta: opção a)

Exercício 15

a) No intangível, serão classificados os direitos que tenham por objeto bens incorpóreos destinados à manutenção da companhia ou exercidos com essa finalidade, inclusive o fundo de comércio adquirido. (CORRETO – Lei nº 6.404/76, art. 179, VI).

b) Na companhia em que o ciclo operacional da empresa tiver duração maior que o exercício social, a classificação no circulante ou longo prazo terá por base o prazo desse ciclo. (CORRETO – Lei nº 6.404/76, art. 179, parágrafo único).

c) Em investimentos, serão classificadas as participações permanentes em outras sociedades e os direitos de qualquer natureza, não classificáveis no ativo circulante, e que não se destinem à manutenção da atividade da companhia ou da empresa. (CORRETO – Lei nº 6.404/76, art. 179, III).

d) No ativo imobilizado, serão classificados os direitos que tenham por objeto bens corpóreos destinados à manutenção das atividades da companhia ou da empresa ou exercidos com essa finalidade, inclusive os decorrentes de operações que transfiram à companhia os benefícios, riscos e controle desses bens. (CORRETO – Lei nº 6.404/76, art. 179, IV).

e) No ativo circulante, serão incluídas as disponibilidades, os direitos realizáveis no curso do exercício social e as aplicações de recursos em despesas do exercício seguinte. (INCORRETA – Faltou a palavra "subsequente": No ativo circulante, serão incluídas as disponibilidades, os direitos realizáveis no curso do exercício social subsequente e as aplicações de recursos em despesas do exercício seguinte – Lei nº 6.404/76, art. 179, I).

(Resposta: opção e)

Exercício 16

De acordo com o Pronunciamento Técnico CPC 04 (R1) – Ativo Intangível, ATIVO é um recurso:

- ✓ **controlado** por uma entidade como resultado de eventos passados; e
- ✓ do qual se espera que resultem **benefícios econômicos futuros** para a entidade.

Além disso, de acordo com o referido CPC, ativo intangível é um ativo **não** monetário, **identificável** sem substância física.

(Resposta: opção a)

Comentário extra: Ativo monetário é aquele representado por dinheiro ou por direitos a serem recebidos em dinheiro. Consequentemente, ativo **não** monetário é todo ativo que **não** seja dinheiro ou quaisquer direitos que se transformarão em dinheiro (ex.: Duplicata a Receber – é ativo monetário, pois se transformará em dinheiro).

De acordo com o mesmo CPC, um ativo satisfaz o critério de identificação, em termos de definição de um ativo intangível, quando:

➢ for separável, ou seja, puder ser separado da entidade e vendido, transferido, licenciado, alugado ou trocado, individualmente ou junto com um contrato, ativo ou passivo relacionado, independente da intenção de uso pela entidade; ou

➢ resultar de direitos contratuais ou outros direitos legais, independentemente de tais direitos serem transferíveis ou separáveis da entidade ou de outros direitos e obrigações.

Exercício 17

O lucro na venda de ações em tesouraria é semelhante ao ágio na emissão de ações, o qual, com base no § 1º do art. 182 da Lei nº 6.404/76 é considerado Reserva de Capital.

(Resposta: opção d)

Exercício 18

O art. 184 da Lei nº 6.404/76 regula os critérios de avaliação dos itens do passivo na data do balanço. Abaixo descrevemos esse artigo na sua íntegra:

Art. 184. No balanço, os elementos do passivo serão avaliados de acordo com os seguintes critérios:

I – as obrigações, encargos e riscos, conhecidos ou calculáveis, inclusive Imposto sobre a Renda a pagar com base no resultado do exercício, serão computados pelo valor atualizado até a data do balanço;

II – as obrigações em moeda estrangeira, com cláusula de paridade cambial, serão convertidas em moeda nacional à taxa de câmbio em vigor na data do balanço;

III – as obrigações, encargos e riscos classificados no passivo não circulante serão ajustados ao seu valor presente, sendo os demais ajustados quando houver efeito relevante.

(Resposta: opção c)

Exercício 19

Valor CIF na data do pagamento (100.000 × R$ 2,36) R$ 236.000,00

(+) Imposto de Importação (10% R$ 215.000,00) R$ 21.500,00

(+) Despesas de armazenagem R$ 23.000,00

(+) Fretes e seguros internos R$ 38.000,00

(=) Valor da máquina R$ 318.500,00

(Resposta: opção b)

Exercício 20

Com base no CPC 01 (R1) – Redução ao Valor Recuperável de Ativos, o VALOR CONTÁBIL do equipamento na data do teste de recuperabilidade, é a diferença entre o custo de aquisição ($ 113.000 + $ 5.000 + $ 2.000 = $ 120.000) e a depreciação acumulada, a qual será calculada da seguinte forma:

Taxa de depreciação = 1/12 ao ano = 1/48 ao trimestre

Tempo de depreciação (abril de 2009 a dez. de 2009) = 3 trimestres

Depreciação acumulada = $ 120.000 × 3 × 1/48 = $ 7.500

Valor contábil na data do teste = $ 120.000 − $ 7.500 = $ 112.500

O VALOR RECUPERÁVEL, é o MAIOR entre o valor líquido de venda ($ 90.000) e o valor em uso ($ 140.000). Assim, tal valor será de S 140.000, valor este MAIOR que o valor contábil ($ 112.000).

Visto que o objetivo do teste de recuperabilidade é verificar e impedir que o valor contábil seja MAIOR que o valor recuperável, e, no caso, isto não ocorreu, então NENHUM ajuste para redução ao valor recuperável do referido ativo será feito. Logo, o valor líquido do equipamento será o próprio valor contábil, isto é, $ 112.500.

(Resposta: opção b)

Exercício 21

De acordo com o CPC 01 (R1) – Redução ao Valor Recuperável de Ativos – VALOR EM USO é o valor presente dos fluxos de caixa futuros esperados que devem advir de um ativo ou de uma unidade geradora de caixa. Em outras palavras, é a quantia em dinheiro que a empresa espera receber ao longo dos anos por usar determinado ativo trazida para a data presente em regime de juros compostos.

Assim, por exemplo, se determinado ativo que será utilizado pelos próximos 4 anos trouxer em função de seu uso R$ 15.000,00 em dinheiro para a empresa ao fim de cada um desses 4 anos e supondo uma taxa de juros de 16% ao ano, o valor em uso seria calculado da seguinte forma:

$$\text{Valor em Uso} = \frac{R\$\ 15.000,00}{1,16} + \frac{R\$\ 15.000,00}{1,16^2} + \frac{R\$\ 15.000,00}{1,16^3} + \frac{R\$\ 15.000,00}{1,16^4}$$

(Resposta: opção a)

Exercício 22

O art. 184 da Lei nº 6.404/76 regula os critérios de avaliação do passivo exigível na data do balanço patrimonial.

Segundo esse artigo, no balanço, os elementos do passivo serão avaliados de acordo com os seguintes critérios:

I – as obrigações, encargos e riscos, conhecidos ou calculáveis, inclusive Imposto sobre a Renda a pagar com base no resultado do exercício, serão computados pelo valor atualizado até a data do balanço;

II – as obrigações em moeda estrangeira, com cláusula de paridade cambial, serão convertidas em moeda nacional à taxa de câmbio em vigor na data do balanço;

III – as obrigações, encargos e riscos classificados no passivo não circulante serão ajustados ao seu valor presente, sendo os demais ajustados quando houver efeito relevante.

(Resposta: opção e)

Exercício 23

Com base no inciso II do art. 179 da Lei nº 6.404/76, os direitos NÃO USUAIS (= direitos não relacionados às atividades operacionais da empresa) derivados de vendas, adiantamentos ou empréstimos a sociedades coligadas, sociedades controladas, sócios, diretores e participantes nos lucros da companhia, independentemente do prazo, serão classificados no balanço como ativo realizável a longo prazo. Assim, somente os adiantamentos a diretores no valor de R$ 50.000,00 serão ativo realizável a longo prazo.

Finalmente, teremos o seguinte ATIVO NÃO CIRCULANTE:

REALIZÁVEL A LONGO PRAZO

Adiantamentos a diretores .... R$ 50.000,00

IMOBILIZADO

Veículos de uso .... R$ 20.000,00

Total do Ativo Não Circulante .... R$ 70.000,00

(Resposta: opção b)

Exercício 24

De acordo com o art. 182 da Lei nº 6.404/76, a conta do capital social discriminará o montante subscrito e, por dedução, a parcela ainda não realizada. Assim, teremos:

Capital Social

Subscrito (R$ 2,00 × 800.000) .... R$ 1.600.000,00

a Realizar... (R$ 200.000,00)

Realizado... R$ 1.400.000,00

Doutrinariamente, entendemos, com base no disposto no art. 182 da referida lei, que o valor do Capital Social é o seu valor REALIZADO, apesar de alguns interpretarem equivocadamente que é o subscrito.

(Resposta: opção a)

Exercício 25

Com base no § 1º do art. 182 da Lei nº 6.404/76, SOMENTE são reservas de capital:
- contribuição do subscritor de ações que ultrapassar o valor nominal dessas ações e a parte do preço de emissão de ações sem valor nominal que ultrapassar a importância destinada ao capital social;
- o produto da alienação de bônus de subscrição; e
- o produto da alienação de partes beneficiárias.

Assim, no caso da Comercial Formiga S.A., teremos um total de reservas de capital de R$ 200.000,00 + R$ 50.000,00, isto é, R$ 250.000,00.

(Resposta: opção d)

Exercício 26

O art. 183 da Lei 6.404/76 regula os critérios de avaliação do ativo na data do balanço.

De acordo com o inciso I desse artigo, alínea a), as aplicações em instrumentos financeiros, inclusive derivativos, e em direitos e títulos de créditos, classificados no ativo circulante ou no realizável a longo prazo serão avaliados **pelo seu valor justo**, quando se tratar de aplicações destinadas à negociação ou disponíveis para venda.

(Resposta: opção d)

Exercício 27

O art. 184 da Lei nº 6.404/76 estabelece os critérios de avaliação do passivo na data do balanço. Segundo o inciso III desse artigo, as obrigações, encargos e riscos classificados no passivo não circulante serão ajustados ao seu valor presente, sendo os demais ajustados quando houver efeito relevante.

(Resposta: opção b)

Exercício 28

ATIVO IMOBILIZADO

Ferramentas	65.000,00
Instalações	895.000,00
Máquinas e Equipamentos	674.500,00
Móveis e Utensílios	77.000,00
Veículos	145.000,00
TOTAL	1.856.500,00

(Resposta: opção a)

Capítulo 11

Demonstração dos Lucros ou Prejuízos Acumulados – DLPA e Demonstração das Mutações do Patrimônio Líquido – DMPL

Capítulo 11

Demonstração dos Lucros ou Prejuízos Acumulados – DLPA e Demonstração das Mutações do Patrimônio Líquido – DMPL

1.   Demonstração dos Lucros ou Prejuízos Acumulados (DLPA)

A DLPA é a demonstração contábil que evidencia as mutações na conta "Lucros ou Prejuízos Acumulados" ocorridas, em geral, pela incorporação do lucro ou prejuízo líquido obtido ao final da DRE (Demonstração do Resultado do Exercício) e as destinações do lucro líquido para reservas e dividendos.

O ponto de partida na elaboração da DLPA é o saldo da conta "Lucros (ou Prejuízos) Acumulados". Essa conta funciona como uma espécie de "ponte" que liga a DRE à DLPA, através da seguinte contabilização, admitindo que o resultado do exercício fosse lucro:

D – Apuração do Resultado (= valor do Lucro Líquido obtido ao final da DRE)

C – Lucros Acumulados

No entanto, caso o resultado fosse prejuízo, a contabilização da transferência se daria da seguinte forma:

D – Prejuízos Acumulados

C – Apuração do Resultado (= valor do Prejuízo Líquido obtido ao final da DRE)

Exemplo: O lucro líquido da Cia. Céu Azul apurado ao final do exercício de X2 foi de $ 120.000,00. Na elaboração da DLPA, o referido lucro foi distribuído da seguinte forma:

- R$ 6.000,00 para Reserva Legal;
- R$ 11.000,00 para Reserva de Contingências;
- R$ 46.000,00 para Dividendos a Pagar aos acionistas;
- R$ 57.000,00 para aumento do Capital Social.

Dessa forma, ao final do exercício de X2 seriam feitas as seguintes contabilizações:

Destinação do resultado para Lucros Acumulados:

D – Apuração do Resultado 120.000,00
C – Lucros Acumulados 120.000,00

Distribuição do resultado "a partir" da conta "Lucros Acumulados para reservas":

D – Lucros Acumulados 17.000,00
C – Reserva Legal 6.000,00
C – Reserva de Contingências 11.000,00

Distribuição de dividendos, os quais serão pagos no exercício seguinte:

D – Lucros Acumulados 46.000,00
C – Dividendos a Pagar 46.000,00

Distribuição do resultado para aumento do Capital Social:

D – Lucros Acumulados 57.000,00
C – Capital Social 57.000,00

Ao final das destinações do resultado, observemos que a conta "Lucros Acumulados" deve ficar com saldo **zero**, visto que o § 6º do art. 202 da Lei nº 6.404/76 determina que os lucros não destinados nos termos dos arts. 193 a 197 **deverão** ser distribuídos como dividendos. Em outras palavras, isto significa que, após todas as destinações para reservas, o saldo remanescente em "Lucros Acumulados" deverá ser distribuído para os dividendos.

Por fim, teríamos a seguinte DLPA em 31/12/X2, admitindo que o saldo de "Lucros Acumulados" ao final do exercício anterior fosse de ZERO, o que já era de se esperar:

Lucros Acumulados (saldo em 31/12/X1)	0
(+) **Lucro Líquido**	120.000
(–) **Destinações para Reserva Legal**	(6.000)
(–) **Destinação para Reserva de Contingências**	(11.000)
(–) **Dividendos Distribuídos**	(46.000)
(–) **Parcela do lucro para aumento do Capital Social**	(57.000)
(=) **Lucros Acumulados (saldo em 31/12/X2)**	0

Com relação à forma de apresentação DLPA, seguindo o modelo proposto pelo art. 186 da Lei nº 6.404, a DLPA pode ser apresentada na seguinte sequência:

Lucros (ou Prejuízos) Acumulados (saldo em 31/12/X1)
(+) Ajustes de Exercícios anteriores (art. 186, §1º)
(±) Reversões de Reservas de Lucros
(+) Lucro Líquido [ou (–) Prejuízo Líquido]
(–) Destinações para Reserva Legal
(–) Outras Reservas de Lucros
(–) Dividendos Distribuídos (a pagar ou já pagos)
(–) Parcela do lucro para aumento do Capital Social
(=) Lucros (ou Prejuízos) Acumulados (saldo em 31/12/X2)

Obs.: Com relação aos "AJUSTES DE EXERCÍCIOS ANTERIORES", temos duas possibilidades:

(1) Ajustes decorrentes de erros cometidos em exercícios anteriores – Suponhamos, por exemplo, que uma empresa tenha superavaliado a depreciação de seus veículos em R$ 2.700,00. Caso o erro fosse descoberto até o final do mesmo exercício, o ajuste poderia ser feito da seguinte forma:

D – Depreciação Acumulada 2.700,00

C – Despesas de Depreciação 2.700,00

No entanto, caso o erro fosse descoberto no exercício seguinte (20X2), ou em qualquer outro exercício posterior, embora fosse possível estornar o excesso de R$ 2.700,00 a débito de "Depreciação Acumulada", não seria possível estornar a "Despesa de Depreciação" do exercício anterior, dado o regime de competência. Assim, a solução é creditar o valor na conta "Lucros (ou Prejuízos) Acumulados" fazendo a seguinte contabilização para o ajuste, desconsiderando os efeitos nos tributos sobre o lucro (IR e CSLL) e quaisquer outros itens que tenham sido afetados pelo referido erro:

D – Depreciação Acumulada 2.700,00

C – Lucros (ou Prejuízos) Acumulados 2.700,00

(2) Ajustes decorrentes da mudança de critério contábil – Suponhamos, por exemplo, que determinada empresa contabilizasse até dezembro de 20X1 suas operações sob a ótica do REGIME DE CAIXA e, por imposições legais, passasse, a partir de janeiro de 20X2, a contabilizar suas operações pelo REGIME DE COMPETÊNCIA. Nesse caso, se a empresa continuasse a utilizar o regime de caixa em 20X2, os salários de dezembro de 20X1 no valor de R$ 5.000,00 pagos em janeiro de 20X2 teriam seu pagamento em janeiro de 20X2 contabilizado da seguinte forma:

D – Despesas de Salários 5.000,00

C – Caixa 5.000,00

No entanto, dado que passou, a partir de janeiro de 20X2, a adotar o regime de competência, não poderia debitar a conta "Despesas de Salários" em janeiro de 20X2, dado que essa despesa "compete" a dezembro de 20X1. Assim, a solução seria debitar a conta "Lucros (ou Prejuízos) Acumulados" em janeiro de 20X2, fazendo a seguinte contabilização:

D – Lucros (ou Prejuízos) Acumulados 5.000,00

C – Caixa 5.000,00

Exemplo: DLPA da Cia. Satélite em 31/12/X1:

Prejuízos Acumulados (saldo em 31/12/X0)	(12.000)
(+) Lucro Líquido	80.000
(–) Reserva Legal	(3.400)
(–) Dividendos Distribuídos	(19.380)
(–) Parcela incorporada ao Capital Social	(45.220)
(=) Lucros Acumulados (saldo em 31/12/X1)	0

2. DEMONSTRAÇÃO DAS MUTAÇÕES DO PATRIMÔNIO LÍQUIDO (DMPL)

Como já visto no tópico anterior, a DLPA evidencia somente as alterações na conta "Lucros ou Prejuízos Acumulados". No entanto, sabemos que o patrimônio líquido possui outras partes não referenciadas na DLPA, tais como Capital Social, Reservas de Capital, Reserva Legal, Reserva Estatutária, Ajustes de Avaliação Patrimonial etc. Por essa razão, o

Pronunciamento Técnico CPC 26 (R1) – Apresentação das Demonstrações Contábeis – não elenca a DLPA como componente do conjunto completo das demonstrações contábeis, visto que a DMPL a substitui, além de evidenciar todas as demais contas do PL que não integraram a DLPA.

Considerando ainda a DLPA da Cia. Satélite do tópico 1.2, suponhamos que, além das informações já mencionadas na própria demonstração, foram colhidas as seguintes informações adicionais para a elaboração da DMPL:

Composição do PL em 31/12/X0:

Capital Social	380.000
Reservas de Capital..	47.000
Prejuízos Acumulados..	(12.000)
Ações em Tesouraria	(10.000)
TOTAL	405.000

Fatos ocorridos em X1 que alteraram qualitativa e/ou quantitativamente o PL da Cia. Satélite:

- Integralização de Capital Social com a emissão de 50.000 novas ações a R$ 1,00 cada, sendo que os gastos com a emissão dessas ações importaram em R$ 1.700,00.
- Após a venda de todas as ações em tesouraria existentes no balanço de X0 por R$ 11.400,00, a Cia. Satélite adquiriu novamente parte de suas próprias ações no total de R$ 18.000,00, as quais foram mantidas em tesouraria para revenda futura. O lucro na venda das antigas ações em tesouraria foi contabilizado como reservas de capital.
- Alienação de bônus de subscrição no total de R$ 13.100,00.
- A Cia. Satélite mantinha em seu ativo ações de outras empresas adquiridas em X1 por R$ 8.000,00, as quais foram consideradas ativos financeiros disponíveis para venda. Em 31/12/X1, o valor justo (= valor de mercado) dessas ações foi estimado em R$ 11.000,00, de sorte que o ajuste a valor justo foi feito da seguinte forma:

D – Ativos Financeiros Disponíveis para Venda..............................	3.000,00
C – Ajustes de Avaliação Patrimonial...	3.000,00

Nota: Os "Ajustes de Avaliação Patrimonial" são considerados um dos tipos de "Outros Resultados Abrangentes" (veremos no Capítulo 14).

- Utilização de Reservas de Capital no valor de R$ 9.000,00 para aumento do Capital Social.

Assim, em 31/12/X1, a DMPL da Cia. Satélite poderia ser apresentada da seguinte forma:

	Capital Social Int.	Reservas de Capital; Gastos c/ Emissão de Ações; Ações em Tesouraria	Reserva de Lucros	Lucros ou Prejuízos Acumulados	Outros Resultados Abrangentes	Total
	380.000	37.000	-	(12.000)	-	405.000
• Aumento de Capital						
– Com integralização	50.000	-	-	-	-	50.000
– Com reservas	9.000	(9.000)	-	-	-	-
– Com lucros	45.220	-	-	(45.220)	-	-
• Gastos c/ Emissão de Ações	-	(1.700)	-	-	-	(1.700)
• Ações em Tesouraria Adquiridas	-	(18.000)	-	-	-	(18.000)
• Ações em Tesouraria Vendidas	-	10.000	-	-	-	10.000
• Reservas de Capital	-	14.500	-	-	-	14.500
• Reserva Legal	-	-	3.400	(3.400)	-	-
• Dividendos	-	-	-	(19.380)	-	(19.380)
• Lucro Líquido (X1)	-	-	-	80.000	-	80.000
• Ajustes de Avaliação Pat.	-	-	-	-	3.000	3.000
Saldos Finais (31/12/X1)	**484.220**	**32.800**	**3.400**	**0**	**3.000**	**523.420**

Nota: Observemos que a soma da última linha (523.420) é exatamente igual à soma da última coluna (523.420), que é a "prova real" da DMPL.

Exercícios de Fixação

1. **(Fiscal de Tributos Estaduais – PA/Esaf) Do resultado do exercício devem ser deduzidos, antes de qualquer outra dedução: DLPA e DMPL**
   a) 20% para a constituição de reserva legal, nas companhias;
   b) os prejuízos acumulados;
   c) os valores destinados aos sócios;
   d) 5% para a constituição da reserva legal, nas companhias;
   e) os valores destinados às reservas de lucros.

2. **Marque a opção que indica item não contemplado na DMPL (demonstração das mutações do patrimônio líquido):**
   a) Dividendos propostos.
   b) Destinações para reservas de lucros.
   c) Ajustes de exercícios anteriores.
   d) Reavaliação de ativos.
   e) Participação de administradores sobre os lucros.

3. **(Auditor-Fiscal da Receita Federal/Esaf) Abaixo são apresentadas cinco assertivas. Quatro delas são verdadeiras. Assinale a opção que contém a afirmativa incorreta:**
   a) Do resultado do exercício serão deduzidos, antes de qualquer participação, os prejuízos acumulados e a provisão para o imposto de renda.
   b) O prejuízo do exercício será obrigatoriamente absorvido pelos lucros acumulados, pelas reservas de lucro e pelas reservas de capital, nessa ordem.
   c) Lucro líquido do exercício é o resultado do exercício que remanescer, depois de deduzidas as participações estatutárias.
   d) A reserva constituída com o produto da venda de partes beneficiárias poderá ser destinada ao resgate desses títulos.
   e) A proposta para a formação da reserva de contingências deverá indicar a causa da perda prevista e justificar a constituição da reserva.

4. **Marque a opção que indica a única reserva de lucro obrigatória às sociedades anônimas:**
   a) Reserva orçamentária.
   b) Reserva estatutária.
   c) Reserva para contingências.
   d) Reserva legal.
   e) Reserva de lucros a realizar.

5. Tem por fim postergar parte ou totalidade do pagamento de dividendos:
   a) Reserva de lucros a realizar.
   b) Reserva para contingências.
   c) Reserva legal.
   d) Reserva orçamentária.
   e) Reserva estatutária.

6. Julgue as afirmativas, com base em dispositivos da Lei nº 6.404/1976.
   I. A reserva legal tem por finalidade assegurar a integridade do capital social e somente poderá ser utilizada para compensar eventuais prejuízos que possam afetar o capital.
   II. Os saldos das reservas de lucros, exceto as de contingências, não poderão ultrapassar o capital social.
   III. Quando a situação financeira da empresa não for favorável ao pagamento de dividendos, nenhum tipo de reserva poderá ser feito em substituição ao valor dos dividendos.
   IV. As reservas estatutárias e para contingências não poderão ser constituídas em prejuízo do dividendo obrigatório.
   O número de afirmativas incorretas é de:
   a) zero;
   b) 1;
   c) 2;
   d) 3;
   e) 4.

7. No encerramento do exercício social da Cia. AVS, antes da incorporação do resultado, o seu patrimônio líquido era o seguinte:
   Capital social $ 67.000
   Reservas de capital $ 15.000
   Reserva legal $ 10.000
   Reserva estatutária $ 11.000
   Reserva de lucros a realizar $ 9.000
   Assim, marque a opção correta, supondo que a única alteração no patrimônio líquido será a incorporação do prejuízo líquido:
   a) Caso o prejuízo líquido do exercício seja de $ 13.000, a conta prejuízos acumulados ficará, opcionalmente, com saldo devedor de $ 4.000.
   b) Caso o prejuízo líquido do exercício seja de $ 27.000, a conta reserva legal ficará, opcionalmente, com saldo de $ 3.000.
   c) Caso o prejuízo líquido do exercício seja de $ 20.000,00, os saldos de reserva de lucros a realizar e reserva estatutária, serão, opcionalmente, iguais a zero.
   d) Caso o prejuízo líquido do exercício seja de $ 37.000, o saldo das reservas de capital será, opcionalmente, de $ 8.000.
   e) Caso o prejuízo líquido do exercício seja de $ 50.000, a conta prejuízos acumulados ficará, obrigatoriamente, com saldo devedor de $ 5.000.

8. **(Controladoria – Prefeitura RJ/FJG)** Os dados abaixo definem a estrutura do patrimônio líquido de determinada entidade:

    1) Capital subscrito, no valor de $ 3.000; 2) capital a integralizar no valor de $ 500; 3) reserva de correção monetária do capital realizado, no valor de $ 900; 4) reserva legal, no valor de $ 700; 5) reserva estatutária, no valor de $ 800; 6) reserva para contingências no valor de $ 200; 7) reserva para investimentos, no valor de $ 2.000; 8) reserva de lucros a realizar no valor de $ 300.

    Considerando-se o que determina a Lei nº 6.404/1976, identifique os dois erros cometidos no cálculo das reservas:

    a) A reserva legal ultrapassou os 20% do capital realizado e o somatório das reservas de lucros ultrapassou o capital social.

    b) A reserva legal ultrapassou os 20% do capital realizado e a reserva de lucros a realizar ultrapassou os 10% do capital subscrito e integralizado.

    c) A reserva estatutária ultrapassou os 20% do capital social e o somatório das reservas de lucros ultrapassou o capital subscrito e integralizado.

    d) O somatório das reservas de lucros, com exceção da reserva estatutária, ultrapassou os 30% do capital subscrito e a reserva legal ultrapassou os 20% do capital realizado.

    e) A reserva legal ultrapassou os 10% do capital subscrito e a reserva para investimentos ultrapassou os 20% do capital realizado.

9. A assembleia geral de companhia poderá, por proposta dos órgãos da administração, destinar parcela do lucro líquido decorrente de doações ou subvenções governamentais para investimentos, que poderá ser excluída da base de cálculo do dividendo obrigatório, para:

    a) reserva para planos de investimentos;
    b) reserva para contingências;
    c) reserva estatutária;
    d) reserva de incentivos fiscais;
    e) reserva de lucros a realizar.

10. **(Agente Fiscal de Tributos Estaduais do Piauí/Esaf)** A empresa Red Blue S/A transferiu o lucro do exercício com o seguinte lançamento:

    Resultado do exercício
    a Lucros acumulados
    Valor do lucro líquido que se transfere p/balanço R$ 480.000,00.

    Após este lançamento, a empresa destinou R$ 40.000,00 para constituir reserva legal e mais R$ 40.000,00 para reservas estatutárias.

    Desse modo, o dividendo mínimo obrigatório, calculado com fulcro no lucro líquido do exercício, deverá ser de:

    a) R$ 220.000,00, se o estatuto, antes omisso, fixar o percentual mínimo permitido;
    b) R$ R$ 200.000,00, se o estatuto for omisso quanto ao percentual;
    c) R$ 110.000,00, se o estatuto, antes omisso, fixar o percentual mínimo permitido;
    d) R$ 110.000,00, se o estatuto for omisso quanto ao percentual;
    e) R$ 100.000,00, baseado no estatuto, que é livre para fixar qualquer percentual.

11. (Ministério Público – Auxiliar Superior Contador–RJ/UFRJ) O Estatuto da Companhia ABC é omisso no que tange à distribuição de dividendos. A Lei Federal nº 6.404/1976 regula a forma de distribuição do dividendo mínimo obrigatório, visando à proteção dos acionistas. A Companhia decide, então, introduzir em seu Estatuto, por meio de Assembleia Geral, a figura dos dividendos, que não poderá ser inferior a:
    a) 50% do lucro antes do imposto de renda;
    b) 10% da receita bruta do exercício;
    c) 5% do patrimônio líquido;
    d) 25% do lucro líquido ajustado do exercício;
    e) 5% dos lucros acumulados.

12. (Auditor do Tesouro Municipal de Natal/Esaf) Os estatutos sociais da firma que ora consideramos estabeleciam que, do lucro do exercício, deveriam ser constituídas uma reserva especial de 10% e uma reserva legal de 5%, além do pagamento de gratificação de 10% à Diretoria e provisionamento de 30% para o imposto de renda. No exercício social em que o lucro líquido do exercício, antes de qualquer destinação, alcançou a cifra de R$ 150.000,00, o montante destinado à reserva legal deverá ser de:
    a) R$ 4.200,00;
    b) R$ 4.500,00;
    c) R$ 4.725,00;
    d) R$ 5.250,00;
    e) R$ 7.500,00.

13. (Analista do Serpro – Recursos Financeiros e Auditoria/Esaf – Adaptada) A empresa Reservada S/A apresentou, no fim do exercício:
    Ativo circulante de R$ 4.800,00
    Ativo imobilizado de R$ 6.000,00
    Passivo exigível de R$ 8.750,00
    Capital social de R$ 1.000,00
    Reservas estatutárias de R$ 150,00
    Reserva legal de R$ 100,00
    Receitas do exercício de R$ 2.400,00
    Despesas a custos de R$ 1.600,00
    Observações:
    – Não houve tributação, nem distribuição de lucros para terceiros.
    – O lucro líquido do exercício deve ser apropriado, exclusivamente, para constituir a reserva legal e uma reserva estatutária, que o estatuto social determina como sendo de 4% do lucro líquido do exercício.
    Com base nessas informações, o contador, cumprindo as permissões legais e respectivas limitações de valor quanto a reservas, deverá contabilizar:
    a) reserva estatutária de R$ 32,00 e reserva legal de R$ 40,00;
    b) reserva estatutária de R$ 32,00 e reserva legal de R$ 18,00;
    c) reserva estatutária de R$ 30,40 e reserva legal de R$ 40,00;
    d) reserva estatutária de R$ 30,40 e reserva legal de R$ 19,60;
    e) reserva estatutária de R$ 10,00 e reserva legal de R$ 40,00.

14. **(Analista de Finanças e Controle/SFC – Adaptada)** A Nossa Firma, ao fim do exercício social de 20X1, ostentava um patrimônio líquido com a seguinte composição:

Capital social	100.000,00
Capital a realizar	(9.000,00)
Reservas de capital	8.000,00
Reservas estatutárias	7.000,00
Reserva legal	6.000,00
Reserva de incentivos fiscais	5.000,00
Somatório	117.000,00

No resultado do exercício de 20X1, foi apurado um prejuízo líquido no valor de R$ 15.000,00, que deverá ser absorvido por recursos próprios anteriores. Assim sendo, o novo patrimônio líquido, após absorção do prejuízo do exercício, deverá ter a seguinte composição:

a)
Capital social	100.000,00
Capital a realizar	(9.000,00)
Reservas de capital	8.000,00
Reservas estatutárias	0,00
Reserva legal	3.000,00
Reserva de incentivos fiscais	0,00
Somatório	102.000,00;

b)
Capital social	100.000,00
Capital a realizar	(9.000,00)
Reservas de capital	8.000,00
Reservas estatutárias	3.000,00
Reserva legal	0,00
Reserva de incentivos fiscais	0,00
Somatório	102.000,00;

c)
Capital social	100.000,00
Capital a realizar	(9.000,00)
Reservas de capital	0,00
Reservas estatutárias	0,00
Reserva legal	6.000,00
Reserva de incentivos fiscais	5.000,00
Somatório	102.000,00;

d)
Capital social	100.000,00
Capital a realizar	(9.000,00)
Reservas de capital	4.000,00
Reservas estatutárias	7.000,00
Reserva legal	0,00
Lucros acumulados	0,00
Somatório	102.000,00;

e)
Capital social	100.000,00
Capital a realizar	(9.000,00)
Reservas de capital	8.000,00
Reservas estatutárias	0,00
Reserva legal	0,00
Lucros acumulados	3.000,00
Somatório	102.000,00.

15. Com base na Lei das Sociedades por Ações, as reservas de lucros que não poderão afetar o cálculo do dividendo obrigatório são:
    a) reserva legal e reserva estatutária;
    b) reserva de incentivos fiscais e reserva para contingências;
    c) reserva estatutária e reserva de investimentos;
    d) reserva legal e reserva de investimentos;
    e) reserva para contingências e reserva de lucros a realizar.

16. (Auditor da Receita Federal/Esaf) Fomos chamados a calcular os dividendos a distribuir, no segundo semestre, da empresa Rentábil. A empresa é uma sociedade anônima e os seus estatutos determinam que os dividendos devem ser o mínimo obrigatório de acordo com a lei, mas não estabelecem o valor percentual sobre o lucro líquido.

    Os valores que encontramos para montar a base de cálculo foram: reserva estatutária de R$ 6.500,00, participação de administradores no lucro de R$ 7.000,00, participação de empregados no lucro de R$ 8.000,00, provisão para o Imposto de Renda e CSLL de R$ 95.000,00 e lucro líquido, antes do imposto de renda, de R$ 180.000,00.

    Ficamos com o encargo de calcular o valor da reserva legal e do dividendo mínimo obrigatório.

    Feitos os cálculos corretamente, podemos afirmar com certeza que o dividendo será no valor de:
    a) R$ 15.000,00;
    b) R$ 16.625,00;
    c) R$ 30.000,00;
    d) R$ 33.250,00;
    e) R$ 35.000,00.

17. (Analista de Finanças e Controle/CGU/Esaf) Em 31 de dezembro de 20X3, após contabilizar o encerramento das contas de receitas e de despesas, a empresa constatou a existência de R$ 150.000,00 de lucro líquido do exercício antes do imposto de renda, da CSLL e das participações.

    A distribuição do lucro promovida em seguida contemplou:
    - participação de administradores de 10% do lucro;
    - participação de empregados de R$ 10.000,00;
    - imposto de renda e CSLL de R$ 40.000,00;
    - constituição de reserva legal de 5% sobre o lucro;
    - constituição de reserva estatutária de 10% sobre o lucro;
    - dividendo mínimo obrigatório de 30% do lucro ajustado para este fim.

    Promovendo-se corretamente o cálculo e a contabilização acima indicados, a conta Dividendos a Pagar, cujo saldo era zero, aparecerá no balanço patrimonial com saldo de:
    a) R$ 22.950,00;
    b) R$ 25.650,00;
    c) R$ 27.000,00;
    d) R$ 30.000,00;
    e) R$ 33.000,00.

18. (Técnico da Receita Federal/Esaf) A Companhia Tríplice, no encerramento do exercício de 20X2, obteve as seguintes informações, conforme segue:

    Valores em R$
    Lucro Bruto 90.000,00
    Lucro Operacional 70.000,00
    Receitas Financeiras 2.000,00
    Despesas Financeiras 10.000,00
    Participação dos Empregados 7.000,00
    IR e CSLL 15.000,00

    Assinale a opção correta, que contém o valor da Reserva Legal que deverá ser constituída, considerando que o saldo final da Reserva terá um percentual inferior ao limite legal:
    a) R$ 1.400,00.
    b) R$ 1.800,00.
    c) R$ 2.200,00.
    d) R$ 2.400,00.
    e) R$ 2.800,00.

19. (Petrobras – Técnico de Contabilidade/Fundação Cesgranrio – Adaptada) A Cia. Sigma, em fase de elaboração de sua Demonstração de Mutações do Patrimônio Líquido correspondente ao exercício findo em 31/12/20X2, deparou-se com a seguinte situação, em reais:

Itens	Capital Social	Reserva de Capital	Res. de Lucros			Lucros Acumulados	Total
			Legal	Estatutária	Contingências		
Saldo (31/12/X1)	200.000	150.000	25.000	45.000	110.000	0	530.000
Aumento de capital	100.000	(100.000)	-	-	-	-	0
Reversão de reservas	-	-	-	-	(50.000)	50.000	0
Lucro Líquido	-	-	-	-	-	100.000	100.000
Transf. p/ reservas							
Dividendos propostos							
Saldo 31/12/X2							

A proposta da administração para distribuir o resultado do exercício é a seguinte:
I. Reserva legal 5% do lucro do exercício
II. Reserva estatutária 15% do lucro do exercício
III. Reserva para contingência R$ 35.000,00
IV. Dividendos propostos 25% sobre o lucro líquido ajustado
V. Aumento do Capital Social Saldo de remanescente de lucros acumulados

Informação adicional:

Lucro líquido ajustado = lucro líquido do exercício menos valor da reserva legal constituída no exercício menos valor da reserva para contingências constituída no exercício.

Com base nesses dados, o saldo da coluna Total, na Demonstração das Mutações do Patrimônio Líquido, que corresponde ao saldo do grupo "Patrimônio Líquido", após a elaboração da aludida Demonstração, em reais, é de:

a) 560.000,00;
b) 575.000,00;
c) 615.000,00;
d) 630.000,00;
e) 700.000,00.

20. (Petrobras – Contador/Fundação Cesgranrio – Adaptada) A Companhia Mafra S/A, de capital fechado, está elaborando o seu primeiro Balanço, em 31/12/2008, apresentando as seguintes informações, na mesma data:

Lucro Líquido apurado na Demonstração do Exercício R$ 200.000,00;

Constituição da Reserva Legal R$ 10.000,00;

Dividendos nos termos do estatuto R$ 95.000,00;

Constituição da Reserva Estatutária R$ 5.000,00;

Reserva de Alienação de Bônus de Subscrição R$ 45.000,00;

Reserva de Ágio na Subscrição de Ações R$ 25.000,00;

Reservas para Investimentos R$ 20.000,00.

Na Demonstração das Mutações do Patrimônio Líquido (DMPL), o saldo transitório da conta de Lucros Acumulados, na coluna de Lucros Acumulados, em 31/12/2008, o qual integrará os dividendos propostos pela administração, em reais, foi de:

a) 0 (zero);
b) 70.000,00;
c) 95.000,00;
d) 130.000,00;
e) 185.000,00.

21. (Fiscal do ISS – RJ/Fundação João Goulart) A Reserva Legal, conforme determinado pela Lei nº 6.404/1976, deverá ser constituída pelas sociedades, no valor correspondente a 5% do Lucro Líquido do Exercício, antes de qualquer outra destinação, podendo deixar de ser constituída quando o seu saldo alcançar:

a) 20% do Capital Social Realizado; ou, a critério da Companhia, quando o montante das Reservas de Capital atingir 30% do Capital Social;

b) 20% do Capital Social Realizado; ou quando o montante da Reserva Legal, acrescido do montante das Reservas de Capital, atingir 25% do Capital Social;

c) 20% do Capital Social Realizado; ou, obrigatoriamente, quando o montante da Reserva Legal, acrescido do montante das Reservas de Capital, atingir 30% do Patrimônio Líquido;

d) 20% do Capital Social Realizado; ou, a critério da Companhia, quando o montante da Reserva Legal, acrescido do montante das Reservas de Capital (exceto a reserva da correção monetária do capital), atingir 30% do Capital Social.

22. Todas as opções seguintes representam reservas de lucros. Marque aquela que indica reserva que não pode ser revertida para lucros acumulados.
    a) Reserva estatutária.
    b) Reserva para contingências.
    c) Reserva legal.
    d) Reserva de lucros a realizar.
    e) Reserva de incentivos fiscais.

23. As reservas de lucros que poderão afetar a base de cálculo dos dividendos, quando o estatuto de uma companhia for omisso em relação a esses, são:
    a) reserva legal e reserva estatutária;
    b) reserva legal e retenção de lucros;
    c) reserva para contingências e reserva estatutária;
    d) reserva legal, reserva para contingências e reserva de incentivos fiscais;
    e) reserva estatutária e retenção de lucros.

24. (Auditor-Fiscal da Receita Estadual – MG/Esaf) Ao registrar a proposta de destinação dos resultados do exercício, o setor de Contabilidade da empresa deverá contabilizar:
    a) a formação de reserva legal, a débito da conta de Apuração do Resultado do Exercício.
    b) a formação de reserva legal, a crédito da conta de Lucros ou Prejuízos Acumulados.
    c) a distribuição de dividendos, a débito da conta de Lucros ou Prejuízos Acumulados.
    d) a distribuição de dividendos, a crédito de conta do Patrimônio Líquido.
    e) a distribuição de dividendos, a débito de conta do Passivo Circulante.

25. (Auditor-Fiscal da Receita Federal do Brasil/Esaf) A empresa Livre Comércio e Indústria S.A. apurou, em 31/12/2008, um lucro líquido de R$ 230.000,00, antes da provisão para o Imposto de Renda e Contribuição Social sobre o Lucro e das participações estatutárias.
    As normas internas dessa empresa mandam destinar o lucro do exercício para reserva legal (5%); para reservas estatutárias (10%); para o imposto de renda e contribuição social sobre o lucro (25%); e para dividendos (30%).
    Além disso, no presente exercício, a empresa determinou a destinação de R$ 50.000,00 para participações estatutárias no lucro, sendo R$ 20.000,00 para Diretores e R$ 30.000,00 para empregados.
    Na contabilização do rateio indicado acima, pode-se dizer que ao pagamento dos dividendos coube a importância de:
    a) R$ 39.000,00.
    b) R$ 37.050,00.
    c) R$ 35.700,00.
    d) R$ 34.627,50.
    e) R$ 33.150,00.

26. (PETROBRAS/Fundação Cesgranrio) Admita as seguintes informações parciais apresentadas pela Companhia Flórida S.A., antes do encerramento do balanço, em 31 de dezembro de 2009:
    - Capital subscrito: 4.800.000,00;
    - Capital a realizar: 200.000,00;
    - Reserva Legal: 880.000,00;
    - Reservas de Capital: 440.000,00;
    - Lucro Líquido do exercício: 2.400.000,00;

    Considerando somente as informações acima e as determinações da Lei das Sociedades Anônimas, a Reserva Legal proposta pela administração, em reais, é:
    a) 40.000,00;
    b) 60.000,00;
    c) 80.000,00;
    d) 110.000,00;
    e) 120.000,00.

27. (PETROBRAS/Fundação Cesgranrio) A Companhia Salvador S.A. apresentou as informações a seguir, antes da distribuição do resultado do exercício encerrado em 30 de dezembro de 2009.
    - Lucro Líquido do exercício – 400.000,00
    - Valores inclusos no Lucro Líquido do exercício:
        – Ganho nos investimentos avaliados por equivalência patrimonial – R$ 200.000,00.
        – Vendas a prazo com vencimento em 2010 – R$ 50.000,00.
        – Vendas a prazo com vencimento em 2011 – R$ 80.000,00.
    - Dividendos omissos no estatuto.
    - Reserva legal – saldo incorporado ao capital, no Balanço de 2008.

    A administração quer incluir na proposta de distribuição do resultado a constituição da Reserva de Lucros a Realizar.

    Considerando, exclusivamente, as informações recebidas e as determinações da Lei Societária, a Reserva de Lucros a Realizar a ser constituída, em reais, é:
    a) 80.000,00;
    b) 70.000,00;
    c) 40.000,00;
    d) 30.000,00;
    e) 25.000,00.

28. (PETROBRAS/Fundação Cesgranrio) A destinação que tem por objetivo compensar, em ano futuro, a diminuição do lucro em função de perda julgada provável e cujo valor pode ser estimado é a reserva:
    a) de alienação de partes beneficiárias;
    b) de lucros a realizar;
    c) estatutária;
    d) legal;
    e) para contingências.

29. **(PETROBRAS/Fundação Cesgranrio)** Uma companhia de capital fechado, que só emitiu ações ordinárias, apresentou as seguintes informações parciais apuradas por ocasião do fechamento do balanço de 2009:

    Exercício 2008:
    - Dividendos omissos no estatuto
    - Lucro do Exercício/09 = 1.048.000,00
    - Reservas constituída no exercício
      Legal = 48.000,00
      Estatutária = 200.000,00
    - Introdução do dividendo no estatuto, por deliberação da assembleia do percentual mínimo de dividendo obrigatório, estabelecido na Lei Societária

    Considerando as determinações da Lei Societária com relação ao pagamento de dividendos e, para efeito de cálculo, exclusivamente os dados e as informações acima, os dividendos de 2009, propostos pela administração da companhia, em reais, são:

    a) 200.000,00;
    b) 250.000,00;
    c) 262.500,00;
    d) 400.000,00;
    e) 500.000,00.

30. **(PETROBRAS – Contador Júnior/Fundação Cesgranrio)** A reserva que tem objetivo, forma de cálculo e limite máximo de constituição determinados em documento societário é a:

    a) Reserva de capital;
    b) Reserva estatutária;
    c) Reserva legal;
    d) Reserva para contingências;
    e) Retenção de lucro.

31. **(PETROBRAS – Contador Júnior/Fundação Cesgranrio)** A Bola S.A. apresentou as seguintes informações parciais:

2008	em reais
Patrimônio Líquido	
Capital Subscrito	4.000.000,00
(–) Capital a Realizar	(1.500.000,00)
Reserva Legal	480.000,00

    2009
    Lucro Líquido do Exercício: R$ 1.000.000,00
    Reserva Estatutária (constituída em 2009): R$ 400.000,00
    Dividendos obrigatórios fixados no estatuto: 50%
    Admita que o valor do lucro não distribuído foi o fundamento para a apresentação de um orçamento de capital, de igual valor, aprovado pela Assembleia Geral. O valor da Reserva Legal e dos Dividendos, respectivamente, em reais, é:

    a) 20.000,00 e 290.000,00;
    b) 20.000,00 e 490.000,00;
    c) 30.000,00 e 285.000,00;
    d) 50.000,00 e 275.000,00;
    e) 50.000,00 e 475.000,00.

Gabarito Comentado

Exercício 1

De acordo com o parágrafo único do art. 189 da Lei nº 6.404/1976, o prejuízo do exercício será <u>obrigatoriamente</u> absorvido pelos lucros acumulados, pelas reservas de lucros e pela reserva legal, nessa ordem. Desta forma, interpretamos, no caso de o resultado ser prejuízo líquido, que a prioridade é eliminar os lucros acumulados. Doutrinariamente, podemos inferir, no caso do resultado do exercício ser lucro líquido, e, havendo prejuízos acumulados de exercícios anteriores, a prioridade, antes de qualquer destinação que se possa dar ao lucro líquido, é eliminar esses prejuízos. Assim, por exemplo, quando a lei societária impõe no art. 193 que, do lucro líquido, 5% serão destinados à reserva legal, doutrinariamente interpretamos que isso é regra geral, pois, caso haja prejuízos acumulados de exercícios anteriores, a prioridade é eliminar esses prejuízos.

Nesse caso, o valor a ser destinado à reserva legal seria 5% do remanescente do lucro líquido, após a eliminação dos prejuízos acumulados.

(Resposta: opção b)

Exercício 2

Na DMPL são indicados todos os fatos que afetam diretamente as contas do patrimônio líquido. Assim:

a) Dividendos propostos (contabilização):
    D – Lucros acumulados (conta do patrimônio líquido)
    C – Dividendos a pagar (conta do passivo circulante)

b) Destinações para reservas de lucros (contabilização):
    D – Lucros acumulados (conta do patrimônio líquido)
    C – Reservas de lucros (conta do patrimônio líquido)

c) Ajustes de exercícios anteriores – exemplo: a depreciação do exercício anterior foi superavaliada (contabilização do ajuste no exercício atual):
    D – Depreciação acumulada (conta retificadora do ativo imobilizado)
    C – Lucros (ou prejuízos) acumulados (conta do patrimônio líquido)

d) Reavaliação de imóveis (contabilização):
   D – Imóveis (conta do ativo imobilizado)
   C – Ajustes de avaliação patrimonial (conta do PL)
e) Participação de administradores sobre os lucros (contabilização):
   D – Despesas com participações de administradores (conta de resultado)
   C – Participações de administradores a pagar (conta do passivo circulante).

Logo, das opções anteriores, aquela que indica o fato que não envolve contas do patrimônio líquido e, consequentemente, não é evidenciado na DLPA é a letra "e".

(Resposta: opção e)

Exercício 3

a) CORRETA. Art. 189, Lei nº 6.404/1976.
b) INCORRETA. De acordo com o parágrafo único do art. 189, o prejuízo do exercício será obrigatoriamente absorvido pelos lucros acumulados, pelas reservas de lucro e pela reserva legal, nessa ordem.
c) CORRETA. Art. 187, VI.
d) CORRETA. Art. 200.
e) CORRETA. Art. 195.

(Resposta: opção b)

Exercício 4

De acordo com o art. 193 da Lei nº 6.404/1976, do lucro líquido do exercício, 5% serão aplicados, antes de qualquer destinação, na constituição da reserva legal. Dessa forma, concluímos que tal reserva é obrigatória, tendo em vista a palavra "serão". No caso das demais reservas de lucros, todos os artigos que se referem à constituição das mesmas utilizam a palavra "poderá". Assim, a única reserva de lucro de constituição obrigatória às sociedades por ações é a reserva legal, razão pela qual a Lei nº 6.404/76 não inclui a reserva legal quando utiliza a expressão "reservas de lucros", embora a reserva legal também seja uma das reservas de lucros.

(Resposta: opção d)

Exercício 5

De acordo como o art. 197 da Lei nº 6.404/1976, no exercício em que o montante do dividendo obrigatório, calculado nos termos do estatuto ou do art. 202, ultrapassar a parcela realizada do lucro líquido do exercício, a assembleia geral poderá, por proposta dos órgãos de administração, destinar o excesso à constituição de reserva de lucros a realizar. Daí, concluímos que o objetivo básico dessa reserva é o de postergar o pagamento de dividendos sobre a parcela do lucro líquido ainda não realizada, isto é, a parte do lucro líquido que, pelo menos até o final do exercício seguinte, não se transformará em dinheiro.

(Resposta: opção a)

Exercício 6

I. INCORRETA. De acordo com o § 2º do art. 193 da Lei nº 6.404/1976, a reserva legal tem por fim assegurar a integridade do capital social e somente poderá ser utilizada para compensar prejuízos ou aumentar o capital.

II. INCORRETA. De acordo com o art. 199 da Lei nº 6.404/1976, o saldo das reservas de lucros, exceto para contingências, incentivos fiscais e de lucros a realizar, não poderá ultrapassar o capital social; atingindo esse limite, a assembleia deliberará sobre a aplicação do excesso na integralização ou no aumento do capital social, ou na distribuição de dividendos.

III. INCORRETA. De acordo com o § 5º do art. 202 da Lei nº 6.404/1976, os lucros que deixarem de ser distribuídos nos termos do § 4º serão registrados como reserva especial e, se não absorvidos por prejuízos em exercícios subsequentes, deverão ser pagos como dividendo assim que o permitir a situação financeira da companhia.

IV. INCORRETA. De acordo com o art. 198 da Lei nº 6.404/1976, a destinação dos lucros para constituição de reservas de que trata o art. 194 (reservas estatutárias) e a retenção nos termos do art. 196 (reserva orçamentária) não poderão ser aprovadas, em cada exercício, em prejuízo da distribuição do dividendo obrigatório (art. 202).

(Resposta: opção e)

Exercício 7

De acordo com o parágrafo único do art. 189 da Lei nº 6.404/1976, o prejuízo do exercício será "obrigatoriamente" absorvido pelos lucros acumulados, pelas reservas de lucros e pela reserva legal, nessa ordem. A partir da Lei nº 11.638/2007, a conta Lucros Acumulados, apesar de não ter sido extinta da contabilidade (Lei nº 6.404/1976, art. 186), foi extinta do balanço (Lei nº 6.404/1976, art. 178, § 2º, alínea *d*), e, dessa forma, sempre terá saldo zero.

Daí, podemos inferir que o primeiro item a ser absorvido pelo prejuízo são as reservas de lucros. Apesar da reserva legal ser também reserva de lucro, ela só poderá ser absorvida após a absorção de todas as outras reservas de lucros.

Com base no inciso I do art. 200 da Lei nº 6.404/1976, após ter absorvido as reservas de lucros todas, incluindo a reserva legal, "opcionalmente" pode-se utilizar as reservas de capital para absorver os prejuízos remanescentes.

Assim, diante do exposto, analisemos as opções:

a) INCORRETA. Se o prejuízo do exercício fosse de $ 13.000,00, absorveria parte da reserva de lucros a realizar e/ou parte da reserva estatutária, não havendo, portanto, saldo de prejuízos acumulados.

b) INCORRETA. Se o prejuízo do exercício fosse de $ 27.000,00, seriam absorvidas integralmente a reserva de lucros a realizar e a reserva estatutária. Além disso, seriam absorvidos também $ 7.000,00 da reserva legal, ficando esta, obrigatoriamente, com saldo de $ 3.000,00.

c) INCORRETA. Se o prejuízo do exercício fosse de $ 20.000,00, necessariamente a reserva de lucros a realizar e a reserva estatutária ficariam com saldo zero.

d) CORRETA. Após absorver as reservas de lucros, incluindo a reserva legal, ainda restarão $ 7.000,00 de prejuízo que poderão ou não ser absorvidos pelas reservas de capital. Caso sejam absorvidos, estas ficarão com saldo remanescente de $ 8.000,00.

e) INCORRETA. Se o prejuízo fosse de $ 50.000, após absorver todas as reservas de lucros, incluindo a reserva legal, ainda restariam $ 20.000. Esse valor poderia ou não ser absorvido em parte pelos $ 15.000,00 de reservas de capital.

(Resposta: opção d)

Exercício 8

Limite da reserva legal = 20% (capital realizado + correção do capital realizado) = 20% (3.000 − 500 + 900) = 680 < 700. Logo, o valor da reserva legal está incorreto, pois ultrapassou o valor do limite obrigatório.

Com base no art. 199 da Lei nº 6.404/1976, o saldo das reservas de lucros, exceto para as contingências, incentivos fiscais e lucros a realizar, não poderá ultrapassar o capital social (realizado + correção monetária do capital). Assim:

700 + 800 + 2.000 = 3.500 > 3.000 − 500 + 900 = 3.400 (não pode)

(Resposta: opção a)

Exercício 9

De acordo com o art. 195-A da Lei nº 6.404/1976, a assembleia geral poderá, por proposta dos órgãos de administração, destinar para a reserva de incentivos fiscais a parcela do lucro líquido decorrente de doações ou subvenções governamentais para investimentos, que poderá ser excluída da base de cálculo do dividendo obrigatório.

(Resposta: opção d)

Exercício 10

De acordo com o art. 202 da Lei nº 6.404/1976, os acionistas têm direito a receber como dividendo obrigatório, em cada exercício, a parcela dos lucros estabelecida no estatuto ou, se este for <u>omisso</u>, a importância determinada de acordo com as seguintes normas:

I – metade do lucro líquido do exercício, diminuído ou acrescido dos seguintes valores:

a) importância destinada à constituição da reserva legal (art. 193); e,

b) importância destinada à formação da reserva para contingências (art. 195) e reversão da mesma reserva formada em exercícios anteriores.

De acordo com o § 2º do referido artigo, quando o estatuto for omisso e a assembleia geral deliberar por alterá-lo para introduzir norma sobre a matéria, o dividendo obrigatório não poderá ser inferior a 25% (vinte e cinco por cento) do lucro líquido ajustado nos termos do inciso I deste artigo. Por fim:

Dividendo mínimo = 25% (R$ 480.000,00 – R$ 40.000,00) = R$ 110.000,00.

(Resposta: opção c)

Exercício 11

Conforme visto na questão anterior, se o estatuto era omisso e, posteriormente, irá regular norma sobre os dividendos, o valor destes não poderá ser inferior a 25% do lucro líquido, ajustado nos termos do art. 202 da Lei nº 6.404/1976.

(Resposta: opção d)

Exercício 12

A reserva legal será igual a 5% do lucro líquido final apurado na DRE. Assim:

Lucro líquido = lucro antes do IR – IR – participações sobre o lucro.

IR = 30% R$ 150.000,00 = R$ 45.000,00.

Participação sobre o lucro =10% (R$ 150.000,00 – R$ 45.000,00) = R$ 10.500,00.

Lucro líquido = R$ 150.000,00 – R$ 45.000,00 – R$ 10.500,00 = R$ 94.500,00.

Reserva legal = 5% R$ 94.500,00 = R$ 4.725,00.

(Resposta: opção c)

Exercício 13

Lucro líquido = R$ 2.400,00 – R$ 1.600,00 = R$ 800,00

Reserva estatutária = 4% R$ 800,00 = R$ 32,00

Reserva legal:

Limite = 20% R$ 1.000,00 = R$ 200,00

Saldo anterior + 5% lucro líquido = R$ 100,00 + 5% R$ 800,00 = R$ 140,00.

Logo, o valor a ser destinado à reserva legal será de 5% de R$ 800,00, ou seja, R$ 40,00, tendo em vista que o seu saldo atual (saldo anterior + 5% lucro líquido) não ultrapassou o seu limite (20% do capital social).

(Resposta: opção a)

Exercício 14

De acordo com o parágrafo único do art. 189 da Lei nº 6.404/1976, o prejuízo do exercício será "obrigatoriamente" absorvido pelos lucros acumulados, pelas reservas de lucros e pela reserva legal, nessa ordem.

A partir da Lei nº 11.638/2007, a conta Lucros Acumulados, apesar de não ter sido extinta da contabilidade (Lei nº 6.404/1976, art. 186), foi extinta do balanço (Lei nº 6.404/1976, art. 178, § 2º, alínea d), acarretando que sempre terá saldo zero ao FINAL do exercício social.

Logo, podemos inferir que o primeiro item a ser absorvido pelo prejuízo são as reservas estatutárias e a reserva de incentivos fiscais. Apesar da reserva legal ser também reserva de lucro, ela só poderá ser absorvida após a absorção de todas as outras reservas de lucros. Daí, após absorver todas as reservas estatutárias e a reserva de incentivos fiscais, ainda restarão 3.000,00 de prejuízo, os quais absorverão parte da reserva legal, ficando esta com saldo remanescente de 3.000,00.

(Resposta: opção a)

Exercício 15

Com base no art. 198 da Lei nº 6.404/1976, a destinação dos lucros para constituição das reservas de que trata o art. 194 (reserva estatutária) e a retenção nos termos do art. 196 (reserva de investimentos) não poderão ser aprovadas, em cada exercício, em prejuízo da distribuição do dividendo obrigatório (art. 202).

(Resposta: opção c)

Exercício 16

Em primeiro lugar, iremos determinar o valor do Lucro Líquido (LL) da seguinte forma:

LL = 180.000 − 95.000 − 7.000 − 8.000 = 70.000.

Tendo em vista que o estatuto da empresa Rentábil é omisso em relação aos dividendos (não estabelece o percentual desses sobre o Lucro Líquido), com base no art. 202 da Lei nº 6.404/1976, o valor dos dividendos será de metade do Lucro Líquido ajustado nos termos do referido artigo. Assim:

$$\text{Dividendo} = \frac{LL - \text{Reserva Legal}}{2} = \frac{70.000 - 5\% \cdot 70.000}{2} = R\$ \ 33.250,00$$

(Resposta: opção d)

Exercício 17

Lucro antes do IR e CSLL	150.000
(–) IR e CSLL	(40.000)
(–) Participação de empregados	(10.000)
(=) Base de cálculo dos administradores	100.000
(–) Participação dos administradores [= 10% de 100.000]	(10.000)
(=) Lucro líquido do exercício	90.000

Lucro líquido ajustado nos termos do art. 202 da Lei nº 6.404/1976 (LLA):

LLA = Lucro líquido – destinação para reserva legal – destinação para reserva de contingências + reversão de reserva para contingências = 90.000 – 5% 90.000 = 85.500

Finalmente: Dividendos = 30% 85.500 = 25.650

(Resposta: opção b)

Exercício 18

Lucro Operacional	70.000,00
(–) IR e CSLL	(15.000,00)
(–) Participação de Empregados	(7.000,00)
(=) Lucro Líquido	48.000,00

....

Reserva Legal = 5% R$ 48.000,00 = R$ 2.400,00

(Resposta: opção d)

Exercício 19

Lucro líquido ajustado = 100.000,00 – 5% 100.000,00 – 35.000,00 = 60.000

Dividendos propostos = 25% 60.000,00 = 15.000,00

PATRIMÔNIO LÍQUIDO:

Saldo (31/12/X1)	530.000,00
(+) Lucro Líquido	100.000,00
(–) Dividendos	(15.000,00)
Saldo (31/12/X2)	615.000,00

(Resposta: opção c)

Exercício 20

Distribuição transitória do Lucro Líquido:

Lucro Líquido	200.000,00
(–) Reserva Legal	(10.000,00)
(–) Reserva Estatutária	(5.000,00)
(–) Reserva para Investimentos	(20.000,00)
(–) Dividendos (estatuto)	(95.000,00)
(=) Lucros Acumulados	70.000,00

Obs.: A Reserva de Ágio na Subscrição de Ações e as Reserva de Alienação de Bônus de Subscrição não foram consideradas, pois são reservas de capital e não reservas de lucros. Somente estas alteram o saldo de Lucros Acumulados.

(Resposta: opção b)

Comentário extra: De acordo com o § 6º do art. 202 da Lei nº 6.404/1976, os lucros não destinados para as reservas de lucros (arts. 193 ao 197) deverão ser distribuídos como dividendos. Assim, os R$ 70.000,00 em Lucros Acumulados são transitórios, pois serão somados aos dividendos de R$ 95.000,00, ficando estes com saldo definitivo de R$ 165.000,00 e a conta Lucros Acumulados com saldo final zero, não aparecendo, portanto, no balanço de 31/12/2008. Assim, a distribuição definitiva do Lucro Líquido será:

Lucro Líquido	200.000,00
(–) Reserva Legal	(10.000,00)
(–) Reserva Estatutária	(5.000,00)
(–) Reserva p/Investimentos	(20.000,00)
(–) Dividendos (propostos p/adm.)	(165.000,00)
(=) Lucros Acumulados	ZERO

Exercício 21

De acordo com o art. 193 da Lei nº 6.404/1976, do lucro líquido do exercício, cinco por cento serão aplicados, antes de qualquer outra destinação, na constituição de reserva legal, que não excederá de vinte por cento do capital social.

Doutrinariamente, alguns autores consideram o capital social subscrito, outros, o capital social realizado. Nesta obra, consideramos o capital social realizado, baseado no fato de que o § 2º do art. 182 da referida lei se refere à correção monetária do capital realizado, de forma que tal correção deve ser acrescida ao capital social (realizado) para a aplicação do percentual de 20%.

Caso se adote a primeira corrente doutrinária, ou seja, limite igual a 20% do capital social subscrito, não se deve considerar a referida correção, tendo em vista que não há nenhuma lógica em somar capital social subscrito com correção do capital social realizado.

Conforme o § 1º do art. 193, a companhia poderá deixar de constituir a reserva legal no exercício em que o saldo dessa reserva, acrescido do montante das reservas de capital (exceto a correção do capital realizado), exceder de 30% do capital social.

(Resposta: opção d)

Exercício 22

Em geral, a reversão de uma reserva de lucro, que é a sua transferência para a conta lucros acumulados, se dá em função do objetivo de constituição da reserva ter sido alcançado ou deixado de existir.

No caso da reserva legal, que é a única reserva de lucro obrigatória, não há sentido algum em se falar de reversão dessa reserva, visto que ela é de constituição incondicional.

Em outras palavras, não há sentido em dizer que o objetivo da reserva legal foi alcançado ou deixou de existir.

Não só isso, mas de acordo com o § 2º do art. 193 da Lei nº 6.404/1976, a reserva legal tem por fim assegurar a integridade do capital social e somente poderá ser utilizada para compensar prejuízos ou aumentar o capital.

(Resposta: opção c)

Exercício 23

Conforme o art. 195-A da Lei nº 6.404/1976, a assembleia geral poderá, por proposta dos órgãos de administração, destinar para a reserva de incentivos fiscais a parcela do lucro líquido decorrente de doações ou subvenções governamentais para investimentos, que poderá ser excluída da base de cálculo do dividendo obrigatório (inciso I do *caput* do art. 202 desta Lei).

Também, de acordo com o art. 202 da mesma lei, os acionistas têm direito de receber como dividendo obrigatório, em cada exercício, a parcela dos lucros estabelecida no estatuto ou, se este for omisso, a importância determinada de acordo com as seguintes normas:

I – metade do lucro líquido do exercício diminuído ou acrescido dos seguintes valores:

a) importância destinada à constituição da reserva legal (art. 193);
b) importância destinada à formação da reserva para contingências (art. 195) e reversão da mesma reserva formada em exercícios anteriores.

(Resposta: opção d)

Exercício 24

Formação de Reserva Legal:

D – Lucros Acumulados

C – Reserva Legal

Distribuição de Dividendos:

D – Lucros Acumulados

C – Dividendos a Pagar

(Resposta: opção c)

Exercício 25

O primeiro passo é calcularmos o IR e CSLL com base no lucro real (= lucro fiscal), lembrando que pela legislação tributária somente a participação de empregados e debenturistas é dedutível desse lucro para efeito de cálculo dos referidos tributos. Assim:

Lucro Real = 230.000 – 30.000 = 200.000

IR e CSLL = 25% 200.000 = 50.000

Lucro Líquido = Lucro antes do IR e CSLL – IR e CSLL – Participações = 230.000 – 50.000 – 20.000 – 30.000 = 130.000

Com base no art. 202 da Lei nº 6.404/76, o lucro líquido ajustado para o cálculo dos dividendos pode ser obtido da seguinte forma:

Lucro líquido – valor destinado à Reserva Legal = 130.000 – 5% 130.000 = 123.500

Por fim, o valor dos dividendos será de 30% 123.500 = 37.050

(Resposta: opção b)

Comentário extra: Com base no parágrafo 6º do art. 202 da Lei 6.404/76, os lucros não destinados para as reservas de lucros DEVERÃO ser pagos como dividendos. Assim, visto que somente 15% (= 5% + 10%) do lucro líquido foram destinados às reservas de lucros, O CERTO é que fosse destinado ao pagamento dos dividendos 85% do lucro líquido, ou seja, R$ 104.975,00 e não R$ 37.050,00. Este último valor seria apenas o valor MÍNIMO que a empresa deveria pagar de dividendos aos acionistas, no caso em que a parte remanescente do lucro líquido fosse destinada à constituição de outras reservas de lucros. Infelizmente, muitos ainda ignoram as alterações mais recentes da Lei nº 6.404/76.

Exercício 26

Limite de saldo da Res. Legal = 20% Capital Realizado = 20% 4.600.000 = 920.000

....

5% Lucro Líquido = 5% 2.400.000 = 120.000

....

Se somarmos o saldo anterior da Reserva Legal (R$ 880.000,00) com 5% do Lucro Líquido (R$ 120.000), encontraremos R$ 1.000.000, valor este maior que o limite.

Dessa forma, será destinado a essa reserva o máximo possível até que atinja o limite, ou seja, serão destinados à referida reserva apenas R$ 40.000, ficando o seu saldo exatamente igual ao limite máximo obrigatório (R$ 920.000).

(Resposta: opção a)

Exercício 27

A Reserva de Lucros a Realizar é a única reserva cujo cálculo depende do cálculo dos dividendos, ou seja, não é possível calcular essa reserva sem primeiro calcular os dividendos.

Assim, o primeiro passo é calcularmos os dividendos, os quais serão de 50% do lucro líquido ajustado nos termos do art. 202 da Lei nº 6.404/76, isto é, 50% do lucro líquido excluído do valor a ser destinado à Reserva Legal (5% do lucro líquido), tendo em vista que o estatuto é omisso com relação a esses dividendos:

Dividendos = 50% (400.000,00 − 5% 400.000,00) = 190.000,00

Agora, o próximo passo é calcularmos a parcela realizada do lucro líquido (art. 197), excluindo do mesmo a soma do resultado positivo na equivalência patrimonial (R$ 200.000,00 com os lucros em vendas a prazo para recebimento após o exercício seguinte (vendas a prazo para recebimento em 2011 = 80.000,00), isto é, 400.000,00 − 200.000,00 − 80.000,00 = 120.000,00.

Finalmente, o valor da Reserva de Lucros a Realizar será igual à diferença entre os dividendos calculados (190.000,00) e a parcela realizado do lucro líquido (120.000,00), ou seja, 70.000,00.

(Resposta: opção b)

Comentário extra: Os Dividendos calculados de 190.000,00 não são os que realmente serão pagos aos acionista. Após a constituição da referida reserva no valor de 70.000,00, eles cairão para 120.000,00, isto é, o valor a pagar aos acionistas irá coincidir com a parcela realizada do lucro líquido, tendo em vista que o objetivo da referida reserva é postergar o pagamento dos dividendos sobre a parcela NÃO realizado do lucro líquido.

Posteriormente, quando os 70.000,00 ou parte deles se realizarem FINANCEIRAMENTE (dinheiro) essa reserva será utilizada para o pagamento dos primeiros dividendos que forem declarados após tal realização.

Exercício 28

De acordo com o art. 195 da Lei nº 6.404/76, a assembleia geral poderá, por proposta dos órgãos da administração, destinar parte do lucro líquido à formação de reserva com a finalidade de compensar, em exercício futuro, a diminuição do lucro decorrente de perda julgada provável, cujo valor possa ser estimado. Tal reserva é chamada de RESERVA DE CONTINGÊNCIAS.

(Resposta: opção e)

Exercício 29

Sendo o estatuto omisso com relação aos dividendos, os valor desses será de 50% do lucro líquido ajustado nos termos do art. 202 da Lei 6.404/76.

Se, posteriormente, for introduzido no estatuto norma sobre os dividendos, o valor mínimo dos mesmos a ser introduzido no estatuto será de 25% do lucro líquido ajustado nos termos do art. 202 da Lei 6.404/76, que é o caso da companhia em questão. Assim, teremos:

Dividendos = 25% (1.048.000,00 – 48.000,00) = 250.000,00

(Resposta: opção b)

Exercício 30

De acordo com o art. 194 da Lei 6.404/76, o "**estatuto**" poderá criar reservas desde que, para cada uma:

I – indique, de modo preciso e completo, a sua finalidade;

II – fixe os critérios para determinar a parcela anual dos lucros líquidos que serão destinados à sua constituição; e

III – estabeleça o limite máximo da reserva.

Dessa forma, visto que tal reserva deve ser totalmente descrita no ESTATUTO, ela é chamada de RESERVA ESTATUTÁRIA.

(Resposta: opção b)

Exercício 31

- Limite da Reserva Legal = 20% Capital Social (Realizado) = 20% 2.500.000,00 = 500.000,00
- 5% do Lucro Líquido = 50.000,00

No entanto, não poderão ser destinados 50.000,00 para a Reserva Legal, visto que ultrapassaria o limite obrigatório.

Logo, serão destinados apenas **20.000,00**, ficando o saldo dessa reserva igual ao limite obrigatório.

No caso dos dividendos, sendo o estatuto omisso com relação aos mesmos, o valor desses será de 50% do lucro líquido subtraído do valor destinado à Reserva Legal:

50% (1.000.000,00 – 20.000,00) = 490.000,00

(Resposta: opção b)

Capítulo 12

Demonstração dos Fluxos de Caixa (DFC)

1. Conceito

A DFC é a demonstração contábil que evidencia as variações nas disponibilidades de uma entidade e os fluxos de entradas e saídas de disponibilidades (fluxos de caixa) que as geraram.

Assim, suponhamos, por exemplo, que no balanço de 31/12/X1 uma empresa tenha a seguinte situação de disponibilidades:

Caixa	R$ 15.875,00
BCM	R$ 46.875,00
Aplicações de Liquidez Imediata	R$ 14.000,00
Total das Disponibilidades	R$ 76.750,00

Suponhamos também que a mesma empresa no balanço de 31/12/X2 apresentasse o seguinte:

Caixa	R$ 12.625,00
BCM	R$ 62.000,00
Aplicações de Liquidez Imediata	R$ 19.125,00
Total das Disponibilidades	R$ 93.750,00

Logo, a variação das disponibilidades no exercício social de X2 seria de R$ 93.750,00 – R$ 76.750,00, ou seja, R$ 17.000,00.

Nesse caso, ao fazer a DFC de 31/12/X2, a empresa iria evidenciar de forma sistemática as entradas e saídas de dinheiro que levaram as disponibilidades a aumentarem nessa quantia.

Nota: De acordo com o item 6 do Pronunciamento Técnico CPC 03 (R2) – Demonstração dos Fluxos de Caixa, *FLUXOS DE CAIXA* são as entradas e saídas de caixa e equivalentes de caixa, tendo em vista que, conforme o mesmo CPC, a expressão "*CAIXA*" compreende numerário em espécie e depósitos bancários disponíveis.

2. DISPONIBILIDADES

Para efeitos de elaboração da DFC, as disponibilidades incluem o dinheiro em tesouraria (Caixa), o dinheiro em conta-corrente bancária (Bancos Conta Movimento) e as aplicações financeiras de liquidez imediata (= equivalente de caixa, ou seja, aplicações que se transformarão em dinheiro com prazo de resgate não superior a três meses).

Cabe ressaltar, no entanto, que a expressão "CAIXA" para efeitos do CPC 03 (R2) – Demonstração dos Fluxos de Caixa – não compreende apenas a conta "Caixa" mas também a conta "BCM" (Bancos Conta Movimento). Assim, teremos:

> CAIXA (conforme CPC 03) = Conta "Caixa" + Conta "BCM"

3. EQUIVALENTES DE CAIXA

São investimentos que, apesar de não estarem em forma de moeda, podem ser instantaneamente convertidos nesta, sendo pouco provável a alteração de seus valores. Havendo aplicações em equivalentes de caixa numa sociedade anônima, esta deverá em notas explicativas às demonstrações contábeis esclarecer sobre os critérios utilizados para a identificação de tais investimentos.

Em geral, as aplicações em títulos, públicos ou privados, de renda fixa resgatáveis num prazo máximo de 3 meses da data de aquisição do título, tais como CDB e RDB prefixados, poupança, títulos de dívida pública etc. são considerados equivalentes de caixa.

Obs. 1: Um título de dívida pública com vencimento máximo de 3 meses ou adquirido no máximo em 3 meses da data de seu vencimento é considerado equivalente de caixa. No entanto, um título de dívida pública comprado há dois anos não será considerado equivalente de caixa quando faltarem 3 meses para sua maturidade.

Obs. 2: Corroborando as definições acima, o item 6 do Pronunciamento Técnico CPC 03 (R2) – Demonstração dos Fluxos de Caixa – define que EQUIVALENTES DE CAIXA são aplicações financeiras de curto prazo, de alta liquidez, que são prontamente conversíveis em montante conhecido de caixa e que estão sujeitas a um insignificante risco de mudança de valor.

4. OBRIGATORIEDADE DA DFC

Com base no art. 176 da Lei nº 6.404/1976, a partir das alterações impostas pela Lei nº 11.638/2007, a DFC é obrigatória às sociedades por ações. No entanto, de acordo com o § 6º do mesmo artigo, a companhia fechada com patrimônio líquido, na data do balanço, inferior a R$ 2.000.000,00 (dois milhões de reais) não será obrigada à elaboração e publicação da demonstração dos fluxos de caixa. Além disso, o Pronunciamento Técnico CPC 26 (R1) – Apresentação das Demonstrações Contábeis – elenca no seu item 10 a DFC como integrante do CONJUNTO COMPLETO das demonstrações contábeis.

5. FLUXOS DE CAIXA – CLASSIFICAÇÃO

De modo geral, numa entidade podemos destacar três tipos de ATIVIDADES, as quais definirão três tipos de fluxos de caixa:

- Fluxo das atividades operacionais;
- Fluxo das atividades de investimento;
- Fluxo das atividades de financiamento.

O item 6 do CPC 03 (R2), dá as seguintes definições:

ATIVIDADES OPERACIONAIS são as principais atividades geradoras de receita da entidade e outras atividades que não são de investimento e tampouco de financiamento.

ATIVIDADES DE INVESTIMENTO são as referentes à aquisição e à venda de ativos de longo prazo e de outros investimentos não incluídos nos equivalentes de caixa.

ATIVIDADES DE FINANCIAMENTO são aquelas que resultam em mudanças no tamanho e na composição do capital próprio e no capital de terceiros da entidade.

Assim, por exemplo, se uma empresa comercial vende ou compra mercadorias à vista ou "paga" despesas comerciais ou administrativas, esses fluxos irão compor o fluxo das atividades operacionais na elaboração da DFC, tendo em vista que esses fatos estão relacionados às operações para que esse tipo de empresa atinja a sua atividade fim. Por outro lado, se esse mesmo tipo de empresa comprar ou vender à vista, por exemplo, veículos ou móveis para uso, isso não é atividade operacional e sim atividade de investimento. No entanto, caso esse mesmo tipo de empresa obtenha dinheiro através de empréstimos bancários (capital de terceiros) ou através de emissão de novas ações (capital próprio) isso não é atividade operacional e nem de investimento e sim de financiamento.

Obs. 1: De acordo com o item 9 do CPC 03 (R2) – Demonstração dos Fluxos de Caixa, os fluxos de caixa **excluem** movimentos entre itens que constituem caixa ou equivalentes de caixa porque esses componentes são parte da gestão de caixa da entidade e, não, parte de suas atividades operacionais, de investimento e de financiamento. A gestão de caixa inclui o investimento do excesso de caixa em equivalentes de caixa. Assim, por exemplo, se uma empresa realiza retiradas bancárias para reforço de caixa em tesouraria, isso não é fluxo algum, pois o saldo total das disponibilidades não se altera com esse tipo de operação.

Obs. 2: Os fluxos de caixa necessariamente têm que envolver entradas e saídas de caixa (incluindo bancos) e equivalentes de caixa. Assim, por exemplo, compras de matérias-primas à vista, para uma indústria, são consideradas saídas nos fluxos de atividades operacionais. Já no caso de compras de matérias-primas a prazo, isso não é fluxo algum, dado que não envolve movimentação de disponibilidades. Cabe, no entanto, neste caso ressaltar que os pagamentos das duplicatas referentes a essas compras de matérias-primas a prazo são considerados integrantes das saídas dos fluxos de atividades operacionais na elaboração da DFC dessa indústria, visto que altera o saldo das disponibilidades e está ligado à atividade fim da empresa industrial.

No caso, por exemplo, de uma compra de imóvel à vista, isso compõe as saídas dos fluxos das atividades de investimento. Porém, se essa compra de imóvel for a prazo, mediante um financiamento bancário, isso não é fluxo algum, visto que não há movimentação das disponibilidades. Todavia, o pagamento das parcelas desse financiamento na aquisição desse imobilizado é considerado saída nos fluxos das atividades de financiamento.

6. Fluxos das Atividades Operacionais (FAO)

São aqueles referentes às atividades principais da entidade. No caso de uma empresa comercial, por exemplo, são as atividades ligadas à compra e revenda de mercadorias, incluindo os gastos com despesas comerciais e administrativas. No caso de uma indústria, são as atividades ligadas desde as compras de matérias-primas até as vendas dos produtos prontos incluindo também as despesas comerciais e administrativas.

Conforme o item 14 do CPC 03 (R2), os fluxos de caixa advindos das atividades operacionais são basicamente derivados das principais atividades geradoras de receita da entidade. Portanto, eles geralmente resultam de transações e de outros eventos que entram na apuração do lucro líquido ou prejuízo.

Os fluxos das atividades operacionais são identificados pelas entradas (recebimentos) e pelas saídas (pagamentos) da seguinte forma:

ENTRADAS

- Recebimentos dos clientes referentes às vendas realizadas à vista e das duplicatas referentes às vendas a prazo, bem como dos adiantamentos de clientes para entrega futura de bens ou serviços.
- Recebimentos de dividendos de participações no capital de outras sociedades.
- Recebimento de juros de empréstimos concedidos.
- Recebimentos de caixa decorrentes de *royalties*, honorários, comissões e outras receitas.
- Recebimentos de caixa por venda de contratos mantidos para negociação imediata ou disponíveis para venda futura (a entidade pode manter títulos e empréstimos para fins de negociação imediata ou futura – *dealing or trading purposes*, os quais, no caso, são semelhantes estoques adquiridos especificamente para revenda).
- Recebimentos diversos, os quais, regra geral, não podem ser classificados juntamente com os fluxos de financiamento ou investimento, tais como os recebimentos de aluguéis de imóveis, os recebimentos de seguradoras referentes a sinistros em estoques, recebimentos referentes a ganhos de causa em sentenças judiciais etc.

SAÍDAS

- Pagamentos a fornecedores referentes às compras à vista e pagamentos das duplicatas referentes às compras a prazo, bem como adiantamentos em dinheiro a fornecedores para recebimento futuro de matérias-primas ou mercadorias para revenda.
- Pagamentos de salários a funcionários.

- Pagamentos de tributos e multas.
- Pagamento de juros de empréstimos obtidos.
- Pagamento de seguros.
- Pagamentos de caixa por compra de contratos mantidos para negociação imediata ou disponíveis para venda futura etc.

Obs.: Algumas transações, como a venda de item do imobilizado, podem resultar em ganho ou perda, que é incluído na apuração do lucro líquido ou prejuízo. Os fluxos de caixa relativos a tais transações são fluxos de caixa provenientes de atividades de <u>investimento</u>. Entretanto, pagamentos em caixa para a produção ou a aquisição de ativos mantidos para aluguel a terceiros que, em sequência, são vendidos, conforme descrito no item 68A do Pronunciamento Técnico CPC 27 – Ativo Imobilizado, são fluxos de caixa advindos das atividades operacionais. Os recebimentos de aluguéis e das vendas subsequentes de tais ativos são também fluxos de caixa das atividades operacionais.

7. Fluxos das Atividades de Investimento (FAI)

Em geral, esses fluxos são aqueles relacionados aos aumentos ou reduções dos ativos de lenta realização, incluindo os fluxos referentes aos investimentos permanentes no capital de outras sociedades, tais como compra ou venda de ações de coligadas ou controladas. Tais fluxos incluem também os desembolsos e recebimentos de empréstimos e financiamentos <u>concedidos</u>. Desta forma, podemos exemplificar as entradas e saídas nesses fluxos da seguinte forma:

ENTRADAS

- Recebimentos de caixa resultantes da venda de ativo imobilizado, intangíveis e outros ativos de longo prazo.
- Recebimentos de caixa provenientes da venda de instrumentos patrimoniais ou instrumentos de dívida de outras entidades e participações societárias em *joint ventures* (exceto aqueles recebimentos referentes aos títulos considerados como equivalentes de caixa e aqueles mantidos para negociação imediata ou futura).
- Recebimentos de caixa pela liquidação de adiantamentos ou amortização de empréstimos concedidos a terceiros (exceto aqueles adiantamentos e empréstimos de instituição financeira);
- Recebimentos de caixa por contratos futuros, a termo, de opção e *swap*, exceto quando tais contratos forem mantidos para negociação imediata ou venda futura, ou os recebimentos forem classificados como atividades de financiamento.

SAÍDAS

- Pagamentos em caixa para aquisição de ativo imobilizado, intangíveis e outros ativos de longo prazo. Esses pagamentos incluem aqueles relacionados aos custos de desenvolvimento ativados e aos ativos imobilizados de construção própria.

- Pagamentos em caixa para aquisição de instrumentos patrimoniais ou instrumentos de dívida de outras entidades e participações societárias em *joint ventures* (exceto aqueles pagamentos referentes a títulos considerados como equivalentes de caixa ou aqueles mantidos para negociação imediata ou futura).
- Adiantamentos em caixa e empréstimos feitos a terceiros (exceto aqueles adiantamentos e empréstimos feitos por instituição financeira).
- Pagamentos em caixa por contratos futuros, a termo, de opção e *swap*, exceto quando tais contratos forem mantidos para negociação imediata ou futura, ou os pagamentos forem classificados como atividades de financiamento etc.

8. Fluxos das Atividades de Financiamento (FAF)

Estão relacionados a empréstimos, financiamentos e à captação de recursos junto a sócios e investidores na companhia em geral.

Assim, por exemplo, se uma empresa contrai um empréstimo bancário, a entrada do dinheiro é fluxo positivo no FAF. Na época de quitação do empréstimo (somente o principal), a saída do dinheiro é fluxo negativo no FAF. Cabe lembrar que o pagamento dos juros não é FAF e sim FAO (Fluxo das Atividades Operacionais), conforme já mencionado antes.

O aumento do capital social em dinheiro, por exemplo, também é fluxo positivo classificado como FAF.

Abaixo, temos os principais casos de FAF:

ENTRADAS

- Caixa recebido pela emissão de ações ou outros instrumentos patrimoniais.
- Caixa recebido pela emissão de debêntures, empréstimos, notas promissórias, outros títulos de dívida, hipotecas e outros empréstimos de curto e longo prazos etc.

SAÍDAS

- Pagamentos em caixa a investidores para adquirir ou resgatar ações da Entidade.
- Amortização de empréstimos e financiamentos.
- Pagamentos em caixa pelo arrendatário para redução do passivo relativo a arrendamento mercantil financeiro.
- Pagamentos de participações de investidores sobre os lucros da empresa.
- Pagamentos de dividendos.
- Pagamentos referentes a resgate ou reembolso de ações.
- Pagamento no resgate de debêntures etc.

Obs. 1: Os pagamentos dos financiamentos referentes às aquisições a prazo de bens do ativo investimentos imobilizado ou intangível é FAF. No entanto, os pagamentos à vista dos mesmos bens devem ser classificados como FAI.

Obs. 2: Empréstimos bancários são geralmente considerados como atividades de financiamento. Entretanto, saldos bancários a descoberto, decorrentes de empréstimos obtidos por meio de instrumentos como cheques especiais ou contas-correntes garantidas que são liquidados em curto lapso temporal compõem parte integral da gestão de caixa da entidade. Nessas circunstâncias, saldos bancários a descoberto são incluídos como componente de caixa e equivalentes de caixa, isto é, não constituem fluxo algum, pois não alteram o valor das disponibilidades. Uma característica desses arranjos oferecidos pelos bancos é que frequentemente os saldos flutuam de devedor para credor.

9. Métodos de Elaboração da DFC

São dois os métodos de elaboração: Método Direto e Método Indireto. Essencialmente, o que irá fazer a diferença entre um e outro método é a forma de evidenciação dos Fluxos das Atividades Operacionais, pois as formas de apresentar os Fluxos das Atividades de Investimento e os Fluxos das Atividades de Financiamento nos dois métodos são exatamente as mesmas.

10. Método Direto

Para a elaboração da DFC deve-se evidenciar os três tipos de fluxos existentes.

Conforme comentado anteriormente, na evidenciação dos referidos fluxos o que irá fazer a diferença entre o método direto e o indireto é a forma de apresentar os fluxos das atividades operacionais.

No método direto a apresentação dos Fluxos das Atividades Operacionais consiste na exposição direta das entradas (recebimentos) e saídas (pagamentos).

Exemplo: Suponhamos as seguintes operações ocorridas na empresa comercial Rio Branco S.A. ao longo do exercício social de X1:

(1) Compra de mercadorias à vista no valor de 1.680.
(2) Compra de mercadorias a prazo no valor de 2.090.
(3) Venda de mercadorias à vista no valor de 3.700 ao custo de 1.960.
(4) Venda de mercadorias a prazo no valor de 2.100 ao custo de 1.170.
(5) Recebimento de duplicatas referente às vendas a prazo realizadas em X0 no valor de 1.400.
(6) Pagamento de duplicatas referentes às compras a prazo realizadas em X0 no valor de 1.700.
(7) Pagamento de salários de X1 no valor de 1.440.
(8) Depreciação de imóveis referente ao exercício de X1 no valor de 380.

Assim, a apresentação dos Fluxos das Atividades Operacionais em 31.12.X1 pelo método direto pode ser feita da seguinte forma:

FAO

Recebimentos de clientes *(3.700 + 1.400)*	5.100
Pagamentos a fornecedores *(1.680 + 1.700)*	(3.380)
Pagamentos de salários	(1.440)
	280

11. ATIVOS E PASSIVOS OPERACIONAIS

No próximo item estudaremos que as variações em ativos e passivos operacionais constituem ajustes do lucro ou prejuízo líquido na elaboração da DFC pelo método indireto. Para isso, daremos aqui as seguintes definições:

➢ ATIVO CIRCULANTE FINANCEIRO – É a parte do ativo circulante composta exclusivamente pelas disponibilidades, ou seja:
- Caixa
- BCM
- Aplicações de Liquidez Imediata

➢ ATIVO CIRCULANTE OPERACIONAL – É todo o ativo circulante, exceto as disponibilidades:
- Duplicatas a Receber
- Estoques
- Impostos a Recuperar
- Despesas Pagas Antecipadamente etc.

➢ ATIVO REALIZÁVEL A LONGO PRAZO FINANCEIRO – NÃO existe.
➢ ATIVO REALIZÁVEL A LONGO PRAZO OPERACIONAL – É raro, mas pode ocorrer, como, por exemplo, duplicatas a receber após o exercício seguinte, despesas antecipadas a serem apropriadas após o exercício seguinte, estoques realizáveis após o exercício seguinte etc.

Observação:

No caso do ATIVO INVESTIMENTOS, IMOBILIZADO OU INTANGÍVEL, **não há** nenhuma possibilidade da classificação desse grupo como operacional ou financeiro.

➢ PASSIVO CIRCULANTE FINANCEIRO – Basicamente, é composto pela captação de recursos junto a terceiros, através de empréstimos, financiamentos ou emissão de debêntures. Também são considerados nesse grupo os dividendos a pagar aos acionistas e as participações estatutárias sobre o lucro a pagar aos empregados, administradores e debenturistas.

- ➢ **PASSIVO CIRCULANTE OPERACIONAL** – É composto pelas obrigações ordinárias do dia-a-dia da empresa no seu funcionamento, tais como, duplicatas a pagar, salários a pagar, impostos a recolher, encargos sociais a recolher etc. Basicamente, podemos dizer que essa parte do passivo é composta por todo o passivo circulante, exceto o passivo circulante financeiro.
- ➢ **PASSIVO NÃO CIRCULANTE FINANCEIRO** – É compostos pelos mesmos itens do passivo circulante financeiro, com prazo de pagamento após o exercício seguinte.
- ➢ **PASSIVO NÃO CIRCULANTE OPERACIONAL** – É de existência menos comum, mas possível, como, por exemplo, duplicatas a pagar após o exercício seguinte e impostos parcelados a pagar com vencimento das prestações após o término do exercício seguinte.

12. Método Indireto

A evidenciação dos Fluxos das Atividades Operacionais pelo método indireto tem como ponto de partida o Resultado Líquido do exercício (Lucro ou Prejuízo Líquido do exercício).

A elaboração dos FAO pelo método indireto consiste basicamente em converter o Lucro (ou Prejuízo) Líquido do exercício obtido da DRE, o qual foi apurado pelo regime de competência, naquele que seria se fosse apurado pelo regime de caixa.

Para ajustar o resultado líquido do exercício ao regime de caixa, existem duas etapas:

1ª ETAPA – EXCLUIR as despesas e receitas que não representam saídas e entradas de dinheiro e INCLUIR as despesas e receitas de competência de outros exercícios, cujos pagamentos e recebimentos se deram no exercício atual.

Dessa forma, temos os seguintes exemplos de ajustes:

- Despesas de depreciação, amortização e exaustão – Devem ser somadas ao lucro líquido ou subtraídas do prejuízo líquido, visto que reduziram o lucro líquido ou aumentaram o prejuízo líquido, sem a correspondente saída de dinheiro.
- Despesa de equivalência patrimonial – Deve ser somada ao lucro líquido ou subtraída do prejuízo líquido pela mesma razão anterior.
- Receita de equivalência patrimonial – Deve ser subtraída do lucro líquido ou somada ao prejuízo líquido, pois aumentou o lucro líquido ou reduziu o prejuízo líquido, sem a correspondente entrada de dinheiro.
- Aumento do saldo de receitas diferidas do balanço passado para o balanço atual – Se, por exemplo, no balanço de 31/12/X1 o saldo da conta Receita Diferida de Aluguéis era de R$ 12.000,00 e no balanço de 31/12/X2 o saldo dessa conta aumentou para R$ 15.000,00, significa que os R$ 12.000,00 em dinheiro entraram no exercício de X1, mas a receita integrou o lucro (ou prejuízo) líquido de X2 e os R$ 15.000,00 em dinheiro entraram em X2, mas a receita integrou o lucro (ou prejuízo) líquido de X3. Assim, supondo que o resultado de X2 seja de lucro líquido, na elaboração da DFC de 31/12/X2 pelo método indireto, devemos excluir os R$ 12.000,00 e incluir os R$ 15.000 a esse lucro líquido, isto é, devemos SOMAR a variação positiva de R$ 3.000,00 em receitas diferidas ao lucro líquido de X2 na elaboração da DFC de X2.

- Redução do saldo de receitas diferidas do balanço passado para o balanço atual – Analogamente ao raciocínio anterior, deve ser subtraída do lucro líquido ou somada ao prejuízo líquido na elaboração da DFC pelo método indireto.

2ª ETAPA – As variações positivas em ativos circulantes (ou realizáveis a longo prazo) e passivos circulantes (ou não circulantes) <u>operacionais</u> devem ser, respectivamente, subtraídas e somadas ao lucro líquido e as variações negativas em ativos circulantes (ou realizáveis a longo prazo) e passivos circulantes (ou não circulantes) <u>operacionais</u> devem ser, respectivamente, somadas e subtraídas ao lucro líquido. No caso de prejuízo líquido, basta inverter as regras acima.

Assim, por exemplo, se a conta "Clientes" nos balanços de X1, X2 e X3 apresentar, respectivamente, saldos de R$ 11.000,00; R$ 15.000,00 e R$ 13.000,00, no ajuste do lucro líquido da DFC de X2 deve ser subtraída a variação positiva de Clientes no valor de R$ 4.000,00 e ser somada ao lucro líquido de X3 na elaboração da DFC desse ano a variação negativa na referida conta no valor de R$ 2.000,00.

A explicação lógica é a seguinte: o saldo de R$ 11.000,00 na conta Clientes no balanço de X1 significa que a receita de vendas integrou o lucro desse ano, mas o recebimento ocorreu em X2. Da mesma forma, o saldo de Clientes de R$ 15.000,00 no balanço de X2 significa que a receita de vendas integrou o lucro desse ano, mas o recebimento se deu em X3.

Dessa forma, na elaboração da DFC de X2, devem ser somados ao lucro líquido de X2 os R$ 11.000,00 e ser subtraídos os R$ 15.000,00, ou seja, deve-se subtrair a variação positiva de R$ 4.000,00.

Considerando ainda o exemplo da empresa Rio Branco S.A. do item 10, iremos calcular o lucro líquido e as variações nos saldos das contas relacionadas às atividades operacionais:

- Lucro líquido = 3.700 + 2.100 – 1.960 – 1.170 – 1.440 – 380 = 850
- Variação do saldo de Clientes = 2.100 – 1.400 = 700
- Variação do saldo de Mercadorias = 1.680 + 2.090 – 1.960 – 1.170 = 640
- Variação do saldo de Fornecedores = 2.090 – 1700 = 390

Assim, na apresentação dos Fluxos das Atividades Operacionais pelo método indireto teríamos:

Lucro Líquido	850
(+) Depreciação	380
(–) Aumento em Clientes	(700)
(–) Aumento em Mercadorias	(640)
(+) Aumento em Fornecedores	390
	280

Com relação às variações positivas ou negativas nos ativos ou passivos operacionais, são 4 (quatro) o número de regras básicas para ajuste do lucro ou prejuízo líquido na elaboração da DFC pelo método indireto, ressaltando que as variações em ativos ou passivos financeiros não afetam em nada os Fluxos das Atividades Operacionais nos ajustes do lucro ou prejuízo líquido para elaboração da DFC pelo método indireto:

1ª Regra) As variações positivas em itens do Ativo Circulante (ou Realizável a Longo Prazo) Operacional devem ser subtraídas do lucro líquido (ou somadas ao prejuízo líquido). Assim, por exemplo, se no balanço de uma determinada empresa em 31/12/X0 o valor dos Estoques era de R$ 12.000 e no balanço de 31/12/X1 subiu para R$ 15.600, a variação positiva foi de R$ 3.600. No ajuste do lucro líquido para a determinação do valor do FAO na DFC de 31/12/X1, essa variação positiva deve ser subtraída do lucro líquido (ou somada ao prejuízo líquido). A explicação lógica e matemática dessa regra é a seguinte: Lembrando que CMV = EI + C − EF, se houve variação positiva no estoque, significa que o EF aumentou em relação ao inicial. Dessa forma, o CMV cairá dessa diferença, aumentando assim o lucro líquido. No entanto, esse aumento não é porque entrou dinheiro e sim porque houve variação positiva no valor nos estoques. Logo, para que o lucro líquido corresponda efetivamente à entrada de dinheiro, deve-se subtrair do seu valor essa variação positiva, lembrando que na DFC pelo método indireto o lucro líquido deve ser ajustado a fim de que corresponda efetivamente à entrada de dinheiro. A mesma lógica deve ser usada no caso de prejuízo líquido, lembrando que este deve ser tratado como se fosse um lucro líquido com sinal negativo.

2ª Regra) As variações negativas em itens do Ativo Circulante (ou Realizável a Longo Prazo) Operacional devem ser somadas ao lucro líquido (ou subtraídas do prejuízo líquido).

Assim, por exemplo, se no balanço de uma determinada empresa em 31/12/X0 o valor dos Estoques era de R$ 6.700 e no balanço de 31/12/X1 reduziu para R$ 4.100, a variação negativa foi de R$ 2.600. Essa variação negativa deve ser somada ao lucro líquido na DFC de 31/12/X1.

A lógica disso é a seguinte: Se o estoque final reduziu em relação ao inicial, o CMV aumentará dessa variação, reduzindo o lucro líquido de R$ 2.600. Como isso não representa saída de dinheiro e sim redução de estoques, devemos somar os R$ 2.600 ao lucro líquido para que o mesmo corresponda efetivamente à entrada de dinheiro.

3ª Regra) As variações positivas em itens do Passivo Circulante (ou Não Circulante) Operacional devem ser somadas ao lucro líquido (ou subtraídas do prejuízo líquido). Assim, por exemplo, se no balanço de 31/12/X0 o saldo de Duplicatas a Pagar era de R$ 12.700 e no balanço de 31/12/X1 era de R$ 15.000, a variação positiva foi de R$ 2.300. Esse valor deve ser somado ao lucro líquido na DFC de 31/12/X1.

A lógica é a seguinte: Se houve variação positiva em Duplicatas a Pagar, significa que houve aumento do valor das compras a prazo nesse valor. Na fórmula CMV = EI + C − EF, aumenta o valor de "C" (Compras), aumentando assim o valor do CMV, reduzindo, portanto, o lucro líquido, sem ter saído dinheiro. Logo, para que este corresponda efetivamente à entrada de dinheiro, deve-se somar essa variação ao mesmo.

4ª Regra) As variações negativas em itens do Passivo Circulante (ou Não Circulante) Operacional devem ser subtraídas do lucro líquido (ou somadas ao prejuízo líquido). Assim, por exemplo, se o saldo de ICMS a Recolher no balanço de 31/12/X0 era de R$ 1.200 e no balanço de 31/12/X1 era de R$ 500, a variação negativa foi de R$ 700. Este valor deve ser subtraído do lucro líquido na elaboração da DFC de 31/12/X1. A lógica é a seguinte: O ICMS de R$ 1.200 é despesa se X0 mas seu pagamento se deu em X1. Dessa forma, não afetou o lucro líquido de X1, mas o dinheiro saiu em X1. Para que o lucro líquido de X1 corresponda efetivamente à entrada de dinheiro, devemos subtrair os R$ 1.200 do lucro líquido de X1. Já o ICMS de R$ 500 diminuiu o lucro líquido de X1, mas o dinheiro só saiu em janeiro de X2. Nesse caso, devemos somar os R$ 500 ao lucro líquido de X1. Resumindo, devemos subtrair os R$ 1.200 e somar os R$ 500 ao lucro líquido de X1, ou seja, devemos subtrair a diferença de R$ 700.

No caso das **Perdas Estimadas em Créditos de Liquidação Duvidosa** (PECLD), antiga "Provisão para Devedores Duvidosos" ou "Provisão para Créditos de Liquidação Duvidosa", podemos subtrair seu valor das Duplicatas a Receber e trabalharmos no ajuste do lucro líquido com o conceito de variação no saldo LÍQUIDO de Duplicatas a Receber.

Assim, por exemplo, se no balanço de uma empresa em 31/12/X0 o saldo de Duplicatas a Receber fosse de R$ 45.000 e das PECLD de R$ 2.000, o saldo líquido de Duplicatas a Receber seria de R$ 43.000. Se na mesma empresa o saldo de Duplicatas a Receber em 31/12/X1 fosse de R$ 67.000 e das PECLD de R$ 5.000, o saldo líquido de Duplicatas a Receber seria de R$ 62.000. Logo, a variação líquida em Duplicatas a Receber seria positiva de R$ 19.000, variação essa, como já visto, que deveria ser subtraída do lucro líquido na elaboração da DFC de 31/12/X1.

EXERCÍCIO RESOLVIDO: Balanço da Comercial Castelo S.A. em 31/12/X1:

ATIVO		PASSIVO	
CIRCULANTE		CIRCULANTE	
Caixa	6.700	Salários a Pagar	900
Bancos	13.000	Duplicatas a Pagar	10.800
Mercadorias	20.400	Dividendos a Pagar	2.300
Duplicatas a Receber	29.000	IR a Pagar	7.300
PECLD	(700)		21.300
	68.400		
NÃO CIRCULANTE		PATRIMÔNIO LÍQUIDO	
Realizável LP		Capital Social	65.000
Promissórias a Receber	11.000	Reserva Legal	9.100
Imobilizado			74.100
Veículos	20.000		
Depreciação Acumulada	(4.000)		
TOTAL DO ATIVO	95.400	TOTAL DO PASSIVO	95.400

Nota: As Promissórias a Receber de R$ 11.000 constituem empréstimos da empresa concedidos a diretores.

Ao longo do exercício de X2, ocorreram os seguintes fatos:

(1) Aumento do capital com a emissão de novas ações, mediante depósito bancário de R$ 11.000.
(2) Pagamento de IR no valor de R$ 7.300 com emissão de cheques da empresa.
(3) Pagamento dos salários de dezembro de X1 no valor de R$ 900.
(4) Pagamento de dividendos com cheques da empresa no total de R$ 2.300.
(5) Compra de mercadorias à vista no valor de R$ 5.100.
(6) Compra de mercadorias a prazo com aceite de duplicatas de R$ 16.200.
(7) Venda de mercadorias à vista no valor de R$ 39.500 ao custo de R$ 17.600.
(8) Venda de mercadorias a prazo ao custo de R$ 11.300 com emissão de duplicatas de R$ 32.700.
(9) Pagamento de duplicatas no valor de R$ 14.700 com juros de R$ 1.100
(10) Recebimento de duplicatas no valor de R$ 28.800 com juros de R$ 1.700.
(11) Recebimento de promissórias no valor de R$ 9.000.
(12) Obtenção de empréstimo bancário no valor de R$ 8.900 para pagamento em X4.
(13) Pagamento de despesas gerais no valor de R$ 11.900 com cheques da empresa.
(14) Compra de um terreno à vista no valor de R$ 12.700.
(15) Apropriação de salários (janeiro a dezembro) no valor total de R$ 12.000.
(16) Pagamento de salários (janeiro a novembro) no valor total de R$ 11.000.
(17) Depreciação de veículos em 20%.
(18) Baixa de duplicatas incobráveis no valor de R$ 200,00.
(19) Reversão de PECLD (Perdas Estimadas em Créditos de Liquidação Duvidosa) no valor de R$ 500,00
(20) Constituição de PECLD no valor de R$ 1.500.

Assim, supondo exclusivamente as operações acima, faça:

I. A DRE em 31/12/X2;
II. O Balanço Patrimonial em 31/12/X2;
III. A DFC pelo método direto em 31/12/X2;
IV. A DFC pelo método indireto em 31/12/X2.

Informações adicionais:
1) Suponha o Imposto de Renda igual a 15% do lucro real (desconsidere a CSLL).
2) Constitua Reserva Legal, conforme Lei nº 6.404/1976.
3) O estatuto da cia. fixou os dividendos em 40% do lucro líquido após a Reserva Legal.
4) O saldo remanescente em Lucros Acumulados foi destinado à Reserva Especial.

(SOLUÇÃO)

Capital Social		Caixa			Bancos		
	65.000		6.700	900 (3)	13.000	7.300	(2)
	11.000 (1)	(7)	39.500	5.100 (5)	(1) 11.000	2.300	(4)
	76.000	(10)	30.500	15.800 (9)	(12) 8.900	11.900	(13)
		(11)	9.000	12.700 (14)	11.400		
				11.000 (16)			
			40.200				

Duplicatas a Receber		Empréstimos a Pagar		Mercadorias		
29.000	28.800 (10)		8.900 (12)	20.400	17.600	(7)
(8) 32.700				(5) 5.100	11.300	(8)
32.900	200 (18)	Terreno		(6) 16.200		
32.700		(14) 12.700		12.800		

Promissórias a Receber		Duplicatas a Pagar		IR a Pagar		
11.000	9.000 (11)	(9) 14.700	10.800	(2) 7.300	7.300	
2.000			16.200 (6)		**2.400**	(c)
			12.300			

Veículos		Depreciação Acumulada		Salários a Pagar		
20.000			4.000	(3) 900	900	
			4.000 (17)	(16) 11.000	12.000	(15)
			8.000		1.000	

Vendas		Depreciação		Salários		
	39.500 (7)	(17) 4.000	**4.000** (a)	(15) 12.000	**12.000**	(a)
	32.700 (8)					
(b) 72.200	72.200					

Reversão de PECLD		Despesa c/ PECLD		PECLD		
(b) 500	500 (19)	(20) 1.500	**1.500** (a)	(18) 200	700	
				(19) 500	1.500	(20)
					1.500	

Despesas Gerais		CMV				
(13) 11.900	**11.900** (a)	(7) 17.600				
		(8) 11.300				
		28.900	**28.900** (a)			

Juros Passivos		Juros Ativos		Dividendos a Pagar		
(9) 1.100	**1.100** (a)	**(b) 1.700**	1.700 (10)	(4) 2.300	2.300	
					4.788	(g)

Apuração do Resultado				IR (Despesa)				Reserva Especial		
(a)	4.000	72.200	(b)	(c)	2.400	2.400	(d)		7.182	(h)
(a)	12.000	1.700	(b)							
(a)	11.900	500	(b)	Reserva Legal				Lucros Acumulados		
(a)	28.900				9.100			(f)	630	12.600	(e)
(a)	1.500				630	(f)		(g)	4.788	
(a)	1.100				9.730			(h)	7.182	
(d)	2.400	15.000	(LAIR)							
(e)	12.600	12.600	(LL)							

LEGENDA:

LAIR: Lucro Antes do Imposto de Renda

LL: Lucro Líquido

Nota 1: O IR será de 15% de (15.000 + 1.500 – 500), ou seja, 15% de 16.000 = 2.400, visto que a despesa com PECLD é indedutível e a receita de reversão de PECLD é não tributável na apuração do LUCRO REAL, sendo este a base de cálculo do IR.

Nota 2: Reserva Legal = 5% de 12.600 = 630

Nota 3: Dividendos (estatuto) = 40% (12.600 – 630) = 4.788

DESCRIÇÃO DAS OPERAÇÕES CONTABILIZADAS NOS RAZONETES:

(1) a (20): Contabilização dos 20 fatos

(a) Encerramento das despesas

(b) Encerramento das receitas

(c) Contabilização do IR

(d) Encerramento da conta "Despesa c/ IR"

(e) Transferência do Lucro Líquido da conta ARE (Apuração do Resultado) para a conta Lucros Acumulados

(f) Contabilização da Reserva Legal

(g) Distribuição dos Dividendos, conforme estatuto

(h) Saldo remanescente em Lucros Acumulados para Reserva Especial

DRE em 31/12/X2:

Vendas	72.200
CMV	(28.900)
(=) Lucro Bruto	**43.300**
(−) Despesa com PECLD	(1.500)
(−) Despesas Gerais	(11.900)
(−) Salários	(12.000)
(−) Depreciação	(4.000)
(+) Reversão de PECLD	500
(−) Juros Passivos	(1.100)
(+) Juros Ativos	1.700
(=) LAIR	**15.000**
(−) IR	(2.400)
(=) Lucro Líquido	**12.600**

BALANÇO em 31/12/X2:

ATIVO		PASSIVO	
Circulante		**Circulante**	
Caixa		Salários a Pagar	1.000
	40.200	Duplicatas a Pagar	12.300
Bancos	11.400	IR a Pagar	2.400
Mercadorias	12.800	Dividendos a Pagar	4.788
Duplicatas a Receber	32.700		20.488
PECLD	(1.500)	**Não Circulante**	
	95.600	Empréstimos a Pagar	8.900
Realizável LP		**Patrimônio Líquido**	
Promissórias a Receber	2.000	Capital Social	76.000
Imobilizado		Reserva Legal	9.730
Terrenos	12.700	Reserva Especial	7.182
Veículos	20.000		92.912
Depreciação Acumulada	(8.000)		
	24.700		
TOTAL DO ATIVO	**122.300**	**TOTAL DO PASSIVO**	**122.300**

DFC em 31/12/X2 (pelo Método Direto)

FLUXOS DAS ATIVIDADES OPERACIONAIS
Recebimento de Clientes [39.500 + 28.800] 72.200
Recebimento de Juros 1.700
Pagamentos a Fornecedores [5.100 + 14.700] .... (19.800)
Pagamentos de Despesas Gerais .... (11.900)
Pagamentos de Salários .... (11.900)
Pagamentos de Impostos .... (7.300)
Pagamentos de Juros .... <u>(1.100)</u>
18.000
FLUXOS DAS ATIVIDADES DE INVESTIMENTO
Recebimento de Promissórias 9.000
Aquisição de Terrenos .... <u>(12.700)</u>
(3.700)
FLUXOS DAS ATIVIDADES DE FINANCIAMENTO
Realização de Capital 11.000
Empréstimos Bancários 8.900
Pagamento de Dividendos .... <u>(2.300)</u>
17.600
Variação das Disponibilidades (18.000 – 3.700 + 17.600) 31.900

Disponibilidades (Balanço 31/12/X1)	*Disponibilidades (Balanço 31/12/X2)*
Caixa 6.700	Caixa 40.200
Bancos .... <u>13.000</u>	Bancos .... <u>11.400</u>
19.700	51.600

Variação das Disponibilidades (51.600 – 19.700) 31.900

DFC em 31/12/X2 (pelo Método Indireto)

FLUXOS DAS ATIVIDADES OPERACIONAIS
Lucro Líquido 12.600
(+) Depreciação 4.000
(+) Redução em Mercadorias [20.400 – 12.800] 7.600
(+) Aumento em Salários a Pagar [1.000 – 900] 100
(+) Aumento em Duplicatas a Pagar [12.300 – 10.800] 1.500
(–) Aumento "Líquido" em Dup. a Rec. [(32.700 – 1500) – (29.000 – 700)] .... (2.900)
(–) Redução de IR a Pagar [7.300 – 2.400] .... <u>(4.900)</u>
18.000
FLUXOS DAS ATIVIDADES DE INVESTIMENTO
Recebimento de Promissórias 9.000
Aquisição de Terreno .... <u>(12.700)</u>
(3.700)
FLUXOS DAS ATIVIDADES DE FINANCIAMENTO
Realização de Capital 11.000
Empréstimos Bancários 8.900
Pagamento de Dividendos .... <u>(2.300)</u>
17.600
Variação das Disponibilidades (18.000 – 3.700 + 17.600) 31.900

Disponibilidades (Balanço 31/12/X1)	**Disponibilidades (Balanço 31/12/X2)**
Caixa 6.700	Caixa 40.200
Bancos .... <u>13.000</u>	Bancos .... <u>11.400</u>
19.700	51.600

Variação das Disponibilidades (51.600 – 19.700) 31.900

Nota: A "prova real" da exatidão da DFC é a verificação de que o somatório dos três fluxos (18.000 – 3.700 + 17.600 = 31.900) é exatamente igual à variação das disponibilidades nos balanços (51.600 – 19.700 = 31.900).

Exercícios de Fixação

1. (INFRAERO – Auditor/Fundação Carlos Chagas) Dados extraídos da Demonstração de Resultado da Cia. Vinte e Um, em R$:
   - Lucro líquido do exercício 240.000,00
   - Resultado negativo na equivalência patrimonial 25.000,00
   - Ganho de capital na alienação de ativo imobilizado 38.000,00
   - Amortização de intangíveis 22.000,00

   Na elaboração da Demonstração dos Fluxos de Caixa pelo método indireto, a companhia deverá considerar como lucro ajustado para fins de determinação do fluxo de caixa da atividade operacional o valor de, em R$:
   a) 249.000,00;
   b) 240.000,00;
   c) 218.000,00;
   d) 211.000,00;
   e) 202.000,00.

2. (Agente Fiscal de Rendas – SP/Fundação Carlos Chagas) A empresa Novos Tempos S.A. tem, segundo a lei societária vigente, a obrigatoriedade de apresentar a Demonstração dos Fluxos de Caixa (DFC). Em determinado período, a empresa efetuou a venda de máquinas e equipamentos totalmente depreciados pelo valor de R$ 100.000,00, realizou aumento de capital no valor de R$ 1.000.000,00 e comprou *softwares* ligados ao processo produtivo à vista. Na DFC, do mesmo período, esses eventos geraram, respectivamente:
   a) aumento das fontes de investimento, aumento das fontes de financiamento e diminuição das fontes de investimento;
   b) aumento das fontes de financiamento, aumento das fontes de investimento e aumento das fontes de investimento;
   c) diminuição das fontes de investimento, diminuição das fontes de financiamento e diminuição das fontes de investimento;
   d) diminuição das fontes de financiamento, diminuição das fontes de investimento e aumento das fontes de investimento;
   e) diminuição das fontes de investimento, aumento das fontes de financiamento e aumento das fontes de financiamento.

3. (PETROBRAS – Contador Júnior/Fundação Cesgranrio) De acordo com o pronunciamento técnico CPC 03 (R1), na demonstração de fluxos de caixa, as mudanças no tamanho e na composição do capital próprio e no endividamento da entidade resultam de:
   a) atividades de financiamento;
   b) atividades de investimento;

c) atividades operacionais;
d) equivalentes de caixa;
e) fluxos de caixa.

4. (PETROBRAS – Contador Júnior/Fundação Cesgranrio) Considere as informações extraídas da Demonstração do Fluxo de Caixa (DFC) da Companhia Sacopá S.A., com dados em reais.

Recursos oriundos das atividades de financiamentos	53.000,00
Recursos aplicados nas atividades de investimentos	22.000,00
Recursos oriundos das atividades operacionais	27.000,00
Saldo de caixa no início do exercício social	10.000,00

Considerando exclusivamente as informações acima, o saldo de caixa no final do exercício social, em reais, será:
a) 55.000,00;
b) 58.000,00;
c) 68.000,00;
d) 102.000,00;
e) 109.000,00.

Gabarito Comentado

Exercício 1

Lucro líquido do exercício	240.000,00
(+) Resultado negativo na equivalência patrimonial	25.000,00
(–) Ganho de capital na alienação de ativo imobilizado	(38.000,00)
(+) Amortização de intangíveis	22.000,00
(=) Total do fluxo das atividades operacionais	249.000,00

(Resposta: opção a)

Exercício 2

Um "macete" para identificarmos na DFC quando um fluxo de caixa é de atividade de investimento é verificarmos se está associado a:

- Compra ou venda de itens do ativo investimento, imobilizado ou intangível.
- Empréstimos concedidos
- Compra ou venda de valores mobiliários de outras sociedades.
- Aplicações financeiras não imediatas.

Dessa forma, a venda de máquinas e equipamentos (ativo imobilizado) representa aumento das fontes de investimentos e a compra de softwares (ativo intangível) representa diminuição das fontes de investimento.

No caso dos fluxos das atividades de financiamento, o "macete" é identificarmos se está associado a passivo relacionado a empréstimos e financiamentos, além de obrigações relacionadas a pagamento de dividendos ou participações sobre o lucro da empresa, e fluxos de dinheiro relacionados a patrimônio líquido.

(Resposta: opção a)

Exercício 3

Conforme já comentado no exercício anterior, a forma de identificarmos os Fluxos das Atividades de Financiamento é verificarmos se a entrada ou saída de dinheiro está relacionada a passivos financeiros e patrimônio líquido, tais como:

- empréstimos ou financiamentos obtidos
- debêntures de emissão da companhia
- pagamento de participações sobre os lucros da empresa

– pagamento de dividendos
– patrimônio líquido (capital próprio)

(Resposta: opção a)

Exercício 4

A variação das disponibilidades deverá ser exatamente igual à soma algébrica dos três fluxos existentes. Assim:

Fluxo das atividades operacionais (positivo) 27.000,00

Fluxo das atividades de financiamento (positivo) 53.000,00

Fluxo das atividades de investimento (negativo) .... (22.000,00)

Total da variação das disponibilidades 58.000,00

Assim, o saldo final das disponibilidades será igual à soma do saldo inicial (10.000,00) com a sua variação (58.000,00), ou seja, 68.000,00.

(Resposta: opção c)

Capítulo 13

Demonstração do Valor Adicionado (DVA)

1. Conceito

A DVA é a demonstração contábil que evidencia a riqueza criada por uma entidade ao longo do exercício social sob a ótica do regime de competência e a forma como essa riqueza foi distribuída aos empregados (incluindo administradores e diretores), ao Governo (Federal, Estadual e Municipal), à remuneração de capitais de terceiros e aos sócios da entidade.

2. Obrigatoriedade

De acordo com o art. 176 da Lei nº 6.404/76, a DVA é obrigatória somente às companhias abertas.

3. Relação da DVA com a DRE

Ao passo que a DRE evidencia a apuração da riqueza criada que permanece na empresa na forma de lucro líquido, a DVA indica, além disso, a riqueza gerada e destinada a terceiros.

A DRE fornece quase todas as informações para a elaboração da DVA, sendo esta, portanto, baseada em regime de competência e não em regime de caixa. Em outras palavras, quando se fala em riqueza gerada e riqueza distribuída na elaboração da DVA, isso não tem nenhuma relação com dinheiro entrando ou saindo, ou seja, a DVA não possui nenhuma ligação com a DFC (Demonstração dos Fluxos de Caixa).

4. Estrutura da DVA

Com base no Pronunciamento Técnico CPC 09, podemos dividir a DVA em duas partes:

[1ª PARTE] – GERAÇÃO DO VALOR ADICIONADO: Evidencia a criação da riqueza da seguinte forma:

I. RECEITAS
- Receita na venda de mercadorias, produtos e serviços;
- Receita relativa à construção de ativos próprios;
- Outras receitas/despesas (lucro ou prejuízo na venda de bens do ativo investimentos, imobilizado ou intangível;
- Perdas Estimadas em Créditos de Liquidação Duvidosa (reversão ou constituição);
- Outros.

II. INSUMOS
- Custo das mercadorias, produtos e serviços vendidos;
- Materiais, energia, serviços de terceiros e outros;
- Perda/Recuperação de valores ativos;
- Fretes sobre vendas;
- Seguros;
- Outros.

Obs. 1: Conforme indicado acima, o CMV (Custo das Mercadorias Vendidas) é considerado INSUMO e seu cálculo é feito mediante o uso da seguinte fórmula: CMV = EI + Compras – EF. Já, no caso de uma indústria, temos o CPV (Custo dos Produtos Vendidos), o qual, em princípio, é obtido mediante a seguinte fórmula: CPV = EIPP + EIPF + MPA + MOD + CIF – EFPF – EFPP (*Legenda: EIPP: Estoque Inicial de Produtos Prontos; EIPF: Estoque Inicial de Produtos em Fabricação; MPA: Matéria-Prima Aplicada; MOD (Mão de Obra Direta); CIF: Custos Indiretos de Fabricação; EFPF: Estoque Final de Produtos em Fabricação; e EFPP: Estoque Final de Produtos Prontos*). No entanto, ao indicarmos o CPV como INSUMO na elaboração da DVA de uma indústria, não incluímos no seu cálculo a MOD (Mão de Obra Direta) e nem a MOI (Mão de Obra Indireta – está incluída "dentro" do CIF), visto que se trata de salários e encargos referentes ao pessoal da fábrica, os quais devem ser indicados na 2ª parte da DVA como valor adicionado distribuído aos empregados. O mesmo raciocínio também se aplica no caso de uma empresa prestadora de serviços, visto que no cálculo do CSV (Custo dos Serviços Vendidos) não devem ser considerados os salários do pessoal considerado mão de obra direta ou indireta no cálculo dos insumos, visto que devem ser indicados como valor adicionado distribuído ao

PESSOAL e não como insumos. Esse procedimento, além de lógico, tem por base o disposto no <u>item 14 do CPC 09</u>, o qual determina que *o custo dos produtos, das mercadorias e dos serviços vendidos inclui os valores das matérias-primas adquiridas junto a terceiros e contidas no custo do produto vendido, das mercadorias e dos serviços vendidos adquiridos de terceiros;* ***<u>não inclui gastos com pessoal próprio</u>***.

Obs. 2: No cálculo do CMV, CPV ou CSV <u>não devem</u> ser excluídos os tributos sobre compra de mercadorias, produtos ou materiais, visto que devem ser indicados na 2ª parte da DVA na apuração do valor adicionado distribuído ao Governo. Assim, por exemplo, se determinada empresa comercial comprasse, por exemplo, R$ 10.000,00 em mercadorias para revenda com ICMS de 17% e logo em seguida vendesse essas mercadorias por R$ 16.000,00 com ICMS também de 17%, supondo não haver estoques iniciais ou finais e nenhuma outra operação de compra ou venda, teríamos na elaboração da DVA um CMV indicado como insumo no valor de R$ 10.000,00 e não no valor de R$ 8.300,00, visto que no valor adicionado distribuído ao Governo Estadual seria indicado ICMS de 17% sobre a diferença entre aquele apurado na venda e aquele apurado na compra, ou seja, ICMS = 17% de R$ 6.000,00 = R$ 1.020. Cabe ressaltar que esse procedimento, além de lógico, tem por base o disposto no item 14 do CPC 09, o qual determina que ***nos valores dos custos dos produtos e mercadorias vendidos, materiais, serviços, energia etc. consumidos, devem ser considerados os tributos incluídos no momento das compras (por exemplo, ICMS, IPI, PIS e COFINS), recuperáveis ou não. Esse procedimento é <u>diferente</u>*** *das práticas utilizadas na* <u>***demonstração do resultado***</u>.

III. <u>VALOR ADICIONADO BRUTO</u> – É a diferença entre as Receitas e os Insumos.

IV. <u>DEPRECIAÇÃO, AMORTIZAÇÃO, EXAUSTÃO</u>.

V. <u>VALOR ADICIONADO LÍQUIDO PRODUZIDO PELA ENTIDADE</u> – É a diferença entre o Valor Adicionado Bruto e a Depreciação, Amortização e Exaustão.

VI. <u>VALOR ADICIONADO RECEBIDO EM TRANSFERÊNCIA</u> – Riqueza produzida por terceiros e transferida à entidade.
- Receita de juros
- Receita/Despesa de equivalência patrimonial
- Receita de dividendos
- Receita de *royalty*
- Outros

VII. VALOR ADICIONADO TOTAL A DISTRIBUIR – É a soma do Valor Adicionado Líquido Produzido pela Entidade e o Valor Adicionado Recebido em Transferência.

[2ª PARTE] – DISTRIBUIÇÃO DO VALOR ADICIONADO – Evidencia a distribuição da riqueza da seguinte forma:

I. PESSOAL
- Remuneração direta (salários, 13º salário, férias, honorários da diretoria, comissões, horas extras, participação de empregados nos lucros etc.
- Benefícios (assistência médica, alimentação, transporte, planos de aposentadoria etc.)
- FGTS (devido aos empregados e depositado em conta vinculada)

Nota: Ao passo que o FGTS integra o valor adicionado distribuído ao pessoal, o INSS integra o valor adicionado distribuído aos impostos federais.

II. **IMPOSTOS, TAXAS e CONTRIBUIÇÕES** (= V.A. distribuído ao Governo)
- Federais
- Estaduais
- Municipais

III. REMUNERAÇÃO DE CAPITAIS DE TERCEIROS
- Juros
- Aluguéis
- Outras

IV. REMUNERAÇÃO DE CAPITAIS PRÓPRIOS
- Juros sobre o capital próprio
- Dividendos
- Lucros retidos/Prejuízo do exercício

EXERCÍCIO RESOLVIDO: A partir da DRE da Comercial Jacutinga S.A., a qual não possui operações em descontinuidade, elabore a DVA:

Vendas de Mercadorias	180.000
(–) Devoluções de Vendas	(10.000)
(–) Descontos Incondicionais	(20.000)
(–) ICMS	(12.000)
(–) PIS	(1.000)
(–) Cofins	(5.000)
(=) Vendas Líquidas	132.000
(–) CMV	(51.000)
(=) Lucro Bruto	81.000
(–) Comissões sobre Vendas	(4.000)
(–) Fretes sobre Vendas	(2.800)
(–) PECLD	(1.200)
(–) Juros	(5.300)
(+) Juros Ativos	1.400
(–) Aluguéis	(2.700)
(–) Serviços de Terceiros	(7.200)
(–) IPTU	(800)
(–) Salários	(15.000)
(–) FGTS	(1.200)
(–) INSS	(1.600)
(–) Depreciação	(2.200)
(–) Despesa de Equivalência Patrimonial	(3.000)
(+) Reversão de PECLD	2.000
(+) Receita de *Royalty*	4.000
(–) Prejuízo na Venda de Terreno	(3.600)
(=) Lucro antes do IR e CSLL	37.800
(–) CSLL	(3.600)
(–) IR	(6.000)
(–) Participação de Empregados	(4.200)
(=) Lucro Líquido	24.000

Informações adicionais:

- O ICMS, o PIS e a Cofins incidentes nas compras de mercadorias foram, respectivamente, de R$ 3.600,00, R$ 330,00 e R$ 1.520,00.
- 40% do lucro líquido do exercício foram distribuídos como dividendos e o restante destinado às reservas de lucros.

(SOLUÇÃO)

GERAÇÃO DO VALOR ADICIONADO	
RECEITAS	
Vendas de Mercadorias	180.000
(–) Devoluções de Vendas	(10.000)
(–) Descontos Incondicionais	(20.000)
(–) PECLD	(1.200)
(+) Reversão de PECLD	2.000
(–) Prejuízo na Venda de Terreno	(3.600)
	147.200
(–) INSUMOS	
CMV (51.000 + 3.600 + 330 + 1.520)	(56.450)
Serviços de Terceiros	(7.200)
Fretes sobre Vendas	(2.800)
	66.450
(=) VALOR ADICIONADO BRUTO	80.750
(–) DEPRECIAÇÃO, AMORTIZAÇÃO, EXAUSTÃO	
Depreciação	(2.200)
(=) VALOR ADICIONADO LÍQUIDO	78.550
(+) VALOR ADICIONADO RECEBIDO EM TRANSFERÊNCIA	
Juros Ativos	1.400
Receita de Royalty	4.000
Despesa de Equivalência Patrimonial	(3.000)
	2.400
(=) VALOR ADICIONADO A DISTRIBUIR	80.950

DISTRIBUIÇÃO DO VALOR ADICIONADO	
PESSOAL	
Salários	15.000
FGTS	1.200
Comissões sobre Vendas	4.000
Participação de Empregados nos Lucros da Empresa	<u>4.200</u>
	24.400
IMPOSTOS, TAXAS e CONTRIBUIÇÕES FEDERAIS	
PIS (1.000 – 330)	670
Cofins (5.000 – 1.520)	3.480
INSS	1.600
IR	6.000
CSLL	3.600
ESTADUAIS	
ICMS (12.000 – 3.600)	8.400
MUNICIPAIS	
IPTU	<u>800</u>
	24.550
REMUNERAÇÃO DE CAPITAIS DE TERCEIROS	
Juros	5.300
Aluguéis	<u>2.700</u>
	8.000
REMUNERAÇÃO DE CAPITAIS PRÓPRIOS	
Dividendos	9.600
Lucros Retidos (Reservas de Lucros)	<u>14.400</u>
	24.000

Comentário extra: *De forma diferente da DRE elaborada pela forma "tradicional" (art. 187 da Lei nº 6.404/76), o CMV <u>não exclui</u> os tributos incidentes sobre compras. Daí, na apresentação dos insumos, o CMV foi **ajustado**, somando-se os tributos incidentes sobre compras ao seu valor, tendo em vista que na 2ª parte da DVA o ICMS, PIS e Cofins "efetivamente" distribuídos ao Governo não foram os apresentados explicitamente na DRE e sim a diferença desses e seus respectivos valores incidentes sobre compras, tendo em vista que a empresa fornecedora das mercadorias pode ter apresentado os respectivos valores em sua DVA como distribuídos ao Governo, evitando assim dupla contagem na apuração do PIB (Produto Interno Bruto) nacional.*

Exercícios de Fixação

1. (PETROBRAS – Contador Júnior/Fundação Cesgranrio) A Demonstração do Valor Adicionado (DVA) evidencia o(a):
   a) quanto de riqueza uma empresa adicionou, de que forma essa riqueza foi distribuída e quanto ficou retido na empresa;
   b) valor adicionado originado nas operações, os recursos oriundos das atividades de financiamento e o saldo de caixa no final do período;
   c) montante de riqueza que uma empresa adicionou, o quanto dessa riqueza foi distribuída para os agentes e acionistas e os lucros retidos na empresa sem destinação específica;
   d) receita adicionada pela empresa deduzida das despesas operacionais, exceto a financeira, e o total de lucros retidos em forma de reservas;
   e) riqueza adicionada pela empresa, a distribuição dos dividendos realizada e a variação do patrimônio líquido no exercício.

2. (Fiscal de Rendas – RJ/FGV – Adaptada) A Cia. Rubi efetuou as seguintes operações durante o ano de 2009:

Vendas	$ 100.000
Consumo de materiais adquiridos de terceiros	$ 20.000
Receitas financeiras	$ 8.000
Despesas de aluguel	$ 2.000
Receitas de aluguel	$ 1.000
Pagamento de salários	$ 24.000
Despesa financeira	$ 5.000
Impostos pagos	$ 2.000
Juros sobre capital próprio	$ 10.000
Despesa de depreciação	$ 5.000
Dividendos	$ 2.000
Despesa de seguros	$ 4.000
Serviço de terceiros	$ 12.000
Perdas Estimadas em créditos de liquidação duvidosa	$ 3.000

   Em 31.12.2009, o valor adicionado a distribuir da Cia. Rubi será de:
   a) $ 65.000;
   b) $ 68.000;
   c) $ 63.000;
   d) $ 69.000;
   e) $ 72.000.

3. **(Agente Fiscal de Rendas – SP/Fundação Carlos Chagas)** O valor da receita de equivalência patrimonial recebida pela empresa de controlada deve ser apresentado na DVA como:
   a) distribuição de riqueza – remuneração do capital de terceiros;
   b) receita criada pela entidade – outras receitas;
   c) receitas não operacionais – demais;
   d) valor adicionado recebido em transferência;
   e) distribuição de riqueza – remuneração de capital próprio.

4. **(Fiscal de Rendas – RJ/FGV)** A Cia. Petrópolis apresentava os seguintes dados para a montagem da Demonstração do Valor Adicionado em 31.12.X0:

Vendas	R$ 1.000,00
(incluído R$ 190,00 de impostos incidentes sobre vendas)	
Compra de matéria-prima	R$ 240,00
(incluído R$ 80,00 de impostos recuperáveis incidentes sobre as compras)	
Despesas de Salários	R$ 200,00
Despesas de Juros	R$ 140,00
Estoque inicial de matéria-prima	zero
Estoque final de matéria-prima	zero

   Assinale a alternativa que indique corretamente o valor adicionado a distribuir da Cia. Petrópolis em 31.12.X0.
   a) R$ 310,00;
   b) R$ 510,00;
   c) R$ 620,00;
   d) R$ 650,00;
   e) R$ 760,00.

(TCM – Pará – Auditor/FGV) Considerando somente os dados apresentados a seguir, responda às questões 5 e 6:

A Cia. BN vende o produto M. A empresa apresenta o seguinte Balanço em 01.10.X8:

ATIVO		PASSIVO + PATRIMÔNIO LÍQUIDO	
Disponibilidades	100.000	Fornecedores	50.000
Estoques	90.000	Contas a Pagar	40.000
Móveis e Utensílios	120.000	Capital Social	160.000
(–) Depreciação acumulada	– 50.000	Lucros Acumulados	10.000
Total	260.000	Total	260.000

Informações adicionais:
- o Estoque é constituído por 5.000 unidades de mercadorias M adquiridas por R$ 18,00 cada. A empresa adota o CMPM (Custo Médio Ponderado Móvel) – controle permanente;
- os Móveis e Utensílios são depreciados à taxa de 10% ao ano.
- A empresa efetuou as seguintes operações no mês de outubro de X8:

Data	Evento
02	Compra de 1.000 unidades de M por R$ 30,00 cada, para pagar em novembro/X8.
05	Compra de 2.000 unidades de M por R$ 20,00 cada, à vista.
10	Venda de 6.000 unidades de M por R$ 32,00 cada, sendo que metade à vista e metade a prazo para recebimento em 30 dias.
15	Venda de 1.000 unidades de M por R$ 31,00 cada, à vista.
22	Compra de 6.000 unidades de M por R$ 25,00, à vista.
25	Venda de 3.000 unidades de M por R$ 31,00 cada, à vista.
26	Pagamento de R$ 42.000,00 aos fornecedores e da totalidade do saldo das contas a pagar.
31	Reconhecimento e pagamento de despesas administrativas e comerciais no montante total de R$ 46.000,00, sendo R$ 30.000,00 relativos a serviços de terceiros e o restante a pessoal próprio.
31	Apropriação mensal da despesa de depreciação dos móveis e utensílios.

5. Determine o valor do estoque final de mercadorias em 31/outubro/X8.
   a) Menor que 87.000,00;
   b) Entre 87.000,01 e 89.000,00;
   c) Entre 89.000,01 e 94.000,00;
   d) Entre 94.000,01 e 99.000,00;
   e) Maior que 99.000,00.

6. Determine o percentual do valor adicionado que foi disponibilizado aos proprietários da entidade na forma de lucros retidos, em outubro/X8.
   a) Menor que 20%;
   b) Entre 20,01% e 40%;
   c) Entre 40,01% e 60%;
   d) Entre 60,01% e 80%;
   e) Maior que 80%.

Gabarito Comentado

Exercício 1

A DVA é dividida em duas partes:

<u>1ª PARTE</u> – GERAÇÃO DO VALOR ADICIONADO: Evidencia a riqueza gerada pela empresa.

<u>2ª PARTE</u> – DISTRIBUIÇÃO DO VALOR ADICIONADO: Evidencia como a empresa distribui a riqueza e quanto ficou retido.

(Resposta: opção a)

Exercício 2

RECEITAS	
Vendas	$ 100.000
Perdas estimadas em créditos de liquidação duvidosa	($ 3.000)
	$ 97.000
(–) INSUMOS	
Consumo de materiais adquiridos de terceiros	($ 20.000)
Despesa de seguros	($ 4.000)
Serviços de terceiros	($ 12.000)
	($ 36.000)
(–) DEPRECIAÇÃO	($ 5.000)
(+) VALOR ADICIONADO RECEBIDO EM TRANSFERÊNCIA	
Receitas financeiras	$ 8.000
Receitas de aluguel	$ 1.000
	$ 9.000
(=) VALOR ADICIONADO A DISTRIBUIR	$ 65.000

(Resposta: opção a)

Exercício 3

Valor adicionado recebido em transferência é a riqueza gerada em outra entidade. Dessa forma, são exemplos de itens que compõem o referido valor:

- Receita de aluguel
- Receita de juros
- Receita de dividendos
- Receita de equivalência patrimonial
- Receita de royalty
- etc.

(Resposta: opção d)

Exercício 4

RECEITAS	
Vendas brutas	R$ 1.000,00
(–) INSUMOS	
Custo da matéria-prima aplicada (zero + 240,00 – 80,00 – zero)	(R$ 160,00)
Impostos sobre compras de matérias-primas	(R$ 80,00)
	(R$ 240,00)
(=) VALOR ADICIONADO A DISTRIBUIR	R$ 760,00

(Resposta: opção e)

Comentário extra: Para calcularmos o CUSTO DA MATÉRIA-PRIMA APLICADA, utilizamos a seguinte fórmula: Estoque inicial de matéria-prima + Compra de matéria-prima – Impostos recuperáveis sobre compras – Estoque final de matéria-prima. Esse custo é considerado INSUMO na elaboração da DVA. No entanto, ao indicarmos o "verdadeiro" valor dos insumos na DVA, devemos fazê-lo como se os impostos sobre venda "não existissem", ou seja, devemos eliminar os seus efeitos, pois tais impostos deverão ser indicados na distribuição do valor adicionado ao Governo na 2ª parte da DVA. Desta forma, para que o cálculo da matéria-prima aplicada seja feito como se não houvesse impostos sobre compras, basta indicarmos logo abaixo o seu valor com sinal negativo também, isto é, – R$ 160,00 – R$ 80,00 = – R$ 240,00, valor este igual àquele que seria se na referida fórmula tivéssemos calculado como se tais impostos não existissem. Assim, na segunda parte da DVA (distribuição do valor adicionado), indicaríamos os referidos impostos pela DIFERENÇA entre aqueles incidentes nas vendas e os mesmos incidentes nas compras. No caso, essa diferença seria de R$ 190,00 – R$ 80,00, ou seja, R$ 110,00.

Exercício 5

CM (dia 2) = (R$ 18 × 5.000 + R$ 30 × 1.000) ÷ 6.000 = R$ 20,00

CM (dia 5) = (R$ 20 × 6.000 + R$ 20 × 2.000) ÷ 8.000 = R$ 20,00

CM (dia 22) = (R$ 20 × 1.000 + R$ 25 × 6.000) ÷ 7.000 = R$ 24,2857

Estoque final (dia 25 = dia 31) = (7.000 − 3.000) × R$ 24,2857 = R$ 97.142,80

(Resposta: opção d)

Exercício 6

GERAÇÃO DO VALOR ADICIONADO

RECEITAS

Vendas [R$ 32 × 6.000 + R$ 31 × 4.000] .... R$ 316.000,00

(−) INSUMOS

CMV [R$ 20 × 7.000 + R$ 24,2857 × 3.000] .... (R$ 212.857,10)

Serviços de terceiros .... (R$ 30.000,00)

(−) RETENÇÕES

Depreciação [R$ 120.000 × 10% ÷ 12] .... (R$ 1.000,00)

(=) VALOR ADICIONADO A DISTRIBUIR   R$ 72.142,90

Se do total do valor adicionado a distribuir no valor de R$ 72.142,90 apenas foram distribuídos R$ 16.000,00 (= R$ 46.000,00 − R$ 30.000,00) ao pessoal próprio e nada mais, concluímos que a sobra de R$ 72.142,90 − R$ 16.000,00 = **R$ 56.142,90** pode ser considerada o que foi distribuído aos proprietários na forma de lucros retidos.

Finalmente, o percentual do valor adicionado que foi disponibilizado aos proprietários na forma de lucros retidos será de R$ 56.142,90 ÷ R$ 72.142,90 = 77,82%.

(Resposta: opção d)

Capítulo 14

Demonstração do Resultado Abrangente (DRA)

1. Introdução

Em geral, a expressão "RESULTADO" se refere a lucro ou prejuízo, os quais são consequência do confronto entre as despesas e receitas indicadas na DRE (Demonstração do Resultado do Exercício). No entanto, há itens que não integram essa demonstração, mas têm o mesmo efeito final, que é o aumento ou redução do valor do patrimônio líquido. Daí a expressão "RESULTADO ABRANGENTE", visto que este inclui, além das contas de resultado propriamente ditas (receitas e despesas), as contas que não comparecem na DRE, mas também alteram o valor do patrimônio líquido, dado que são contas do patrimônio líquido, as quais integram o que chamamos de "outros resultados abrangentes".

Abaixo, temos a definição de "resultado abrangente" extraída do item 7 do Pronunciamento Técnico CPC 26 (R1) – Apresentação das Demonstrações Contábeis:

RESULTADO ABRANGENTE é a mutação que ocorre no patrimônio líquido durante um período que resulta de transações e outros eventos que não derivados de transações com sócios na qualidade de proprietários. Compreende TODOS os componentes da "demonstração do resultado" e da "demonstração dos outros resultados abrangentes".

> Resultado Abrangente = Resultado do Período + Outros Resultados Abrangentes

Assim, por exemplo, a "Receita de Vendas" integra o resultado do período e, consequentemente, integra o "Resultado Abrangente" da empresa, sendo indicada, portanto, na DRE. Já, por exemplo, um "Ajuste de Avaliação Patrimonial" em função da reavaliação de algum ativo não é uma conta de resultado, mas integra o valor do patrimônio líquido da empresa, sendo desta forma considerada "Outros" Resultados Abrangentes.

Cabe mencionar que os "Outros Resultados Abrangentes" se transformarão em algum momento no futuro em RESULTADO, integrando assim a DRE como receita ou despesa. Esse fenômeno contábil é denominado de AJUSTE DE RECLASSIFICAÇÃO, o qual é definido no item 7 do CPC 26 (R1) como *o valor <u>reclassificado</u> para o resultado no período corrente que foi inicialmente reconhecido como outros resultados abrangentes no período corrente ou em período anterior*. Assim, por exemplo, suponhamos que a Cia. Franciscana, a qual adquiriu em 01/12/X1 R$ 12.000,00 em ações da Cia. Azul, sendo esses ativos financeiros classificados como disponíveis para venda. Supondo que na data do balanço de 31/12/X1 avaliasse essas ações a valor justo de R$ 15.000,00, o seguinte lançamento contábil seria feito ao final do exercício de X1 para ajustar as referidas ações a valor justo:

D – Ativos Financeiros Disponíveis para Venda 3.000,00
C – Outros Resultados Abrangentes – Ajustes de Avaliação Patrimonial 3.000,00

Supondo que em X2 as referidas ações fossem reclassificadas como ativos financeiros mantidos para negociação imediata, e seu valor justo fosse estimado em R$ 17.600,00, de acordo com o Pronunciamento Técnico CPC 38 – Instrumentos Financeiros: Reconhecimento e Mensuração, os ativos financeiros <u>mantidos para negociação imediata</u> devem ser avaliados a valor justo por meio do resultado. Assim, teríamos as seguintes contabilizações:

Ajuste de reclassificação:
D – Outros Resultados Abrangentes – Ajustes de Avaliação Patrimonial 3.000,00
C – Receita de Ajustes de Avaliação Patrimonial 3.000,00

Reclassificação de ativos financeiros disponíveis para venda para mantidos para negociação imediata:
D – Ativos Financeiros Mantidos p/ Negociação Imediata 15.000,00
C – Ativos Financeiros Disponíveis para Venda 15.000,00

Avaliação a valor justo de R$ 15.000,00 para R$ 17.600,00:
D – Ativos Financeiros Mantidos p/ Negociação Imediata 2.600,00
C – Receita de Ajuste a Valor Justo 2.600,00

Observemos que no lançamento de ajuste de reclassificação, houve a reclassificação de "Outros Resultados Abrangentes" para o resultado como "receita" (também poderia haver a reclassificação como "despesa", caso a avaliação anterior a valor justo fosse para menor, antes da referida reclassificação).

Complementando o estudo dos AJUSTES DE RECLASSIFICAÇÃO, os itens 94 a 96 do CPC 26 (R1) determinam algumas regras com relação a esses ajustes. Abaixo, reproduzimos esses itens:

94. Os ajustes de reclassificação podem ser apresentados na demonstração do resultado abrangente ou nas notas explicativas. A entidade que apresente os ajustes de reclassificação nas notas explicativas deve apresentar os componentes dos outros resultados abrangentes após os respectivos ajustes de reclassificação.

95. Os ajustes de reclassificação são cabíveis, por exemplo, na baixa de investimentos em entidade no exterior (ver CPC 02), no desreconhecimento (baixa) de ativos financeiros disponíveis para venda (ver CPC 38) e quando transação anteriormente prevista e sujeita a hedge de fluxo de caixa afeta o resultado líquido do período (ver item 100 do CPC 38 no tocante à contabilização de operações de hedge de fluxos de caixa).

96. Ajustes de reclassificação não decorrem de mutações na reserva de reavaliação (quando permitida pela legislação vigente) reconhecida de acordo com os Pronunciamentos Técnicos CPC 27 – Ativo Imobilizado e CPC 04 – Ativo Intangível ou de ganhos e perdas atuariais de planos de benefício definido reconhecidos em consonância com o Pronunciamento Técnico CPC 33 – Benefícios a Empregados. Esses componentes são reconhecidos como outros resultados abrangentes e não são reclassificados para o resultado líquido em períodos subsequentes. As mutações na reserva de reavaliação podem ser transferidas para reserva de lucros retidos (ou nos prejuízos acumulados) no período em que forem reconhecidos como outros resultados abrangentes (ver CPC 33).

2. OUTROS RESULTADOS ABRANGENTES

O item 7 do CPC 26 (R1) determina que OUTROS RESULTADOS ABRANGENTES compreendem itens de receita e despesa (incluindo ajustes de reclassificação) que não são reconhecidos na demonstração do resultado como requerido ou permitido pelos Pronunciamentos, Interpretações e Orientações emitidos pelo CPC. Os componentes dos outros resultados abrangentes incluem:

variações na reserva de reavaliação quando permitidas legalmente (veja Pronunciamentos Técnicos CPC 27 – Ativo Imobilizado e CPC 04 – Ativo Intangível);

ganhos e perdas atuariais em planos de pensão com benefício definido reconhecidos conforme item 93A do Pronunciamento Técnico CPC 33 – Benefícios a Empregados;

ganhos e perdas derivados de conversão de demonstrações contábeis de operações no exterior (ver Pronunciamento Técnico CPC 02 – Efeitos das Mudanças nas Taxas de Câmbio e Conversão de Demonstrações Contábeis);

ajuste de avaliação patrimonial relativo aos ganhos e perdas na remensuração de ativos financeiros disponíveis para venda (ver Pronunciamento Técnico CPC 38 – Instrumentos Financeiros: Reconhecimento e Mensuração);

ajuste de avaliação patrimonial relativo à efetiva parcela de ganhos ou perdas de instrumentos de hedge em hedge de fluxo de caixa (ver também Pronunciamento Técnico CPC 38).

3. DEMONSTRAÇÃO DO RESULTADO ABRANGENTE (DRA)

A DRA é a demonstração contábil que, partindo do Lucro ou Prejuízo Líquido apurado ao final da DRE (Demonstração do Resultado do Exercício), indica em sequência todos os "Outros Resultados Abrangentes".

Exemplo de DRA:

Lucro Líquido	97.000,00
Outros Resultados Abrangentes	
Ajuste de Avaliação Patrimonial	10.000,00
Ajuste de Avaliação Patrimonial (reclassificado para o resultado)	(2.500,00)
Ajuste Acumulado de Conversão	(3.000,00)
Equivalência Patrimonial s/ Ganhos Abrangentes de Controladas	1.000,00
IR e CSLL s/ Outros Resultados Abrangentes	(1.080,00)
Total de Outros Resultados Abrangentes	4.420,00
Resultado Abrangente Total do Período	101.420,00

Obs. 1: O item 90 do CPC 26 (R1) determina que a entidade deve divulgar o montante do efeito tributário relativo a cada componente dos outros resultados abrangentes, incluindo os ajustes de reclassificação na demonstração do resultado abrangente ou nas notas explicativas.

Obs. 2: O item 91 do CPC 26 (R1) determina que os componentes dos outros resultados abrangentes podem ser apresentados: (a) líquidos dos seus respectivos efeitos tributários; ou (b) antes dos seus respectivos efeitos tributários, sendo apresentado em montante único o efeito tributário total relativo a esses componentes. No exemplo acima apresentamos a DRA conforme a alínea (b) do item 91 do CPC 26 (R1), visto que cada item componente dos Outros Resultados Abrangentes foi apresentado pelo seu valor bruto, ou seja, antes da dedução dos tributos sobre os lucros (IR e CSLL), de modo que esses tributos foram calculados em montante único da seguinte forma, supondo uma alíquota conjunta de 24%:

IR e CSLL = 24% (10.000,00 – 2.500,00 – 3.000,00) = 1.080,00

Nota: *No cálculo do IR e CSLL não foi computada a Equivalência Patrimonial s/ Ganhos Abrangentes de Controladas, visto que pela legislação desses tributos a Receita de Equivalência Patrimonial é considerada "não tributável".*

Exercícios de Fixação

1. Com relação à DRA (Demonstração do Resultado Abrangente), marque a opção que indica item não incluído nessa demonstração:
   a) Resultado líquido do período.
   b) Cada item dos outros resultados abrangentes classificados conforme sua natureza.
   c) Parcela dos outros resultados abrangentes de empresas investidas reconhecidas por meio do método de equivalência patrimonial.
   d) Resultado abrangente do período.
   e) Reservas de lucros originárias da distribuição do resultado.

2. As seguintes informações foram obtidas ao final do exercício social de X1 na Cia. Cometa para elaboração da DRA (Demonstração do Resultado Abrangente):
   - Receita de vendas de mercadorias 53.400,00
   - Custo das mercadorias vendidas 24.600,00
   - Despesas operacionais 13.800,00
   - Receita de equivalência patrimonial 6.000,00
   - Lucro na venda de imobilizado 3.000,00
   - Ajuste positivo de ativos financeiros disponíveis para venda 2.400,00
   - Equivalência Patrimonial sobre Perdas Abrangentes de Coligadas 900,00

   Admitindo que o IR e a CSLL têm alíquota conjunta de 24% sobre o lucro tributável apurado segundo a legislação desses tributos, na elaboração da DRA o resultado abrangente do exercício social de X1 da referida empresa foi de:
   a) 19.680,00;
   b) 22.080,00;
   c) 21.180,00;
   d) 20.604,00;
   e) 24.924,00.

Gabarito Comentado

Exercício 1

De acordo com o item 82A do CPC 26 (R1) – Apresentação das Demonstrações Contábeis, a demonstração do resultado abrangente deve, no mínimo, incluir as seguintes rubricas:

a) Resultado líquido do período.
b) Cada item dos outros resultados abrangentes classificados conforme sua natureza.
c) Parcela dos outros resultados abrangentes de empresas investidas reconhecidas por meio do método de equivalência patrimonial.
d) Resultado abrangente do período.

As destinações de reservas de lucros originárias do resultado são itens indicados na DLPA (Demonstração dos Lucros ou Prejuízos Acumulados) ou na DMPL (Demonstração das Mutações do Patrimônio Líquido) e não na DRA.

(Resposta: opção e)

Exercício 2

Lembrando que a DRA (Demonstração do Resultado Abrangente) tem como ponto de partida o Lucro (ou Prejuízo) Líquido apurado ao final da DRE (Demonstração do Resultado do Exercício), o primeiro passo é apurarmos esse resultado da seguinte forma:

Receita de vendas	53.400,00
(–) CMV	(24.600,00)
(=) Lucro bruto	28.800,00
(–) Despesas operacionais	(13.800,00)
(+) Receita de equivalência patrimonial	6.000,00
(+) Lucro na venda de imobilizado	3.000,00
(=) Lucro antes do IR e CSLL	24.000,00
(–) IR e CSLL [24% (24.000,00 – 6.000,00)]	(4.320,00)
(=) Lucro líquido	19.680,00

Agora podemos montar a DRA, partindo do Lucro Líquido apurado na DRE, da seguinte forma:

Lucro líquido	**19.680,00**
Outros Resultados Abrangentes:	
Ajuste positivo de ativos financeiros disponíveis para venda	2.400,00
(–) Equivalência Patrimonial sobre Perdas Abrangentes de Coligadas	(900,00)
(–) IR e CSLL s/ outros resultados abrangente (24% 2.400,00)	(576,00)
	924,00
Resultado abrangente do período	**20.604,00**

Nota: *A receita de equivalência patrimonial é **não tributável** pelo lucro que serve de base para o cálculo do IR e da CSLL e a equivalência patrimonial sobre perdas abrangentes de coligadas, quando for reclassificada para o resultado, dará origem a uma despesa **indedutível** no cálculo do mesmo lucro, razão pela qual não afetaram os cálculos desses tributos na DRE e na DRA.*

(Resposta: opção d)

CAPÍTULO 15

PRINCÍPIOS CONTÁBEIS

1. SIGNIFICADO

PRINCÍPIO é toda proposição diretora, à qual toda norma subsequente deve estar subordinada. Desse modo, os Princípios Contábeis são proposições básicas que sujeitam todas as normas contábeis seguintes à sua observância.

Atualmente, de acordo com a Resolução nº 750, de 1993, do CFC, já alterada pela Resolução nº 1.282, de 2010, os Princípios Contábeis são 6 (seis):

- Entidade
- Continuidade
- Oportunidade
- Registro pelo Valor Original
- Competência
- Prudência

Antes da Resolução nº 1.282/2010, eram 7 (sete) os Princípios Contábeis: os seis acima descritos mais o da ATUALIZAÇÃO MONETÁRIA. Após a referida resolução, a atualização monetária perdeu o *status* de princípio e passou a ser uma característica o Princípio do Registro pelo Valor Original.

2. RESOLUÇÃO CFC Nº 750/1993 (JÁ ALTERADA PELA CFC Nº 1.282/2010)

Resolução CFC nº 750/93

Dispõe sobre os Princípios de Contabilidade (PC).

O CONSELHO FEDERAL DE CONTABILIDADE, no exercício de suas atribuições legais e regimentais,

CONSIDERANDO a necessidade de prover fundamentação apropriada para interpretação e aplicação das Normas Brasileiras de Contabilidade,

RESOLVE:

CAPÍTULO I
DOS PRINCÍPIOS E DE SUA OBSERVÂNCIA

Art. 1º *Constituem PRINCÍPIOS DE CONTABILIDADE (PC) os enunciados por esta Resolução.*

§ 1º A observância dos Princípios de Contabilidade é obrigatória no exercício da profissão e constitui condição de legitimidade das Normas Brasileiras de Contabilidade (NBC).

§ 2º Na aplicação dos Princípios de Contabilidade há situações concretas e a essência das transações deve prevalecer sobre seus aspectos formais.

CAPÍTULO II
DA CONCEITUAÇÃO, DA AMPLITUDE E DA ENUMERAÇÃO

Art. 2º *Os Princípios de Contabilidade representam a essência das doutrinas e teorias relativas à Ciência da Contabilidade, consoante o entendimento predominante nos universos científico e profissional de nosso País. Concernem, pois, à Contabilidade no seu sentido mais amplo de ciência social, cujo objeto é o patrimônio das entidades.*

Art. 3º *São Princípios de Contabilidade:*

I) o da ENTIDADE;

II) o da CONTINUIDADE;

III) o da OPORTUNIDADE;

IV) o do REGISTRO PELO VALOR ORIGINAL;

V) o da COMPETÊNCIA; e

VI) o da PRUDÊNCIA.

SEÇÃO I
O PRINCÍPIO DA ENTIDADE

Art. 4º *O Princípio da ENTIDADE reconhece o Patrimônio como objeto da Contabilidade e afirma a autonomia patrimonial, a necessidade da diferenciação de um Patrimônio particular no universo dos patrimônios existentes, independentemente de pertencer a uma pessoa, um conjunto de pessoas, uma sociedade ou instituição de qualquer natureza ou finalidade, com ou sem fins lucrativos. Por consequência, nesta acepção, o Patrimônio não se confunde com aqueles dos seus sócios ou proprietários, no caso de sociedade ou instituição.*

Parágrafo único – *O PATRIMÔNIO pertence à ENTIDADE, mas a recíproca não é verdadeira. A soma ou agregação contábil de patrimônios autônomos não resulta em nova ENTIDADE, mas numa unidade de natureza econômico-contábil.*

SEÇÃO II
O PRINCÍPIO DA CONTINUIDADE

Art. 5º *O Princípio da Continuidade pressupõe que a Entidade continuará em operação no futuro e, portanto, a mensuração e a apresentação dos componentes do patrimônio levam em conta esta circunstância.*

SEÇÃO III
O PRINCÍPIO DA OPORTUNIDADE

Art. 6º *O Princípio da Oportunidade refere-se ao processo de mensuração e apresentação dos componentes patrimoniais para produzir informações íntegras e tempestivas.*

Parágrafo único*. A falta de integridade e tempestividade na produção e na divulgação da informação contábil pode ocasionar a perda de sua relevância, por isso é necessário ponderar a relação entre a oportunidade e a confiabilidade da informação.*

SEÇÃO IV
O PRINCÍPIO DO REGISTRO PELO VALOR ORIGINAL

Art. 7º *O Princípio do Registro pelo Valor Original determina que os componentes do patrimônio devem ser inicialmente registrados pelos valores originais das transações, expressos em moeda nacional.*

§ 1º As seguintes bases de mensuração devem ser utilizadas em graus distintos e combinadas, ao longo do tempo, de diferentes formas:

I – Custo histórico. Os ativos são registrados pelos valores pagos ou a serem pagos em caixa ou equivalentes de caixa ou pelo valor justo dos recursos que são entregues para adquiri-los na data da aquisição. Os passivos são registrados pelos valores dos recursos que foram recebidos em troca da obrigação ou, em algumas circunstâncias, pelos valores em caixa ou equivalentes de caixa, os quais serão necessários para liquidar o passivo no curso normal das operações; e

II – Variação do custo histórico. Uma vez integrado ao patrimônio, os componentes patrimoniais, ativos e passivos, podem sofrer variações decorrentes dos seguintes fatores:

a) Custo corrente. Os ativos são reconhecidos pelos valores em caixa ou equivalentes de caixa, os quais teriam de ser pagos se esses ativos ou ativos equivalentes fossem adquiridos na data ou no período das demonstrações contábeis. Os passivos são reconhecidos pelos valores em caixa ou equivalentes de caixa, não descontados, que seriam necessários para liquidar a obrigação na data ou no período das demonstrações contábeis;

b) Valor realizável. Os ativos são mantidos pelos valores em caixa ou equivalentes de caixa, os quais poderiam ser obtidos pela venda em uma forma ordenada. Os passivos são mantidos pelos valores em caixa e equivalentes de caixa, não descontados, que se espera seriam pagos para liquidar as correspondentes obrigações no curso normal das operações da Entidade;

c) Valor presente. Os ativos são mantidos pelo valor presente, descontado do fluxo futuro de entrada líquida de caixa que se espera seja gerado pelo item no curso normal das operações da Entidade. Os passivos são mantidos pelo valor presente, descontado do fluxo futuro de saída líquida de caixa que se espera seja necessário para liquidar o passivo no curso normal das operações da Entidade;

d) Valor justo. É o valor pelo qual um ativo pode ser trocado, ou um passivo liquidado, entre partes conhecedoras, dispostas a isso, em uma transação sem favorecimentos; e

e) Atualização monetária. Os efeitos da alteração do poder aquisitivo da moeda nacional devem ser reconhecidos nos registros contábeis mediante o ajustamento da expressão formal dos valores dos componentes patrimoniais.

§ 2º São resultantes da adoção da atualização monetária:

I – a moeda, embora aceita universalmente como medida de valor, não representa unidade constante em termos do poder aquisitivo;

II – para que a avaliação do patrimônio possa manter os valores das transações originais, é necessário atualizar sua expressão formal em moeda nacional, a fim de que permaneçam substantivamente corretos os valores dos componentes patrimoniais e, por consequência, o do Patrimônio Líquido; e

III – a atualização monetária não representa nova avaliação, mas tão somente o ajustamento dos valores originais para determinada data, mediante a aplicação de indexadores ou outros elementos aptos a traduzir a variação do poder aquisitivo da moeda nacional em um dado período.

SEÇÃO VI
O PRINCÍPIO DA COMPETÊNCIA

Art. 9º *O Princípio da Competência determina que os efeitos das transações e outros eventos sejam reconhecidos nos períodos a que se referem, independentemente do recebimento ou pagamento.*

Parágrafo único. *O Princípio da Competência pressupõe a simultaneidade da confrontação de receitas e de despesas correlatas.*

SEÇÃO VII
O PRINCÍPIO DA PRUDÊNCIA

Art. 10. *O Princípio da PRUDÊNCIA determina a adoção do menor valor para os componentes do ATIVO e do maior para os do PASSIVO, sempre que se apresentem alternativas igualmente válidas para a quantificação das mutações patrimoniais que alterem o patrimônio líquido.*

Parágrafo único. *O Princípio da Prudência pressupõe o emprego de certo grau de precaução no exercício dos julgamentos necessários às estimativas em certas condições de incerteza, no sentido de que ativos e receitas não sejam superestimados e que passivos e despesas não sejam subestimados, atribuindo maior confiabilidade ao processo de mensuração e apresentação dos componentes patrimoniais.*

Art. 11. *A inobservância dos Princípios de Contabilidade constitui infração nas alíneas "c", "d" e "e" do art. 27 do Decreto-Lei nº 9.295, de 27 de maio de 1946, e, quando aplicável, ao Código de Ética Profissional do Contabilista.*

Art. 12. *Revogada a Resolução CFC nº 530/81, esta Resolução entra em vigor a partir de 1º de janeiro de 1994.*

Exercícios de Fixação Estilo C (Certo) E (Errado)

(Polícia Federal – Agente/CespeUnB) – Itens 1 e 2

1. Segundo o princípio da oportunidade, é necessário ponderar a relação entre a oportunidade e a confiabilidade da informação, pois a falta de integridade e tempestividade na produção e divulgação da informação contábil pode ocasionar a perda de sua relevância.

2. De acordo com o princípio do registro do valor original, a atualização monetária não representa nova avaliação, mesmo gerando o ajustamento dos valores originais para determinada data, mediante a aplicação de indexadores e outros elementos aptos a traduzir a variação do poder aquisitivo da moeda.

(MPU – Analista /CespeUnB) – Itens 3 a 5

3. A confrontação das receitas com as despesas correlatas é um pressuposto do princípio da competência, segundo o qual o reconhecimento de receitas e despesas deve ocorrer nos períodos a que se referem, independentemente do recebimento ou pagamento. De acordo com esse princípio, o pagamento antecipado de uma despesa não afeta o resultado da empresa no momento de sua ocorrência.

4. Segundo a legislação societária, os direitos cujo objeto sejam mercadorias devem ser avaliados pelo custo de aquisição, deduzido de provisão para ajustá-lo ao valor de mercado, quando este for inferior. Essa regra é um exemplo da aplicação, na contabilidade, do princípio da prudência.

5. O custo corrente de um ativo representa o valor, em caixa ou equivalentes de caixa, que deveria ser pago para que esse ativo ou um ativo equivalente fosse adquirido na data ou no período das demonstrações contábeis. O gasto necessário para a reposição dos estoques de uma empresa na data do balanço é um exemplo de custo corrente.

(TCE – RO/CespeUnB) – Itens 6 e 7.

Julgue os itens que se seguem, relativos aos princípios da contabilidade (Resolução CFC nº 750/1993 e alterações posteriores).

6. De acordo com o princípio da competência, os efeitos de transações e outros eventos devem ser reconhecidos nos períodos a que se referem, independentemente do recebimento ou pagamento.

7. Atualmente, os efeitos da alteração do poder aquisitivo da moeda nacional não podem ser reconhecidos nos registros contábeis, visto que o princípio contábil da atualização monetária foi excluído em 2010.

(Tribunal de Justiça – AC/CespeUnB) – Itens 8 e 9

A respeito dos princípios fundamentais de contabilidade – aprovados pelo Conselho Federal de Contabilidade (CFC): Resolução CFC nº 750/1993, atualizada pela Resolução CFC nº 1.282/2010 – julgue os itens a seguir.

8. Admite-se avaliar os ativos e os passivos pelo valor presente, isto é, pelo valor descontado do fluxo de entrada ou de saída líquida de caixa, respectivamente, no curso normal das operações da entidade.

9. O princípio da continuidade está relacionado à certeza de que, no futuro, a entidade continuará em operação e, por isso, os componentes do patrimônio devem ser avaliados pelos maiores valores.

(UNIPAMPA – Contador/CespeUnB) – Itens 10 a 12

A respeito da Resolução CFC nº 750 e alterações posteriores, que dispõe sobre os princípios de contabilidade, julgue os itens que se seguem.

10. A produção de informações contábeis tempestivas e íntegras apoia-se no princípio da oportunidade.

11. Nas mensurações subsequentes dos componentes patrimoniais, os valores históricos desses componentes podem ser ajustados por meio de indexadores que reflitam a variação do poder aquisitivo da moeda nacional.

12. Considere que, ao estimar o valor de uma provisão passiva, o contador tenha utilizado três metodologias de cálculo que se apresentavam igualmente válidas. Nessa situação, conforme o princípio da prudência, a escolha deve recair sobre a que resultará no maior patrimônio líquido.

(TRE – RJ – Analista Judiciário/CespeUnB) – Itens 13 e 14

13. De acordo com o princípio da competência, todas as variações patrimoniais devem ser registradas de imediato e com a extensão correta, independentemente das causas que as originaram.

14. O princípio do registro pelo valor original deve ser determinante, quando houver dúvida entre a sua aplicação e a aplicação do princípio da prudência.

(Auditor-Fiscal de Tributos Estaduais – Limeira – SP/CespeUnB) – Com fundamento na doutrina e na legislação contábil, julgue o item a seguir:

15. Pelo critério da contraposição de receitas e despesas, todos os custos e despesas incorridos em relação à receita realizada de um determinado período devem ser registrados nesse mesmo período, incluindo-se provisões para revisões, reposições e garantias asseguradas em contratos de fornecimento de bens e prestação de serviços.

(Fiscal de Tributos Estaduais – AL/CespeUnB – Atualizada) – Itens 16 a 18 – Com relação aos princípios de contabilidade, julgue os itens a seguir.

16. Na aplicação dos Princípios de Contabilidade há situações concretas e a essência das transações deve prevalecer sobre seus aspectos formais.

17. A continuidade ou não da entidade não deve ser necessariamente considerada quando da classificação das mutações patrimoniais quantitativas e qualitativas.

18. De acordo com o regime de competência, as receitas consideram-se realizadas, nas transações com terceiros, quando estes efetuarem o pagamento.

(Ministério Público do Estado do Piauí/CespeUnB) – Item 21

19. A aplicação da orientação de prevalência da essência sobre a forma implica analisar se a natureza administrativa dos eventos a contabilizar está devidamente representada pelo instrumento formal.

Gabarito Comentado

1. **Segundo o princípio da oportunidade, é necessário ponderar a relação entre a oportunidade e a confiabilidade da informação, pois a falta de integridade e tempestividade na produção e divulgação da informação contábil pode ocasionar a perda de sua relevância.** (CERTO)

   Comentário: Abaixo, reproduzimos o parágrafo único do art. 6º da Resolução CFC nº 750/93:

   Parágrafo único. A falta de integridade e tempestividade na produção e na divulgação da informação contábil pode ocasionar a perda de sua relevância, por isso é necessário ponderar a relação entre a oportunidade e a confiabilidade da informação.

   ....

2. **De acordo com o princípio do registro do valor original, a atualização monetária não representa nova avaliação, mesmo gerando o ajustamento dos valores originais para determinada data, mediante a aplicação de indexadores e outros elementos aptos a traduzir a variação do poder aquisitivo da moeda.** (CERTO)

   Comentário: Vide inciso III do § 2º do art. 7º da Resolução CFC nº 750/93.

   ....

3. **A confrontação das receitas com as despesas correlatas é um pressuposto do princípio da competência, segundo o qual o reconhecimento de receitas e despesas deve ocorrer nos períodos a que se referem, independentemente do recebimento ou pagamento. De acordo com esse princípio, o pagamento antecipado de uma despesa não afeta o resultado da empresa no momento de sua ocorrência.** (CERTO)

   Comentário: Abaixo, reproduzimos o art. 9º da Resolução CFC nº 750/93 (grifos nossos):

   Art. 9º O Princípio da Competência determina que os efeitos das transações e outros eventos sejam reconhecidos nos __períodos a que se referem, independentemente do recebimento ou pagamento__.

   Parágrafo único. O Princípio da Competência pressupõe a simultaneidade da __confrontação__ de receitas e de despesas correlatas.

   ....

4. **Segundo a legislação societária, os direitos cujo objeto sejam mercadorias devem ser avaliados pelo custo de aquisição, deduzido de provisão para ajustá-lo ao valor de mercado, quando este for inferior. Essa regra é um exemplo da aplicação, na contabilidade, do princípio da prudência.** (CERTO)

   Comentário: Embora a legislação societária ainda utilize a inadequada expressão "provisão" para ajustar os estoques ao valor de mercado, dado que a expressão correta pelas normas atuais é "perdas estimadas", de fato a redução de ativos para ajustá-los ao valor de mercado quando este for inferior ao custo é consequência da aplicação do princípio da prudência, o qual determina a eleição do menor valor para itens do ativo diante de alternativas igualmente válidas.

---

5. **O custo corrente de um ativo representa o valor, em caixa ou equivalentes de caixa, que deveria ser pago para que esse ativo ou um ativo equivalente fosse adquirido na data ou no período das demonstrações contábeis. O gasto necessário para a reposição dos estoques de uma empresa na data do balanço é um exemplo de custo corrente.** (CERTO)

Comentário: O CUSTO CORRENTE é uma das bases de mensuração descritas no § 1º do art. 7º da Resolução CFC nº 750/93.

---

6. **De acordo com o princípio da competência, os efeitos de transações e outros eventos devem ser reconhecidos nos períodos a que se referem, independentemente do recebimento ou pagamento.** (CERTO)

Comentário: Os efeitos que as transações causam no resultado não são determinados pelos recebimentos ou pagamentos em dinheiro e sim pela ocorrência de seus fatos geradores nos períodos de sua competência.

---

7. **Atualmente, os efeitos da alteração do poder aquisitivo da moeda nacional não podem ser reconhecidos nos registros contábeis, visto que o princípio contábil da atualização monetária foi excluído em 2010.** (ERRADO)

Comentário: O princípio da atualização monetária não foi excluído, mas apenas perdeu o status de princípio, passando a ser uma característica do princípio do registro pelo valor original.

---

8. **Admite-se avaliar os ativos e os passivos pelo valor presente, isto é, pelo valor descontado do fluxo de entrada ou de saída líquida de caixa, respectivamente, no curso normal das operações da entidade.** (CERTO)

Comentário: O VALOR PRESENTE é uma das bases de mensuração descritas no art. 7º da Resolução CFC nº 750/93. Abaixo, reproduzimos a letra "c" desse artigo:

c) VALOR PRESENTE. Os ativos são mantidos pelo valor presente, descontado do fluxo futuro de entrada líquida de caixa que se espera seja gerado pelo item no curso normal das operações da Entidade. Os passivos são mantidos pelo valor presente, descontado do fluxo futuro de saída líquida de caixa que se espera seja necessário para liquidar o passivo no curso normal das operações da Entidade;

---

9. **O princípio da continuidade está relacionado à certeza de que, no futuro, a entidade continuará em operação e, por isso, os componentes do patrimônio devem ser avaliados pelos maiores valores.** (ERRADO)

Comentário: Embora o princípio da continuidade pressuponha que a entidade continuará em operação no futuro, nem esse princípio nem outro determina que o patrimônio deve ser avaliado pelos maiores valores possíveis. Abaixo, reproduzimos o art. 5º da Resolução CFC nº 750/93:

Art. 5º O Princípio da Continuidade pressupõe que a Entidade continuará em operação no futuro e, portanto, a mensuração e a apresentação dos componentes do patrimônio levam em conta esta circunstância.

....

10. **A produção de informações contábeis tempestivas e íntegras apoia-se no princípio da oportunidade.** (CERTO)

Comentário: Abaixo, reproduzimos o caput do art. 6º da Resolução CFC nº 750/93:

Art. 6º O Princípio da Oportunidade refere-se ao processo de mensuração e apresentação dos componentes patrimoniais para produzir informações íntegras e tempestivas.

....

11. **Nas mensurações subsequentes dos componentes patrimoniais, os valores históricos desses componentes podem ser ajustados por meio de indexadores que reflitam a variação do poder aquisitivo da moeda nacional.** (CERTO)

Comentário: A atualização monetária é uma das características do princípio do registro pelo valor original.

....

12. **Considere que, ao estimar o valor de uma provisão passiva, o contador tenha utilizado três metodologias de cálculo que se apresentavam igualmente válidas. Nessa situação, conforme o princípio da prudência, a escolha deve recair sobre a que resultará no maior patrimônio líquido.** (ERRADO)

Comentário: Pelo princípio da prudência, diante de opções igualmente válidas, deve-se adotar o menor valor para o ativo e o maior para o passivo e, consequentemente, o MENOR valor para o patrimônio líquido.

....

13. **De acordo com o princípio da competência, todas as variações patrimoniais devem ser registradas de imediato e com a extensão correta, independentemente das causas que as originaram.** (ERRADO)

Comentário: O registro imediato dos fatos que afetam o patrimônio é uma aplicação do princípio da oportunidade e não da competência.

....

14. **O princípio do registro pelo valor original deve ser determinante, quando houver dúvida entre a sua aplicação e a aplicação do princípio da prudência.** (CERTO)

Comentário: Na contabilização de fatos, o primeiro passo é registrar os itens patrimoniais pelos seus valores originais e não a preocupação de utilização do princípio da prudência, o qual tem sua aplicação posterior. Corroborando isso, a Resolução do CFC nº 1.367/2011 determina que a PRUDÊNCIA deve ser observada quando, existindo um ativo ou um passivo já escriturado por determinados valores, segundo os princípios do valor original, surgirem possibilidades de novas mensurações. Em outras palavras, primeiro se aplica o princípio do registro pelo valor original e depois, conforme o caso, aplica-se o princípio da prudência.

15. **Pelo critério da contraposição de receitas e despesas, todos os custos e despesas incorridos em relação à receita realizada de um determinado período devem ser registrados nesse mesmo período, incluindo-se provisões para revisões, reposições e garantias asseguradas em contratos de fornecimento de bens e prestação de serviços.** (CERTO)

Comentário: Tudo isso é consequência da aplicação do princípio da competência.

16. **Na aplicação dos Princípios de Contabilidade há situações concretas e a essência das transações deve prevalecer sobre seus aspectos formais.** (CERTO)

Comentário: Vide § 2º do art. 1º da Resolução CFC nº 750/93.

17. **A continuidade ou não da entidade não deve ser necessariamente considerada quando da classificação das mutações patrimoniais quantitativas e qualitativas.** (ERRADO)

Comentário: O princípio da continuidade pressupõe que a entidade continuará em operação no futuro e isso deve ser considerado na mensuração e apresentação dos componentes do patrimônio.

18. **De acordo com o regime de competência, as receitas consideram-se realizadas, nas transações com terceiros, quando estes efetuarem o pagamento.** (ERRADO)

Comentário: É o fato gerador que determina a receita e não o recebimento.

19. **A aplicação da orientação de prevalência da essência sobre a forma implica analisar se a natureza administrativa dos eventos a contabilizar está devidamente representada pelo instrumento formal.** (ERRADO)

Comentário: Embora na contabilização dos fatos a essência prevaleça sobre a forma, **não importa** se o instrumento formal que comprova os fatos (nota fiscal, escritura de imóveis, contrato de leasing etc.) representa adequadamente o fato ou não. Em outras palavras, mesmo que o instrumento formal não represente adequadamente o fato ocorrido, deve-se contabilizar o fato priorizando a essência da transação.

ANEXO

PRINCIPAIS ARTIGOS DA LEI Nº 6.404/76

Exercício Social

Art. 175. O exercício social terá duração de 1 (um) ano e a data do término será fixada no estatuto.

Parágrafo único. Na constituição da companhia e nos casos de alteração estatutária o exercício social poderá ter duração diversa.

SEÇÃO II

Demonstrações Financeiras

Disposições Gerais

Art. 176. Ao fim de cada exercício social, a diretoria fará elaborar, com base na escrituração mercantil da companhia, as seguintes demonstrações financeiras, que deverão exprimir com clareza a situação do patrimônio da companhia e as mutações ocorridas no exercício:

I – balanço patrimonial;

II – demonstração dos lucros ou prejuízos acumulados;

III – demonstração do resultado do exercício;

IV – demonstração dos fluxos de caixa; e

V – se companhia aberta, demonstração do valor adicionado.

§ 1º As demonstrações de cada exercício serão publicadas com a indicação dos valores correspondentes das demonstrações do exercício anterior.

§ 2º Nas demonstrações, as contas semelhantes poderão ser agrupadas; os pequenos saldos poderão ser agregados, desde que indicada a sua natureza e não ultrapassem 0,1 (um décimo) do valor do respectivo grupo de contas; mas é vedada a utilização de designações genéricas, como "diversas contas" ou "contas-correntes".

§ 3º As demonstrações financeiras registrarão a destinação dos lucros segundo a proposta dos órgãos da administração, no pressuposto de sua aprovação pela assembleia-geral.

§ 4º As demonstrações serão complementadas por notas explicativas e outros quadros analíticos ou demonstrações contábeis necessários para esclarecimento da situação patrimonial e dos resultados do exercício.

§ 5º As notas explicativas devem:

I – apresentar informações sobre a base de preparação das demonstrações financeiras e das práticas contábeis específicas selecionadas e aplicadas para negócios e eventos significativos;

II – divulgar as informações exigidas pelas práticas contábeis adotadas no Brasil que não estejam apresentadas em nenhuma outra parte das demonstrações financeiras;

III – fornecer informações adicionais não indicadas nas próprias demonstrações financeiras e consideradas necessárias para uma apresentação adequada;

IV – indicar:

a) os principais critérios de avaliação dos elementos patrimoniais, especialmente estoques, dos cálculos de depreciação, amortização e exaustão, de constituição de provisões para encargos ou riscos, e dos ajustes para atender a perdas prováveis na realização de elementos do ativo;

b) os investimentos em outras sociedades, quando relevantes (art. 247, parágrafo único);

c) o aumento de valor de elementos do ativo resultante de novas avaliações (art. 182, § 3º);

d) os ônus reais constituídos sobre elementos do ativo, as garantias prestadas a terceiros e outras responsabilidades eventuais ou contingentes;

e) a taxa de juros, as datas de vencimento e as garantias das obrigações a longo prazo;

f) o número, espécies e classes das ações do capital social;

g) as opções de compra de ações outorgadas e exercidas no exercício;

h) os ajustes de exercícios anteriores (art. 186, § 1º); e

i) os eventos subsequentes à data de encerramento do exercício que tenham, ou possam vir a ter, efeito relevante sobre a situação financeira e os resultados futuros da companhia.

§ 6º A companhia fechada com patrimônio líquido, na data do balanço, inferior a R$ 2.000.000,00 (dois milhões de reais) não será obrigada à elaboração e publicação da demonstração dos fluxos de caixa.

§ 7º A Comissão de Valores Mobiliários poderá, a seu critério, disciplinar de forma diversa o registro de que trata o § 3º deste artigo.

Escrituração

Art. 177. A escrituração da companhia será mantida em registros permanentes, com obediência aos preceitos da legislação comercial e desta Lei e aos princípios de contabilidade geralmente aceitos, devendo observar métodos ou critérios contábeis uniformes no tempo e registrar as mutações patrimoniais segundo o regime de competência.

§ 1º As demonstrações financeiras do exercício em que houver modificação de métodos ou critérios contábeis, de efeitos relevantes, deverão indicá-la em nota e ressaltar esses efeitos.

§ 2º A companhia observará exclusivamente em livros ou registros auxiliares, sem qualquer modificação da escrituração mercantil e das demonstrações reguladas nesta Lei, as disposições da lei tributária, ou de legislação especial sobre a atividade que constitui seu objeto, que prescrevam, conduzam ou incentivem a utilização de métodos ou critérios contábeis diferentes ou determinem registros, lançamentos ou ajustes ou a elaboração de outras demonstrações financeiras.

I – (revogado);

II – (revogado).

§ 3º As demonstrações financeiras das companhias abertas observarão, ainda, as normas expedidas pela Comissão de Valores Mobiliários e serão obrigatoriamente submetidas a auditoria por auditores independentes nela registrados.

§ 4º As demonstrações financeiras serão assinadas pelos administradores e por contabilistas legalmente habilitados.

§ 5º As normas expedidas pela Comissão de Valores Mobiliários a que se refere o § 3º deste artigo deverão ser elaboradas em consonância com os padrões internacionais de contabilidade adotados nos principais mercados de valores mobiliários.

§ 6º As companhias fechadas poderão optar por observar as normas sobre demonstrações financeiras expedidas pela Comissão de Valores Mobiliários para as companhias abertas.

§ 7º (Revogado).

SEÇÃO III

Balanço Patrimonial

Grupo de Contas

Art. 178. No balanço, as contas serão classificadas segundo os elementos do patrimônio que registrem, e agrupadas de modo a facilitar o conhecimento e a análise da situação financeira da companhia.

§ 1º No ativo, as contas serão dispostas em ordem decrescente de grau de liquidez dos elementos nelas registrados, nos seguintes grupos:

I – ativo circulante; e

II – ativo não circulante, composto por ativo realizável a longo prazo, investimentos, imobilizado e intangível.

§ 2º No passivo, as contas serão classificadas nos seguintes grupos:

I – passivo circulante;

II – passivo não circulante; e (Incluído pela Lei nº 11.941, de 2009)

III – patrimônio líquido, dividido em capital social, reservas de capital, ajustes de avaliação patrimonial, reservas de lucros, ações em tesouraria e prejuízos acumulados. (Incluído pela Lei nº 11.941, de 2009)

§ 3º Os saldos devedores e credores que a companhia não tiver direito de compensar serão classificados separadamente.

Ativo

Art. 179. As contas serão classificadas do seguinte modo:

I – no ativo circulante: as disponibilidades, os direitos realizáveis no curso do exercício social subsequente e as aplicações de recursos em despesas do exercício seguinte;

II – no ativo realizável a longo prazo: os direitos realizáveis após o término do exercício seguinte, assim como os derivados de vendas, adiantamentos ou empréstimos a sociedades coligadas ou controladas (art. 243), diretores, acionistas ou participantes no lucro da companhia, que não constituírem negócios usuais na exploração do objeto da companhia;

III – em investimentos: as participações permanentes em outras sociedades e os direitos de qualquer natureza, não classificáveis no ativo circulante, e que não se destinem à manutenção da atividade da companhia ou da empresa;

IV – no ativo imobilizado: os direitos que tenham por objeto bens corpóreos destinados à manutenção das atividades da companhia ou da empresa ou exercidos com essa finalidade, inclusive os decorrentes de operações que transfiram à companhia os benefícios, riscos e controle desses bens; (Redação dada pela Lei nº 11.638, de 2007)

V – (Revogado pela Lei nº 11.941, de 2009)

VI – no intangível: os direitos que tenham por objeto bens incorpóreos destinados à manutenção da companhia ou exercidos com essa finalidade, inclusive o fundo de comércio adquirido. (Incluído pela Lei nº 11.638, de 2007)

Parágrafo único. Na companhia em que o ciclo operacional da empresa tiver duração maior que o exercício social, a classificação no circulante ou longo prazo terá por base o prazo desse ciclo.

Passivo Exigível

Art. 180. As obrigações da companhia, inclusive financiamentos para aquisição de direitos do ativo não circulante, serão classificadas no passivo circulante, quando se vencerem no exercício seguinte, e no passivo não circulante, se tiverem vencimento em prazo maior, observado o disposto no parágrafo único do art. 179 desta Lei. (Redação dada pela Lei nº 11.941, de 2009)

Resultados de Exercícios Futuros

Art. 181. (Revogado pela Lei nº 11.941, de 2009)

Patrimônio Líquido

Art. 182. A conta do capital social discriminará o montante subscrito e, por dedução, a parcela ainda não realizada.

§ 1º Serão classificadas como reservas de capital as contas que registrarem:

a) a contribuição do subscritor de ações que ultrapassar o valor nominal e a parte do preço de emissão das ações sem valor nominal que ultrapassar a importância destinada à formação do capital social, inclusive nos casos de conversão em ações de debêntures ou partes beneficiárias;

b) o produto da alienação de partes beneficiárias e bônus de subscrição;

c) (revogada); (Redação dada pela Lei nº 11.638, de 2007) (Revogado pela Lei nº 11.638, de 2007)

d) (revogada). (Redação dada pela Lei nº 11.638, de 2007) (Revogado pela Lei nº 11.638, de 2007)

§ 2º Será ainda registrado como reserva de capital o resultado da correção monetária do capital realizado, enquanto não capitalizado.

§ 3º Serão classificadas como ajustes de avaliação patrimonial, enquanto não computadas no resultado do exercício em obediência ao regime de competência, as contrapartidas de aumentos ou diminuições de valor atribuídos a elementos do ativo e do passivo, em decorrência da sua avaliação a valor justo, nos casos previstos nesta Lei ou, em normas expedidas pela Comissão de Valores Mobiliários, com base na competência conferida pelo § 3º do art. 177 desta Lei. (Redação dada pela Lei nº 11.941, de 2009)

§ 4º Serão classificados como reservas de lucros as contas constituídas pela apropriação de lucros da companhia.

§ 5º As ações em tesouraria deverão ser destacadas no balanço como dedução da conta do patrimônio líquido que registrar a origem dos recursos aplicados na sua aquisição.

Critérios de Avaliação do Ativo

Art. 183. No balanço, os elementos do ativo serão avaliados segundo os seguintes critérios:

I – as aplicações em instrumentos financeiros, inclusive derivativos, e em direitos e títulos de créditos, classificados no ativo circulante ou no realizável a longo prazo: (Redação dada pela Lei nº 11.638, de 2007)

a) pelo seu valor justo, quando se tratar de aplicações destinadas à negociação ou disponíveis para venda; e (Redação dada pela Lei nº 11.941, de 2009)

b) pelo valor de custo de aquisição ou valor de emissão, atualizado conforme disposições legais ou contratuais, ajustado ao valor provável de realização, quando este for inferior, no caso das demais aplicações e os direitos e títulos de crédito; (Incluída pela Lei nº 11.638, de 2007)

II – os direitos que tiverem por objeto mercadorias e produtos do comércio da companhia, assim como matérias-primas, produtos em fabricação e bens em almoxarifado, pelo custo de aquisição ou produção, deduzido de provisão para ajustá-lo ao valor de mercado, quando este for inferior;

III – os investimentos em participação no capital social de outras sociedades, ressalvado o disposto nos arts. 248 a 250, pelo custo de aquisição, deduzido de provisão para perdas prováveis na realização do seu valor, quando essa perda estiver comprovada como permanente, e que não será modificado em razão do recebimento, sem custo para a companhia, de ações ou quotas bonificadas;

IV – os demais investimentos, pelo custo de aquisição, deduzido de provisão para atender às perdas prováveis na realização do seu valor, ou para redução do custo de aquisição ao valor de mercado, quando este for inferior;

V – os direitos classificados no imobilizado, pelo custo de aquisição, deduzido do saldo da respectiva conta de depreciação, amortização ou exaustão;

VI – (revogado); (Redação dada pela Lei nº 11.941, de 2009)

VII – os direitos classificados no intangível, pelo custo incorrido na aquisição deduzido do saldo da respectiva conta de amortização; (Incluído pela Lei nº 11.638, de 2007)

VIII – os elementos do ativo decorrentes de operações de longo prazo serão ajustados a valor presente, sendo os demais ajustados quando houver efeito relevante. (Incluído pela Lei nº 11.638, de 2007)

§ 1º Para efeitos do disposto neste artigo, considera-se valor justo: (Redação dada pela Lei nº 11.941, de 2009)

a) das matérias-primas e dos bens em almoxarifado, o preço pelo qual possam ser repostos, mediante compra no mercado;

b) dos bens ou direitos destinados à venda, o preço líquido de realização mediante venda no mercado, deduzidos os impostos e demais despesas necessárias para a venda, e a margem de lucro;

c) dos investimentos, o valor líquido pelo qual possam ser alienados a terceiros.

d) dos instrumentos financeiros, o valor que pode se obter em um mercado ativo, decorrente de transação não compulsória realizada entre partes independentes; e, na ausência de um mercado ativo para um determinado instrumento financeiro: (Incluída pela Lei nº 11.638, de 2007)

1) o valor que se pode obter em um mercado ativo com a negociação de outro instrumento financeiro de natureza, prazo e risco similares; (Incluído pela Lei nº 11.638, de 2007)

2) o valor presente líquido dos fluxos de caixa futuros para instrumentos financeiros de natureza, prazo e risco similares; ou (Incluído pela Lei nº 11.638, de 2007)

3) o valor obtido por meio de modelos matemático-estatísticos de precificação de instrumentos financeiros. (Incluído pela Lei nº 11.638, de 2007)

§ 2º A diminuição do valor dos elementos dos ativos imobilizado e intangível será registrada periodicamente nas contas de: (Redação dada pela Lei nº 11.941, de 2009)

a) depreciação, quando corresponder à perda do valor dos direitos que têm por objeto bens físicos sujeitos a desgaste ou perda de utilidade por uso, ação da natureza ou obsolescência;

b) amortização, quando corresponder à perda do valor do capital aplicado na aquisição de direitos da propriedade industrial ou comercial e quaisquer outros com existência ou exercício de duração limitada, ou cujo objeto sejam bens de utilização por prazo legal ou contratualmente limitado;

c) exaustão, quando corresponder à perda do valor, decorrente da sua exploração, de direitos cujo objeto sejam recursos minerais ou florestais, ou bens aplicados nessa exploração.

§ 3º A companhia deverá efetuar, periodicamente, análise sobre a recuperação dos valores registrados no imobilizado e no intangível, a fim de que sejam: (Redação dada pela Lei nº 11.941, de 2009)

I – registradas as perdas de valor do capital aplicado quando houver decisão de interromper os empreendimentos ou atividades a que se destinavam ou quando comprovado que não poderão produzir resultados suficientes para recuperação desse valor; ou (Incluído pela Lei nº 11.638, de 2007)

II – revisados e ajustados os critérios utilizados para determinação da vida útil econômica estimada e para cálculo da depreciação, exaustão e amortização. (Incluído pela Lei nº 11.638, de 2007)

§ 4º Os estoques de mercadorias fungíveis destinadas à venda poderão ser avaliados pelo valor de mercado, quando esse for o costume mercantil aceito pela técnica contábil.

Critérios de Avaliação do Passivo

Art. 184. No balanço, os elementos do passivo serão avaliados de acordo com os seguintes critérios:

I – as obrigações, encargos e riscos, conhecidos ou calculáveis, inclusive Imposto sobre a Renda a pagar com base no resultado do exercício, serão computados pelo valor atualizado até a data do balanço;

II – as obrigações em moeda estrangeira, com cláusula de paridade cambial, serão convertidas em moeda nacional à taxa de câmbio em vigor na data do balanço;

III – as obrigações, os encargos e os riscos classificados no passivo não circulante serão ajustados ao seu valor presente, sendo os demais ajustados quando houver efeito relevante. (Redação dada pela Lei nº 11.941, de 2009)

Critérios de Avaliação em Operações Societárias *(Incluído pela Lei nº 11.941, de 2009)*

Art. 184-A. A Comissão de Valores Mobiliários estabelecerá, com base na competência conferida pelo § 3º do art. 177 desta Lei, normas especiais de avaliação e contabilização aplicáveis à aquisição de controle, participações societárias ou negócios. (Incluído pela Lei nº 11.941, de 2009)

Correção Monetária

Art. 185. (Revogado pela Lei nº 7.730, de 1989)

SEÇÃO IV

Demonstração de Lucros ou Prejuízos Acumulados

Art. 186. A demonstração de lucros ou prejuízos acumulados discriminará:

I – o saldo do início do período, os ajustes de exercícios anteriores e a correção monetária do saldo inicial;

II – as reversões de reservas e o lucro líquido do exercício;

III – as transferências para reservas, os dividendos, a parcela dos lucros incorporada ao capital e o saldo ao fim do período.

§ 1º Como ajustes de exercícios anteriores serão considerados apenas os decorrentes de efeitos da mudança de critério contábil, ou da retificação de erro imputável a determinado exercício anterior, e que não possam ser atribuídos a fatos subsequentes.

§ 2º A demonstração de lucros ou prejuízos acumulados deverá indicar o montante do dividendo por ação do capital social e poderá ser incluída na demonstração das mutações do patrimônio líquido, se elaborada e publicada pela companhia.

SEÇÃO V

Demonstração do Resultado do Exercício

Art. 187. A demonstração do resultado do exercício discriminará:

I – a receita bruta das vendas e serviços, as deduções das vendas, os abatimentos e os impostos;

II – a receita líquida das vendas e serviços, o custo das mercadorias e serviços vendidos e o lucro bruto;

III – as despesas com as vendas, as despesas financeiras, deduzidas das receitas, as despesas gerais e administrativas, e outras despesas operacionais;

IV – o lucro ou prejuízo operacional, as outras receitas e as outras despesas; (Redação dada pela Lei nº 11.941, de 2009)

V – o resultado do exercício antes do Imposto sobre a Renda e a provisão para o imposto;

VI – as participações de debêntures, empregados, administradores e partes beneficiárias, mesmo na forma de instrumentos financeiros, e de instituições ou fundos de assistência ou previdência de empregados, que não se caracterizem como despesa; (Redação dada pela Lei nº 11.941, de 2009)

VII – o lucro ou prejuízo líquido do exercício e o seu montante por ação do capital social.

§ 1º Na determinação do resultado do exercício serão computados:

a) as receitas e os rendimentos ganhos no período, independentemente da sua realização em moeda; e

b) os custos, despesas, encargos e perdas, pagos ou incorridos, correspondentes a essas receitas e rendimentos.

§ 2º (Revogado). (Redação dada pela Lei nº 11.638, de 2007) (Revogado pela Lei nº 11.638, de 2007)

SEÇÃO VI

Demonstrações dos Fluxos de Caixa e do Valor Adicionado (Redação dada pela Lei nº 11.638, de 2007)

Art. 188. As demonstrações referidas nos incisos IV e V do caput do art. 176 desta Lei indicarão, no mínimo: (Redação dada pela Lei nº 11.638, de 2007)

I – demonstração dos fluxos de caixa – as alterações ocorridas, durante o exercício, no saldo de caixa e equivalentes de caixa, segregando-se essas alterações em, no mínimo, 3 (três) fluxos: (Redação dada pela Lei nº 11.638, de 2007)

a) das operações; (Redação dada pela Lei nº 11.638, de 2007)

b) dos financiamentos; e (Redação dada pela Lei nº 11.638, de 2007)

c) dos investimentos; (Redação dada pela Lei nº 11.638, de 2007)

II – demonstração do valor adicionado – o valor da riqueza gerada pela companhia, a sua distribuição entre os elementos que contribuíram para a geração dessa riqueza, tais como empregados, financiadores, acionistas, governo e outros, bem como a parcela da riqueza não distribuída. (Redação dada pela Lei nº 11.638, de 2007)

III – (Revogado pela Lei nº 11.941, de 2009)

IV – (Revogado pela Lei nº 11.941, de 2009)

CAPÍTULO XVI

Lucro, Reservas e Dividendos

SEÇÃO I

Lucro

Dedução de Prejuízos e Imposto sobre a Renda

Art. 189. Do resultado do exercício serão deduzidos, antes de qualquer participação, os prejuízos acumulados e a provisão para o Imposto sobre a Renda.

Parágrafo único. O prejuízo do exercício será obrigatoriamente absorvido pelos lucros acumulados, pelas reservas de lucros e pela reserva legal, nessa ordem.

Participações

Art. 190. As participações estatutárias de empregados, administradores e partes beneficiárias serão determinadas, sucessivamente e nessa ordem, com base nos lucros que remanescerem depois de deduzida a participação anteriormente calculada.

Parágrafo único. Aplica-se ao pagamento das participações dos administradores e das partes beneficiárias o disposto nos parágrafos do art. 201.

Lucro Líquido

Art. 191. Lucro líquido do exercício é o resultado do exercício que remanescer depois de deduzidas as participações de que trata o art. 190.

Proposta de Destinação do Lucro

Art. 192. Juntamente com as demonstrações financeiras do exercício, os órgãos da administração da companhia apresentarão à assembleia-geral ordinária, observado o disposto nos arts. 193 a 203 e no estatuto, proposta sobre a destinação a ser dada ao lucro líquido do exercício.

SEÇÃO II

Reservas e Retenção de Lucros

Reserva Legal

Art. 193. Do lucro líquido do exercício, 5% (cinco por cento) serão aplicados, antes de qualquer outra destinação, na constituição da reserva legal, que não excederá de 20% (vinte por cento) do capital social.

§ 1º A companhia poderá deixar de constituir a reserva legal no exercício em que o saldo dessa reserva, acrescido do montante das reservas de capital de que trata o § 1º do art. 182, exceder de 30% (trinta por cento) do capital social.

§ 2º A reserva legal tem por fim assegurar a integridade do capital social e somente poderá ser utilizada para compensar prejuízos ou aumentar o capital.

Reservas Estatutárias

Art. 194. O estatuto poderá criar reservas desde que, para cada uma:

I – indique, de modo preciso e completo, a sua finalidade;

II – fixe os critérios para determinar a parcela anual dos lucros líquidos que serão destinados à sua constituição; e

III – estabeleça o limite máximo da reserva.

Reservas para Contingências

Art. 195. A assembleia-geral poderá, por proposta dos órgãos da administração, destinar parte do lucro líquido à formação de reserva com a finalidade de compensar, em exercício futuro, a diminuição do lucro decorrente de perda julgada provável, cujo valor possa ser estimado.

§ 1º A proposta dos órgãos da administração deverá indicar a causa da perda prevista e justificar, com as razões de prudência que a recomendem, a constituição da reserva.

§ 2º A reserva será revertida no exercício em que deixarem de existir as razões que justificaram a sua constituição ou em que ocorrer a perda.

Reserva de Incentivos Fiscais (Incluído pela Lei nº 11.638, de 2007)

Art. 195-A. A assembleia geral poderá, por proposta dos órgãos de administração, destinar para a reserva de incentivos fiscais a parcela do lucro líquido decorrente de doações ou subvenções governamentais para investimentos, que poderá ser excluída da base de cálculo do dividendo obrigatório (inciso I do caput do art. 202 desta Lei). (Incluído pela Lei nº 11.638, de 2007)

Retenção de Lucros

Art. 196. A assembleia-geral poderá, por proposta dos órgãos da administração, deliberar reter parcela do lucro líquido do exercício prevista em orçamento de capital por ela previamente aprovado.

§ 1º O orçamento, submetido pelos órgãos da administração com a justificação da retenção de lucros proposta, deverá compreender todas as fontes de recursos e aplicações de capital, fixo ou circulante, e poderá ter a duração de até 5 (cinco) exercícios, salvo no caso de execução, por prazo maior, de projeto de investimento.

§ 2º O orçamento poderá ser aprovado pela assembleia-geral ordinária que deliberar sobre o balanço do exercício e revisado anualmente, quando tiver duração superior a um exercício social. (Redação dada pela Lei nº 10.303, de 2001)

Reserva de Lucros a Realizar

Art. 197. No exercício em que o montante do dividendo obrigatório, calculado nos termos do estatuto ou do art. 202, ultrapassar a parcela realizada do lucro líquido do exercício, a assembleia--geral poderá, por proposta dos órgãos de administração, destinar o excesso à constituição de reserva de lucros a realizar. (Redação dada pela Lei nº 10.303, de 2001)

§ 1º Para os efeitos deste artigo, considera-se realizada a parcela do lucro líquido do exercício que exceder da soma dos seguintes valores: (Redação dada pela Lei nº 10.303, de 2001)

I – o resultado líquido positivo da equivalência patrimonial (art. 248); e (Incluído pela Lei nº 10.303, de 2001)

II – o lucro, rendimento ou ganho líquidos em operações ou contabilização de ativo e passivo pelo valor de mercado, cujo prazo de realização financeira ocorra após o término do exercício social seguinte. (Redação dada pela Lei nº 11.638, de 2007)

§ 2º A reserva de lucros a realizar somente poderá ser utilizada para pagamento do dividendo obrigatório e, para efeito do inciso III do art. 202, serão considerados como integrantes da reserva os lucros a realizar de cada exercício que forem os primeiros a serem realizados em dinheiro. (Incluído pela Lei nº 10.303, de 2001)

Limite da Constituição de Reservas e Retenção de Lucros

Art. 198. A destinação dos lucros para constituição das reservas de que trata o art. 194 e a retenção nos termos do art. 196 não poderão ser aprovadas, em cada exercício, em prejuízo da distribuição do dividendo obrigatório (art. 202).

Limite do Saldo das Reservas de Lucro (Redação dada pela Lei nº 11.638, de 2007)

Art. 199. O saldo das reservas de lucros, exceto as para contingências, de incentivos fiscais e de lucros a realizar, não poderá ultrapassar o capital social. Atingindo esse limite, a assembleia deliberará sobre aplicação do excesso na integralização ou no aumento do capital social ou na distribuição de dividendos. (Redação dada pela Lei nº 11.638, de 2007)

Reserva de Capital

Art. 200. As reservas de capital somente poderão ser utilizadas para:

I – absorção de prejuízos que ultrapassarem os lucros acumulados e as reservas de lucros (art. 189, parágrafo único);

II – resgate, reembolso ou compra de ações;

III – resgate de partes beneficiárias;

IV – incorporação ao capital social;

V – pagamento de dividendo a ações preferenciais, quando essa vantagem lhes for assegurada (art. 17, § 5º).

Parágrafo único. A reserva constituída com o produto da venda de partes beneficiárias poderá ser destinada ao resgate desses títulos.

SEÇÃO III

Dividendos

Origem

Art. 201. A companhia somente pode pagar dividendos à conta de lucro líquido do exercício, de lucros acumulados e de reserva de lucros; e à conta de reserva de capital, no caso das ações preferenciais de que trata o § 5º do art. 17.

§ 1º A distribuição de dividendos com inobservância do disposto neste artigo implica responsabilidade solidária dos administradores e fiscais, que deverão repor à caixa social a importância distribuída, sem prejuízo da ação penal que no caso couber.

§ 2º Os acionistas não são obrigados a restituir os dividendos que em boa-fé tenham recebido. Presume-se a má-fé quando os dividendos forem distribuídos sem o levantamento do balanço ou em desacordo com os resultados deste.

Dividendo Obrigatório

Art. 202. Os acionistas têm direito de receber como dividendo obrigatório, em cada exercício, a parcela dos lucros estabelecida no estatuto ou, se este for omisso, a importância determinada de acordo com as seguintes normas: (Redação dada pela Lei nº 10.303, de 2001)

I – metade do lucro líquido do exercício diminuído ou acrescido dos seguintes valores: (Redação dada pela Lei nº 10.303, de 2001)

a) importância destinada à constituição da reserva legal (art. 193); e (Incluída pela Lei nº 10.303, de 2001)

b) importância destinada à formação da reserva para contingências (art. 195) e reversão da mesma reserva formada em exercícios anteriores; (Incluída pela Lei nº 10.303, de 2001)

II – o pagamento do dividendo determinado nos termos do inciso I poderá ser limitado ao montante do lucro líquido do exercício que tiver sido realizado, desde que a diferença seja registrada como reserva de lucros a realizar (art. 197); (Redação dada pela Lei nº 10.303, de 2001)

III – os lucros registrados na reserva de lucros a realizar, quando realizados e se não tiverem sido absorvidos por prejuízos em exercícios subsequentes, deverão ser acrescidos ao primeiro dividendo declarado após a realização. (Redação dada pela Lei nº 10.303, de 2001)

§ 1º O estatuto poderá estabelecer o dividendo como porcentagem do lucro ou do capital social, ou fixar outros critérios para determiná-lo, desde que sejam regulados com precisão e minúcia e não sujeitem os acionistas minoritários ao arbítrio dos órgãos de administração ou da maioria.

§ 2º Quando o estatuto for omisso e a assembleia-geral deliberar alterá-lo para introduzir norma sobre a matéria, o dividendo obrigatório não poderá ser inferior a 25% (vinte e cinco por cento) do lucro líquido ajustado nos termos do inciso I deste artigo. (Redação dada pela Lei nº 10.303, de 2001)

§ 3º A assembleia-geral pode, desde que não haja oposição de qualquer acionista presente, deliberar a distribuição de dividendo inferior ao obrigatório, nos termos deste artigo, ou a retenção de todo o lucro líquido, nas seguintes sociedades: (Redação dada pela Lei nº 10.303, de 2001)

I – companhias abertas exclusivamente para a captação de recursos por debêntures não conversíveis em ações; (Incluído pela Lei nº 10.303, de 2001)

II – companhias fechadas, exceto nas controladas por companhias abertas que não se enquadrem na condição prevista no inciso I. (Incluído pela Lei nº 10.303, de 2001)

§ 4º O dividendo previsto neste artigo não será obrigatório no exercício social em que os órgãos da administração informarem à assembleia-geral ordinária ser ele incompatível com a situação financeira da companhia. O conselho fiscal, se em funcionamento, deverá dar parecer sobre essa

informação e, na companhia aberta, seus administradores encaminharão à Comissão de Valores Mobiliários, dentro de 5 (cinco) dias da realização da assembleia-geral, exposição justificativa da informação transmitida à assembleia.

§ 5º Os lucros que deixarem de ser distribuídos nos termos do § 4º serão registrados como reserva especial e, se não absorvidos por prejuízos em exercícios subsequentes, deverão ser pagos como dividendo assim que o permitir a situação financeira da companhia.

§ 6º Os lucros não destinados nos termos dos arts. 193 a 197 deverão ser distribuídos como dividendos. (Incluído pela Lei nº 10.303, de 2001)

Dividendos de Ações Preferenciais

Art. 203. O disposto nos arts. 194 a 197, e 202, não prejudicará o direito dos acionistas preferenciais de receber os dividendos fixos ou mínimos a que tenham prioridade, inclusive os atrasados, se cumulativos.

Dividendos Intermediários

Art. 204. A companhia que, por força de lei ou de disposição estatutária, levantar balanço semestral, poderá declarar, por deliberação dos órgãos de administração, se autorizados pelo estatuto, dividendo à conta do lucro apurado nesse balanço.

§ 1º A companhia poderá, nos termos de disposição estatutária, levantar balanço e distribuir dividendos em períodos menores, desde que o total dos dividendos pagos em cada semestre do exercício social não exceda o montante das reservas de capital de que trata o § 1º do art. 182.

§ 2º O estatuto poderá autorizar os órgãos de administração a declarar dividendos intermediários, à conta de lucros acumulados ou de reservas de lucros existentes no último balanço anual ou semestral.

Pagamento de Dividendos

Art. 205. A companhia pagará o dividendo de ações nominativas à pessoa que, na data do ato de declaração do dividendo, estiver inscrita como proprietária ou usufrutuária da ação.

§ 1º Os dividendos poderão ser pagos por cheque nominativo remetido por via postal para o endereço comunicado pelo acionista à companhia, ou mediante crédito em conta corrente bancária aberta em nome do acionista.

§ 2º Os dividendos das ações em custódia bancária ou em depósito nos termos dos arts. 41 e 43 serão pagos pela companhia à instituição financeira depositária, que será responsável pela sua entrega aos titulares das ações depositadas.

§ 3º O dividendo deverá ser pago, salvo deliberação em contrário da assembleia-geral, no prazo de 60 (sessenta) dias da data em que for declarado e, em qualquer caso, dentro do exercício social.

Rua Alexandre Moura, 51
24210-200 – Gragoatá – Niterói – RJ
Telefax: (21) 2621-7007
www.impetus.com.br

Esta obra foi impressa em papel offset 75 grs/m^2